南ドイツ

フランクフルト
ミュンヘン
ロマンティック街道
古城街道

Süddeutschland

COVER STORY

南ドイツにはロマンティック街道やミュンヘンなど、旅人に人気の場所が集中しています。おいしいものもいろいろあるので、ついつい足が向いてしまうエリアです。約4年ぶりとなった改訂版の表紙は、古城街道沿いの町バンベルク。世界遺産に登録された古い町並みを眺めながら、石畳の道を散策するのが何より楽しい。まさにドイツのイメージにぴったりの町。もちろん名物ビールやソーセージも待っています。旅に出たくてうずうずしてくる、ページをめくるたびにそんな気分になってくれたらうれしいです。

地球の歩き方 編集室

SÜDDEUTSCHLAND CONTENTS

出発前に必ずお読みください！ 旅のトラブルと安全情報…P.11、57、305～307

コラム ＆ トピックス

275 | ドイツを旅する
準備と技術

■新型コロナウイルス感染症について
新型コロナウイルス（COVID-19）の感染症危険情報について、全世界に発出されていたレベル1（十分注意してください）は、2023年5月8日に解除されましたが、渡航前に必ず外務省のウェブサイトにて最新情報をご確認ください。
◎外務省・海外安全ホームページ
ドイツ危険情報
URL www.anzen.mofa.go.jp/info/pcinfectionspothazardinfo_165.html#ad-image-0

旅のキーワード

ドイツへ行く前にこれだけ覚えておけば、旅がずっとスムーズにいくこと間違いなし。

┃バーンホーフ
Bahnhof

駅のこと。大都市のメインステーションは、ハウプトバーンホーフ Hauptbahnhof といい、Hbf. と略記される。

┃ウーバーンとエスバーン
U-Bahn & S-Bahn

U-Bahn は地下鉄（部分的に地上を走ることもある）、S-Bahn は都市近郊電車で、大都市公共交通の中心となる。

┃マルクトプラッツ
Marktplatz

町の中心となる広場 Platz のこと。マルクトとは市場の意味で、現在も朝市やクリスマスマーケットの会場になる場合が多い。

┃ラートハウス
Rathaus

市庁舎のこと。歴史的建築物である町が多く、ラーツケラー Ratskeller というレストランを併設している町もある。

┃キルヒェ
Kirche

キリスト教の教会。プファーキルヒェ Pfarrkirche は教区の中心となる教会、ドーム Dom は司教座大聖堂のこと。

道と住所について
ドイツ語で道を示す言葉には、英語のStreetに当たる「シュトラーセStraße（Str.と略記）」、細い路地を表す「ガッセGasse（G.）」がある。住所は通り名または広場名と、その後に続く住居番号Hausnummerで表す。住居番号は、通りの一方の側に奇数、反対側に偶数が並んでいる町が多いが、例外の町もあるので注意。

本書で用いられる記号・略号

本文中および地図中に出てくる記号で、**❶** は観光案内所（ツーリストインフォメーション）を表します。そのほかのマークは、以下のとおりです。

★ 紹介している町の場所を指します。

ACCESS 目的地への行き方

住	**住所**	D-のあとの5ケタの数字は郵便番号を表す
☎	**電話番号**	
FAX	**ファクス番号**	
URL	**ホームページアドレス**（http://は省略）	
交	**行き方**	
U	**地下鉄**（Uバーン）	
S	**都市圏の近郊電車**（Sバーン）	
開	**開館時間**	
営	**営業時間**	
休	**閉館日、休業日** クリスマスや年末年始などの休みは一部省略	
料	**入場料金** 学生料金で入場するには国際学生証（→ P.276）、年齢割引の場合はパスポートの提示が必要	

─ 街道の終点はレヒ川の水と緑に抱かれたすがすがしい町 ─

フュッセン

Füssen

歩行者天国になっているライヒェン通り

DATA
MAP P.13-D2
人口 1万5600人
市外局番 08362
ACCESS
🚄 ミュンヘンからBRB（普通列車）で所要約2時間。途中ブーフローBuchloe等で乗り換えの場合もある。アウクスブルクからは所要約1時間55分。ブーフロー工等乗り換えの場合もある。

❶ フュッセンの観光案内所
🏠 Kaiser-Maximilian-Platz 1
D-87629 Füssen
📍 Map P.147-A2
☎ (08362) 93850
🌐 www.fuessen.de
開月～金　9:00～17:00
土　　　9:00～12:00
（季節により変更あり）

フュッセンカード
フュッセン宿泊者だけが利用できる電子カードで、宿泊先ホテルで貰える。滞在期間中は公共交通バスが無料で利用でき、博物館やロープウエイなどの割引もある。カードはチェックアウト時に要返却。

古代ローマ時代にヨーロッパ北部とイタリアを結ぶ「クラウディア・アウグスタ街道」上に位置していたフュッセンは、アルプス越えの要衝の町として発展し、15～16世紀にイタリアとの通商で繁栄の頂点を極めた。楽器製作で有名な一族が活躍したのもこの頃で、フュッセン製のリュートやバイオリンは名をはせた。

しかしフュッセンの繁栄は、三十年戦争の戦火であっけない幕切れを迎えた。再び活気を取り戻したのはようやく19世紀になってからのこと。バイエルン王マクシミリアン2世とルートヴィヒ2世が隣町のホーエンシュヴァンガウに建てた城は観光客に開放され、フュッセンはそのゲートウエイとなる町として世界中からの観光客を迎えるようになった。アルプスのさわやかな空気に満ちたフュッセンは、保養地としての施設も整っている。

ヴュルツブルクから約350km、ロマンティック街道の旅はフュッセンで終点を迎える。

🚶 フュッセンの歩き方

終着駅フュッセンの駅前はバスターミナルになっていて、ここから、ノイシュヴァンシュタイン城の籠へ行くバスも出ている。バスの時刻をチェックしてから、町歩きに出かけよう。

駅前から延びる**バーンホーフ通りBahnhofstr.**を200mほど行くと、最初の大きな十字路を渡った所に**❶**があり、ここから歩行者天国のショッピングストリート、**ライヒェン通りReichenstr.**が延びている。ライヒェン通りの奥、正面の建物越しにのぞいているのはホーエス城の**時計塔Uhrturm des Hohen Schlosses**。ライヒェン通

ライヒェン通りの南端に面したパステルトーンの家並み

◆ 146　🚲 駅にあるレンタサイクル/Bike Rental Train Station（🌐www.bike-rental-fuessen.com）では、シティバイクが€15でレンタルできる。冬期は休業。周辺はサイクリングロードが整備され走りやすい。

レストラン

ツム・フランツィスカーナー　Zum Franziskaner
自家製ビールと白ソーセージが絶品
◆MAP：P.173-A3
1363年創業という歴史あるバイエルン料理の店だが、気取らない雰囲気が魅力。内部はいくつかの部屋に分かれている。レバーケーゼ
🏠Residenzstr. 9/Perusastr. 5
☎ (089) 2318120
🌐 www.zum-franziskaner.de
営11：30～23：00（木～土は～24：00）
カード AIDMV

ショップ

ケーファー　Käfer
テーブルウエアも人気の高級デリカテッセン
◆MAP：P.171-B4
1930年に創業の高級食材とデリカテッセンの老舗。マスコットのテントウムシが描かれたカップやお皿はおみやげに人気。ここ本店は中心部から少
🏠Prinzregentenstr. 73
☎ (089) 4168310
🌐 www.feinkost-kaefer.de
営月～金　8：00～19：00
土　　　8：00～16：00
日・祝休
カード AIMV

ホテル

プラッツル　Platzl Hotel
オペラやショッピングを楽しむ人に
◆MAP：P.173-B3
バイエルン州立歌劇場に近いのでオペラで夜遅くなっても安心して歩いて帰れる。ホーフブロイハウスも歩いて1～2分。ホテル全体がバイエルン風の雰囲気のインテリア。朝食のビュッフェも充実。Wi-Fi利用可（無料）。
🏠Sparkassenstr. 10　D-80331
☎ (089) 237030
FAX (089) 23703800
🌐 www.platzl.de
料S€208～　T€230～
朝食別€31
カード AIDMV
交U・S Marienplatzから徒歩約5分。

ホテル
Ⓢ シングルルーム
Ⓣ ダブルまたはツインルーム
※ホテルの料金は、特に記してある以外はトイレ、シャワーまたはバス、朝食、消費税、サービス料込みのひと部屋当たりのもの

見どころのおすすめ度

大都市に数ある見どころや、近郊の見どころの重要度を、ランクづけしました。見学時間が少ないときのプランの目安としてご利用ください。

✱✱✱　見逃せない観光ポイント
✱✱　　訪れる価値あり
✱　　　時間が許せば行ってみたい

Topics
トピック

Speciality
名物と名産品

Festival
祭りとフェスティバル

知っていると役立つ情報

投稿　読者からの投稿

住 住所
交 行き方
☎ 電話番号
FAX ファクス番号
URL ホームページアドレス
Eメール e メールアドレス
営 営業時間
休 休業日
カード 使用できるクレジットカード
　A アメリカン・エキスプレス
　D ダイナースカード
　J JCB カード
　M マスターカード
　V ビザカード

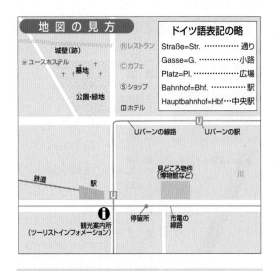

掲載情報のご利用に当たって

　編集部では、できるだけ最新で正確な情報を掲載するよう努めていますが、現地の規則や手続きなどがしばしば変更されたり、またその解釈に見解の相違が生じたりすることもあります。このような理由に基づく場合、または弊社に重大な過失がない場合は、本書を利用して生じた損失や不都合について、弊社は責任を負いかねますのでご了承ください。また、本書をお使いいただく際は、掲載されている情報やアドバイスがご自身の状況や立場に適しているか、すべてご自身の責任でご判断のうえでご利用ください。

現地取材および調査時期

　本書は、2023年3月から6月の現地取材および追跡調査データを基に編集されています。しかしながら時間の経過とともにデータの変更が生じることがあります。特にホテルやレストランなどの料金は、旅行時点では変更されていることも多くあります。本書のデータはひとつの目安としてお考えいただき、現地では観光案内所などでできるだけ新しい情報を入手してご旅行ください。

発行後の情報の更新と訂正について

　発行後に変更された掲載情報や訂正箇所は『地球の歩き方』ホームページの本書紹介ページ内に「更新・訂正情報」として可能なかぎり最新データに更新しています（ホテル、レストラン料金の変更などは除く）。下記 URL よりご確認いただき、ご旅行前にお役立てください。
URL www.arukikata.co.jp/travel-support

投稿記事について

　投稿記事は、多少主観的になっても原文にできるだけ忠実に掲載してありますが、データに関しては編集部で追跡調査を行っています。投稿記事のあとに（東京都　○○　'22）とあるのは、寄稿者と旅行年度を表しています。ホテルの料金など、追跡調査で新しいデータに変更している場合は、寄稿者データのあとに調査年度を入れ ['23] としています。
※皆さんの投稿を募集しています（→ P.319）

ジェネラルインフォメーション

基本情報

▶ 旅の言葉→ P.308

国 旗
上から黒、赤、黄金の 3 色旗。

正式国名
ドイツ連邦共和国
Bundesrepublik Deutschland

国 歌
ドイツ人の歌　Deutschland-Lied

面 積
約35万7000km²（日本の約94%）

人 口
約8,430 万人（'22）

首 都
ベルリン Berlin。人口約385 万人（'22）

元 首
フランク・ヴァルター・シュタイン
マイアー大統領

政 体
連邦共和制。16の連邦州からなり、そ
れぞれ州政府をもち、学校、警察、土
地利用計画などの権限をもつ。EU加
盟。

民族構成
ドイツ系がほとんど。ソルブ人、フリー
ス人など少数民族も。総人口の 10%
弱は外国人。

宗 教
キリスト教が約 60%（カトリックと
プロテスタントがほぼ半数ずつ）、ほ
かイスラム教、ユダヤ教。

言 語
ドイツ語

通貨と
為替レート

▶ お金の持っていき方
→ P.280

▶ ドイツでの両替
→ P.281

通貨単位はユーロ（€、EURO、EUR と
も略す）、補助通貨単位はセント（CENT）。
それぞれのドイツ語読みは「オイロ」と
「ツェント」となる。€1 = 100 セント＝
約161 円（2023 年6月23日現在）。紙幣
の種類は 5、10、20、50、100、200 ユーロ。
硬貨の種類は 1、2、5、10、20、50 セ
ント、1、2 ユーロ。

1ユーロ

2ユーロ

5ユーロ

10ユーロ

20ユーロ

50ユーロ

100 ユーロ

200ユーロ

ドイツの ATM

1セント　2セント　5セント　10セント　20セント　50セント

電話のかけ方

▶ 電話
→ P.302

▶ インターネット
→ P.303

日本からドイツへかける場合

事業者識別番号	国際電話識別番号	ドイツの国番号	市外局番	相手先の電話番号
0033（NTTコミュニケーションズ） **0061**（ソフトバンク） 携帯電話の場合は不用	**010**	**49**	（頭の0は取る） ××	**123-456**

※携帯電話の場合は 010 のかわりに「0」を長押しして「＋」を表示させると、国
番号からかけられる
※ NTT ドコモ（携帯電話）は事前に WORLD CALL の登録が必要

出入国

ビザ
　最長90日以内の観光目的の滞在なら不要。
パスポート
　残存有効期間は、ドイツを含むシェンゲン協定加盟国（→ P.285）を出国する日から3ヵ月以上必要。

▶ 機内持ち込み制限
→ P.284
▶ ドイツ入国時の免税範囲
→ P.285

日本からのフライト時間

　フランクフルトまたはミュンヘン、デュッセルドルフまで直行便で約12〜14時間。3社の直行便が運航。

▶ ドイツへのアクセス
→ P.283

気候

　ドイツは冬の寒さが厳しい。南のミュンヘンでさえ、まだ札幌よりも北に位置する。したがって服装を考えるときは、北海道よりもやや寒いくらいのつもりで用意するといい。夏は、猛暑の年もあるが、雨が降るとかなり冷え込む日もあるので、カーディガンなどの防寒着は必携。

フランクフルトと東京の気温と降水量

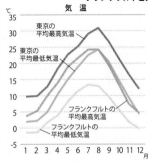

▶ 旅のカレンダー
→ P.16 〜 19

冬の防寒対策はしっかりと

時差とサマータイム

　日本との時差は8時間で、日本時間から8時間引けばよい。つまり日本のAM7：00が、ドイツでは前日のPM11：00となる。これがサマータイム実施中は7時間の時差になる。
　サマータイム実施期間は3月の最終日曜AM2：00（＝AM3：00）〜10月の最終日曜AM3：00（＝AM2：00）。

ビジネスアワー

　以下は一般的な営業時間の目安。店舗により30分〜2時間前後の違いがある。
銀行
　支店により異なるが、月〜金曜の平日9：00〜16：00頃（昼休みがある支店もある）が一般的。土・日曜、祝日は休業。
デパートやショップ
　月〜金曜の平日10：00〜19：00、土曜9：00〜16：00（大都市やクリスマスシーズンは〜18：00）。
レストラン
　昼食11：30〜14：00、夕食17：30〜23：00頃。

ドイツから日本へかける場合

| 国際電話識別番号 00 | + | 日本の国番号 81 | + | 市外局番（頭の0は取る）×× | + | 相手先の電話番号 1234-5678 |

▶ **ドイツ国内通話**
市内へかける場合は市外局番は不要。市外へかける場合は市外局番からダイヤルする

祝祭日（おもな祝祭日）

●祝祭日に準じる日

12/24 と 12/31 は、多くの商店や博物館、美術館では昼頃までの短縮営業あるいは休業となる。また、ケルン、デュッセルドルフなどカーニバルを盛大に祝う都市では、期間中ほとんどの美術館、博物館は休業する。カーニバル期間は 2024 年は 2/8 ～ 14（ケルン）で、この期間中の一部のみ（特に月、火曜）休業の場合もある。

キリスト教にかかわる祝日が多く、年によって異なる移動祝祭日（※印）に注意。一部の州のみの祝日（★印）もある。

1/1		元旦　Neujahr
1/6	★	三王来朝　Heilige Drei Könige
3/29 ('24)	※	聖金曜日　Karfreitag
3/31 ('24)	※	復活祭　Ostern
4/1 ('24)	※	復活祭翌日の月曜日　Ostermontag
5/1		メーデー　Maifeiertag
5/9 ('24)	※	キリスト昇天祭　Christi Himmelfahrt
5/19 ('24)	※	聖霊降臨祭　Pfingsten
5/20 ('24)	※★	聖霊降臨祭翌日の月曜日　Pfingstmontag
5/30 ('24)	※★	聖体節　Fronleichnam
8/15	★	聖母マリア被昇天祭　Mariä Himmelfahrt
10/3		ドイツ統一の日　Tag der Deutschen Einheit
10/31	★	宗教改革記念日　Reformationstag
11/1	★	諸聖人の日　Allerheiligen
11/20 ('24)	※★	贖罪の日　Buß- und Bettag
12/25、12/26		クリスマス　Weihnachtstag

電圧とプラグ

電圧は230Vで、周波数は50Hz。プラグはCタイプが一般的、一部にSEタイプもある。日本国内用の電化製品はそのままでは使えないものが多く、変圧器が必要。

Cタイプ　　差し込み口

映像方式

ドイツで販売しているブルーレイとDVDソフトは日本と映像方式等が異なるので、一般的な日本国内用の再生デッキでは再生できない。DVD内臓のパソコンあるいはリージョンフリーのDVD・ブルーレイプレーヤーがあれば再生できる。

チップ

レストランやホテルなどの料金には、サービス料が含まれているので、必ずしもチップ（ドイツ語ではトリンクゲルトという）は必要ない。ただし、サービスをしてくれた人に対する感謝の意を表す心づけとして渡す習慣がある。額は、特別なことを頼んだ場合や満足度によっても異なるが、以下の相場を参考に。

タクシー
料金の10%程度。トランクに入れる荷物が多いときはやや多めに。

レストラン
店の格にもよるが、一般には10%ぐらいの額を、テーブルでの支払い時にきりのいい金額に切り上げて渡すか、おつりの小銭をテーブルに残す。

ホテル
ベルボーイやルームサービスを頼んだとき€1～2程度。

トイレ
掃除の係員がお皿を前に置いて座っていたら€0.20～0.30程度。

飲料水

水道水は飲用できるが、水が変わると体調を崩すこともあるので、敏感な人はミネラルウオーターを利用したほうが安心。

レストランやスーパーなどで売っているミネラルウオーターは、炭酸入り（ミット・コーレンゾイレ mit Kohlensäure）と、炭酸なし（オーネ・コーレンゾイレ ohne Kohlensäure、または still）がある。500㎖入りはスーパーマーケットで買うと約€1、駅の売店などでは€2程度。なお、ボトル飲料は容器代を加算して販売されるが、所定の回収機に入れれば容器代は返却される（→ P.300）。

※本項目のデータはドイツ大使館、ドイツ観光局、外務省などの資料を基にしています。

▶郵便
→P.304

▶免税手続き、税金還付
（リファンド）について
→P.300 ～ 301

▶旅のトラブルと安全対策
→P.305 ～ 307

▶ドイツの日本大使館、
総領事館→ P.305

▶レンタカーの旅
→P.294

郵 便

ドイツの郵便は民営化され Deutsche Post AG という。郵便業務に加えて、文具などを販売しているところも多い。駅やショッピングセンターの一角にカウンターを出しているところもある。一般的な営業時間は平日8：00 ～ 18：00、土曜は ～ 12：00、日曜、祝日は休み。田舎の小さな郵便局では昼休みを取ったり、大都市の駅の郵便局は夜遅くまで営業していたりと、さまざま。

郵便料金
日本へのエアメールの場合、はがき €0.95、封書が 50g まで €1.70。2kg までの小型包装物 Päckchen€19.49、小包 Paket5kg まで €47.99。

左／ポストは黄色
上／小包用のボックスも販売されている

税 金

TAX

ドイツではほとんどの商品に付加価値税 Mehrwertsteuer（Mwst. と略す）が 19%かかっている（書籍と食料品は除く）。旅行者は手続きをすればこの税金は戻ってくる（10%程度）。ちなみに戻ってくるのは買い物で支払った税金。ホテル代や飲食代は還付されない。

安全とトラブル

パトカーの車体カラーはシルバーとブルーが基本（州や役割により一部異なる）

フランクフルトやミュンヘンなどの空港や駅周辺では、スリの被害が出ている。グループツアーが利用するような大型ホテルでは、ロビーやレストランでの置き引きも起きている。

警察署 ☎110
消防署 ☎112

年齢制限

ドイツでは 16 歳未満の飲酒と 18 歳未満の喫煙は禁止。レンタカーは、レンタカー会社や車種によって年齢制限があり、クレジットカードの提示も必要。

度量衡

日本の度量衡と同じで距離はメートル法。重さはグラム、キロ、液体はリットル。なお、量り売り食品の場合は、500g をアイン・プフント ein Pfund、250g をアイン・ハルベス・プフント ein halbes Pfund ということもある。

その他

トイレの複数形表示は Toiletten

トイレ
トイレはトアレッテ Toilette またはヴェー・ツェー WC でも通じる。扉に「00」と表示しているところもある。**女性用は Damen または Frauen、男性用は Herrn または Männer**、あるいはそれぞれの頭文字の **D** と **H** だけの表示の場合もある。使用中の表示は**ベゼット besetzt**、空きは**フライ frei**。デパートではレストランフロアには必ずある。博物館などのトイレはきれいなので、立ち寄るように心がけておくといい。大型駅構内やサービスエリアのトイレは有料（€0.50 ～ 1程度）で、クーポン方式が多い。クーポンは構内の協賛店での買い物に利用できる（最低購入額規定あり）。

マナー
ドイツではあいさつが大切。店に入ったら店員やウエーターに「こんにちは ハロー Hallo、またはグーテン・タークGuten Tag（南ドイツではグリュス・ゴット Grüß Gott）」、サービスを受けたら「ありがとう　ダンケ Danke」、出るときは「さようなら チュス Tschüß」と言おう。これだけで応対してくれる人の態度も変わってくる。

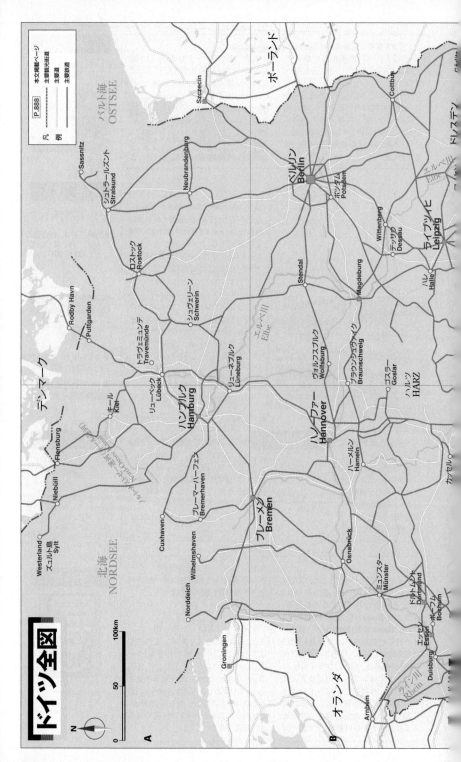

ドイツ全図

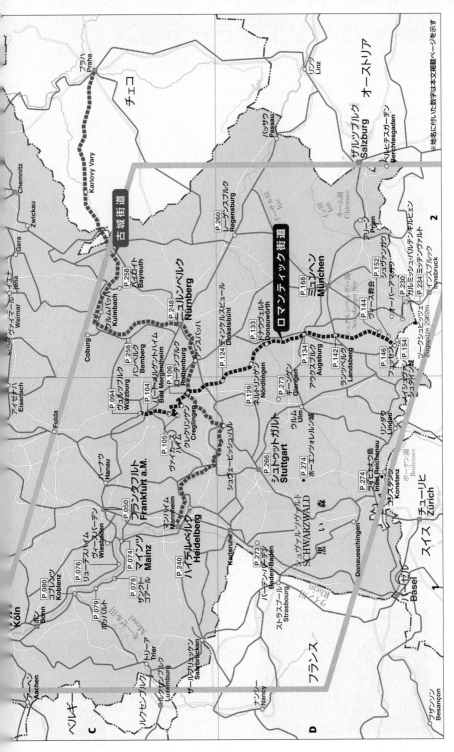

※地名に付けた数字は本文掲載ページを示す

古城街道

ロマンティック街道

チェコ

オーストリア

スイス

フランス

ベルギー

Aachen アーヘン

Köln ケルン

Bonn ボン P.079

Koblenz コブレンツ P.080

P.076 リューデスハイム

P.074 ヴィースバーデン Wiesbaden

Mainz マインツ P.078 ザンクト・ゴアール

Frankfurt a.M. フランクフルト P.050

Hanau ハーナウ バーナウ

Mannheim マンハイム

Heidelberg ハイデルベルク P.240

Karlsruhe カールスルーエ

Baden-Baden バーデン・バーデン P.273

Strasbourg ストラスブール

Saarbrücken ザールブリュッケン

Luxemburg ルクセンブルク

Trier トリーア

Nancy ナンシー

Besançon ブザンソン

Basel バーゼル

Zürich チューリッヒ

Konstanz コンスタンツ

Insel Reichenau ライヒェナウ島 P.274

Lindau リンダウ P.274

Bodensee ボーデン湖

Donaueschingen ドナウエッシンゲン

SCHWARZWALD シュヴァルツヴァルト 黒い森

Stuttgart シュトゥットガルト P.266

Ulm ウルム

Hohenzollern ホーエンツォレルン城 P.274

Schwäbisch Hall シュヴェービッシュ・ハル

Würzburg ヴュルツブルク P.094

Bad Mergentheim バート・メルゲントハイム P.104

Rothenburg ローテンブルク P.106

Creglingen クレクリンゲン P.105

Wertheim ヴァイカース ハイム

Fulda フルダ

Eisenach アイゼナハ

Weimar ヴァイマール

Jena イエナ

Gera ゲラ

Zwickau ツヴィッカウ

Chemnitz ケムニッツ

Praha プラハ

Karlovy Vary カルロヴィ・ヴァリ

Coburg コーブルク

Kulmbach クルムバッハ

Bayreuth バイロイト P.258

Bamberg バンベルク P.256

Nürnberg ニュルンベルク P.248

Dinkelsbühl ディンケルスビュール P.124

Nördlingen ネルトリンゲン P.129

Giengen ギーンゲン P.273

Augsburg アウクスブルク P.134

Donauwörth ドナウヴェルト P.133

Landsberg ランツベルク P.142

München ミュンヘン P.168

Regensburg レーゲンスブルク P.260

Passau パッサウ

Salzburg ザルツブルク

Berchtesgaden ベルヒテスガーデン

Linz リンツ

Füssen フュッセン P.146

ヴィース教会 P.144

Prien プリーン

Chiemsee キーム湖

Starnberger See シュタルンベルガー湖

ホーエンシュヴァンガウ P.154

Innsbruck インスブルック P.234 ミッテンヴァルト

シュロス・リンダーホーフ宮

P.152 シュロス・ノイシュヴァンシュタイン P.230

Zugspitze 2962m ツークシュピッツェ

Inn川 イン川

Isar川 イーザル川

RHEIN ライン川

Mosel モーゼル川

2

1

C

D

13 ◆

南ドイツのオリエンテーション

南ドイツの特徴は?

ドイツ最大の州、バイエルン州を中心としたドイツ南部は、平坦な地形の北部に比べて、山や高原、森林と牧草地帯が多く緑が豊か。古都や古城も数多く、歴史を知るほど、じっくりと訪ね歩きたくなる奥深い魅力がある。

ローテンブルク中心部の大通りヘレンガッセ沿いには立派な館が並ぶ

フランクフルトとライン川周辺

ドイツの空の玄関フランクフルトは、高層ビルが並ぶ近代都市。古城を見るなら、ライン川流域を遊覧船で旅してみよう。ドイツで最も訪問客が多いケルン大聖堂も見逃せない。

ロマンティック街道

ドイツを代表する観光街道。中世の雰囲気そのままの、石畳の路地に木組みの家々が建ち並ぶさまはまさにロマンティック。鉄道や個人客も気軽に利用できるツアーバスで行ける。

木組みの家並みがかわいいディンケルスビュール

ミュンヘンと周辺

ビールの町ミュンヘンは、ビアホール巡りがお楽しみ。ヴィッテルスバッハ家の都として栄えた町は、名画の宝庫アルテ＆ノイエ・ピナコテークをはじめ、文化遺産が数多い。

ミュンヘンの中心、マリエン広場

古城街道

ドイツは古城が多い国。なかでも西のハイデルベルクから東のニュルンベルク、バンベルク、バイロイトといった古都をつなぐ古城街道沿いには、70以上もの城や宮殿が点在している。

ネッカー川に架かるカール・テオドール橋

デンマーク
北海
シュレスヴィヒ・ホルシュタイン州
Schleswig-Holstein
ブレーマーハーフェン
ハンブルク州
Freie und Hans
ブレーメン
Freie Hans
オランダ
ニーダーザクセン州
Niedersachsen
ハノーヴ
ノルトライン・ヴェストファーレン州
Nordrhein-Westfalen
デュッセルドルフ
ケルン
ボン
ベルギー
ヘッセン州
Hessen
ラインラント・ヴィースバーデン
プファルツ州
フランクフルト
ルクセンブルク
マインツ
ヴュルツブルク
Rheinland-Pfalz
古城街道
ザールラント州
Saarland
ハイデルベルク
ローテ
ザールブリュッケン
シュトゥットガルト
バーデン・ヴュルテンベルク
Baden-Württemberg
フランス
スイス

地方の権力が強く、各地に個性豊かな文化が発達したドイツには、全国に魅力的な町が点在している。なかでも南ドイツには、ロマンティック街道やミュンヘンなど人気のスポットが多数あり、初めてドイツを旅するなら、特に訪ねてみたい地域だ。

おすすめトップ10！

南ドイツの世界遺産

2023年5月現在、登録数は51件で世界3位。まさに世界遺産の宝庫といえるドイツ。なかでも、南ドイツには観光がしやすくバラエティに富んだ世界遺産が多い。

ケルン大聖堂 ➡P.84

ブリュールのアウグストゥスブルク城とファルケンルスト城 ➡P.87

ロマンティック・ラインライン渓谷中流上部 ➡P.72～

ヴュルツブルクのレジデンツ ➡P.96

ヴィース教会 ➡P.144

バンベルクの旧市街 ➡P.256

レーゲンスブルクの旧市街とシュタットアムホーフ ➡P.260

マウルブロン修道院 ➡P.269

ライヒェナウ島 ➡P.274

ル・コルビュジエの建築作品——ヴァイセンホーフ・ジードルング ➡P.269

ケルン大聖堂はドイツで最も多くの人が訪れる教会

ライン川の遊覧船に乗って、ワインと古城を楽しもう

まばゆいばかりの華麗な装飾に包まれたヴィース教会

シュトゥットガルトと黒い森周辺

ドイツ南西部に広がる黒い森周辺には、自動車産業の町シュトゥットガルトをはじめ、温泉の町バーデン・バーデンやマウルブロン修道院、ライヒェナウ島など、個性的な見どころが多い。

温泉保養地バーデン・バーデンのカジノ

ロマネスクの壁画が残るライヒェナウ島

バルト海

メクレンブルク・フォアポンメルン州
Mecklenburg-Vorpommern

シュヴェリーン

ポーランド
オーデル川

ベルリン州
Berlin

マクデブルク

ブランデンブルク州
Brandenburg

ザクセン・アンハルト州
chsen-Anhalt

ドレスデン

ザクセン州
Freistaat Sachsen

テューリンゲン州
ringen

フルト

チェコ

バイロイト

ニュルンベルク

ドナウ川

バイエルン州
Freistaat Bayern

ミュンヘン

イン川

オーストリア

セン

南ドイツ 旅のカレンダー

1月 ＊Januar

☀日の出 8:24 　☀日の入 16:33

最高気温	最低気温	降水量
3.1	-2.1	44

●元旦 Neujahr（1日）

★三王来朝
Heilige Drei Könige（6日）
各地で3人の王（カスパー、メルキオール、バルタザール。東方の三博士ともいう）に扮した子供たちが寄付を集めて回る。

**クリスマス気分は
1月6日まで？**
ドイツではクリスマスツリーを片づけるのは1月6日。イルミネーションなども6日まで飾っている町が多い。

2月 ＊Februar

☀日の出 7:59 　☀日の入 17:17

最高気温	最低気温	降水量
5.2	-1.6	40

▶カーニバル
Karneval
（8〜14日 '24／ケルン・マインツなど）
さまざまな仮装姿で飲んで歌って大騒ぎ。ケルンとマインツは特に大規模なパレードで有名。

3月 ＊März

☀日の出 7:07 　☀日の入 18:07

最高気温	最低気温	降水量
9.7	0.9	51

サマータイム開始
（3月31日 '24）
（3月30日 '25）

●聖金曜日 Karfreitag
（29日 '24※）

マインツのカーニバルの大パレード
© Landeshauptstadt Mainz

ケルンのカーニバルのクライマックスはバラの月曜日のパレード
Köln Tourismus GmbH / Dieter Jacobi

子供たちのパレードの日もあるケルン
Köln Tourismus GmbH / Dieter Jacobi

© Landeshauptstadt Mainz
趣向を凝らしたコスチュームでパレードに参加

得意のブラスマーチが聞こえてくるケルンのカーニバル
Köln Tourismus GmbH / Dieter Jacobi

●祝祭日、★は一部の州のみの祝日。　※は移動祝祭日　▶おもな祭りとイベント
日の出／日の入：フランクフルト毎月1日(2024年)
気温と降水量：フランクフルトの過去30年の平均データ(Deutsche Wetterdienst)

4月 ＊April

🌙日の出 **7:00**　🌙日の入 **19:57**

最高気温	最低気温	降水量
14.2	**3.9**	**52**

●復活祭翌日の月曜日
　Ostermontag（1日 '24※）

▶**アウアードゥルトAuer Dult**
　（27日〜5月5日 '24／ミュンヘン）
年に3回マリアヒルフ広場
Mariahilfplatzで開催されるの
みの市。ヨーロッパで最大級
の食器市としても知られ、移動
遊園地も。
🔗www.auerdult.de

ローテンブルクのマイスタートルン
ク祭でにぎわうマルクト広場

5月 ＊Mai

🌙日の出 **6:00**　🌙日の入 **20:44**

最高気温	最低気温	降水量
19	**7.9**	**61**

●メーデーMaifeiertag
　（1日）

●キリスト昇天祭
　Christi Himmelfahrt
　（9日 '24※）

●聖霊降臨祭翌日の月曜日
　Pfingstmontag（20日'24※）

★聖体節 Fronleichnam
　（30日 '24※）

▶**マイスタートルンクの祭り**
　Der Meistertrunk　→P.114
　（17〜20日 '24／ローテンブル
　ク）

マインツァー・
ヨハニスナハト
は大聖堂周辺の
広場で開催

6月 ＊Juni

🌙日の出 **5:19**　🌙日の入 **21:26**

最高気温	最低気温	降水量
22.2	**11.3**	**70**

▶**ハイデルベルク古城祭り**
　Schlossfestspiele　→P.239
　（11日〜7月30日 '23／ハイデ
　ルベルク）

▶**マインツァー・ヨハニスナハト**
　Mainzer Johannisnacht
　（21〜24日 '24／マインツ）
ヨハネの日（6月24日）頃に開催
される民族祭。大聖堂前の広
場などには屋台が並び、ライ
ン川では花火大会も。

▶**ミュンヘン・オペラ・フェス**
　ティバル　Münchner Opern-
　festspiele　　　→P.209
　（28日〜7月31日 '24／ミュンヘン）

© Landeshauptstadt Mainz

ライン川沿いに移動遊
園地も登場するマイン
ツァー・ヨハニスナハト

祭りやイベントの日程は2023年5月に確認したもので、変更および中止の場合もあります。
必ず出発前に主催団体のサイトや観光局などで再確認してください。

7月 ＊Juli

🌅日の出 5:20　🌇日の入 21:38

最高気温	最低気温	降水量
24.2	**13**	**63**

▶ラインの火祭り
Rhein in Flammen
（1日 '23／リューデスハイム、
ビンゲン）
ライン川沿いの町で5〜9月に
計5回開催。古城など名所の
ライトアップや花火を、川岸や電
飾で飾った遊覧船から楽しむ。
🆄🆁🅻 www.rhein-in-flammen.com

▶聖キリアーニ民族祭
Kiliani-Volksfest
（6月30日〜7月16日 '23／ヴュル
ツブルク）
ヴュルツブルクの守護聖人キリ
アーニを祝い、マイン川畔の
会場のテントや屋台を中心に
フランケンワインを飲んで盛り
上がる。民族衣装でのパレー
ドや最終日の花火も華やか。

▶子供祭りキンダーツェッヒェ
Kinderzeche　　→P.127
（12〜21日 '24／ディンケルス
ビュール）

▶ハイデルベルク古城ライトアップ
Heidelberger Schlossbeleuchtungen
（8日 '23／ハイデルベルク）
真っ赤にライトアップされた古
城と、ネッカー川に打ち上げら
れる花火は夏の風物詩。例年
6月（3日 '23）と9月（2日 '23）に
も開催。

▶ケルナー・リヒター
Kölner Lichter
（13日 '23／ケルン）
ホーエンツォレルン橋からライ
ン公園にかけてのライン川が
会場。ライトアップや花火を、
川岸や船上から楽しむ。
🆄🆁🅻 www.koelner-lichter.de

▶アウアードゥルト **Auer Dult**
（27日〜8月4日 '24／ミュンヘン）
年に3回開催されるのみの市。夏
の回はヤコビドゥルトと呼ばれる。

8月 ＊August

🌅日の出 5:55　🌇日の入 21:08

最高気温	最低気温	降水量
23.9	**12.7**	**65**

★聖母マリア被昇天祭
Mariä Himmelfahrt（15日）

▶マイン川祭り　　　→P.65
Mainfest
（4〜7日 '23／フランクフルト）

▶ラインの火祭り
Rhein in Flammen
（12日 '23／コブレンツ）
コブレンツでは城塞のライト
アップと花火がメイン。ドイチェ
ス・エックはすごい人出に。
🆄🆁🅻 www.rhein-in-flammen.com

▶ワイン祭り **Weinfest**
（17〜21日 '23／リューデスハイム）
ブラスバンドの演奏を聴きなが
ら、ラインワインを楽しむ民族
祭。ワインの女王の登場も。
🆄🆁🅻 www.ruedesheimer-weinfest.de

リューデスハイムのワイン祭り。店先で気軽にワインを味わえる

9月 ＊September

🌅日の出 6:40　🌇日の入 20:09

最高気温	最低気温	降水量
20.2	**9.7**	**48**

▶ラインの火祭り
Rhein in Flammen
（9日 '23／オーバーヴェーゼル
16日 '23／ザンクト・ゴアール、ザ
ンクト・ゴアルスハウゼン）
古城のライトアップと花火を楽
しむ祭り。イルミネーションが
輝く遊覧船の予約は早目に。
🆄🆁🅻 www.rhein-in-flammen.com

▶オクトーバーフェスト
Oktoberfest　　　→P.42
（16日〜10月3日 '23）

▶旧市街祭り **Altstadtfest**
（15日〜10月1日 '23／ニュルンベルク）
ハンス・ザックス広場とペグ
ニッツ川の中州に屋台が立ち
並ぶ。オープンエアコンサート
も開催。
🆄🆁🅻 www.altstadtfest-nue.de

ラインの船団と
古城のライト
アップは一大ス
ペクタクル！
（コブレンツ）

10月 ＊ Oktober

🌅日の出 7:26　🌇日の入 19:03

最高気温	最低気温	降水量
14.2	5.8	51

● ドイツ統一の日
Tag der Deutschen Einheit
（3日）

★ 宗教改革記念日
Reformationstag（31日）

▶ アウアードゥルトAuer Dult
（14～22日 '23／ミュンヘン）
年に3回開催されるのみの市の
冬の回で、キルヒヴァイドゥル
トと呼ばれる。

サマータイム終了
（10月29日　'23）
（10月27日　'24）
（10月26日　'25）

11月 ＊ November

🌅日の出 7:16　🌇日の入 17:01

最高気温	最低気温	降水量
7.6	1.7	59

★ 諸聖人の日Allerheiligen
（1日）

★ 贖罪の日Buß-und Bettag
（22日 '23　20日 '24※）

ミュンヘンのクリスマスマーケット

12月 ＊ Dezember

🌅日の出 8:03　🌇日の入 16:25

最高気温	最低気温	降水量
4.1	−1	54

● クリスマス
1. Weihnachtstag
（25日）

● クリスマス2日目
2. Weihnachtstag
（26日）

▶ クリスマスマーケット
Weihnachtsmarkt　→P.22
（クリスマスの約4週間前～12/24
頃　ドイツ各地）
クリスマスイルミネーションが
輝くマーケットは、冬のいちば
んのお楽しみ。

メリーゴーラウンドはマーケットで
一番人気の乗り物

オクトーバーフェストのオープニン
グパレード

食べ歩きが楽し
いクリスマス
マーケット

フランクフルトのレーマー広場で開
催されるクリスマスマーケット

特集 1

南ドイツの
注目スポット＆最新旅行情報

コロナ禍の間にオープンした新スポットや、知っておきたい旅情報を紹介しよう。

人気の
ノイシュヴァンシュタイン城は
予約が欠かせない

ノイシュヴァンシュタイン城の
予約方法が変更に
城の DATA → P.154

ドイツで観光客に最も人気といえるこの城は、コロナ以前もオンラインでチケット予約はできたが購入はできず、城の麓にあるチケットセンターに当日立ち寄って支払わねばならなかった。現在はオンラインで支払いまでできるようになったので、当日チケットセンターに立ち寄る必要はなくなり便利になった。詳しくは→P.154

スマホのチケット購入画面。注意事項をよく読んで

人数、日時、オーディオガイドの言語を選択した画面

FC バイエルン、
フラッグシップショップが新オープン
ショップ DATA → P.225

ミュンヘン旧市街の中心地にオープンしたサッカー、ブンデスリーガの絶対的強豪FCバイエルンの新ショップ。ミュンヘンにはほかにもショップがあるが、ここはユニホームなどのウエアを中心に販売している。上階には高級ブティックホテルDO & COもあり、ファンなら一度は泊まってみたい。

上／ユニホームを中心にしたディスプレイ
下／入口から地下フロアへ続く階段

19世紀の建物にあった模様を再現したファサードが印象的

向かって右がゲーテハウス、左がドイツ・ロマン派博物館

ゲーテハウスに併設して
ドイツ・ロマン派博物館
オープン
博物館 DATA → P.62

ゲーテの生家、ゲーテハウスはフランクフルトで最も重要な観光ポイント。この館に向かって左側にドイツ・ロマン派博物館が完成した。ゲーテハウスへはこの博物館に入場してからでないと入れない。ロマン派とはヨーロッパ各地で18世紀末から19世紀前半にかけて文学、絵画、音楽などの分野に広まった芸術活動。

絵画、文学、音楽などの分野を幅広く展示

有名な『カンパーニャのゲーテ』はオリジナルが個人蔵のため、カール・ベナート作の19世紀の複製を所蔵

安心して旅するために知っておきたい
After コロナのドイツ観光

コロナ後、ドイツの旅行スタイルに大きな変化はないが、
楽しい旅にするために以下は知っておきたい。

活気に満ちたフランクフルト中央駅前

●海外旅行保険の加入

加入は任意だが、万一ドイツで新型コロナウイルスに感染した場合に備えて加入しておくと安心。診察や入院はカバーされるが、滞在が延長になった場合の旅費は含まれない場合が多いので、加入時に詳しく内容をチェックしておきたい。(海外旅行保険について→P.277、307)

●マスク着用について

2023年8月現在、ドイツでマスク着用義務はない。混雑した地下鉄車内などでもほぼ皆ノーマスク。ただ、コロナが完全に収束したわけではないので、ごく少数だが着用している人も見かける。着用するか否かは個人の判断によるものなので、不安なときはためらわずに着用してかまわない。

●キャッシュレス化の普及

コロナ後、レストランやカフェの支払い時に「バー・オーダー・カルテ Bar oder Karte (Casch or Card)?」と聞かれることがとても増えた。それだけ以前は現金支払いが普通で、カード支払いは少なかった。美術館などの入場料や交通機関の支払いにもカードが使えるところが多くなり、利用する人も増えてきている。

キャッシュレス化が進んでいる

●人気スポットはオンライン予約を

ルートヴィヒ2世の城など人気の見どころは、事前にオンライン (PCまたはスマホ) で日時指定予約のチケットを購入したほうがよい。予約なしでも残券があれば入れるが、希望する時刻が取れるとはかぎらない。ただし、変更やキャンセルはできないところがほとんどなので予約時は慎重に。

> ### 新型コロナウイルス感染症に関する最新情報をチェック
>
> 新型コロナに関する措置は、今後も状況に応じて変更される可能性があるので、下記サイトなどで必ず確認を。
>
> **在ドイツ日本大使館**
> URL www.de.emb-japan.go.jp
>
> **新型コロナウイルスに関連する最新情報**
> **厚生労働省**
> URL www.mhlw.go.jp/
> 新型コロナウイルス感染症特設ページ

【単語】

（検査結果が）陰性
ネーガティーフ
negativ

（検査結果が）陽性
ポージティーフ
positiv

消毒する
デスインフィツィーレン
Desinfizieren

（検査）証明書
ツェアティフィカート
Zertifikat

隔離
イゾラツィオーン
Isolation

検疫
クァランテーネ
Quarantäne

◎病院での会話、
身体症状の用語→P.311

新型コロナ関連のドイツ語

PCR検査を受けたい。
イッヒ メ ヒ テ ミッヒ ペーツェーエール テステン ラッセン
Ich möchte mich PCR testen lassen.

検査結果はいつ、どのようにしてわかりますか？
ヴァン ウント ヴィー エアハルテ イッヒ マイン エアゲープニス
Wann und wie erhalte ich mein Ergebniss?

私はコロナワクチンの接種を受けました。
イッヒ ハーベ ミッヒ ゲーゲン コ ロ ナ インプフェン ラッセン
Ich habe mich gegen Corona impfen lassen.

私はコロナワクチンの接種を受けていません。
イッヒ ハーベ ミッヒ ニヒト ゲーゲン コ ロ ナ インプフェン ラッセン
Ich habe mich nicht gegen Corona impfen lassen.

メルヘンの国のクリスマス

クリスマスマーケットを訪ねて

Christmasmarket

クリスマス前の約4週間にわたって開かれるクリスマスマーケットは、大人も子供も1年でいちばん楽しみにしている特別な行事。焼きソーセージや熱いグリューワインの香りに包まれて屋台が並び、色とりどりのイルミネーションがきらめいて、まるでメルヘンの国に迷い込んだよう。

赤白の屋根の屋台がズラリと並ぶ

フラウエン教会前の中央市場がメイン会場

おもちゃ箱のような マーケット
ニュルンベルク
Nürnberg

ドイツで最も有名で、世界中から多くの人が訪れる。その歴史は古く、1628年には開催されていたという記録がある。ニュルンベルクはおもちゃの町として知られ、クリスマスマーケットにも木製のおもちゃやスズ製のオーナメント、ドールハウスの小物、プラム人形などを売る店が多いのが特徴。

下／ツリーの飾り用のカラフルなクッキー　右／クリストキンドル（クリスマスチャイルド）はニュルンベルクのクリスマスマーケットのアイドル。子供たちにカードを配る

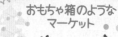

じっくり見たいなら比較的すいている午前中に訪れたい

プラム人形の顔はクルミ、体は干したイチジクとプラムからできている

クリスマスマーケットDATA
行き方＆ガイド→P.248
URL www.christkindlesmarkt.de
開催 2023年は12/1～12/24の開催予定（12/1は17:30～、12/24は～14:00）。

投稿　2022年12月22～25日までケルン、ニュルンベルク、ミュンヘンなどのクリスマスマーケットをめぐり、グリューワインカップを集めました。家族4人で合計17個のカップが何よりのおみやげになりました。（東京都　はなちゃん　'22）

1年中クリスマスを楽しめる町
ローテンブルク
Rothenburg ob der Tauber

町の中心のマルクト広場と、聖ヤコブ教会へ続く通りがクリスマスマーケットのエリア。グリューワインを飲みながらおしゃべりしたり、食べ歩いたりといった楽しみ方がおすすめ。

市庁舎の塔の上から見たマルクト広場周辺

上／マルクト広場がメイン会場　右／ドイツ製の木のおもちゃの多くは、チェコ国境に近いエルツ山地の村の工房で作られる

クリスマスマーケットDATA
行き方＆ガイド→P.106
圏2023年は12/1～12/23の開催予定。

都会の中の光の世界
ミュンヘン
München

町の中心マリエン広場を中心に、周辺の歩行者天国の道や広場にも屋台が並ぶ。約30mの高さのツリーが見事。

上／新市庁舎がライトアップされたマリエン広場　下／昼過ぎぐらいまでなら、のんびりと屋台を見て歩ける

クリスマスマーケットDATA
行き方＆ガイド→P.168
圏2023年は11/27～12/24の開催予定。

✳ クリスマスマーケットの開催期間と注意

規模の大小はあるが、ドイツ全国の多くの町で開催されている。開催期間はクリスマス（12/25）の4週間前からクリスマスイブ、またはイブの前日までが一般的だが、開催初日と最終日は数日ずれる町もある。小さな町では週末のみ開催の場合もある。夕方以降はかなり混雑するので、貴重品には注意を払うこと。寒さ対策もしっかりと。

世界に誇る
ドイツプロダクツ

シンプルで飽きがこないデザイン。
さらに機能的で耐久性に優れたドイツ製品は長年、
世界中で支持されてきた。
いつまでも大切に使い続けたいお気に入りの品、
一生モノとなるドイツプロダクツを紹介しよう。

ぬいぐるみ

シュタイフ
Steiff

URL www.steiff.com

愛らしい動物たち
のぬいぐるみがい
ろいろ Ⓐ Ⓒ Ⓘ

　1902年、南ドイツのギーンゲンの町で、
手芸好きの女性マーガレット・シュタイフ
によって誕生したクマのぬいぐるみは、翌
年アメリカに渡って「テディベア」の愛称
とともに世界中に広まった。左耳にボタン
で留めた「ボタン・イン・イヤーButton
in Ear」というタグが同社製品の証し。

ドイツブランドの名品

定番のブルーオニオンと、
金の縁取りがゴージャス
なカップ Ⓑ

マイセン
Meissen

URL www.meissen.com

　西洋磁器の歴史はマイセンから始
まった。1709年ヨーロッパで最初に
磁器製造に成功し、翌年、王立磁器工
房創立。ヨーロッパ随一の名窯となっ
た。造形や絵付けは、伝統的な手作業
で支えられている。

ゴールドの縁取
りが気品を感じさ
せる器（→ P.224）

ニンフェンブルク
Nymphenburg

URL www.nymphenburg.com

　1747年にバイエルン王立工房としてミュン
ヘンに設立。マイセンと並ぶ高級磁器として、
ドイツでは根強い人気がある。1761年に、ミュ
ンヘンの名所でもあるニンフェンブルク城に
移転、現在も城の敷地内の工房で生産している。

磁器

アルファベットの記号（Ⓐ Ⓑ Ⓒ…）
は扱い店舗を示します→P.27

ヴェー・エム・エフ
WMF
URL www.wmf.com

正式名称Württembergische Metallwaren Fabrik(ヴュルテンベルク・メタル製品工場)の略称がブランド名。1880年創業、ステンレスの高級カトラリーやキッチンウエアで有名。創業時から各国の有名デザイナーを起用しており、デザイン性を重視している。

使いやすいデザインのカトラリーは、1本から多人数用のセットまで用意 **ⒶⒷⒸ**

 キッチンウエア

深型シチューポットと両手鍋。WMFは多くのデパートで扱っており、バーゲンシーズンは狙い目

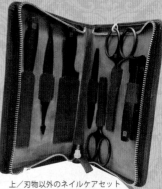

上／刃物以外のネイルケアセットも充実 下／1938年生まれのクラシックキッチンばさみはロングセラー。栓抜き、ふた開け、などの機能も付いている (→ P.224)

ヘンケルス
Zwilling J.A. Henckels
URL www.zwilling.com

刃物の町ゾーリンゲンで1731年に創業、「双子Zwilling」のマークは世界に広まった。キッチンばさみもヘンケルスが最初に売り出した。キッチングッズやネイルケアセットも好評。

機能的なバッグ (→ P.69)

ブリー
BREE
URL www.bree.com

ベージュのヌメ革を使ったナチュラル感あふれるバッグで人気を博した。現在はカラー、素材もバリエーション豊富だが、いずれも革の魅力を生かした品ばかり。

 バッグ

アイグナー
AIGNER
URL www.aignermunich.com

1965年にミュンヘンで創業。バッグや財布、ベルトで世界的に有名なブランドとなった。

アイグナーの頭文字Aを馬蹄形にデザインしたロゴでおなじみ (→ P.68、P.223)

定番のアルミニウム製に加え、軽量なポリカーボネイトのシリーズも展開 (→ P.69、P.88)

リモワ
RIMOWA
URL www.rimowa.com

空港やホテルで、「旅慣れた人」として一目おかれる存在にしてくれるのがリモワのスーツケース。1898年にケルンで創業、1937年に現在のアルミニウム製トランクが誕生。表面のリブ加工が、耐久性を強化している。

スーツケース

雑貨&小物カタログ

クルミ割り人形のような、
いかにもドイツ風の伝統的なモチーフのおみやげから、
精巧なミニカーまで、遊び心のある品がいろいろ。

アートグリップという握りやすいドットが
付いた色鉛筆 **E**

文具

ファーバーカステル
FABER-CASTELL
URL www.faber-castell.com

1761年にニュルンベルク郊外
のシュタインという町で創業。
1851年に作られた六角形の鉛筆
が、鉛筆の長さ・太さ・硬度の世
界基準となっている。製図、スケッ
チ用品などプロの支持が高く、こ
だわりの文具を製造している。

CDや金属、ガラスに書ける油性ペン
MULTIMARK（permanent）€ 3.99。
ヘッドに消しゴム付き **E**

缶入り8本セット
€ 12.90 **H**

シュトックマー
STOCKMAR
URL www.stockmar.de

1952年にウォルドルフスクールの
依頼で蜜蝋のクレヨンを開発。口に
入れても無害で安全なクレヨンはド
イツのほとんどの幼稚園や小学校で
使用している。重ね塗りしてもべた
つかず、発色のよさでも定評がある。

一つひとつ表情が異なる職人の手作り感が魅力 **H**

木製人形

オストハイマー
Ostheimer
URL www.ostheimer.de

動物や童話のキャラクターなどの
ミニ木製人形のメーカー。子供たち
の想像力がふくらむよう、素朴な形
と優しい色彩で作られている。大人
のコレクションにも耐える品質と
フォルム。

キャンドル
ライト
ハウス

中にキャンドルを置いて楽
しむ手作りの焼き物。ローテ
ンブルク郊外にある**ライク
Leyk**は、直営ショップ（→P.119）
のほか、南ドイツ各地のク
リスマスマーケットに出
店していることも多い。

ドイツの家や教会などが
伝統的なモチーフ

少しずつ買い
集めてね

クルミ割り
人形

口にクルミを入れて背中のレバーを押し下げて割る。王様や兵士姿の人形が多いのは、ふだん威張っている人物に、思いきり硬いものをかませてやることで、庶民がうっぷんをはらしたからだとか。

大きさによって価格はさまざま**F**

コロンと丸くてかわいいでしょ？

スモーカー
人形

小さな卵形サイズのスモーカー人形は手頃な価格で最近人気 **F**

胴体の部分を外して、コーン形のお香を入れてたくと、顔から煙がモクモク出てくる。別売りでお香の種類もいろいろあり、すてきな香りの演出をしてくれる。

ミニカー

ジクSikuのミニカーは安くて精巧。ドイツ旅行中に見かけた働くクルマを思い出に買っていくのもいい。

ジクのミニカーは
各€3.99〜 **G**

タオル

フェイラー
Feilerは南ドイツで生まれた高品質な織物ブランド。

吸収力抜群、綿100%のハンカチ
€13.50 **D**

アルファベットの記号は扱い店舗を示します。
Aガレリア/フランクフルト（→P.68）
Bクスターマン/ミュンヘン（→P.223）
Cガレリア/ミュンヘン（→P.222）
Dフェイラー/フランクフルト（→P.69）
Eミュラー/ミュンヘン（→P.224）
Fケーテ・ヴォールファールト/ローテンブルク（→P.119）
Gオブレッター/ミュンヘン（→P.225）
Hクンスト＆シュピール/ミュンヘン（→P.225）
Iシュタイフミュージアム/ギーンゲン（→P.273）
※ 掲載品は価格変更や品切れとなる場合があります。

27

スーパー＆ドラッグストアで買える
プチプラみやげ

ドイツ人の日常生活に密着したスーパーマーケットとドラッグストア。旅の途中に食料品を仕入れたり、バラまき用のおみやげにぴったりの菓子も豊富だったり、そのうえコスパもいい！ ドラッグストアでは各種コスメやハーブティーなどがおすすめ。

コーヒー豆
ミュンヘンの高級デリカテッセン、ダルマイヤーのコーヒー豆€6.49はスーパーでも各種扱う **A**

スープ
インスタントのカップスープ。アスパラガスは濃い目に作るとおいしい。€1.19 **B**

レムラード＆マスタード
フライなどにつけるタルタルソース風のレムラード€1.59と、白ソーセージに欠かせない甘いマスタード€1.29 **A**

ナッツ＆ドライフルーツ
学生の餌Studentenfutterという意味の昔ながらのネーミングがユーモラス。ヘルシーで栄養満点なので旅の常備食にぴったり。€4.39 **C**

カップ入りヌードル
スープでおなじみマギーのブロッコリー入りクリームソース味€1.49 **A**

ビスケット
ライプニッツの全粒粉ビスケット。甘さ控えめでサクサクとした食感はあとをひくおいしさ。€1.49 **A**

チョコスナック
全粒粉の軽いパフにチョコレートをコーティング。食べ始めると止まらないので気をつけて。ドクター・クエント製。€1.89 **B**

チョコレート
正方形のパッケージが目印のリッターのチョコは種類も豊富。期間限定フレーバーを見つける楽しみも。左からマンゴー＆マラクジャのホワイトチョコ€1.29、ペルー産カカオ74%€1.49、クリスピーバナナ€1.29 **A**

グミ
グミといえばハリボ。ドイツ人に人気の駄菓子で独特の食感がある。定番のペアをはじめ、青ガエル、渦巻きなどさまざま€0.69〜 **A**

スーパーマーケットの利用法

1 レジ前に来たら、買い物カゴから自分で商品を取り出して、コンベア式の精算台の上に載せる。使ったカゴは所定の位置へ自分で戻す。

2 前後の人が買った品とまぎれないように、備えつけの仕切りバーを置くか、十分なスペースを取る。

3 レジ袋は有料。エコバッグを持参しよう。必要な場合は精算時に早目に「アイネ・テューテ・ビッテ」という。支払い後は自分で品物を袋に詰める。

はみだし デパートの地下にある一部の店を除き、入口と出口は厳密に決まっている。買いたいものがなくて店外へ出たい場合も、万引き防止の意味もあり、必ず人がいるレジ前を通過しないと外へ出られないようになっている。

コーンパフスナック
グルテンフリーでBIO素材の軽いコーンスナック。サワークリーム＆オニオンフレーバー。€1.19 **B**

デンタルフロス
平らなタイプのフロスなので狭い歯間に入りやすい。フレッシュミントフレーバー。€0.90 **B**

ファイバークロス
再生した竹の繊維を使用したリサイクルマイクロファイバークロス。グラスや鍋などの洗浄に。€1.95 **B**

ジンジャークッキー
3種類のショウガにチョコチップを混ぜたディンケル小麦のクッキー。€2.99 **C**

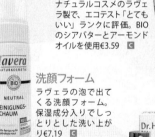

ハンドクリーム
ナチュラルコスメのラヴェラ製で、エコテスト「とてもいい」ランクに評価。BIOのシアバターとアーモンドオイルを使用€3.59 **C**

アイクリーム
日本でもおなじみニベア。コエンザイムQ10配合で眼の周りが乾燥知らずになる優れもの€10.95 **B**

洗顔フォーム
ラヴェラの泡で出てくる洗顔フォーム。保湿成分入りでしっとりとした洗い上がり€7.19 **C**

化粧水
自然派化粧品のドクター・ハウシュカの製品は薬局、またはドラッグストア（自然派化粧品を扱う店のみ）で扱っている。いかにも自然派という香りがするスプレー式の化粧水€24.50は男性も使用可 **C**

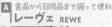

歯磨きペースト
1回1滴だけ歯ブラシに付ければOK。歯肉、舌もきれいにしてくれる。€1.25

ココで買えます！　　※店によっては販売していない商品もあります。各チェーンのサイト内に支店Filialeのリストが出ています。

A 食品から日用品まで揃って便利
レーヴェ REWE

ドイツでトップクラスの店舗数を誇るチェーン。庶民的な品を低価格で揃える。

ミュンヘン/中央駅前店
Bahnhofplatz 1, München
Map P. 172-A1　www.rewe.de
月～土6：00～20：00　日・祝

B 便利な大型ドラッグストア
ミュラー Müller

3フロアある大型店。化粧品だけでなく、おもちゃ、文具、マルチメディアなどのエリアもある。

ミュンヘン/タール店
→詳細データP.224

C ドイツ最大級のBIOスーパーチェーン
ベーシック basic

→詳細データP.226

※掲載品は価格変更や品切れとなる場合があります。　**29**

食材の宝庫
南ドイツの**おすすめ料理**

［ドイツ料理図鑑］

ドイツのなかでも南ドイツはグルメで知られる。
ボリュームたっぷりの肉料理を中心に、
各地の名物ソーセージ、
季節限定のアスパラガスやキノコ料理など、
おいしい料理がいろいろある。

肉料理
Fleisch

ドイツ料理の本領は
肉料理にある。
ソースに凝るより煮込んで
うま味を引き出す料理法が多い。
どれもボリュームたっぷり。

リンダーブルスト
Rinderbrust

牛の胸肉をコンソメスープで煮た
あっさりした料理。白い西洋ワサ
ビMeerrettichが添えられる。

ヴィーナー・シュニッツェル
Wiener Schnitzel

サクッとした衣が付いた軟らかなカツレツ。
店によって仔牛肉または豚肉を使用する場
合がある。つけ合わせはフライドポテト。

シュヴァイネハクセ
Schweinehaxe

豚のスネ肉のロースト。バイエル
ン地方の名物。つけ合わせはジャ
ガイモのクネーデル（団子）。

シュマンケールプファンドル
Schmankerlpfandl

〜プファンドル、〜プファネとあればフ
ライパンで供される料理のこと。ソー
セージやベーコン、ポテト、ザウアーク
ラウトなどの盛り合わせ。2人前以上で
注文の場合もある。

ハックステーク
Hacksteak

ドイツ風ハンバーグのこと。かなりの厚
みがあり、肉汁がじわりと出てくる。目
玉焼きやポテトなどが添えられる。

シュヴァイネブラーテン
Schweinebraten

バイエルンの代表的な豚肉料理。
コクのあるソースが決め手。

コールルーラーデ
Kohlroulade

ロールキャベツのこと。ベーコンのうま味
がたっぷりのスープでじっくりと煮込んであ
り軟らかい。つけ合わせはマッシュポテト。

ソーセージで有名なドイツのなかでも、特に南ドイツには名物ソーセージが揃っている。ビールによく合い、値段も安いので、いろいろ試してみたい。

ヴュルツブルガー・ブラートヴルスト
Würzburger Bratwurst

ヴュルツブルクの焼きソーセージ。たっぷりのザウアークラウトなどのつけ合わせとともに。

ブラウエ・ツィプフェル
Blaue Zipfel

香味野菜を入れたやや酸味があるクリアなスープとソーセージを合わせたフランケン地方（ヴュルツブルクなど）の名物。

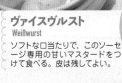

ヴァイスヴルスト
Weißwurst

ソフトな口当たりで、このソーセージ専用の甘いマスタードをつけて食べる。皮は残してよい。

皮ははがして食べる

ニュルンベルガー・ブラートヴルスト
Nürnbergerbratwurst

ニュルンベルク名物の焼きソーセージは、手の指ぐらいの小ぶりのソーセージ。炭火で焼いたカリッとした食感がたまらないおいしさ。

レバーケーゼ
Leberkäse

ケーゼフライシュともいう。蒸し焼きにしたドイツ風ミートローフで味はほとんどソーセージ。南ドイツのビアホールや肉屋ではおなじみの品。

魚料理
Fisch

残念ながら南ドイツはあまり魚料理のバリエーションが多いとはいえない。比較的高級なレストランなら、魚料理もある。

ニジマスのグリル
Gebratene Regenbogenforelle

ふんわりと焼き上げた白身魚にレモンを絞っていただく。日本人の口に合う一品。

ラックスフィレ
Lachsfilet

サーモンのフィレのこと。サーモンを蒸し煮またはムニエルにすることが多い。ハーブ入りのクリームソースとよく合う。

アスパラガス &キノコ料理
Spargel & Pfifferlinge

5月〜6月中旬に出回る春の味覚、
ホワイトアスパラガスは
ドイツ人が夢中で食べる食材。
夏にはキノコの一種
プフィッファリンゲが登場する。

シュパーゲル・ミット・ステーク
Spargel mit Steak

ステーキ添えのアスパラガス。
主役はあくまでもアスパラガス。

シュパーゲル・ミット・ザルツカルトッフェルン
Spargel mit Salzkartoffeln

クリーミーなオランデーズソースをかけ、塩ゆでポテトを添えて食べるのが最もポピュラー。

ブラットザラート・ミット・プフィッファリンゲ
Blattsalat mit Pfifferlinge

キノコのソテーをのせたグリーンサラダ。塩味でキノコ本来の風味を味わえる一品。ヘルシーなランチに。

ラーム・プフィッファリンゲ
Rahm Pfifferlinge

アンズダケをブラウンクリームソースで煮込んだコクのあるキノコ料理。ゆでたジャガイモまたはクネーデルというパンで作った団子がつけ合わせとなることが多い。

ドイツ風 パスタ料理
Pasta

南ドイツで食べられる
シュペッツレという細かいパスタや、
マウルタッシェンという中に
具が入ったラビオリ風のパスタは、
さまざまな料理法があり、
日本人の口に合う。

ケーゼシュペッツレ
Käsespätzle

南ドイツ名物のシュペッツレという細かいパスタをゆで、チーズをかけて焼いた一品。肉料理などのつけ合わせとしても用いられる。

マウルタッシェン
Maultaschen

ひき肉やホウレンソウなどを刻んで混ぜた具を小麦粉の皮で包んだマウルタッシェンに、アツアツのベーコンソースをかけたもの。

コンソメスープの具として食べることも

スープ
Suppen

しっかりとした味と量なので、
小食の人ならスープとパンだけで
おなかがいっぱいになってしまうかも。

カルトッフェルズッペ
Kartoffelsuppe

ジャガイモのポタージュスープ。ベーコンやグリンピースなどの具をミックスしてある場合が多い。

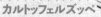

レバークネーデルズッペ
Leberknödelsuppe

レバーのひき肉団子入りコンソメスープ。レバー団子が大きいので、パンと一緒に食べれば、軽いランチになるボリューム。

入店から会計まで

［レストランの利用法］

ドイツ風のインテリアで
気取らないレストラン

1 あいさつ、着席

入店したら、昼は「グーテン・ターク（南ドイツではグリュス・ゴット）」、夜は「グーテン・アーベント」とあいさつ。人気店や高級レストランでは勝手に席に着かず、スタッフの案内を待とう。ビアレストランやカフェレストランなど気軽な店で、スタッフが案内に来ない店なら空いている席に着いてよい。ただしテーブル上に「予約席reserviert/Reserved」の表示や（予約）時刻を書いた紙が出ていないか確認してから座ること。

2 飲み物をオーダー

席に着くと、係の人からシュパイゼカルテSpeisekarteを渡される。ドイツではすぐに「お飲み物は？ ツム・トリンケンZum Trinken?」と聞かれる。ビールやミネラルウオーター、ワインなどを先に注文して、食事メニューはそれからじっくりと検討する人が多い。

食べたいものが決まったら、メニューを閉じていないと、なかなか注文を取りにきてくれないことがある

3 料理をオーダー

観光客が多い店では、英語や日本語のメニューを用意している店も一部にあるが、ドイツ語だけでさっぱりわからなかったら、その日の定食ターゲスメニューTagesmenüを頼むといい。割安の料金になっているし、料理が出てくるのも早いはず。

メニューの単語集→P.312

スープやコーヒーなどは音を立ててすすらないのが基本のテーブルマナー

よほどの高級レストラン以外、サラダやスープ1品だけの注文でも大丈夫

4 会計はテーブルで

注文を取ってくれた担当に「お勘定お願いします ツァーレン・ビッテZahlen, bitte」と呼びかけて、テーブルで支払う。数人で食事して割り勘で払う場合は「ゲトレントgetrennt」、誰かが代表してまとめて払う場合は「ツザメンZusammen」と言えばよい。代金には税金とサービス料が含まれているが、チップを渡すのが一般的。おつりの端数や合計額の10％程度を上乗せして払う。カードで払う場合もチップは現金で。ただ、チップはあくまでもサービスしてくれた人に感謝の意味で渡すもの。サービスが悪かったときにまで渡す必要はない。

1ユーロ未満の端数のおつりはもらわずに、チップとして渡す習慣がある

投稿 レストランでの滞在時間は、日本よりも長くみておくほうがよさそう。思った以上に時間を取られ、観光時間不足となりました。注文をするまでと、料理の提供までが待たされる感じです。（神奈川県 山崎さらぎ '18）['23]

かめばかむほど味わい深い

［ドイツパン図鑑］

ドイツ語でパンはブロートBrot。ドイツのホテルの朝食に出てくる、焼きたてのパンのおいしさと種類の多さに、きっと誰もが驚くはず。特にライ麦パンは、かめばかむほど深い味わいが広がるし、毎日食べても飽きのこない小型の白パンBrötchenも、日本では味わえないおいしさ。ヒマワリの種やゴマをまぶしたパンや、全粒粉を使ったパンなど、ヘルシーさでもポイントの高いパンがいろいろある。

ライ麦パン
Roggenbrot

ライ麦パンの種類はさまざまで、一般的な**ロッゲンブロートRoggenbrot**と、小麦とライ麦を混ぜた**ミッシュブロートMischbrot**が定番といえる。ライ麦の含有量が多いほど、色が濃くなる。ドイツ北部でよく食べられる**プンパニッケルPumpernickel**はライ麦を90%以上使用した、最も色の濃い黒パンで酸味も強い

ブレーツェル Brezel
ドイツのパン屋さんの看板にもなっているパン。独特の風味があっておいしい。粒塩がまぶしてあるものは、ビールのおつまみにも好まれるので、ビアホールには必ず置いてある

ラウゲンシュタンゲ
Laugenstange
ブレーツェルと同じラウゲン生地を使用しているので、もっちりとした歯触り

クロワッサン
Croissant
ドイツでもおなじみ、バターがたっぷりで大きい

ヘルンヒェン
Hörnchen
角の形のパン。写真は表面にケシの実をまぶしてあるもの。朝食に食べられる

ブレートヒェン
Brötchen
「小さいパン」という意味のブレートヒェンは、外の皮がパリッと硬く、中は軟らかい白パン。南ドイツでは**ゼンメルSemmel**、ベルリンでは楕円形で**シュリッペSchrippe**ともいう、朝食の定番パン。横からナイフを入れて上下ふたつにスライスし、バターやジャムを塗ったり、ハムやチーズをのせて食べる

シュネッケ
Schnecke
かたつむり、という名の菓子パン。写真は、レーズンとクリームが入った**ロジーネンシュネッケRosinenschnecke**

ドイツの パン屋さん

パン屋は7:00頃から開店している店が多く、閉店は18:00頃。最近はスタンドコーナーを設けて、コーヒーとともにその場でパンを食べられるパン屋も多い。パン屋は、大きな駅の構内にもたいていあるので、サンドイッチなどを買って車内で食べるのもいい。サンドイッチはバゲットサンドが黒パンを使ったタイプが主流。

左／ミュンヘン中央駅構内のパン屋リシャルト。セルフサービスのカフェスペースも併設。バラエティ豊かなパンを使ったサンドイッチが豊富

右／各地に急増しているディスカウントベーカリー。セルフサービスで好きなパンを選べて格安！

ドイツ人御用達の軽食スタンド
［インビス活用ガイド］

インビス Imbiß とは

　ソーセージやトルコからやってきたデナーケバブというお肉のサンドイッチなどを売る店はインビスと呼ばれ、いわばドイツのファストフードショップ。トレーラーを利用した店や商店の一角を利用した店などがあるが、基本はすべて立ち食い。レストランに入る時間がないときや、ひとり旅で手早く食べたいとき、小腹がすいたときに助かる存在。

デナーケバブのインビス

　日本ではドネルケバブと呼ばれるが、ドイツではデナーケバブDöner Kebab（またはデナーケバプDöner Kebap）という。ゆっくり回転しながら焼かれている巨大な肉の塊を、外側から薄くそぎ切りにして、キュウリ、トマト、タマネギ、キャベツなどの生野菜と一緒にピタパンやフラーデンブロートに挟み、好みでヨーグルトソースやチリソースとともに食べる。

苦手な野菜を抜いたり、ソースや辛さのリクエストにも応じてくれる

ソーセージの注文の仕方

　注文は簡単。ジュウジュウ焼けているソーセージを指さして、「焼きソーセージくださいBratwurst, bitte.」（ブラートヴルスト ビッテ）と言えばいい。2〜3種類のソーセージが並んで焼かれている場合は「どれにする?」と聞かれたりすることもあるが、店や地方によって扱っているソーセージは異なるから、名前まで覚える必要はなく、指させばよい。焼きソーセージは、丸いパンBrötchenに挟んでくれるが、パンはいらないなら「ohne Brot」（オーネ ブロート）と言えばいい。パン付きは「mit Brot」（ミット ブロート）。カウンターにマスタードが置いてあるので、好みに応じてどうぞ。ケチャップまで用意しているところは、あまりない。

マーケットでは屋台のソーセージ店も出店

肉屋も優れたインビス!

　精肉店の店先では、ソーセージやカツレツをグリルして売っている。その場で食べられるスタンドコーナーもあり、地元の人たちが軽いランチに使う姿も見られる。次の2店は中心部にあり使いやすい。

●フランクフルト
マイン・ヴュルシュトゥル
Main Würschtl
住Braubach Str. 37
●Map P.55-A3
営月〜金9:00〜16:00
休土・日・祝

上／自家製ハンバーグをパンに挟んだFrikadelle mit Brötchenが人気　下／観光の中心レーマーのすぐ近くにある

●ミュンヘン
ヴィンツェンツムル
Vinzenzmurr
住Marienplatz 8
●Map P.173-B3
営月〜金10:00〜18:00
休日・祝

上／特製レバーケーゼを挟んだパン　中／ミュンヘン市内に20店以上の支店があり、総菜類の種類も多い　下／ボリュームたっぷりの肉料理が並ぶ

インビスで使える簡単会話

テイクアウト（持ち帰り）でお願いします。
（ツム ミットネーメン ビッテ）
Zum Mitnehmen, bitte.

ここで食べます。
（イッヒ エッセ ヒア）
Ich esse hier.

フォークをください。
（イッヒ メヒテ アイネ ガーベル ビッテ）
Ich möchte eine Gabel, bitte.

マスタードなしでお願いします。
（オーネ ゼンフ ビッテ）
Ohne Senf, bitte.

トマトを抜いてください。
（オーネ トマーテン ビッテ）
Ohne Tomaten, bitte.

ケチャップをください。
（ケチャップ ビッテ）
Ketchup, bitte.

特集6

ドイツの
スイーツ&伝統菓子

フレッシュな生クリームと色鮮やかなフルーツが
たっぷりのったドイツのケーキは、日本にはない種類もいっぱい。
ぜひ町角のカフェに立ち寄って、おいしいケーキで、コーヒータイムを過ごしたい。

ドイツで人気のケーキはコレ！

アプフェル シュトゥルーデル
Apfelstrudel

甘く煮たリンゴがたっぷり入ったアップルパイ。夏はバニラアイス、冬は温かいバニラソースをかけて食べることも。

キルシュ・ケーゼ・トルテ
Kirsch-Käse-Torte

チーズケーキの上にサクランボがたくさんのった彩りもかわいいケーキ。

エアトベア・クヴァーク・トルテ
Erdbeer-Quark-Torte

イチゴをのせたチーズケーキ。クヴァークはカッテージチーズに似たフレッシュチーズでケーキによく使われる。

アプフェル・プディング・クーヘン
Apfel-Pudding-Kuchen

カスタードクリームの上に、スライスしてさっくり煮たリンゴを並べたケーキ。

> たっぷりのリンゴが美味！

カフェでケーキを味わう

❶ケーキを選ぶ
ショーケースで好きなケーキを選び指さす。カフェで食べたいときは「ここで食べます　ヒーア・エッセンHier essen」と言うと店員が番号を書いた紙片をくれる。

❷テーブルに着く
テーブルに着いて、コーヒーや紅茶などの注文を取りに来た店員に先ほどの紙片を見せる。ケーキ名がわかっていれば、テーブルでケーキを注文してもかまわない。

❸支払い
注文を取った店員に「支払いお願いします　ツァーレン・ビッテ　Zahlen, bitte」と言って、テーブルで精算。€1未満の端数（合計金額の10％程度）は、チップとして渡す。

ビーネンシュティッヒ
Bienenstich

「蜂のひと刺し」という意味で、イースト生地とカスタードクリームの上に、スライスアーモンドをのせて焼いたお菓子。パン屋で売っていることも多い。

> アプリコットはドイツで人気の果物

アプリコーゼン・クーヘン
Aprikosenkuchen

甘酸っぱいアプリコットとカスタードクリームが絶妙なマッチングの定番ケーキ。

ドイツ伝統のお菓子

シュトレン
Stollen

クリスマスの4週間ぐらい前になると、パン屋やケーキ屋、スーパーなどにも登場する伝統的なお菓子。レーズンやアーモンドなどがたっぷり入っている。

バウムクーヘン
Baumkuchen

何層も重ねて焼き上げるバウムクーヘンはとても手間がかかるお菓子で、作っている店はかぎられる。ミュンヘンのカフェ・クロイツカム（→P.217）が老舗。

シュネーバル
Schneeball

ローテンブルクの名物で「雪の球」という意味。ソフトボールぐらいの大きさの生地を油で揚げた、硬いドーナツのような食感のお菓子。粉砂糖がけやチョコレートがけなどの種類がある。

> チョコレートの
> クリームがたっぷり

ヴィントボイテル
Windbeutel

シュークリームは、ドイツ語で「風の袋」という意味の名前がついている。新鮮な生クリームがたっぷり。

ショコ・ビルネ・ザーネトルテ
Schoko-Birne-Sahnetorte

チョコ生クリームに洋ナシのコンポートが入った優しい甘さ。ほとんどクリームでできた軟らかいケーキは、倒した状態でサービスされることもよくある。

> 甘さをおさえた
> 大人のエクレア

ケーゼトルテ
Käsetorte

しっとりとして、コクがあるチーズケーキのおいしさは、良質のフレッシュチーズを使っているから。

モカ・エクレール
Mokka Eclaire

ちょっぴりビターなモカクリームがたっぷり入った大人のお菓子。コーヒーとの相性がバツグン。

シュヴァルツヴェルダー・キルシュトルテ
Schwarzwälder Kirschtorte

チョコレートで黒い森（＝シュヴァルツヴァルト）を表現した、ドイツで一番人気のケーキ。お酒に漬け込んだチェリー（＝キルシュ）が大人の味。

アプフェルシュニッテ
Apfel Schnitte

リンゴとカスタードをのせて焼いた、素朴な味の四角いケーキ。

ヨーロッパ屈指の実力派、
ドイツ白ワイン

ブドウ栽培の北限といわれるドイツでは、白ワインの生産が主流で、その品質は世界でもトップクラス。
特にブドウ栽培に適した土壌柄のライン川流域とフランケン地方のワインはそのおいしさに定評がある。
ぜひ地元のワイナリーやワインレストランでじっくりと味わってみたい。

Probieren Sie den Wein !

ドイツワインの種類と選び方

実際にレストランなどでワインを選ぶときは、ワインの味覚による分類とブドウの種類などを知っておくと役に立つ。

味覚は、**辛口Trocken、中辛口Halbtrocken、甘口Süss**の3つに分けられる。一般的に食事中には辛口や中辛口を飲み、食後には甘口を飲むという人が多いようだ。

高級品質ワイン醸造協会 VDP の会員が生産するワインには、栓のカバーにワシの認証ロゴが付けられているので、選ぶ際の目安になる

ブドウの種類には、ドイツで最もポピュラーな**リースリングRiesling**、ラインワインに多い**シルヴァーナーSilvaner**、このふたつの種類を交配して生まれた**ミュラー・トゥルガウMüller Thurgau**などがある。ワインリストのメニューやボトルのラベルには、味覚や種類のほかに、生産地、品質、等級などが記してある。わからなかったら、味覚の好みだけを伝えて、あとは料理に合ったワインを店の人に選んでもらうといい。

辛口で通好みといわれるフランケンワイン

フランケンワイン
Franken

ヴュルツブルクを中心とするフランケン地方で生産。ボックスボイテル（ヤギの陰嚢という意味！）型の独特のボトルで有名。シルヴァーナー種の優良な辛口ワインが多い。

ラインガウ
Rheingau

リューデスハイムをはじめとする、ライン川の北岸斜面で造られるワイン。ドイツを代表する高級品質のワイン産地のひとつで、約8割はリースリング種から造られる。

モーゼルワイン
Mosel

コブレンツでライン川に合流するモーゼル川周辺もワインの名産地。フルーティですっきりした飲み口は、ワイン初心者でも飲みやすい。

ワインを味わうならこの店へ

ワイン酒場が多いリューデスハイムやマインツをはじめとするライン川沿いの町では
おいしいラインワインが、ヴュルツブルクやローテンブルクでは通好みの辛口のフランケンワインを味わえる。

ヴュルツブルク ●Map P.95-A2
ビュルガーシュピタール
Bürgerspital

約700年の歴史がある施療院付属のワインレストラン兼販売所。グラスワインでも飲めるが、ボトルで注文しても飲みきれなかった場合は持ち帰れる。ワイン販売所はSemmelstr.とTheaterstr.の角にあり、試飲もでき、日本への発送も行っている。
珍しいワインジャムもおすすめ。**データ→P.101**

右／手頃な価格で自家製の上質ワインを販売　下／日本への発送もしてくれるワイン販売所

ローテンブルク ●Map P.108-B2
グロッケ
Glocke

5種類のワインを小さなグラスで味わえるワインプローベが人気。自家製のワインも隣のショップ（→P.120）で販売。**データ→P.118**

右／5つの小さなグラスでテイスティングできる　下／ショップにずらりと並んだ自慢の自家製ワイン

ヴュルツブルク ●Map P.95-A2
ユリウスシュピタール
Juliusspital

ビュルガーシュピタールと並び、長い歴史を誇る施療院付属のワインレストラン。栽培面積がドイツ第2位のブドウ畑から造られるワインを郷土料理とともに味わえる。**データ→P.101**

名物ヴュルツブルガーソーセージが美味

リューデスハイム ●Map P.77
リューデスハイマー・シュロス
Rüdesheimer Schloss

リューデスハイムの居酒屋街の中心にある大きなワインレストラン兼ホテル。**データ→P.77**

ラインワインを堪能できる

ミュンヘン ●Map P.173-A3
プフェルツァー・レジデンツ・ヴァインシュトゥーベ
Pfälzer Residenz Weinstube

レジデンツの建物の一角にあるワインレストラン。料理も手頃な値段でおいしい。**データ→P.215**

ビールの都ミュンヘンには珍しいワインレストラン

本場のビールを味わう

おもなビールの種類

ドゥンケルビア
Dunkelbier
アルコール度が強く、濃い褐色をしている。日本ていう黒ビール。

ラードラー
Radler
ヘレスをレモン風味の炭酸甘味飲料で半々に割ったもの。真夏には、まずラードラーを1杯飲んでのどの渇きを癒やすというドイツ人が多い。

ヴァイスビア
Weissbier
小麦麦芽が主原料でコクのある味。ヴァイツェンビア Weizenbier ともいう。酵母入りで白濁しているヘーフェヴァイス、酵母をろ過したクリスタルヴァイスもある。

ヘレス
Helles
最も一般的に飲まれているビール。淡色で軽い。

ビアホールの楽しみ方

①お店選び
にぎやかなビアホールが好みならホーフブロイハウス、落ち着いた雰囲気で食事も楽しみたいならツム・フランツィスカーナーがおすすめ。

②テーブルに着く
大きな木のテーブルの店が多く、相席は当たり前。椅子が空いていれば、相席をお願いしてみよう。「ここ空いてますか？ イスト・ヒーア・フライ Ist hier frei?」と聞けば、「はい ヤー、ビッテ Ja, bitte」または「いいえ ナイン Nein」の返事が返ってくる。

③ビールの注文
普通に「ビール ビーア Bier」とだけ注文すると通常はHellesが出てくるが、ほかにもいろいろな種類があるので試してみよう。サイズは、大グロースGroßと小クラインKleinがあるので選ぶ。

④支払い
支払いはテーブルで行うので、注文した店員の顔を覚えておいて「支払いお願いします。ツァーレン・ビッテ Zahlen, bitte」と呼ぶ。チップも10％程度加算して支払う。

ビール大国ドイツ。なかでもミュンヘンはビールの都として世界中に名をとどろかせている。
町の中心部には、多くのビアホールやビアレストランがあり、昼間から連日にぎわっている。
本場のビールを思う存分味わっていこう。
天気のいい日は木陰のビアガーデンで飲むのも最高に気持ちがいい。

ミュンヘンの醸造所直営ビアレストラン

ホーフブロイハウス
Hofbräuhaus

◐ Map P.173-B3／データ→P.214

ミュンヘンの観光名所的存在。
昼間から多くの人でにぎわう。
天気のよい日は、ビアガーデン
のほうが人気。

左／ホーフブロイハウスの中庭にあるビアガーデン
上／歴史的なビアホールとしても、一度は足を運び
たいホーフブロイハウス

上／定番のつまみはオバツタ
Obatzdaというミックスペースト
パンに塗ったり大根スライスと一
緒に食べる　右／1ℓ入りジョッキ
で豪快に飲もう！

ツム・フランツィスカーナー
Zum Franziskaner

◐ Map P.173-A3／データ→P.214

ミュンヘンの中心マリエン広場から歩いて5分。フランツィ
スカーナーというビール醸造所の直営。ソーセージをはじめ
とするバイエルン料理がおいしい。

左上／ミュンヘンといえばヴァイスビア。専用の形をしたグラスで飲む
左下／フランツィスカーナーという小ぶりのソーセージとザウアークラウト
上／木を多用したバイエルン風のインテリア

その他ミュンヘンのおすすめビアレストラン→ P.214 ～

プロースト

カンパーイ

PROST

ビールの都の
底力を体感！

ビールの祭典
オクトーバーフェスト

Oktoberfest München

世界最大の
ビール祭り

ミュンヘンが1年で最も活気づくのは、毎年10月第1日曜を最終日として16日間にわたって開催されるオクトーバーフェストの時期。1810年に、バイエルン王ルートヴィヒ1世の結婚の祝宴として始まったお祭りで、彼の妃テレーゼの名を取ったテレージエンヴィーゼ（ミュンヘンっ子は略してヴィスンと呼ぶ）を会場に繰り広げられる。広大な会場には、日本でもおなじみのホーフブロイやレーヴェンブロイなど地元ビール会社の巨大なテントが立ち並び、本格的な移動遊園地も設置されて、大人も子供も楽しめる。

オクトーバーフェスト期間限定のヴィスン・ビア Wiesn Bier はアルコール分が高い（6〜7%）ので飲み過ぎに注意！ 1ℓ入りの大ジョッキは、ミュンヘンではマス Mass といい、注文は「オクトーバーフェスト・ビア・アイン・マス・ビッテ」で OK。

はだみし 入場の際には荷物チェックがあり、持ち込める手荷物は10×15×20cm以下とかなり小さい。それ以上のサイズは、会場入口付近の荷物預かり（ロッカー専用車）に預けなければならないので、必要最小限の荷物で行こう。

左／ビール会社ごとに設営される巨大テントのスケールに圧倒される　上／期間中約570万人が訪れた（2022年）。6000～7000人を収容できる大テントが午後にはすべて満席になるというケタ違いのスケール。平日の午前中なら比較的すいている

DATA

［開催地］
ミュンヘン、テレージエンヴィーゼ
Theresienwiese
◎Map P.170-B2

［会場への行き方］
中央駅から**Ｕ**4か5でひとつ目の
Theresienwieseで下車すると、会場はすぐ前。

［開催期間］
2023年は9/16～10/3、2024年は9/21～10/6、2025年は9/20～10/5の予定。会場（ビールテント）は10:00（土・日は9:00）～23:30までオープン。
ＵＲＬwww.oktoberfest.de

華やかなパレードも必見

　開催初日の土曜と日曜にはパレードがあり、特に日曜のパレードは、ドイツ各地からさまざまな民族衣装のグループや射撃隊などが旧市街を練り歩き、それは華やか。パレードをよい場所で見たいなら観客席のチケットを買ったほうがいい。

さまざまな民族衣装で着飾った人たちで華やかなパレード

テントの中はビール天国

　数千人を収容する巨大なテントの中は、バンドの演奏が鳴り響き、なじみの曲では客も大合唱で、とにかくにぎやか。観客はお目当てのできたてのビールとボリュームたっぷりのバイエルン料理を味わって、飲めや歌えの大騒ぎとなる。会場、テントの入場は無料。

遊園地やビール会社のテントが並ぶ広大なオクトーバーフェストの会場

観客動員世界一の
ドイツサッカーを体感

ドイツのプロサッカーリーグ
「ブンデスリーガ」は
地元密着型の熱狂的な応援に
サポートされ、観客動員数は世界一。
日本人選手も活躍するリーグで、
世界レベルのスター選手が繰り広げる
迫力あるプレイを堪能しよう！

アリアンツ・アレーナの
スタジアムツアーに参加

ブンデスリーガで最も有名なチームはバイエルン・ミュンヘン。スター選手が多数所属するスター軍団。そのホームスタジアムは最新の設備を誇るアリアンツ・アレーナ。昼は半透明の曲線フィルムパネルが輝き、バイエルンのホームゲームのある夕方にはシンボルカラーの赤（または同じくここをホームとするTSV1860のブルー）のライトに浮かび上がりとても幻想的。

上／ピッチのすぐそばまで見学できる　左／スタンドは34度の急傾斜で、サッカー専用スタジアムならではの迫力を堪能できる

スタジアム内をガイドが案内してくれるアレーナ・ツアーが人気を集めている。VIP用の観客席や選手たちのロッカールーム、記者会見場、さらにピッチのすぐ間際まで案内してくれる。チケット売り場はレベル3（Ebene 3）にあり、同じフロアのFCバイエルンミュージアムFC-Bayern-Museumと共通のチケットカウンターで申し込む（ただし当日チケットは入手困難なのでオンラインで事前購入を→P.45アレーナ・ツアー）。同じレベル3にはカフェやビストロなどの飲食店や大型のファンショップもある。いずれも支払いはクレジットカードなどを使用し現金は不可。

FC バイエルンミュージアム

120年を超える名門クラブの歴史と、現在までの所属スター選手を紹介。
🕙10：00〜18：00（入場は17：15まで。試合日は観戦チケットがある人のみ入場でき、開館時間は試合時刻により変更）
🚫1/1、12/24〜26・31
💴€12

バイエルン・ファンは必見

ブンデスリーガ観戦ガイド

①スケジュールのチェック
ブンデスリーガのシーズンは8月中旬から翌年5月までで、12月中旬から1月中旬に冬休みが入る。試合は、原則として金曜、土曜、日曜（一部変則日程もある）に行われる。詳細日程はブンデスリーガ公式サイト www.bundesliga.deなどに数節分まとめて発表される。

②チケット入手法
各チームの公式サイトでオンライン販売している。ユーザー登録後、クレジットカードで購入。バイエルン・ミュンヘンをはじめ有力チームのチケットはかなり入手困難。早めの手配が必要。

③スタジアムで
入場の際はゲートで荷物＆ボディチェックを受ける。女性は専用の列がある。通路から席に向かうときも係員にチケットを提示する。
ほとんどのスタジアム内の売店は現金使用不可。以前は専用プリペイドカードで支払う方式が多かったが、現在はクレジットカード等での支払いが多い。

Allianz ■ Arena

バイエルン・ミュンヘンの試合日は、
赤のライティングに変化する

© Allianz Arena.B.Duke

⚽ アレーナ・ツアー Arena Tour

スタジアムのガイドツアーとミュージアム見学がセットされている。ガイドツアーはドイツ語または英語。当日チケットは入手困難なのでwww.fcbayern.com/museum/de（英語あり）から日時指定のチケットをオンラインで購入しておくこと。
料€25、オーディオガイド（日本語あり）€3

ロッカールームも見学できる

DATA　アリアンツ・アレーナ
◯Map P.170-B1
6万6000人。全席屋根付き。
行き方ミュンヘン中央駅から北へ約10kmに位置し、ミュンヘン中心部のマリエン広場Marienplatz駅から地下鉄Ｕ6のGarching-Forschungszentrum方面行きで所要約16分のフレットマニングFröttmaningで下車。駅から徒歩約15分。
URL allianz-arena.com

ブンデスリーガ 18 チームの紹介

下記は2023/24シーズンのブンデスリーガ1部所属のチーム。公式サイトにはチケットの入手方法やスタジアムへの交通などの情報も掲載されている。なお、最終順位が下位2クラブ（17、18位）は翌年2部降格。16位のクラブは2部で3位のクラブと入れ替え戦を行う。

バイヤー・04・レバークーゼン
Bayer 04 Leverkusen
スタジアム名：バイ・アレーナ
URL www.bayer04.de

ボルシア・ドルトムント
Borussia Dortmund
スタジアム名：ジグナル・イドゥナ・パーク
URL www.bvb.de

FCアウクスブルク
FC Augsburg
スタジアム名：WWKアレーナ
URL www.fcaugsburg.de

TSG 1899 ホッフェンハイム
TSG 1899 Hoffenheim
スタジアム名：プレゼロ・アレーナ
URL www.tsg-hoffenheim.de

アイントラハト・フランクフルト
Eintracht Frankfurt
スタジアム名：ドイチェ・バンク・パーク
URL www.eintracht.de

1. FSVマインツ05
1. FSV Mainz 05
スタジアム名：メーヴァ・アレーナ
URL www.mainz05.de

SC フライブルク
SC Freiburg
スタジアム名：オイローパ・パルク・シュタディオン
URL www.scfreiburg.de

FCバイエルン・ミュンヘン
FC Bayern München
スタジアム名：アリアンツ・アレーナ
URL fcbayern.com

ボルシア・メンヒェングラートバッハ
Borussia Mönchengladbach
スタジアム名：www.borussia.de
URL www.borussia.de

SVヴェルダー・ブレーメン
SV Werder Bremen
スタジアム名：ヴェーザーシュタディオン
URL www.werder.de

VFLヴォルフスブルク
VFL Wolfsburg
スタジアム名：フォルクスワーゲンアレーナ
URL www.vfl-wolfsburg.de

1. FC ケルン
1. FC Köln
スタジアム名：ラインエネルギーシュタディオン
URL fc.de

1. FC ウニオン・ベルリン
1. FC Union Berlin
スタジアム名：アン・デア・アルテン・フェルステライ
URL www.fc-union-berlin.de

VfLボーフム 1848
VfL Bochum 1848
スタジアム名：ヴォノヴィア・ルーアシュタディオン
URL www.vfl-bochum.de

1. FC ハイデンハイム 1846
1. FC Heidenheim 1846
スタジアム名：ヴォイト・アレーナ
URL www.fc-heidenheim.de

SV ダルムシュタット 98
SV Darmstadt 98
スタジアム名：メルク・シュタディオン・アム・ベレンファルトーア
URL www.sv98.de

VfBシュトゥットガルト
VfB Stuttgart
スタジアム名：メルセデス・ベンツ・アレーナ
URL www.vfb.de

RB ライプツィヒ
RB Leipzig
スタジアム名：レッドブル・アレーナ
URL rbleipzig.com

はみだし ドイツのプロサッカーリーグ、ブンデスリーガは1963年に誕生した。2023年4月現在、ブンデスリーガに所属する日本人選手は10人、2部に7人。公式サイトには日本語ページもある。URL www.bundesliga.com/jp

フランクフルトとライン川周辺

Frankfurt & Rheintal

ライン川の中州に建つファルツ城

フランクフルトとライン川周辺

日本からの直行便が多いフランクフルトは、ドイツの空の玄関口。高層ビルが並ぶ近代都市だが、ドイツの歴史には重要な町で見どころも多い。古城が集まるライン川中流域と大聖堂の町ケルンは、どちらもドイツを代表する世界遺産だ。

周遊のヒント

🚄 鉄道で（利用の仕方→ P.286）

フランクフルトはドイツの鉄道網の中心で、どこへ行くにも便利な町。フランクフルト中央駅 Frankfurt Hbf. がメインステーションだが、フランクフルト空港駅 Frankfurt Flughafen に停車してもフランクフルト中央駅には停まらないルートを取る列車もあるので、時刻表を調べるときは注意。

ドイツ各地をつなぐ列車が発着するフランクフルト中央駅

🚢 遊覧船で（利用の仕方→ P.73）

ドイツの旅のハイライト、ライン川観光に欠かせないのがライン川遊覧船。冬期は運休する。

ステイガイド

フランクフルトとケルンは、ドイツ有数の大都市でホテル代は高め。また、どちらもメッセ（見本市）開催都市として知られ、大規模見本市の期間中はホテルがほぼ満室状態になることも多く、ホテル代も跳ね上がる。節約したいときは近隣の都市のホテルを探すか、日程の変更を考えたい。見本市の日程は下記サイトでチェックできる。
- ●フランクフルト見本市
- 🔗www.messefrankfurt.com
- ●ケルン見本市
- 🔗www.koelnmesse.de

ライン川観光をするなら、マインツやコブレンツ、リューデスハイムでの宿泊もおすすめ。ただし冬はオフシーズン。

名産品と料理

フランクフルトの名物はリンゴ酒、**アプフェルヴァインApfelwein**。さわやかな酸味があり、郷土料理店で飲める。大衆的な飲み物なので、高級レストランなどには置いていない。料理は、**グリューネ・ゾーセ Grüne Soße**というグリーンのソースをたっぷりかけたゆで卵またはゆで肉の料理が名物。肉料理は**リップヒェンRippchen**という豚の塩漬けあばら肉も定番。

ライン川周辺は、ドイツでいちばんのワインの産地。おいしいワインを楽しみたい。ケルンでは、**ケルシュ Kölsch**という名物ビールをぜひ試したい。

ガラスのコップで飲むリンゴ酒

ドイツならではのワイングラス

ボリュームたっぷりのリップヒェン

クレソンやパセリなど7種のグリーンハーブを使ったグリューネ・ゾーセ

ケルンの地酒ケルシュは小さくてスマートなグラス入り

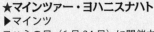

★おもな祭りとイベント

★ラインの火祭り
▶コブレンツ

毎年8月に開催。エーレンブライトシュタ
イン要塞のライトアップと花火がメイン
で、ライン川には観光船が集まり、宵闇の
なかを大船団が進む様子は圧巻。
URL www.rhein-in-flammen.com

闇のなかを進んでいく船は貸し切りで、乗船には予約が必要。岸辺か
らの見物がおすすめ

★マインツァー・ヨハニスナハト
▶マインツ

ヨハネの日（6月24日）に開催される民族
祭。大聖堂周辺の広場や通りに多くの屋台
が並び、ライン川沿いには移動遊園地も出
る。夜は花火大会も。

マインツ大聖堂の周辺は食べ物や遊戯屋台が並ぶ

フランクフルトとライン川周辺

イントロダクション

ベルリン

フランクフルト

ミュンヘン

交通図

幹線鉄道
ローカル線鉄道
路線バス

数字は、2地点間をつなぐ最も早い便を利用した
場合のおよその移動所要時間を表す。
停車や乗り換え時間は含まない。
例）1°30′＝所要1時間30分

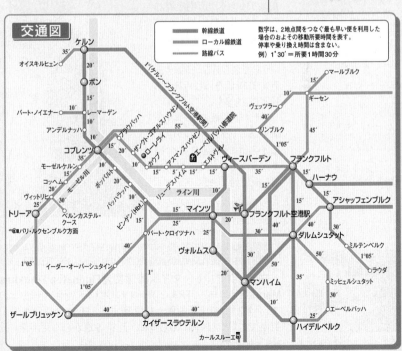

フランクフルト

Frankfurt am Main

DATA

MAP	P.13-C1
人口	76万4100人
市外局番	069

ACCESS

🚄 ICE（→P.286、ドイツの超特急）でミュンヘンから約3時間10分。フランクフルト中央駅はドイツ最大級の駅で各地へ路線が延びている。

❶ フランクフルトの観光案内所
☎(069) 247455400
URL www.frankfurt-tourismus.de
● 中央駅構内の❶
住 im Hauptbahnhof, Frankfurt am Main　D-60329
◯ Map P.54-B1
🕐 月～水　　8:00～21:00
　　木～日　　9:00～18:00
　　（季節により変更あり）
休 1/1、12/25・26

● レーマーの❶
住 Römerberg 27
◯ Map P.55-B3
🕐 月～金　　9:30～17:30
　　土・日・祝　9:30～16:00
　　（季節により変更あり）
休 1/1、12/25・26

フランクフルト空港（FRA）
URL www.frankfurt-airport.de

階段状の屋根が印象的なレーマー（旧市庁舎）

　フランクフルトは、文豪ヴォルフガング・フォン・ゲーテが生まれ、神聖ローマ皇帝の戴冠式が行われた町で、17世紀にはロートシルト（ロスチャイルド）家やベートマン家といった銀行家により、金融都市として発展した。現在は、銀行や保険会社の本社ビルが建ち並ぶ近代都市であり、ユーロを統括する欧州中央銀行の所在地でもあり、市内を流れるマイン川と高層ビルが建ち並ぶ様からマンハッタンをもじって「マインハッタン」というあだ名もある。シュテーデル美術館をはじめとする見どころも多い。

　ドイツ最大級のターミナル駅であるフランクフルト中央駅からはドイツ各地への列車が発着している。胸が高なる旅の始まりだ。

ドイツで最も高いビル、コメルツバンク・タワーを背景に立つ文豪ゲーテの像

航空会社によって発着ターミナルが異なるので確認を

▲ フランクフルト到着

　フランクフルト・マイン国際空港Flughafen Frankfurt Main（空港コード：**FRA**。以下フランクフルト空港と略記）は、フランクフルトの南西約9kmに位置する。ヨーロッパ屈指の大空港で、ドイツ国内はもちろん、世界各地からの便が乗り入れている。

空港は**ターミナル1**と**ターミナル2**に分かれ、ルフトハンザやANAはターミナル1に、日本航空はターミナル2に発着する。両ターミナルは、**スカイライン**と呼ばれる高架電車とシャトルバスで結ばれている（→P.52）。

日本から直行便を利用して到着したら、英語も併記されている案内板に従って、次の順序で進む。

1 入国審査（パスポートコントロール）Passkontrolle

飛行機を降りたら、**Passkontrolle**の表示に従って通路を進む。EU加盟国のパスポート（e Pass）所持者は自動入国審査機を使えるが、日本人の場合は入国審査官がいる列に並ぶこと。通常はパスポートを提示するだけの、簡単な審査。

2 手荷物受取所 Gepäckausgabe

出発地で航空会社に預けた荷物をピックアップ。ターミナル1の場合、入国審査後、一般通路を通り抜けて、エスカレーターで1階下に下りた所にあり、わかりにくいので、**Gepäckausgabe/Baggage Claim**の案内板を見逃さないように。利用した便名が表示されているターンテーブルから、自分の荷物をピックアップ。

3 税関審査 Zollkontrolle

手荷物をピックアップしたら、免税範囲を超える物を持ち込む人は**赤色の表示**がある出口へ、特に何もない人は**緑色の表示**がある出口へ進む。ドイツ入国時の免税範囲は→P.285。

4 到着フロア

税関の出口の先は、到着フロア。これで無事にドイツに入国したことになる。

ターミナル1では、両替所、ホテル案内所、レンタカー会社のカウンターなどが並ぶ。さらに1フロア下には、ドイツ鉄道の窓口、レストラン、スーパーマーケットなどがある。

ターミナル2に着いたら、到着出口から出るシャトルバスに乗れば空港駅の連絡口前に行ける。

手荷物受取所へ下りるエスカレーター（ターミナル1）

鉄道でフランクフルト中心部へ行く場合は地下にある空港駅へ

左／ターミナル2とターミナル1（駅の連絡口前）を結ぶシャトルバス
右／ターミナル間の飛行機の乗り継ぎはスカイラインを利用

乗り継ぎ便の入国審査
ドイツ以外のEUシェンゲン協定加盟国（→P.285）を経由する乗り継ぎ便を利用する場合は、最初の降機地で入国審査を受けるので、フランクフルトでの入国審査は原則不要。

日本総領事館
Japanisches
Generalkonsulat
㊟Friedrich-Ebert-Anlage 49 Messe Turm 34.0G（メッセタワー内34階）
D-60327 Frankfurt/Main
●Map P.54-B1外
地下鉄Ⓤ4 Festhalle/Messe駅下車すぐ。
☎(069) 2385730
🖷(069) 230531
🆄www.frankfurt.de.emb-japan.go.jp
㊟月～金　9:00～12:30
　　　　14:30～16:30
㊟土・日・祝、年末年始

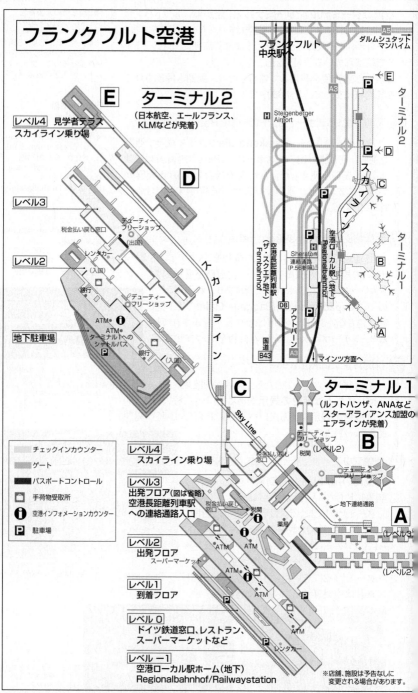

フランクフルト空港

ターミナル2
（日本航空、エールフランス、KLMなどが発着）

E

レベル4　見学者テラス
スカイライン乗り場

D

レベル3

税金払い戻し窓口
デューティーフリーショップ（出国）

レベル2

レンタカー
（入国）
銀行
デューティーフリーショップ

ATM
ATM
ターミナル1へのシャトルバス
銀行
（入国）

地下駐車場

フランクフルト中央駅へ

A5
ダルムシュタット
マンハイム

Steigenberger Airport
H

A3

スカイライン乗り場

C

Sheraton
連絡通路（P.56参照）

空港長距離列車駅
（ザ・スクエア地下）
Fernbahnhof

空港ローカル駅（地下）
Regionalbahnhof

P

H

DB

アウトバーン

国道

B43

A3

マインツ方面へ

ターミナル2

P → E

P → D

スカイライン

ターミナル1

B

A

ターミナル1
（ルフトハンザ、ANAなどスターアライアンス加盟のエアラインが発着）

Sky Line

C

レベル4
スカイライン乗り場

レベル3
出発フロア（図は省略）
空港長距離列車駅への連絡通路入口

税金払い戻し窓口
税関
i
薬局

デューティーフリーショップ（レベル2）
税関

B

デューティーフリーショップ

地下連絡通路

A

（レベル3）

レベル2
出発フロア
スーパーマーケット

ATM　ATM
ATM　i

（レベル2）

レベル1
到着フロア

P

レベル0
ドイツ鉄道窓口、レストラン、スーパーマーケットなど

ATM

P
レンタカー

レベル−1
空港ローカル駅ホーム（地下）
Regionalbahnhof/Railwaystation

- チェックインカウンター
- ゲート
- パスポートコントロール
- 手荷物受取所
- **i** 空港インフォメーションカウンター
- **P** 駐車場

※店舗、施設は予告なしに変更される場合があります。

※フランクフルト空港のBフロアは2023年から改装工事のため、上記の設備は移転する可能性があります。最新情報はフランクフルト空港のサイト www.frankfurt-airport.com 内のAirport Mapページでご確認ください

◆ 52

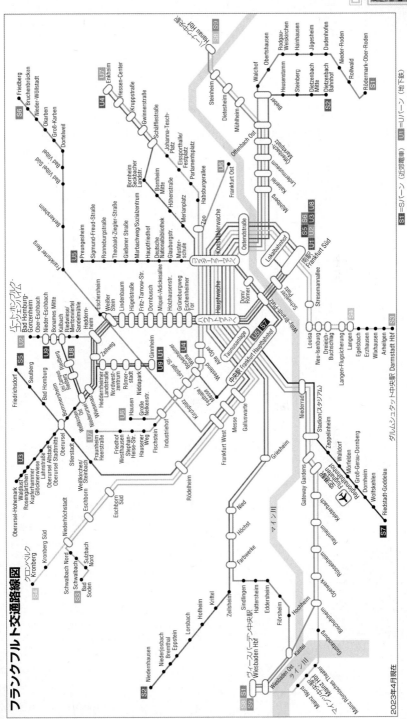

フランクフルトとライン川周辺

フランクフルト

フランクフルト交通路線図

S1 =Sバーン（近郊電車） **U1** =Uバーン（地下鉄）

2023年4月現在

ターミナル2と空港ローカル列車駅間の移動は、シャトルバス（無料）も利用できる。ターミナル2の到着ロビーを出てすぐの発着所から10分おきに出ており、所要約8分。

A

ロートシルト
公園
Rothschild-
park

Bockenheimer Anlage

P.65
アルテ・オペラ
Alte Oper

H Sofitel Frankfurt Opera

P.67 ひげ松 Ⓡ

P.69
マヌファクトゥム Ⓢ

P.66 シュナイダーズ Ⓒ Ⓤ
Alte Oper

Ⓤ Westend
Laumer Ⓒ

Elsa-
Brändström Pl.

Gr. Bockenheimer Str.

P.69 ティファニー Ⓢ P.69 シャネル
P.69 エルメス Ⓢ Goethestr. フェラガ
P.69 リモワ Ⓢ P.
P.69 カルティエ Ⓢ
P.68 アイグナー Ⓢ ゲーテ
P.69 グッチ Ⓢ
P.69 ルイ・ヴィトン ゲーテ広
Goethepl.

Taunus-
anlage
Ⓢ

Westendpl.

P.65
マイン・タワー
Main Tower

ブリーⓈ
P.69
ANA

P.69 デポ Ⓢ

・国際
振興

H Domicil

ドイツ連邦銀行
Deutsche
Bundesbank

シラー像・

P.70 シュタイゲンベルガー・
アイコン・フランクフルター・ホーフ

Bethm

メッセ会場(日本総領事館のある
メッセタワーも含む)へ約400m
Platz der
Republik

P.70 25アワーズ・ホテル・
ザ・トリップ・

H マンハッタン P.71

メトロポリタン P.70
H Fleming's Express
Ⓢ Ⓤ

Ⓤ Willy-Brandt-

P.65
フランクフルト歌劇場
Oper Frankfurt

前史先史博物館
Museum für Vor-
und Frühgeschichte

H Cristall

タクシー
・乗り場

Hauptbahnhof

カイザー通り

Victoria
Weser/ Str.
Münchener Str.

Kaiserstr.

U4.5

フランクフルト中央駅
Hauptbahnhof

B

i

Hbf.
Münchener
Str.

ユダヤ博物館
Jüdisches
Museum

H Savoy

Continental

H Le Méridien
Parkhotel

ドイツ建築博物館
Deutsches
Architekturmuseum

P.71
インターシティー
ホテル
H

H Monopol

P.64
シュテーデル美術館
Städelmuseum

Hölbein

ドイツ情報通信博
Museum für
Kommunikation

Ⓤ 東横INN P.71

フランクフルト
FRANKFURT

U Uバーン（地下鉄）
S Sバーン（近郊電車）
市電（11番）

H ホテル
ユースホステル、若者向き宿泊施設
S ショップ
R レストラン、ビアホール、インビス
C カフェ
i ツーリストインフォメーション（観光案内所）

0   100   200m

N

Oeder Weg

Eschenheimer Anlage

Bleichstr.

Peters-Kirche

H Hilton

エッシェンハイマー塔
Eschenheimer Turm

U Eschenheimer Tor

Stephanstr.

Brönnerstr.

Alte Gasse

Schäfergasse

Große Friedberger Str.

P.70 ザ・ウェスティン・グランド
H

K.-Adenauer- Str.

券取引所
rse

P.69 フェイラー

Gelbehirschstr.

U6.U7

動物園へ →

P.68 ローライ S

P.68 マイ・ツァイル S

S ガレリア（デパート）P.68
S Hauptwache

ハウプトヴァッヘ
Hauptwache

ゲンドゥーベル P.68

Zeil ツァイル

コンスターブラーヴァッヘ

Konstablerwache

市壁跡

Aller- heiligenstr.

Klingerstr.

Stoltze-

Breite Gasse

Allerheiligentor

Lange Str.

カタリーナ教会
Katharinen K. Töngesgasse

C バル・セローナ P.67

S クラインマルクトハレ（屋内市場）P.67

Börneplatz

ユダヤ人墓地
Jüdischer Friedhof

Holzgraben

Hasengasse

Fahrgasse

Kurt-Schumacher-

Battonn-

P.65
モダンアート美術館
Museum für Moderne Kunst

ユダヤ人街記念館
Museum Judengasse Gedenkstätte

C Wacker's Kaffee

C ヴァルデン P.67

Salzhaus

パウルス教会
Paulskirche
Römer/Paulskirche

ミラマー P.71

S ピター＆ツアート P.69

マイン・ヅェルシュトゥル P.35

新・旧市街 P.63
Neue Altstadt

Berliner Str.

Neue Kräme

テハウス
ethehaus

Kornmarkt

Braubachstr.

P.63 レーマー（市庁舎）
Römer   i

Dom/Römer U

レーマー広場
Römerberg

P.63
大聖堂
Dom

シルン美術館
Kunsthalle Schirn

ニコライ教会
Nikolaikirche P.71

モーテル・ワン・レーマー

St.Leonhard-kirche

P.66 ツム・シュトルヒ

カフェーハウス・ゴルデネ・ヴァーゲ P.67

Schöne Aussicht

歴史博物館
Historisches Museum

ツ・ロマン派博物館
tsches Romantik-Museum

Eiserner Steg アイゼルナー橋

kai

マイン川 Main

Alte Brücke

Obermainbrücke

Sachsenhäuser Ufer

イコン博物館
Iconenmuseum

Deutschherrnufer

ハウス・デア・ユーゲント P.71
H

世界文化博物館
Museum der Weltkulturen

シャウマインカイ Schaumainkai

Schiffer-str.

応用工芸博物館
Museum für Angewandte Kunst

Schul-

Walter-Kolb-Str.

Elisabethen-

Kl.Rittergasse

Paradiesg.

Ritter- gasse

Dreieichstr.

ツ映画博物館
sches museum

Schweizer Str.

str.

ザ

ク

セ

ン

Klapperg.

Paradiesg.

Neuer Wall

ダウト・Fraa Rauscher
R シュナイダー P.66

H

Maingau

Schifferstr.

Gartenstr.

Bruckenstr.

ハ

ウ

ゼ

ン

R ツム・ゲマールテンハウス P.66、
R アドルフ・ヴァーグナー P.66 へ

3

4

55

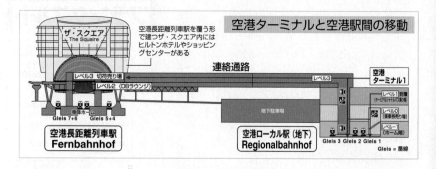

空港ターミナルと空港駅間の移動

ザ・スクエア
The Squaire

空港長距離列車駅を覆う形で建つザ・スクエア内にはヒルトンホテルやショッピングセンターがある

連絡通路

レベル3 切符売り場
レベル2（DBラウンジ）
レベル3

空港ターミナル1

地下駐車場

レベル1（到着）（ターミナルシャトルバス乗り場）
レベル0（乗車券売り場）
レベル−1（ホーム階）

東側ホーム
Gleis 7+6　Gleis 5+4

空港長距離列車駅
Fernbahnhof

空港ローカル駅（地下）
Regionalbahnhof

Gleis 3 Gleis 2 Gleis 1

Gleis = 番線

空港から中央駅までのSバーン料金

片道€5.80。自動券売機の使い方は→P.58。
SバーンはDB（ドイツ鉄道）が運行しているので、ユーレイルグローバルパス、ジャーマンレイルパス（→P.288）で乗車できる。到着日に、さらにフランクフルト市内でSバーンやUバーン（地下鉄）、市電を数回利用する予定の人は、1日乗車券Tageskarte（€11.30、市内〜空港間に有効）を購入したほうが得になることもある。また、P.59に記載のフランクフルトカードもある。

空港駅ホームの時刻表

空港駅のホームに張り出してある時刻表には、列車ごとにFernまたはRegioと記されている。Fernは空港長距離列車駅、Regioは空港ローカル駅発着を表すので、間違えないように注意。

ターミナル1から空港長距離列車駅への連絡通路

空港長距離列車駅の上にあるザ・スクウエアにはスーパーやレストランが入っている

空港と市内のアクセス

▶鉄道（Sバーン）で

空港ターミナル1の地下には、**空港ローカル駅Flughafen Regionalbahnhof**があり、**フランクフルト中央駅Hauptbahnhof**方面行きのSバーン（都市近郊電車、以下Ⓢと略すこともある）のⓈ8または

空港ローカル駅の地下ホーム

Ⓢ9のHanau Hbf.（またはOffenbach）行きが1時間に3〜4本運行している。空港駅から中央駅までの所要時間は約10分。4駅目が中央駅で、地下ホームに到着する。

なお、空港から長距離列車のIC、ICE特急や国際特急ECを利用する場合は**空港長距離列車駅Fernbahnhof**（または**エアレール・ターミナルAIRail Terminal**と表示）から乗車する。この長距離列車駅専用のホームは、ローカル駅とは離れた場所にあり、空港のターミナル1からの**連絡通路**を「**Fernbahnhof/Long Distance Trains**」の表示に従って5分ほど歩く（上図参照）。

ターミナル2に到着した場合は、ターミナル間の**シャトルバス**で移動する。

ドイツの駅に改札はないので、ホームへ入る前に必ず自動券売機で切符を買っておくこと（→P.58）。無札乗車は罰金を徴収される。

紙タイプのユーレイルグローバルパスで乗車する人は、到着フロアのDB（ドイツ鉄道）の窓口で使用開始の手続き（Validate）をしてから乗車すること。

▶タクシーで

到着フロアの出口にタクシー乗り場がある。市内の中心部まで、渋滞に巻き込まれなければ所要20〜30分、料金は€40〜50前後。

ドイツのタクシーは安心して利用できる

鉄道で着いたら

▶フランクフルト中央駅

　巨大なドームで、行き止まり式の**フランクフルト中央駅 Hauptbahnhof**（**HBF**または**Hbf.**と略記されることが多い）。IC、ICEなどの特急、中・長距離列車は地上階からの発着だが、Sバーンは**地下駅ホーム（Hbf-Tief）**の発着となっており、駅構内の時刻表も別々に掲示しているので注意。

　駅構内には数多くの売店、スーパーマーケット、レストラン、銀行、旅行会社、郵便局などが入っている。

中央駅の旅行センターは整理券方式（→ P.287）

　　　　　　　　旅行案内所（＝ツーリストインフォメーション、本書では🛈と表記）は、ホームを背にして中央出口の右側にある。なお、駅にある🛈マークは鉄道の案内所であることも多いので注意しよう。

ヨーロッパ屈指の巨大ターミナル駅

中央駅構内は要注意
中央駅構内の自動券売機で切符を買おうとしていると、「買い方がわからなければ、代わりに買ってあげる」などと言って話しかけてくる人がいるが、お金だけ受け取って逃げたり、「（買ってあげた）手数料だ」といっておつりをくれないなどの手口が多いので相手にしないこと。同様に「€1くれないか」とか「小銭に両替してほしい」と話しかけてくる人もいるが、財布を出したところを盗まれる場合があるので、無視したほうがよい。空港駅でも同様のケースが報告されている。

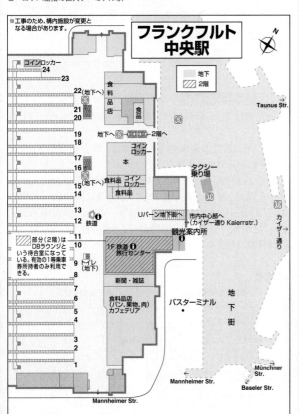

※工事のため、構内施設が変更となる場合があります。

フランクフルト中央駅

地下
2階

コインロッカー 24
23
22 (地下へ) ⑤
21
20
19 (地下へ) ⑤━━━2階へ
18
17
16
15 (地下へ) ⑤
14
13 🛈 鉄道
12
11
10 1F 鉄道旅行センター

食料品店
食品

コインロッカー
本

コインロッカー
食料品

Uバーン地下街へ
市内中心部へ
（カイザー通り Kaierrstr.）
観光案内所 🛈

🏁部分（2階）はDBラウンジという待合室になっている。有効の1等乗車券所持者のみ利用できる。

トイレ（地下）

新聞・雑誌

9
8
7
6
5 食料品店（パン、果物、肉）カフェテリア
4
3
2
1

バスターミナル・

地下街

Taunus Str.

タクシー乗り場

カイザー通り

Münchner Str.
Baseler Str.
Mannheimer Str.
Mannheimer Str.

市内交通の自動券売機。使用方法は→ P.58

流線形の超特急 ICE の旅を楽しみたい

フランクフルトの市内交通

RMV交通連合

フランクフルトを含むRMV（Rhein-Main-Verkehrs-verbundライン・マイン交通連合）には、ほかにダルムシュタット、マインツ、コブレンツなどの町の公共交通機関が含まれている。1回乗車券でも有効ゾーン、期間内であれば目的地までのSバーンだけでなくUバーン、市電、バスにも乗り継げる。ただし乗り換え以外の途中下車や往復、周遊は不可。
🔲www.rmv.de

フランクフルト周辺の都市交通網は、**S バーン**、**U バーン**（地下鉄）、**市電**、**市バス**があり、切符はすべてに共通のRMVゾーン制料金システムを採用している。乗車券の有効区間、期間内であれば、各交通機関同士乗り換えもできる。**乗車券Fahrkarte**は乗車前に、停留所やホームへ下りる前にある自動券売機で購入する。

市電の停留所

切符の種類と料金

名称	有効区間	料金	注意点
短区間券 Kurzstrecke	短区間 ＊1)	€ 2.10	
1回乗車券 Einzel-fahrkarte	フランクフルト市内	€ 3.40	＊1) 目的地が短区間料金かどうか券売機の表示で確認が必要。中央駅～ドーム／レーマー間、中央駅～ハウプトヴァッヘ間は該当
	空港～市内間	€ 5.80	
1日乗車券 Tageskarte	フランクフルト市内	€ 6.50	
	空港～市内間有効	€ 11.30	
グループ用1日乗車券（5人まで有効）Gruppentageskarte	フランクフルト市内	€ 12.60	
	空港～市内間有効	€ 19.10	

（2023年5月現在）

自動券売機を使うためのドイツ語／英語

目的地 Fahrtziel／Destination
1回乗車券 Einzelfahrt／Single journey
1日乗車券 Tageskarte／All-day ticket
グループ用1日乗車券 Gruppentageskarte／Group day ticket
短区間券 Kurzstrecke／Short hop ticket
（フランクフルト市内から）空港まで有効の1回乗車券 ✈Einzelfahrt Frankfurt (inkl. Flughafen)／✈Single journey Frankfurt (incl. Airport)
大人 Erwachsene／Adults
子供 Kinder／Children
取り消し Abbrechen／Cancel

自動券売機の使い方

　券売機は英語表示にもできるので、初めてでもそれほど難しくない。

　ドイツでは目的の乗車券をタッチすると料金が表示されるので、それからお金を入れる。

　まずは1回券か1日券かなど切符の種類を選び、大人か子供かを選ぶと料金が表示される。券売機には硬貨、紙幣、クレジットカードが使える。ただし紙幣（€50、€100札は使えないことが多い）やカードの絵が×印で消されている場合は、その種類は使えない。

●タッチパネル式券売機の場合

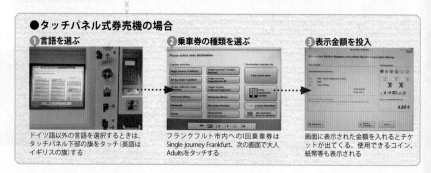

❶言語を選ぶ
ドイツ語以外の言語を選択するときは、タッチパネル下部の旗をタッチ（英語はイギリスの旗）する

❷乗車券の種類を選ぶ
フランクフルト市内への1回乗車券はSingle journey Frankfurt、次の画面で大人Adultsをタッチする

❸表示金額を投入
画面に表示された金額を入れるとチケットが出てくる。使用できるコイン、紙幣等も表示される

乗車の仕方

まずは、交通路線図を手元に用意しよう（→P.53）。Uバーンは🇺1〜9、Sバーンは🇸1〜9などと路線番号で示されている。乗車駅と目的の下車駅を探して、どの路線に乗るか、乗り換えが必要かを確認して、まずは乗車駅を探そう。路上に表示されている🇺のマークが地下鉄駅、🇸はSバーン駅、🇭マークが市電やバスの停留所だ。

階段を下りるとSバーンとUバーンの乗り場がある、という表示

フランクフルトカード
Frankfurt Card
フランクフルト市内のSバーン、地下鉄、バス、市電が乗り放題になるうえに、ゲーテハウス、シュテーデル美術館などの主要博物館、美術館の入場料が最高50%割引になるカード。購入は空港または市内の❶で。自分の観光予定を考えて、P.58の表の乗車券を買うのとどちらが得になりそうか検討のうえ購入を。5人まで使えるグループ用もある。
1人用
1日用€11.50、2日間用€17
グループ用
1日用€24、2日間用€34

1 目的地へ行くホームや停留所を探す

フランクフルト中央駅地下のSバーンのホーム

フランクフルト中央駅前の市電の停留所

標識を見ながら目的のホームへと進む。路線の進行方向は、終点の駅名で表示されているので、路線番号と終点駅名を覚えておこう。町の中心部では数路線が乗り入れている駅が多く、同じホームに複数の路線の電車が発着する場合もあるので乗り間違えないように。また、列車の長さがホームよりもかなり短い場合もあるので、あまりホームの端のほうで待たないほうがよいだろう。

2 乗車券を買う

Uバーンやバーンは、ホームへ下りる前に自動券売機で乗車券を購入する。改札はないので、そのままホームへ。

フランクフルト空港ローカル駅に設置された自動券売機

3 乗車／下車

乗車時、車両の扉は自動では開かないので要注意。車両が完全に停車したら、扉のボタンをタッチする（旧式車両ではレバーを引く）と開く。下車駅に停車したら、同じく扉のボタンを押して扉を開ける。閉まるのはすべて自動。市電やバスでは、ブザーを鳴らして合図の後、降車扉のボタンを押して下車する。

中心部と郊外を結ぶSバーンの車内

SバーンやUバーンの扉を開けるときは丸いボタンを押す

フランクフルトの歩き方

フランクフルトはドイツ有数の大都市だが、観光の見どころやショッピングエリアは集中しているので、数時間あれば十分見て回れる。ビジネスやトランジットの合間などの短い滞在時間でも、フランクフルトの町を歩いてみよう。

カタリーナ教会（左）と高層ビル群

次ページで紹介するおすすめ散策コースでは、中央駅からレーマーまで11番の市電を利用するが、先にショッピングエリアへ行きたい場合は、中央駅地下から出ているSバーンを利用して2駅目の**ハウプトヴァッヘHauptwache**で降りるとよい。

歩き慣れている人なら、中央駅から町の中心までは十分歩ける距離。その場合は**カイザー通りKaiserstr.**を進み、**ロスマルクトRoßmarkt**という大通りへ入ると、ゲーテハウスも近い。

駅名の由来となったハウプトヴァッヘは18世紀に町の警護所だった建物で、現在はカフェになっている

市内観光バス

10：00〜17：00の20〜30分ごと（冬期は変更あり）に出発。料金€20。フランクフルトカード割引あり。集合場所：パウルス教会（●Map P.55-A3）前のBerliner Str.側。

リンゴ酒電車で市内観光

市電の車内でリンゴ酒を飲みながら市内一周できるのが、**リンゴ酒電車エッベルヴァイエクスプレスEbbelwei-Express**（圖www.ebbelwei-express.com）。旧式の電車を改造した内部は居酒屋風。土・日・祝13：30〜19：45の約35分ごと（冬期は減便）にZoo（動物園）を出発、所要約1時間。リンゴ酒（またはソフトドリンク）とおつまみ付きで€8。

カラフルな車体のリンゴ酒電車

ツァイルはフランクフルトの活気を感じる広々としたショッピングストリート

フランクフルトのおもな通り

にぎやかなフランクフルトの中心部を楽しむなら、次の3本の通りを覚えておこう。ハウプトヴァッヘ駅を出たら、まずは**ガレリアGaleria**（→P.68）というデパートを見つけよう。このデパートの前から東へ延びる、広々とした歩行者天国の大通り**ツァイルZeil**はフランクフルトきってのショッピングストリート。

ハウプトヴァッヘから反対に西側へ進み、ゲーテ広場を経た所から延びる**グローセ・ボッケンハイマー通りGroße Bockenheimer Str.**は、別名「**フレスガスFreßgass**（食いしん坊通り）」とも呼ばれ、食べ物関係の店が集まっている。軽食スタンドや、デリカテッセンなどテイクアウトができる気軽な店が多いのが特徴。

グローセ・ボッケンハイマー通りの南側に並行するように延びているのが、有名ブランド店が集まる**ゲーテ通りGoethestr.**。シックで落ち着いた雰囲気が漂う。

ハウプトヴァッヘへの向かい側に建つカタリーナ教会。ゲーテが洗礼を受けた教会として知られる（圃月〜土12：00〜18：00、礼拝中は見学不可）

駐車している車も高級車が多いゲーテ通

おすすめ散策コース

1 フランクフルト中央駅
→P.57/MAP:P.54-B1

駅前乗り場から11番の市電（Fechen-heim/Schießhüttenstr.行き）に乗り、4つ目の停留所Römer/Paulskircheで下車すれば、観光の中心レーマー広場まで徒歩1分。

活気あふれるフランクフルト中央駅前からスタート

2 レーマー広場 →P.63/MAP:P.55-B3

市庁舎と木組みの家々が建つ広場で、クリスマスマーケットなどイベント会場にも使われる。周辺には博物館や大聖堂などの見どころが多い。

3 ゲーテハウス
→P.62/MAP:P.55-A3

文豪ゲーテの生家。ゲーテゆかりの品を見るだけでなく、昔のドイツの家と暮らしぶりがわかる展示になっている。隣接する博物館から入場する。

ゲーテハウスのファサード

町の中心レーマー広場

4 ツァイルとゲーテ通りでショッピング
→P.68~69/MAP:P.55-A3、P.54-A2

デパートやファッションビルが並ぶ庶民的な歩行者天国ツァイルと、有名高級ブランド店が軒を連ねるシックなゲーテ通り。好みに応じたショッピングが楽しめる。

歩行者天国のツァイル

5 シュテーデル美術館 →P.64/MAP:P.54-B2

ハウプトヴァッへから地下鉄で2駅のSchweizer Platzまで移動。美術ファンなら必見の、ヨーロッパ屈指の名画コレクションを堪能しよう。時間があれば「博物館の岸辺」と呼ばれるマイン川沿いの博物館群を訪ねるのもいい。

ソファが配され、ゆったりと見学できる美術館

6 ザクセンハウゼンでリンゴ酒
→P.66/MAP:P.55-B4

フランクフルト名産のリンゴ酒酒場が点在するザクセンハウゼン地区へ行き、夕食とともに味わいたい。

左／リンゴ酒のアルコール度数は5.5％　右／リンゴ酒がおいしい店アドルフ・ヴァーグナー

ゲーテハウスとドイツ・ロマン派博物館
Goethehaus & Deutsches Romantik-Museum ★★★

**ゲーテハウスと
ドイツ・ロマン派博物館**
田Großer Hirschgraben 21
◯Map P.55-A3〜B3
Ｕ ＳHauptwacheまたは
Ｕ Dom/Römer下車。
frankfurter-goethe-
haus.de
月〜土　10:00〜18:00
（木は〜21:00）
€10、学生€6、ムゼウ
ムスウーファー・チケット
（→P.64）有効
12/24・25・31、1/1、復
活祭前の金曜

　1749年8月28日、ヨハン・ヴォルフガング・フォン・ゲーテが生まれ、多感な少年時代を過ごした家。当時のフランクフルトで屈指の名家だった立派な家だ。第2次世界大戦で破壊されたが、疎開していた調度品はそのままに、忠実に復元されている。入場は、隣接する**ドイツ・ロマン派博物館Deutsche Romantik-Museum**に入場後、中庭を通り抜けて行く。博物館では、18〜19世紀に文学、絵画、音楽などの各分野に広まったロマン派（→下記はみだし）の作品を展示。

ゲーテハウス（右）は、ドイツ・ロマン派博物館（左）からの順路で見学

ゲーテハウス

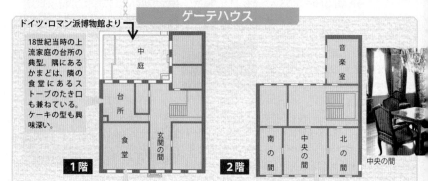

ドイツ・ロマン派博物館より→

18世紀当時の上流家庭の台所の典型。隣にあるかまどは、隣の食堂にあるストーブのたき口も兼ねている。ケーキの型も興味深い。

1階
中庭／台所／食堂／玄関の間

家族の団らんの場となっていた所。

2階
音楽室／南の間／中央の間／北の間

中央の間

通りに面した大きくて明るいサロン。中国風の壁紙なので「北京の間」とも呼ばれた。

ゲーテ誕生の部屋

法律関係の本などがぎっしりと詰まっており、ゲーテもここにある本で知識を広めた。

3階
妹コルネーリアの部屋／ゲーテ誕生の部屋／母の部屋／絵画の間／父の書斎

この部屋で『若きヴェルテルの悩み』をはじめ、『ゲッツ』『ファウスト』の初稿を書いた。廊下側から入った左側にはゲーテの机。壁面にはロッテとゲーテのシルエットがかかっている。

4階
陳列室／陳列室／陳列室／詩人の部屋／人形劇場の部屋

詩人の部屋

妹と一緒に自作自演の人形劇を上演した。古びた人形劇場がほほ笑ましい。

はみだし ドイツのロマン派文学はゲーテの影響を大きく受けて広まり、代表的な作家にはノヴァーリス、クライスト、ハイネなどがいる。絵画ではフリードリヒ、カルス、フュースリ、音楽ではシューマン、リスト、ワーグナーが挙げられる。

レーマー（市庁舎）
Römer ★★★

　レーマーは、都市貴族の3軒の館を市が買い取り、1405年から市庁舎として利用している建物。階段状の切妻屋根が美しい。

皇帝の肖像画が壁面にズラリと並ぶカイザーザール

　中央の建物の2階には、神聖ローマ帝国皇帝の戴冠式後の祝宴が開かれた**皇帝の広間カイザーザールKaisersaal**があり、神聖ローマ皇帝52人の等身大の肖像画が壁面を飾っている。レーマーは結婚届けを受理する役所でもあるので、結婚式の一行を目にすることも多い。

　カイザーザールの入口は、レーマー広場側ではなくて、レーマーに向かって左側の路地Limpurgergasseを進み、右側に「Kaisersaal」と表示のある建物裏側に当たる中庭側にある。この中庭の奥のらせん階段を上がった所が広間への入口。入口がわかりにくいせいか、見学者は少ない。

カイザーザールへはこの入口から中庭へ入り、らせん階段を上る

西面にある階段状のファサードが印象的な市庁舎

大聖堂
Dom ★★

　13〜15世紀にかけてバロック様式で建立された。神聖ローマ皇帝の選挙と戴冠式が行われた歴史ある教会で、カイザードーム（皇帝の大聖堂）とも呼ばれる。

　正面入口から入って左側には**ドーム博物館Dommuseum**があり、宗教美術の逸品を展示している。

高さ95mの塔に上れる

大聖堂の内陣右側の礼拝堂で、皇帝の選挙が行われた

レーマー（市庁舎）
住Römerberg
〇Map P.55-B3
市電11、12番でRömer/Paulskirche下車、またはU4、5 Dom/Römer下車。
カイザーザール
住Limpurgergasse 2
開10:00〜17:00
※ただし、特別行事等があるときは見学不可。
料無料

新・旧市街
〇Map P.55-A3
U4、5 Dom/Römer下車
レーマー広場と大聖堂の間、Braubachstr.iに沿ったエリアは、戦災により破壊された場所だった。そこに近年旧市街の建物が復元された。1階にはレストランやショップなどの商業施設が入っていて、歩くのが楽しいエリアになった。

大聖堂と新・旧市街の建物

大聖堂
住Domplatz 1
〇Map P.55-B3〜B4
U4、5 Dom/Römer下車、または市電11、12番でRömer/Paulskirche下車。
開9:00〜20:00
※土・日の午前などの礼拝中は見学不可。 料無料
大聖堂の塔
（入口は大聖堂の裏側にあり、328段の階段を上る）
開4〜9月火〜金10:00〜18:00
　（土・日は11:00〜）
　10〜3月水〜金10:00〜17:00
　（土・日は11:00〜）
料€3

ドーム博物館
住Domplatz 3
開火〜金　10:00〜17:00
　土・日・祝　11:00〜17:00
休月
料€2、学生€1

シュテーデル美術館

Städelmuseum ★★★

ヨーロッパ絵画の名作が並ぶ

フランクフルトの銀行家、シュテーデルのコレクションをもとに設立された絵画館。中世から20世紀にかけての重要な絵画を所蔵している。フェルメールの『地理学者』をはじめとするフランドル絵画、ボッティチェッリの『女性の肖像』などの初期ルネッサンスからフランス印象派、ドイツ表現主義まで、見応えがある作品がめじろ押し。

フェルメール『地理学者
Der Geograph』

シュテーデル美術館
囲Schaumainkai 63
●Map P.54-B2
∪1、2、3、8 Schweizer Platz下車、徒歩約7分。または中央駅の正面出口を出て右側のバス停から出ている46番のバスで3つ目のStädel下車。ただし、のみの市が開催される土曜はルートが変更されるので注意。
URLwww.staedelmuseum.de
開火〜日　10:00〜18:00
（木は〜21:00）
休月、12/24・31、年末年始は時間短縮あり
料€16、学生€14

ムゼウムスウーファー・チケット
Museumsufer-Ticket
フランクフルトのおもな39の博物館、美術館に入場できるチケット。2日間（購入日とその翌日）有効で、€21、ファミリー用€32。❶や各博物館で販売。

博物館の岸辺の博物館群
●Map P.54-B2〜P.55-B3
ドイツ映画博物館
URLwww.dff.film
開火〜日　11:00〜18:00
休月、12/24・31
料€6、学生€3、映画鑑賞と特別展は別料金
ドイツ建築博物館
URLwww.dam-online.de
ドイツ情報通信博物館
URLwww.museumsstiftung.de
応用工芸博物館
URLwww.museumangewandtekunst.de

博物館の岸辺の博物館群

Museumsufer ★★

映画博物館のグリーンバック合成を体験できるコーナー

マイン川の南側の岸辺、**シャウマインカイ Schaumainkai**という遊歩道沿いには、シュテーデル博物館をはじめ、多くの博物館が建ち並ぶことから**ムゼウムスウーファー（博物館の岸辺通り）**とも呼ばれる。ドイツ映画博物館、ドイツ建築博物館、ドイツ情報通信博物館、応用工芸博物館など、どれも見応えがあるので、興味に応じて訪れたい。ムゼウムスウーファー・チケットというお得なチケットもある。

Topics　フランクフルトのサッカースタジアム

ドイチェ・バンク・パーク
Deutsche Bank Park（Waldstadion）
URL www.deutschebankpark.de
　アイントラハト・フランクフルトの本拠地。観客席の上全体に屋根が付いている。
　メインスタンド側には**アイントラハト・フランクフルト・ミュージアム Eintrachet Frankfurt Museum**（URLmuseum.eintracht.de　料€5）がある。
行き方最寄り駅Stadionは、フランクフルト空港駅とフランクフルト中央駅を結ぶSバーンの路線上に位置しているので、どちらから行くのも便利。
　フランクフルト中央駅から向かう場合は⑤7〜9で2駅目のStadion下車、徒歩約10分。市電は中

交通の便がよく、観戦しやすいサッカー専用スタジアム

央駅から20番（試合日のみ運行）、21番が運行。
　フランクフルト空港駅からスタジアムへ向かう場合は⑤8 Offenbach行き、または⑤9のHanau Hbf.方面行きで2駅目のStadion下車。
　なお、当日のブンデスリーガのチケット（券面にRMV-Kombiticket, gilt hin und zurück im RMVとある場合）を持っていれば、無料で乗車できる。

はだめし　上記のシャウマインカイSchaumainkai（●Map P.54-B2〜P.55-B3）では、ほぼ隔週土曜（開催日はURLwww.hfm-frankfurt.de/flohmarktに掲載）に9:00〜14:00頃まで、のみの市が開かれる。掘り出し物を探してみよう。

モダンアート美術館
Museum für Moderne Kunst ✱

建物の形そのものがアートしている美術館。迷路のように入り組んだ展示室もおもしろい。ヨーゼフ・ボイスやアンディ・ウォーホル、ロイ・リキテンシュタインなどの有名アーティストの作品を所蔵。写真、オブジェ、ビデオインスタレーションなど数ヵ月ごとに展示替えが行われる。全館が特別展会場になる場合もある。

現代アートファン必見

マイン・タワー
Main Tower ✱

超高層ビルのマイン・タワーの屋上展望テラスは地上200m、54階の展望台に、高速エレベーターが連れていってくれる。晴れた日には、すばらしいパノラマが広がる。展望フロアの1階下はレストラン＆バーになっている。ビルに入場の際には、保安上の理由から空港と同様の手荷物およびボディチェックあり。

フランクフルトならではの超高層ビル

🎵 フランクフルトのエンターテインメント＆ナイトライフ

🎵 アルテ・オペラ
Alte Oper

美しい後期イタリア・ルネッサンス風の建物はパリのオペラ座をモデルにした。第2次世界大戦の爆撃で破壊された後、市民の献金などによって再建され、現在はクラシックのコンサートやポップス、ロック、ジャズ等のイベント、バレエの客演などの会場として使われている。

クラシックな旧オペラ劇場

🎵 フランクフルト歌劇場
Oper Frankfurt

前面がガラス張りの建物で、ヨーロッパのオペラハウスとしては斬新なデザイン。音楽総監督はダッハウ生まれのトーマス・グガイス。

外観はとてもモダンな歌劇場

モダンアート美術館
🏠 Domstr. 10
🔵 Map P.55-A3
Ⓤ 4、5 Dom/Römer下車、または市電11、12番でRömer/Paulskirche下車。
🌐 www..art/de/visit
🕐 火～日　11:00～18:00（水は～19:00）（入場は閉館30分前まで）
休 月、復活祭前の金曜、12/24・31、1/1
料 €12、学生€6

マイン・タワー
🏠 Neue Mainzer Str. 52-58
🔵 Map P.54-A2
Ⓢ Taunusanlage下車、徒歩約10分。
🌐 www.maintower.de
🕐 展望フロア
夏期月～木10:00～21:00
金・土 10:00～23:00
冬期月～木10:00～19:00
金・土 10:00～21:00
（入場は閉館30分前まで）
※荒天時は閉鎖の場合あり。
休 12/24・25、1/1
料 €9、学生€6

晴れた日のパノラマは最高！

アルテ・オペラ
🏠 Opernplatz 1
🔵 Map P.54-A2
Ⓤ 6、7 Alte Oper下車。
🌐 www.alteoper.de
前売り窓口は月～金10:00～18:30、土10:00～14:00オープン。

外観のイメージとは異なり内部は最新の設備が整っている

フランクフルト歌劇場
🔵 Map P.54-B2
🏠 Willy-Brandt-Platz
Ⓤ 1、2、3、4、5、8または市電11、12番でWilly-Brandt-Platz下車。
🌐 oper-frankfurt.de
前売り窓口は月～金10:00～18:00、土・日10:00～14:00オープン。

はみだし　レーマー広場近くのマイン川沿いでは、夏にマイン川祭りMainfestが盛大に開催される。周she辺には屋台が並び、移動遊園地やライブで盛り上がる。最終日には花火大会も。2023年は8/4～8/7開催。

65

フランクフルトのレストラン

　ハウプトヴァッヘから西へ延びる歩行者天国のグローセ・ボッケンハイマー通り Große Bockenheimer Str. は、食いしん坊通りという意味の「フレスガス」という別名があり、レストランやカフェなどが多い。マイン川を渡ったザクセンハウゼン地区へ、フランクフルト名物のリンゴ酒 Apfelwein を飲みに行くのも忘れずに。

ドイツ料理

ツム・ゲマールテンハウス　　　　Zum Gemalten Haus

自家製リンゴ酒で有名　　　●MAP：P.55-B3 外

リンゴ酒の醸造元として知られ、ザクセンハウゼンを代表する居酒屋レストラン。名物は豚の骨付きあばら肉のリップヒェンRippchen€8.50。グリルしたリップヒェンGegrilltes Rippchenは€13。リンゴ酒Apfelwein€2.70。

住Schweizer Str. 67
☎(069)614559
URLwww.zumgemaltenhaus.de
営水〜日11：00〜23：00（金、土は〜24：00）
休月、火、夏期休業あり
カードJMV　交USchweizer Platzから徒歩約5分。

ツム・シュトルヒ　　　　Zum Storch

コウノトリ、という名の老舗　　　●MAP：P.55-B3

1704年から営むレストランで、大聖堂の近くの静かな一角にある。肉やソーセージなどを盛り合わせたFrankfurter Spezialitätenschüsselは€18.50、ライン風ザウアーブラーテンRheinischer Sauerbraten€18。

住Saalgasse 3-5
☎(069)284988
営月〜金　17：30〜22：00
　日・祝　12：00〜15：00
　　　　　18：00〜22：00
休土（メッセ中は営業）
カードAJMV
交UDom/Römerから徒歩約5分。

アドルフ・ヴァーグナー　　　　Adolf Wagner

気取らない料理とリンゴ酒の店　　　●MAP：P.55-B3 外

いかにもドイツの酒場といった雰囲気の落ち着いた店。ザクセンハウゼン名物のリンゴ酒Apfelweinと一緒に、庶民的なドイツ料理を楽しめる。写真のハンバーグステーキHacksteakは€11.50、リンゴ酒（0.3ℓ）€2.70。

住Schweizer Str. 71
☎(069)612565
URLwww.apfelwein-wagner.com
営11：00〜24：00
休12/25
カードJMV
交USchweizer Platzから徒歩約5分。

ダウト・シュナイダー　　　　Dauth-Schneider

グリューネ・ゾーセならココ！　　　●MAP：P.55-B4

フランクフルト名物のグリューネ・ゾーセで知られるリンゴ酒酒場。ゆで卵とグリューネ・ゾーセは€11.90、フランクフルト風カツレツとグリューネ・ゾーセは€15.90、リンゴ酒€2.50。日本語メニューもある。

住Neuer Wall 5-7/Klappergasse 39
☎(069)613533
URLwww.dauth-schneider.de
営11：30〜24：00
カードJMV（€30以上から可）
交SLokalbahnhof またはUKonstablerwacheから、30、M36番のバスでAffentorplatz下車、徒歩約3分。

カフェ

シュナイダーズ　　　　Schneider's

おしゃれなセルフカフェ　　　●MAP：P.54-A2

開店時からパンをテイクアウトする人や、店内でバラエティ豊かな朝食を楽しむ人たちが次々とやってくる人気店。カウンターでショーケースのパンやドリンクをオーダー、支払い。日替わりのランチメニューもある。

住Bockenheimer Landstr. 5-7
☎(069)172389
URLwww.schneiders-cafe.de
営月〜金7：00〜17：30、土9：00〜16：00　休日　カードAMV
交UAlte Operから徒歩5分。

フランクフルトとライン川周辺

フランクフルトのレストラン

カフェ

バル・セローナ　Café & Bar Celona

おしゃれなスペイン風カフェ＆バー　●MAP：P.55-A3

南欧ムードいっぱいの明るい店内。好天の日には、向かいの広場にテーブルも並ぶ。人気メニューはPiCelona Pinoという生地が極薄のピザで、トマト、チーズ、シャンピニオン入り（写真）は€6.95。

- 住 Holzgraben 31
- ☎ (069) 21935787
- 営 日〜木 9:00〜翌1:00
  金・土 9:00〜翌2:00
- カード A J M
- 交 U S Hauptwacheから徒歩約5分。

ヴァルデン　Café Walden

おいしい食事が魅力のカフェ　●MAP：P.55-A3

ランチメニューや朝食メニューなどが豊富でおいしく、満席のことも多い。ゲーテハウスの近くにあり、写真は「ゲーテの好物Goethes Leibspeise」という名のナスとトマトソースのオリジナルパスタ€17。

- 住 Kleiner Hirschgraben 7
- ☎ (069) 92882700
- URL www.walden-frankfurt.com
- 営 月8:00〜16:00、火〜木は〜22:00、金・土は〜23:00、日9:00〜16:00
- カード M V（€50〜）
- 交 U S Hauptwacheから徒歩約5分。

日本料理

ひげ松　HIGEMATSU

日本料理が恋しくなったらココへ　●MAP：P.54-A2

手頃な値段で、日本と同じ味に出合える店。寿司、刺身、焼魚、天ぷら、そば、うどんなどのほか、店長自慢のユニークなメニューがいっぱい。寿司€19〜、天ぷらうどん€14.90。日替わりランチも各種。

- 住 Meisengasse 11
- ☎ (069) 280688
- 営 12:30〜14:00、18:30（土は18:00）〜21:30
- 休 日・祝、夏休み、冬休みあり
- カード A D J M V
- 交 U S Hauptwacheから徒歩約5分。

Speciality　食材店が集まる屋内市場クラインマルクトハレ

一般向けの屋内市場。新鮮な野菜や肉などの生鮮食品を扱う店が中心だが、トルコなどのエスニックフードを専門に扱う店も多く、歩いているだけで楽しい。2階には食事ができる小さなワインバーなどが並んでいる。

見逃してしまいそうな目立たない入口

行列ができるソーセージ店、シュライバー Schreiber。フライシュヴルスト Fleischwurst が一番人気

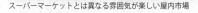

スーパーマーケットとは異なる雰囲気が楽しい屋内市場

● **クラインマルクトハレKleinmarkthalle**
- 住 Hasengasse 5-7　●Map P.55-A3
- URL www.kleinmarkthalle.com
- 営 月〜金 8:00〜18:00、土8:00〜16:00
- 休 日・祝　交 U S Hauptwacheから徒歩約8分。

投稿　新・旧市街の端、大聖堂の手前にあるクラシックな雰囲気のカフェーハウス・ゴルデネ・ヴァーゲ（●Map P55-B3 URL www.goldenewaage.com）でお茶した。2階は吹き抜けになっていて、1階の眺めがいい。（大分県　花絵 '23）

67

フランクフルトのショッピング

フランクフルトのショッピングゾーンはハウプトヴァッヘを中心に考えるとわかりやすい。ここから東へ延びるのが歩行者天国のツァイル通り Zeil で庶民的なショップが多く、活気を感じる。

反対に西へ延びるゲーテ通り Goethestr. は、高級ブランドが集まるストリート。通りも静かでウインドーショッピングも楽しい。

デパート、ショッピングビル

マイ・ツァイル — My Zeil

最先端のショッピングビル　　　　◎MAP：P.55-A3

歩行者天国のツァイル通りに面したガラス張りのファサードが斬新なショッピングビル。靴、雑貨、ファッション、スポーツウエア、家電量販店のほか、地下にはスーパーマーケットREWEやドラッグストアも入っている。また、老舗キッチン用品店ローライLoreyが2階（1.0G）にあり、ドイツ生まれの信頼性の高い品が手に入る。同じフロアにはグローバル・ブルーの免税カウンターもあるので、空港へ行く前にここで手続きもできる（要パスポート持参）。

住Zeil 106　☎(069)29723970
URLwww.myzeil.de
営月～土10：00～20：00（金～土は～21：00）、地下のスーパーは7：00～24：00（土～23：30）
カード店舗により異なる
交Ｕ Ｓ Hauptwacheから徒歩約3分。

入口の先には長いエスカレーターが　　　外壁に大きくあいた穴が目を引く　　　入口の象が目印のファイラー

ガレリア — Galeria Frankfurt an der Hauptwache

大型デパートならここが一番便利　　◎MAP：P.55-A3

ドイツでも屈指の大型デパート。あらゆる品が一堂に揃う。種類が多いシュタイフ社のテディベアはおみやげにもいい。最上階にあるセルフサービスのレストランは高層ビル群の眺めがよくて人気がある。

住Zeil 116-126
☎(069) 21910
営月～土　　9:30～20:00
休日・祝　カードＡＤＪＭＶ
交Ｕ Ｓ Hauptwacheから徒歩約1分。

フーゲンドゥーベル — Hugendubel

雑貨も充実の大型書店　　　　　　◎MAP：P.55-A3

ドイツを代表する大型書店チェーン。座って読めるコーナーやカフェもあり、絵本やコミックス（ドイツ語版）を見るのも楽しい。店内あちこちに文具や雑貨コーナーもあるのでおみやげ探しにも使える。

住Steinweg 12
☎(069) 80881188
URLwww.hugendubel.de
営月～土　9:30～20:00
休日・祝　カードＡＭＶ
交Ｕ Ｓ Hauptwacheから徒歩約1分。

バッグ

アイグナー — Aigner

ドイツ生まれの有名ブランド　　　◎MAP：P.54-A2

バッグや財布、ベルトなどのレザー製品で世界的に有名な高級ブランド。長く愛用できる品質にこだわりがある。ブランドのシンボルは、AIGNERのイニシャルAを馬の蹄鉄の形にデザイン化したもの。

住Goethestr. 7
☎(069) 97763559
営月～金　10:00～19:00
　　　土　10:00～18:00
休日・祝
カードＡＤＪＭＶ
交Ｕ Ｓ Hauptwacheから徒歩約5分。

フランクフルトとライン川周辺

フランクフルトのショッピング

マヌファクトゥム　Manufactum

生活用品・雑貨

世界から厳選した名品が集結　◎MAP：P.54-A2

高品質のキッチン用品や文具、掃除用具などを世界から集めたドイツのハンズ的ショップ。こだわりの一品に出合える。併設のカフェbrot & butterでは、焼きたてのパンや新鮮なサラダが味わえる。

住Bockenheimer Anlage 49-50
☎(069) 976931399
URL www.manufactum.de
営月〜土　10:00〜19:00
休日・祝
カード A D M V
交 U Alte Operから徒歩約1分。

リモワ　RIMOWA

スーツケースの名品として名高い　◎MAP：P.54-A2

1898年にケルンで創業したリモアは、耐久性に優れたスーツケースとして、世界中の旅行者から高い支持がある。定番のアルミニウム製トランクに加えて、軽量なポリカーボネイト製の新たなシリーズも展開。

住Goetherstr. 23
☎(069) 21998116
URL www.rimowa.com
営月〜金　10:00〜19:00
　土　　10:00〜18:00
休日・祝
カード A D J M V
交 U S Alte Operから徒歩約5分。

フェイラー　Feiler Store

日本でも人気のブランド初の直営店　◎MAP：P.55-A3

フェイラー製のハンドタオルやタオル、ポーチは、色鮮やかなデザインとソフトな質感で、日本にファンが多い。厳選された綿100%を使用した独自のシュニール織ならではの、高級感漂う品はおみやげにも人気。

住Schillerstr. 20
☎(069) 21932832
URL www.feiler.de
営月〜土　10:00〜18:00
休日・祝　カード A M V
交 U S Hauptwacheから徒歩約5分。

デポ　DEPOT

化粧小物やキッチン雑貨を探すなら　◎MAP：P.54-A2

ドイツ各地にあるチェーンの雑貨ショップ。キッチン用品やガーデン雑貨が充実している。クリスマスやイースターなど、季節に応じたデコレーショングッズも並び、見ているだけで楽しくなる。

住Kaiserstr. 6
☎(069) 97947179
URL www.depot-online.com
営月〜土　9:30〜19:30
休日・祝
カード M V
交 U S Hauptwacheから徒歩約5分。

ビター&ツァート　Bitter & Zart

チョコレートファンの天国　◎MAP：P.55-A3

ドイツやヨーロッパ各地のチョコレートが並ぶセレクトショップ。甘い香りに包まれて幸せな気分になれる。併設していたカフェは2023年現在改装のため閉鎖中。

住Braubachstr. 14
☎(069) 94942846
URL bitterundzart.de
営月〜金　10:00〜18:00
　土　　10:00〜16:00
休日・祝　カード M V
交 U4、5 Dom/Römerから徒歩約4分。

フランクフルトで買えるおもな有名ブランド

店　名	地図／住所	店　名	地図／住所
カルティエ Cartier	◎MAP：P.54-A2 住Goethestr. 11	ルイ・ヴィトン LOUIS VUITTON	◎MAP：P.54-A2 住Goethestr. 13
ブリー BREE	◎MAP：P.54-A2 住Roßmarkt 23	シャネル CHANEL	◎MAP：P.54-A2 住Goethestr. 10
ティファニー TIFFANY & Co.	◎MAP：P.54-A2 住Goethestr. 20	フェラガモ Ferragamo	◎MAP：P.54-A2 住Goethestr. 2
エルメス HERMES	◎MAP：P.54-A2 住Goethestr. 25	グッチ Gucci	◎MAP：P.54-A2 住Goethestr. 5

フランクフルトのホテル

　ホテル街は中央駅の周囲。高級から格安ホテルまで集中している。フランクフルトでは国際書籍見本市（10月）を筆頭に、大規模なメッセがいくつも開かれる（ℍℙwww.messefrankfurt.de でスケジュールがわかる）。メッセ期間中は主要ホテルは満室になることが多く、メッセ料金という割高料金（ホテルによっては通常の2倍前後）が適用される。

シュタイゲンベルガー・アイコン・フランクフルター・ホーフ　Steigenberger Icon Frankfurter Hof

最高級ホテル

フランクフルトを代表する最高級ホテル　●MAP：P.54-B2

　イタリアルネッサンス様式の重厚な外観が、約130年の歴史と伝統を物語る。ローリング・ストーンズ、エルトン・ジョンといった世界のVIPも滞在した。眺めのよいフィットネスクラブなど館内設備も充実。Wi-Fi無料。

|住Am Kaiserplatz　D-60311
☎(069)21502
URLhrewards.com
料ⓈⓉ€270〜　朝食は別料金
カードAⒹJⒿMⓋ
交ⓊWilly-Brandt-Pl.から徒歩約5分。

ザ・ウェスティン・グランド　The Westin Grand

高級ホテル

フィットネスゾーンが充実の大型ホテル　●MAP：P.55-A4

　ツァイルに近い372室の近代的大型ホテル。ウェルネスセンターや室内温水プールも完備。日本料理店「鮨元」も入っている。2022年10月リニューアルオープン。Wi-Fi無料。

|住Konrad-Adenauer-Str. 7
D-60313　☎(069)29810
URLwww.marriott.com
料ⓈⓉ€219〜　朝食は別料金
カードAⒹJⒿMⓋ
交ⓊⓈKonstablerwacheから徒歩約5分。

マリオット　Marriott

メッセ会場に隣接する高層ホテル　●MAP：P.54-B1 外

　メッセ会場に近いので世界のビジネスマンが集まるホテル。フィットネスエリアには、サウナ、ジャクージも完備。中央駅から市電16、17番Ludwig-Erhard-Anlageの停留所もホテルのすぐ前にあり便利。Wi-Fi無料。

|住Hamburger Allee 2-10
D-60486
☎(069)79550
URLwww.marriott.com
料ⓈⓉ€169〜
朝食は別料金
カードAⒹJⒿMⓋ
交ⓊⓈMesseから徒歩約5分。

メトロポリタン　Metropolitan Hotel by Flemings

中央駅の向かいの機能的ホテル　●MAP：P.54-B1

　中央駅の北口を出てすぐ斜め向かいに建つ131室のモダンなホテル。空港やフランクフルト近郊の観光地へも交通の便がよい。機能的でモダンな客室は、ビジネスマンの利用が多い。全室エアコン完備。Wi-Fi無料。

|住Poststr. 6　D-60329
☎(069) 5060700
URLwww.flemings-hotels.com/
frankfurt-metropolitan-hotel
料Ⓢ€121〜　Ⓣ€148〜
カードAⒹMⓋ
交中央駅から徒歩約1分。

25 アワーズ・ホテル・ザ・トリップ　25 hours Hotel Frankfurt The Trip

中級ホテル

個性的なインテリアのデザインホテル　●MAP：P.54-B1

　ホテル全体がおしゃれで、スタイリッシュ。さまざまなデザインの部屋があるので、ホテルのサイトで好みのインテリアをチェックしてみよう。レストラン「BAR SHUKA」では、多国籍料理を味わえる。Wi-Fi無料。

|住Niddastr. 56-58　D-60329
☎(069)2566770
URLwww.25hours-hotels.com
料Ⓢ€95〜　Ⓣ€105〜
朝食は別料金
カードAMⓋ
交中央駅から徒歩約4分。

中級ホテル

マンハッタン Manhattan

モダンなインテリアの中級ホテル ➲MAP：P.54-B1

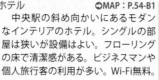

中央駅の斜め向かいにあるモダンなインテリアのホテル。シングルの部屋は狭いが設備はよい。フローリングの床で清潔感がある。ビジネスマンや個人旅行客の利用が多い。Wi-Fi無料。

住Düsseldorfer Str. 10　D-60329
☎(069) 2695970
FAX(069) 269597777
URLmanhattan-hotel.com
料Ⓢ€57～　Ⓣ€75～
カード ADJMV
交中央駅から徒歩約3分。

ミラマー Miramar

観光に便利なロケーションが魅力 ➲MAP：P.55-A3

フランクフルトは、観光の中心となるレーマー近辺にはホテルが少ないが、ここは数少ない中心部の中級ホテル。部屋はコンパクト。朝食室は地下にあり、種類も豊富でおいしい。週末割引あり。Wi-Fi無料。

住Berliner Str. 31　D-60311
☎(069) 9203970
FAX(069) 92039769
URLwww.miramar-frankfurt.de
料Ⓢ€89～　Ⓣ€99～　朝食は別料金　カード ADJMV
交市電11番Römer/Paulskircheから徒歩約5分。

インターシティーホテル InterCityHotel Hauptbahnhof Süd

中央駅は、すぐ目の前 ➲MAP：P.54-B1

中央駅の1番線側の向かいに建つ。駅構内の1番線ホームに沿ってしばらく進んだAusgang Mannheimer Str.という小さな出口を使うと目の前なので便利。同ホテルチェーンのなかでも、やや高級な雰囲気がある。Wi-Fi無料。

住Mannheimer Str. 2　D-60329
☎(069) 6599920
URLwww.hrewards.com
料Ⓢ€99～　Ⓣ€109～　朝食は別料金
カード ADMV
交中央駅から徒歩約1分。

モーテル・ワン・レーマー Motel One Frankfurt-Römer

フランクフルトの中心部に近い ➲MAP：P.55-B3

ゲーテハウスのそば、レーマー広場も歩いてすぐの所にあるのでクリスマスマーケットを夜までゆっくり楽しめる。設備はまだ新しい。ベッドは全室ダブルで客室は小さめなので、シングル使用向き。バスタブはない。Wi-Fi無料。

住Berliner Str.55　D-60311
☎(069) 87004030
URLwww.motel-one.com
料Ⓢ€99～　Ⓣ€119～　朝食は別料金　カード ADMV
交U Willy-Brandt-Platzから徒歩約5分、または市電11番でKarmeliterklosterからすぐ。

東横INN Toyoko Inn

日本と変わらないサービスで安心 ➲MAP：P.54-B1

日本でおなじみの「東横INN」がフランクフルトにオープン。シャワートイレ、バスタブ、個別エアコンがある客室は日本と同じ仕様で安心。全室禁煙、無料Wi-Fi、日本語が話せるスタッフがいて、料金もリーズナブル。

住Stuttgarter Str. 35　D-60329
☎(069) 870061045
FAX(069) 870061046
URLwww.toyoko-inn.com
料Ⓢ€67～　Ⓣ€95～
カード ADJMV
交中央駅から徒歩約2分。

ユースホステル

ハウス・デア・ユーゲント Haus der Jugend

若者に人気のユースホステル ➲MAP：P.55-B4

中央駅からFechenheim Schießhüttenstr.行きの11番の市電でBörneplatz下車、さらに歩いて約400m。人気があるので予約をしたほうがよい。12月下旬は休業あり。共有エリアでWi-Fi利用可（無料）。

住Deutschherrnufer 12　D-60594
☎(069) 6100150
FAX(069) 61001599
URLwww.jugendherberge-frankfurt.de
料朝食付き、1室8～10ベッドのドミトリーは€33.40、27歳以上は€38.40　カード ADJMV

古城のロマンあふれる
ライン川の旅

　アルプスから流れ出たライン川は、ドイツを縦断し、オランダのロッテルダムで北海に注ぐ全長1320kmの国際河川。その中流域に当たるマインツとコブレンツの間は、次から次へと現れる古城、ハイネの詩にうたわれたローレライ伝説、そしてブドウ畑が織りなす美しい風景で、ユネスコの世界遺産にも登録されている。

世界遺産
ロマンティック・ライン
ライン渓谷中流上部
ビンゲン／リューデスハイムからコブレンツまで
（2002年登録）

ケルンへ

コブレンツ
→P.80

ブラウバッハ

シュトルツェン
フェルス城

マルクス
ブルク城

14世紀にライン川の通行税徴収のために建てられたプファルツ城

ポッパルト
→P.79

ねずみ城

ローレライの岩山は絶好の撮影ポイント

ザンクト・ゴアルスハウゼン

フェリー

ねこ城

ローレライ

塔が目印のねこ城

ラインフェルス城
→P.78

ザンクト・ゴアール
→P.78

オーバーヴェーゼル

カウプ

ヴィースバーデン

シェーンブルク城

プファルツ城

古城ユースホステルになっているシュターレック城はバッハラッハから山道を上る

シュターレック城

バッハラッハ

アスマンス
ハウゼン

→P.76
リューデス
ハイム

マインツ
→P.74

ライヒェン
シュタイン城

ねずみの塔　フェリー

ラインシュタイン城

ビンゲン

人気の古城ホテル、シェーンブルク城

紅葉シーズンのラインシュタイン城

ねずみの塔

はだし
めし　冬期はリューデスハイムをはじめとするライン川沿いの町はオフシーズン。ホテルやレストラン、みやげ物店の多くも閉店しているので、にぎやかさを求める人は、冬は避けたほうがよいだろう。

KDライン観光船の時刻表 （2023年4/29～10/3有効）

※区間の短い便は省略。2023年4/1～4/28と10/4～10/22も一部運行するが下記時刻表とは異なる

毎日	火～日*	毎日	毎日	毎日 発		毎日	毎日	毎日	毎日	火～日*
9:00	12:00				コブレンツ Koblenz				17:40	20:00
10:05	13:05				ブラウバッハ Braubach				17:00	19:15
11:00	14:00				ボッパルト Boppard				16:30	18:50
10:45	12:10	13:00		16:00	ザンクト・ゴアルスハウゼン St.Goarshausen	10:45	12:50	15:40	16:00	18:05
10:55	12:20	13:15	15:20	16:10	ザンクト・ゴアール St.Goar	↑	↑	15:30	↑	17:55
11:25	12:50	13:50		16:40	オーバーヴェーゼル Oberwesel	10:20	12:20		15:35	17:35
11:40	13:05	14:05		16:55	カウプ Kaub	10:10	12:10		15:25	17:25
12:05	13:30	14:30		17:20	バッハラッハ Bacharach	10:00	12:00		15:15	17:15
13:05	14:30	15:30		18:20	アスマンスハウゼン Assmannshausen	9:30	11:30		14:45	16:45
13:35	15:00	16:00		18:50	ビンゲン Bingen	9:15	11:15		14:30	16:30
13:50	15:15	16:20		19:00	リューデスハイム Rüdesheim	9:00	11:00		14:15	16:15
			17:30		エルトヴィレ Eltville				10:00	
			18:10		ヴィースバーデン Wiesbaden-Biebrich				9:30	
			18:40		マインツ Mainz　発				9:15	

★印は外輪蒸気船ゲーテ号による運行。
花火大会などのイベント開催時は、時刻変更の場合あり。

ライン川クルーズを楽しむ

　ライン川クルーズの観光船は、いくつかの会社が運航しているが、KD社（ケルン・デュッセルドルフ汽船会社）が便数が多く、大型船を運航している。

　時間がない場合は、リューデスハイム～ザンクト・ゴアール間を乗船すると、所要時間1時間30分～3時間ほどで、有名な古城やローレライの岩山が見られる。なお、この区間は団体利用客が多く混雑するが、満員で乗れないということはまずない。

KD社のノスタルジックな蒸気船ゲーテ号は人気が高い

冬期は鉄道でライン川観光

　マインツからコブレンツに向かってライン左岸には、ICやICE、EC特急が走る鉄道の幹線が通り、右岸はローカル私鉄のVIA（鉄道パス有効）や貨物列車が走っている。定期観光船が運休する冬期や船に乗る時間がない人は、これらの鉄道を利用すれば車窓からライン川景勝ルートを楽しめる。

KDライン観光船

☎ (0221) 2088318
URL www.k-d.com

チケット購入

上記サイト内または船着場のすぐ近くにあるチケット売り場で購入する。鉄道パス（→P.288）所有者は、KDライン観光船（リューデスハイム～コブレンツ間）が20％割引になるので、パスを提示して購入する。65歳以上はシニア割引、27歳未満の学生割引あり。

川辺の標識を目印に

ラインの岸には、ライン川が流れだすボーデン湖畔の町コンスタンツからの距離を示す数字（ラインキロメーターという）が書かれており、これを目印にすると554と555の間にLORELEYと岸辺に表示された岩山を見つけられるはず。

ライン川をフェリーで渡る

ザンクト・ゴアルスハウゼンの町の岸辺には556の数字が

ライン川には橋が少ない。その代わり、リューデスハイム～ビンゲン間やザンクト・ゴアール～ザンクト・ゴアルスハウゼンなどの要所にフェリーが運航。歩行者の料金は片道€3程度。

ライン左岸はDB（ドイツ鉄道）と私鉄のMRBが運行している

ライン川を横断するフェリー。川面がすぐ下で、違った視点からの風景が楽しめる

ライン川とマイン川の合流点に栄えた宗教都市

マインツ

Mainz

南側から見た大聖堂

ベルリン

フランクフルト ★

ミュンヘン

DATA

MAP	P.13-C1
人口	21万7100人
市外局番	06131

ACCESS

ICE特急でフランクフルト中央駅から約35分、Sバーン8で約40分。フランクフルト空港駅からICE特急で約20分。

マインツはフランクフルト空港から近い位置にあり、見どころも多い町なので、ドイツの旅の1日目または最終日を過ごすのに適している。

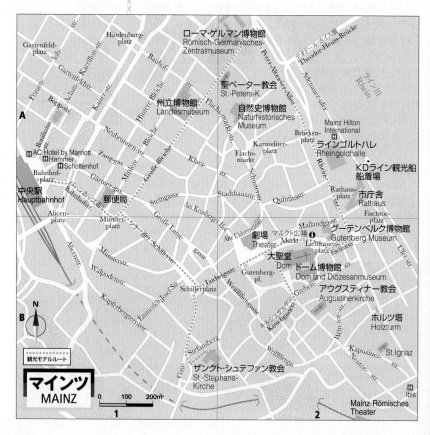

ローマ・ゲルマン博物館
Römisch-Germanisches-Zentralmuseum

聖ペーター教会
St.-Peters-K.

州立博物館
Landesmuseum

自然史博物館
Naturhistorisches Museum

ラインゴルトハレ
Rheingoldhalle

KDライン観光船
船着場

市庁舎
Rathaus

グーテンベルク博物館
Gutenberg Museum

劇場
Theater

大聖堂
Dom

ドーム博物館
Dom und Diözesanmuseum

アウグスティナー教会
Augustinerkirche

ホルツ塔
Holzturm

ザンクト・シュテファン教会
St.-Stephans-Kirche

観光モデルルート

マインツ
MAINZ

0 100 200m

Mainz-Römisches Theater

74

フランクフルトとライン川周辺

マインツ

マインツの歩き方

マインツァー・ヨハニスナハト（→P.17）の祭りでにぎわう大聖堂前

ライン川とマイン川の合流点に位置し、8世紀からはドイツ初の大司教座がおかれ、ドイツで最も重要な宗教都市として繁栄した。

町のシンボルである**大聖堂Dom**は、マインツ中央駅から歩いて15分ほど。975年に起工され、ロマネスク、ゴシック、バロックと拡張され続け、巨大な大聖堂となった。内陣の先には回廊と**ドーム博物館**も併設。

大聖堂のすぐそばには、**グーテンベルク博物館Gutenberg Museum**がある。この町で生まれ、活版印刷術を発明したヨハネス・グーテンベルク（1397頃～1468年）の業績と印刷技術の発展がわかる。特に、世界最古の活版印刷本『グーテンベルク聖書（42行聖書）』をはじめとするインキュナビュラ（印刷揺籃期の本）の華麗な装飾を施した貴重本は必見。

大聖堂の南側に広がる、**キルシュガルテンKirschgarten**という一画には、古い木組みの館が建ち並び、雰囲気のいいカフェやレストラン、個性的なブティックになっている。このあたりのワイン酒場でひと休みしたい。

木組みの家が並ぶキルシュガルテン

マインツの観光案内所
住Brückenturm am Rathaus
D-55116 Mainz
Map P.74-B2
☎(06131) 242888
URLwww.mainz-tourismus.com
開月～土 10:00～18:00

市内交通
バス、路面電車の1回乗車券Einzelfahrscheinは€3.30、短区間券Kurzstrecke（1.5kmまで有効）は€2.05、1日車券Tageskarteは€6.60。中央駅から船着場へはバス（54、55、56、60番など）で約10分のRheingoldhalle/Rathaus下車。

大聖堂
住Markt 10
Map P.74-B2
URLwww.dom-mainz.de
開月～土 9:00～17:30
日 13:00～17:00
※礼拝中の見学は不可。
料無料

グーテンベルク博物館
住Liebfrauenplatz 5
Map P.74-B2
URLwww.gutenberg-museum.de
開火～土 9:00～17:00
日 11:00～17:00
休月・祝
料€5、学生€3

Topics シャガールブルーの世界に浸れる教会

町の南部に建つ**ザンクト・シュテファン教会St.-Stephans-Kirche**（Map P.74-B1～B2）は、大聖堂も手がけたヴィリゲス大司教が990年に建設した。現在の建物は第2次世界大戦後の再建だが、

この教会を有名にしているのはマルク・シャガールが1978～1985年に製作したステンドグラス。新約と旧約聖書を題材に、ブルーを基調としたステンドグラスを通した光が内部空間を満たしている。回廊Kreuzgangも見学できる。

行き方中央駅前から50、52、53番の路面電車でAm Gautor下車して少し戻る。
住Kleine Weissgasse 2
開月～土10:00～18:30、日12:00～16:30。礼拝中の見学は不可。
料無料

いつまでも神秘の世界に浸っていたくなる　かわいい天使を探してみよう

はみだし 大聖堂前のマルクト広場では、火・金・土曜の7:00～14:00頃に朝市が開かれる。近隣農家からの新鮮な野菜や果物、花、ハチミツなどが並ぶ。エコバッグを持参しよう。11月下旬からはクリスマスマーケットが開催される。

リューデスハイム

Rüdesheim

ベルリン

★ フランクフルト

ミュンヘン

DATA

MAP	P.13-C1
人口	1万人
市外局番	06722

ACCESS

🚃 ライン川の右岸を走るローカル鉄道側にあり、ヴィースバーデンWiesbadenから私鉄VIA（鉄道パス有効）で約35分、フランクフルトから約1時間10分。左岸の幹線側を利用する場合は、マインツから普通列車で約30分のビンゲン・シュタットBingen Stadtで下車し、ライン川のフェリーFähreで対岸に渡る。

❶リューデスハイムの観光案内所
🔲Map P.77
🏠Rheinstr. 29a
D-65385 Rüdesheim
☎(06722) 906150
🌐www.ruedesheim.de
🕐10:00～16:00

ブレムザー城（ワイン博物館）
🏠Rheinstr. 2
※改修のため閉館中。

ジークフリート自動演奏楽器博物館
🏠Oberstr. 29
🕐10:00～16:00
🔲冬期 💴€7.50、学生€4
※ガイドツアーは不定期に催行（4人以上集まったときなど）。

ゴンドラリフト
🏠（乗り場）Oberstr. 37
🌐www.seilbahn-ruedesheim.de
🕐4月上旬～10月頃とクリスマスマーケットシーズンのみ運行。
💴片道€6.50、往復€10

つぐみ横丁は長さ144mの狭い路地。名産のワインを楽しむ人々で夜ごとにぎわう

　ラインクルーズのハイライト区間はリューデスハイムから始まるので、ここから船に乗る旅行者が多い。さらにドイツ有数のワインの産地でもあり、ワインを楽しみにやってくる人でにぎわう。**つぐみ横丁Drosselgasse**と呼ばれる小路の両側には、ワインレストランが軒を連ね、昼間からバンドの生演奏や歌声がこだましている。

👣 リューデスハイムの歩き方

　メインストリートのライン通りRhein-str.から入る**ブレムザー城Brömser-burg**の内部は**ワイン博物館Wein-museum**で、ワイン造りに関する歴史的な道具や貴重なワイングラスなどが並ぶ。**ジークフリート自動演奏楽器博物館Siegfrieds Mechanisches**

11～12世紀に建てられたブレムザー城

Musikkabinettは、古い自動演奏楽器コレクションを展示しており、ガイドツアーでノスタルジックな音を聴かせてくれる。

ブドウ畑とラインを一望できるゴンドラリフト

　つぐみ横丁の先には、**ニーダーヴァルトへ行くゴンドラリフト**の乗り場がある。これに乗っ

てブドウ畑の斜面を上り、さらに森の中を5分ほど歩くと、1883年に建てられた巨大な**ゲルマニアの女神像**がそびえる**展望台**に出る。ここから見るライン川の雄大な風景は圧巻。

ゲルマニアの女神像がそびえるニーダーヴァルトの展望台

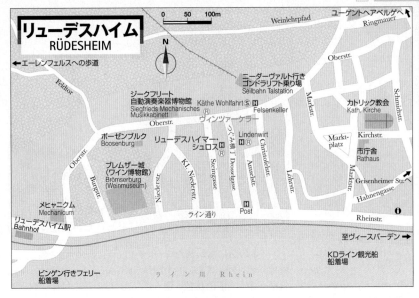

リューデスハイム
RÜDESHEIM

← エーレンフェルスへの歩道

Weinlehrpfad
ユーゲントヘアベルゲへ
Ringmauer
Oberstr.

ニーダーヴァルト行き
ゴンドラリフト乗り場
Seilbahn Talstation

ジークフリート
自動演奏楽器博物館
Siegfrieds Mechanisches
Musikkabinett

Käthe Wohlfahrt
Felsenkeller

カトリック教会
Kath. Kirche

ヴィンツァーケラー

ボーゼンブルク
Boosenburg

Lindenwirt

リューデスハイマー・
シュロス

Markt-
platz

Kirchstr.

市庁舎
Rathaus

ブレムザー城
（ワイン博物館）
Brömserburg
(Weinmuseum)

Christoffelstr.

Amselstr.

Lohrstr.

Geisenheimer Str.へ

Hahnengasse

メヒャニクム
Mechanicum

ライン通り
Post

リューデスハイム駅
Bahnhof

Rheinstr.

至ヴィースバーデン →

KDライン観光船
船着場

ビンゲン行きフェリー
船着場

ラ イ ン 川 Rhein

Restaurant & Hotel　Rüdesheim

リューデスハイムのレストラン & ホテル

ヴィンツァーケラー

Winzerkeller ⏴MAP：P.77

　つぐみ横丁の突き当たりに延びるOberstr.の大
きなワインレスト
ラン。階段を上っ
たテラス席は静
かで落ち着く。メ
ニューには英語が
併記されている。

住Oberstr. 33 ☎(06722) 2324 FAX(06722) 48367
URL www.winzerkeller.com 営11:00～22:00
休1～3月頃は冬期休業 カード M V

リューデスハイマー・シュロス

Rüdesheimer Schloss ⏴MAP：P.77

　1729年に建てられた由緒ある建物を、高級ホテ
ル&レストランに改装。室内はモダンなインテリ
アで、全室床暖房。
Wi-Fi利用可（無料）。
つぐみ横丁に面した広
いレストランもある。
12月中旬頃から冬期
休業あり。

住Steingasse 10 (Drosselgasse)　D-65385
☎(06722) 90500 FAX(06722) 905050
URL www.ruedesheimer-schloss.com
料Ⓢ€90～ Ⓣ€139～ カード A D J M V

Speciality 大人の味リューデスハイマー・カフェー

　リューデスハイマー・カフェーは、目の前で入れ
てくれる人のパフォーマンス込みで楽しめる名物
コーヒー。まずはカップにアスバッハという地元
産ブランデーを注ぎ、火をつけてフランベ。青白
い大きな炎にちょっとびっくり。アルコールがある
程度飛んだところでコーヒーを注ぎ、さらに生ク
リームをたっぷり盛ったらできあがり。アルコー
ルがかなりきついので、お酒に強い人向きだ。

左／ポット入りのコーヒー、ブラ
ンデーの小瓶、たっぷりの生ク
リームが運ばれてくる　右／独特
の形のカップとブランデーはおみ
やげ用に販売している店もある

ザンクト・ゴアール

St. Goar

ベルリン
★ フランクフルト
ミュンヘン

DATA
MAP	P.13-C1
人口	2800人
市外局番	06741

ACCESS
🚃 普通列車でマインツから約1時間、コブレンツから約25分。

🛈 ザンクト・ゴアールの観光案内所
⊞Heerstr. 81
D-56329 St. Goar
☎(06741)383
URL www.stadt-st-goar.de
圖4～9月
　月・火・木・金
　　　　　10:00～16:30
　水・土　　10:00～13:00
　10～3月
　水・土　　10:00～13:00

ライン川のフェリー
圞€2.20、乗り物(自転車、自動車など)は別料金

ラインフェルス城
⊞Schlossberg　D-56329
URL www.st-goar.de
圖3月中旬～10月下旬
　9:00～18:00(入場は～17:00)
※城内の郷土博物館Heimat-museumは3月中旬～10月中旬の10:00～17:30オープン。
圞€6

🏨🍴古城ホテル
シュロスホテル&ヴィラ・ラインフェルス
Schlosshotel & Villa Rheinfels
⊞Schlossberg 47 D-56329
St. Goar　☎(06741)8020
URL www.schloss-rheinfels.de
圞⑤€131～　①€232～
ライン川の眺望がすばらしいレストランは要予約。

ヘーア通りの先にラインフェルス城が見える

　ハイネの詩に歌われたローレライLoreleyの岩山に最も近い町は、ザンクト・ゴアルスハウゼンSt. Goarshausenだが、鉄道の便が多く、宿泊施設も整っているのは、その対岸の町ザンクト・ゴアールのほうで、ふたつの町はフェリーがつないでいる。

　船着場からも駅からも歩いて2～3分の**ヘーア通りHeerstr.**が町の中心。歩行者天国の通りの両側にはレストランやカフェが並び、観光案内所もある。

　山上にそびえる廃墟のままの**ラインフェルス城Burg Rheinfels**は、ライン川流域で最大規模の城で、13世紀半ばまで歴史を遡る。18世紀にフランス軍により破壊されたが、その廃墟は19世紀のイギリスの画家ターナーによって描かれて有名になった。廃墟の部分は、ガイドツアーで見学できる。懐中電灯の持参が必須で、冒険気分を味わえる。

広大な敷地にいくつもの建物の廃墟が残り、時の流れを物語る

　ラインフェルス城は、**古城ホテル**とレストランになっている部分もあるので、ここでひと休みしていくのもよいだろう。

左／ラインフェルス城に隣接する古城ホテル
右／すばらしい眺望を楽しみながらの食事

はみだし 町からラインフェルス城までは、徒歩で約20～25分。5/1～10/30の10:00～17:00まで30分おきにラインフェルス・シャトルが運行。('23)

ライン川が大きく蛇行する眺めが圧巻

ボッパルト

Boppard

雄大なライン川の大蛇行

DATA

MAP	P.13-C1
人口	1万5400人
市外局番	06742

ACCESS

🚆 RE快速でマインツから約45分、コブレンツから約10分。

❶ボッパルトの観光案内所
🏠 Marktplatz (Altes Rathaus)
D-56154 Boppard
☎ (06742) 3888
🔗 www.boppard-tourismus.de
🕐 5～9月
　月～金　　9:00～18:00
　土　　　　10:00～14:00
　10～4月
　月～金　　9:00～17:00

船や列車に乗っていると気づかないが、ライン川はボッパルトでUターンするように蛇行している。ライン川が最も雄大な姿を見せてくれる場所だ。その眺めを堪能する絶景ポイントへは、ボッパルトの町から出ている**チェアリフト**が20分ほどで運んでくれる。リフトに乗っている間に見えるライン川の景色もとてもよい。チェアリフト乗り場は、ボッパルト駅を出たら左へ、線路沿いの道を約10分歩いた町外れにある。

反対に駅を出て右へ進むと、5分ほどで町の中心**マルクト広場Marktplatz**に出る。カフェやレストランに囲まれた美しい広場で、❶もここにある。

白い教会が建つマルクト広場

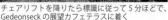

チェアリフトを降りたら標識に従って5分ほどで、Gedeonseck の展望カフェテラスに着く

マルクト広場に建つ教会のすぐ裏が、ライン川クルーズの船着場。船でボッパルトに着いた場合は、川沿いの遊歩道を歩いてチェアリフト乗り場まで行くこともできる。

この町で1796年に生まれたミヒャエル・トーネットは、曲木の手法による椅子を生み出した。バウハウスとも深いかかわりがあるフォルムのトーネットチェアは、現在も人気が高い。川岸に建つ**ボッパルト博物館Museum Boppard**内には、トーネットの展示フロアがある。

チェアリフト
🔗 www.sesselbahn-boppard.de
🕐 4～10月10:00～17:00
　（5～9月は～18:00）
🚫 11～3月、荒天の場合
💰 往復€10

ボッパルト博物館
🏠 Burgplatz 2
🔗 museum-boppard.de
🕐 火～金10:00～17:00
　土・日11:00～18:00
💰 €4

船着場のすぐ前に建つベルビュー・ラインホテル

ベルビュー・ラインホテルBellevue Rheinhotel（🏠Rheinallee 41 D-56154 🔗www.bellevue-boppard.de）は町いちばんの高級ホテルだが、比較的手頃な料金（⑤€89～ ⓣ€126～ 朝食別）で泊まれる。Wi-Fi無料。

コブレンツ

Koblenz

DATA
MAP	P.13-C1
人口	11万3400人
市外局番	0261

ACCESS
ICE、IC特急でフランクフルトから約1時間30分、マインツから約50分、ケルンから約55分。

ライン川とモーゼル川の合流点。ロープウエイで城塞へ上れる

　ライン川とモーゼル川の合流点に位置するコブレンツは、多くの観光船の終着点となっている。逆にここからスタートする船も多いのだが、その場合はライン川を遡るコースになるため、所要時間が長くなる。

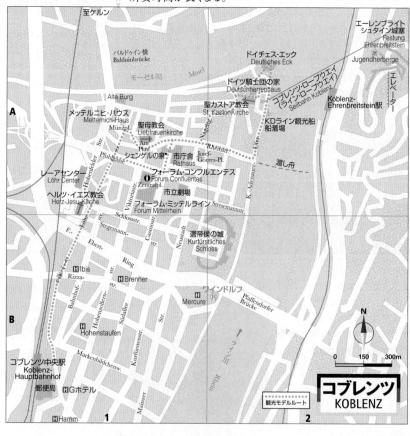

フランクフルトとライン川周辺

コブレンツ

コブレンツの歩き方

川の合流点ドイチェス・エック

ヴィルヘルム皇帝の騎馬像

船着場から北へ3分ほど歩くと、ドイツを代表する大河であるライン川とモーゼル川の合流点**ドイチェス・エックDeutsches Eck**に出る。流域の国々の国旗がはためく合流地点を見下ろすように、**ヴィルヘルム皇帝の騎馬像**が載った巨大な記念碑が立っている。台座部分の内部には入ることができる。ライン川の対岸にそびえる巨大な**エーレンブライトシュタイン城塞Festung Ehrenbreitstein**へは、**コブレンツ・ロープウエイ**（ライン・ロープウエイともいう）に乗って行こう。城塞内部は**州立博物館Landesmuseum**とユースホステルになっている。

コブレンツの旧市街は、**聖母教会Liebfrauenkirche**の塔が背後に見える**プラン広場Am Plan**や、中世の貨幣鋳造所があった**ミュンツ広場Münzpl.**周辺で、にぎやかなショッピングストリートと落ち着いた路地が入り組んでいる。

聖母教会の双塔が見えるプラン広場

ⓘコブレンツの観光案内所
⌂Zentralplatz 1　D-56068
（フォーラム・コンフルエンテスFORUM CONFLUENTESというショッピングビル内）
◯Map P.80-A1
☎(0261) 1291610
Ⅲ(0261) 1291620
URLwww.visit-koblenz.de
圃10:00～18:00
圏11/26、12/24・25・26・31、1/7、2/20

船着場～中央駅間の交通
船着場からコブレンツ中央駅の間は歩くと30分以上かかるので、1番のバス（匣€2.10）を利用したほうがよい。市内（中心部）の1日乗車券Tageskarteは€4.60。

コブレンツ・ロープウエイ
URLwww.seilbahn-koblenz.de
匣運行時間はほぼ毎日変わるので、上記サイトでチェックを。
匣片道€11、往復€14.90
エーレンブライトシュタイン城塞入場とのコンビチケット€19

エーレンブライトシュタイン城塞（州立博物館）
◯Map P.80-A2
URLtor-zum-welterbe.de
圃10:00～18:00(11～1月は～16:00、2・3月は～17:00)
圏12/24・31
匣€8

コブレンツのレストラン&ホテル

Restaurant & Hotel　Koblenz

ワインドルフ
Weindorf　◯MAP：P.80-B2

選帝侯の城の南側、橋のそばにある大きなワインレストラン。ラインとモーゼルのワインが1杯€4程度で飲める。フラムクーヘンFlammkuchen（€14.50～）というドイツ風のピザはワインやビールによく合う。

⌂Julius-Wegeler-Str. 2　☎(0261) 1337190
URLwww.weindorf-koblenz.de
圖水～金17:00～、土12:00～、日11:00～（毎月変更あり、冬期短縮）　カードA

G ホテル
G Hotel　◯MAP：P.80-B1

駅前広場に建つホテルで、鉄道の旅にとても便利。ドイツ各地に展開しているチェーンホテル。全120室。エアコン完備。Wi-Fi利用可(無料)。

⌂Bahnhofplatz/ Neverstr. 15　D-56068
☎(0261) 2002450　Ⅲ(0261) 200245555
URLwww.ghotel-group.de
匣⑤€105～　①€125～　朝食は別料金　カードADMV

ケルン

Köln

ライン川岸から見た大聖堂とホーエンツォレルン橋

ベルリン

★

フランクフルト

ミュンヘン

DATA

MAP	P.13-C1
人口	107万3100人
市外局番	0221

ACCESS

🚄 フランクフルトからライン川沿いを通らない新線区間経由のICE特急利用で1時間5分。ライン川沿いのコブレンツ経由の場合は約2時間25分。

世界遺産

ケルン大聖堂
（1996年登録）
ローマ帝国の国境線、低地ドイツのリーメス
（2021年登録）

紀元1世紀にローマ帝国の植民都市コロニア（ケルンの名の由来）として建設されて以来、ライン河畔の通商および重要な宗教都市として発展した。見どころは多いが、まずは世界遺産であるケルン大聖堂の圧倒的な威容に感動し、ケルシュという地ビールを飲み、ケルン発祥のオーデコロンをおみやげに買うのがマストの楽しみ方だ。

聖ウルスラ教会 St.Ursula

ライン公園、クラウディウス・テルメへ

中央駅 Hauptbahnhof

コメルツホテル・ケルン

メッセ会場 Messe

ヒルトン

ルートヴィヒ美術館 Museum Ludwig
フィルハーモニー Philharmonie

赤ワク内は次ページ

Unter Sachsenhsn.

Dominikan-str.

市立博物館 Stadtmuseum

Burgmauer

大聖堂 Dom

ホーエンツォレルン橋 Hohenzollernbrücke

ローマ・ゲルマン博物館・Römisch-Germanisches Museum

Am Hof

トリアングルパノラマ Triangle Panorama

ケルン・ドイツ駅 Bf. Köln-Deutz
ユーゲント ヘアベルゲ

Breite Str. 4711
Glockengasse

コロンバ美術館 Kolumba
ホーエ通り

聖マルティン教会 Groß St.Martin

Alter Markt

市庁舎 Rathaus

オペラハウス Opernhaus

Brückenstr.

Goldgasse

Unter Goldschmied

Fisch-markt

KDライン観光船船着場

市立劇場 Schauspielhaus

旧市庁舎 Altes Rathaus

Obenmarschpforten

Schilder-gasse

ヴァルラーフ・リヒャルツ美術館 Wallraf-Richartz-Museum

Heu-markt

ドイツァー橋 Deutzer Brücke

Cäcilien-str.

ベルギッシェス・ハウス

Augustiner-str.

Maritim

ライン川 Rhein

シュニュットゲン美術館 Museum-Schnütgen
Leonh.-Tietz-Str.

聖マリア教会 St. Maria im Kapitol

チョコレート博物館 Schokoladenmuseum

Agrippa-

0 100 200m

ケルン KÖLN

N

1   2

フランクフルトとライン川周辺

ケルン

ケルン中心部
KÖLN

0 50 100m

イビス・ケルン・アム・ドーム
ケルン中央駅
Hauptbahnhof

エクセルシオール・
エルンスト

大聖堂
Dom

ルートヴィヒ美術館
Museum Ludwig

ローマ・ゲルマン博物館
Römisch-Germanisches Museum

フィルハーモニー
Philharmonie

ライヒャルト

Burgmauer.

An der Rechtschule

リモワ

フリュー・アム・ドーム

Am Hof

ベーターズ・
ブラウハウス

Unt. Goldschmied

ブラウハウス・
ジオン

聖マルティン教会
Groß St.Martin

Minoritenstr.

Tunisstr.

コロンバ美術館
Kolumba

ファリナ・ハウス
（香水博物館）

アルター・
マルクト広場
Alter Markt

フィッシュマルクト
Fisch-Markt

Brückenstr.

マヌファクトゥム

旧市庁舎
Altes Rathaus

Lintgasse

エックス・
フェアトレートゥング

Obenmarspforten

Salzgasse

ヴァルラーフ・
リヒャルツ美術館
Wallraf-Richartz-Museum

ホイ・マルクト
Heu-
Markt

Buttermarkt

Hohe Str.

Schildergasse

ガレリア

ライン川
Rhein

空港と市内間のアクセス

ケルン・ボン空港（URL www.koeln-bonn-airport.de）はケルンの南東約17kmの所にあり、車で約15分。ケルン・ボン空港駅からⓈ19がケルン中央駅まで所要約15分で結んでいる。一部の特急や快速列車も乗り入れている。

🅸ケルンの観光案内所
🏠Kardinal-Höffner-Platz 1
D-50667 Köln
➡Map P.83
☎(0221) 346430
URL www.koelntourismus.de
🕐9:00～19:00

市内交通の料金

4つ目の停留所（Ⓢは利用不可）まで有効の短区間券Kurzstreckeは€2.10、5つ目以上乗車する場合は1回乗車券Einzelticket€3.20。24時間乗車券24Stundenticketは€7.70。

ケルン・カード
KölnCard

市内交通に乗り放題で、主要博物館、大聖堂の塔や宝物館の入場、劇場の入場券が割引になるなどの特典がある。24時間有効€9、48時間有効€18。

見上げると覆いかぶさってくるような大聖堂のファサード

ケルンの歩き方

ケルン中央駅前の広場に出ると、いきなり圧倒的なスケールで**大聖堂Dom**がそびえている。正面ファサードを眺め、南側の広大な広場へ回り込むと、**ローマ・ゲルマン博物館Römisch-Germanisches Museum**や**ルートヴィヒ美術館Museum Ludwig**とフィルハーモニーPhilharmonieが集まっている。

ケルンの代表的なショッピングストリートは、大聖堂のファサード前から南に延びる**ホーエ通りHohe Str.**で、ホーエ通りの東に位置する**アルター・マルクト広場Alter Markt**周辺が、かつてのケルンの旧市街。ケルシュを飲ませる居酒屋が点在している、細く入り組んだ路地をさらに東へ進むとライン川の岸辺に出る。川に面して小さな噴水がある広場**フィッシュマルクトFischmarkt**は、パステルトーンの建物が建ち並び、絵になる一角。

ライン川の対岸へも、ホーエンツォレルン橋を渡って行ってみよう。対岸の橋のたもとと、LVR-Turmという高層ビルの屋上展望台**トリアングルパノラマTrianglePanorama**は、ケルンの絶景ポイントだ。

ショッピングなら歩行者天国のホーエ通りへ

ライン川に面したフィッシュマルクト。聖マルティン教会の塔が印象的

大聖堂
Dom

★★★

大聖堂
- ⊖Map P.83
- 🔗www.koelner-dom.de
- 🕐月～土 10:00～17:00
  日・祝 13:00～16:00
  ※祭壇周囲エリアは月～金
  10:00～17:00、土10:00
  ～14:15、日13:00～16:
  00のみ入場可。（変更の
  場合あり）

南塔
- 🕐3・4・10月9:00～17:00、
  5～9月9:00～18:00、11
  ～2月9:00～16:00（入塔
  は閉館の30分前まで）
  カーニバル期間は変更ま
  たは閉鎖あり。

宝物館
- 🕐10:00～18:00
- 💶塔の入場€6、学生€3
  宝物館€6、学生€3
  塔の入場と宝物館のコン
  ビチケット€9、学生€4.50

大聖堂を南側の広場から望む

157mという高さは、さすがに迫力十分。奥行き144m、幅86mもある。1248年に着工し、1880年に完成したゴシック建築のカトリック教会で、内部も見るべきものが多い。2本の塔の真下に当たる西玄関から大聖堂の内部に入ると、高さ43.5mの身廊の広さに息をのむ。

身廊南側の鮮やかなステンドグラスは、バイエルン王ルートヴィヒ1世が奉納したので**バイエルン窓**と呼ばれている。祭壇の右側にあるシュテファン・ロホナー作の『市の守護聖人の祭壇画（大聖堂の絵）Dombild』（1440年頃）は必見。祭壇の奥には、東方三博士の聖遺物を納めた、世界最大の黄金細工の聖棺がある。

三博士の頭蓋骨が入った聖棺

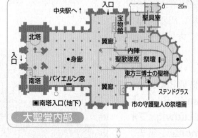
大聖堂内部

南塔には、階段で上ることができる。塔への入口は広場から地下への階段を下りた所にある。509段を上りきった展望台から見るケルンの町とライン川の眺めはすばらしい。

ローマ・ゲルマン博物館
Römisch-Germanisches Museum

★★★

ローマ・ゲルマン博物館
- 🏠Roncalliplatz 4
- ⊖Map P.83
- 🔗www.roemisch-
  germanisches-museum.
  de

**ベルギッシェス・ハウス（改
修工事中の一部展示場所）**
- 🏠Cäcilienstr. 46
- ⊖Map P.82-B1
- 🚃中央駅地下から🅄18、16
  で2駅目のNeumarktで下
  車、徒歩約3分。
- 🕐水～月 10:00～18:00
- 💶€6

2世紀頃に造られた**ディオニソス・モザイク**というローマ時代の住居の一部を飾っていたものが、この場所から発掘され、博物館の目玉になっている。そのほか1世紀から5世紀にかけてのローマ時代の遺跡の出土品や美術品を所蔵している。

※改修工事のため2025年頃まで閉館中。その間は、**ベルギッシェス・ハウス Bergisches Haus**内で収蔵品の一部が随時公開されている。ただしディオニソス・モザイクは移動が困難なため、移転展示は行われていない。

ヴァルラーフ・リヒャルツ美術館
Wallraf-Richartz-Museum ★★★

14世紀から16世紀の、ケルン派と呼ばれる画家たちの宗教画を中心に、クラーナハ、デューラー、レンブラント、ルーベンス、ゴッホ、ルノワール、マネなど、ヨーロッパの各時代の名画を多数所蔵している。

意外な名画に出合える美術館

ヴァルラーフ・リヒャルツ美術館
住Obenmarspforten
〇Map P.83
URL www.wallraf.museum
開火～日　　10:00～18:00
（第1、3木は～22:00）
休月、カーニバル期間、
11/11、12/24・25・31、
1/1
料€8、学生€4.50

ルートヴィヒ美術館
Museum Ludwig ★★

ドイツ表現主義からピカソ、ウォーホル、リキテンシュタインをはじめとするアメリカのポップアートなど、秀逸の20世紀美術コレクションを誇る。モダンな曲線で知られる建物内には、ケルン・フィルハーモニーのコンサートホールも入っている。

ルートヴィヒ美術館の入口

ルートヴィヒ美術館
住Heinrich-Böll-Platz
〇Map P.83
URL www.museum-ludwig.de
開火～日　　10:00～18:00
休月、カーニバル期間、
12/24・25・31、1/1
料€12、学生€8

コロンバ美術館
Kolumba ★★

スイスの名建築家ペーター・ズムトー設計のミュージアム。第2次世界大戦で破壊されたコロンバ教会の廃墟と、その下のローマ遺跡を包み込むようにして建つ。古代の宗教美術から現代美術まで多彩なアートを展示している。

保存されたローマ遺跡を
通路の上から見学できる

コロンバ美術館
住Kolumbastr. 4
〇Map P.83
URL www.kolumba.de
開水～月12:00～ 17:00
休火、カーニバル期間、
12/24・25・31、1/1、ほ
か展示替えによる休業期
間あり
料€8

建築作品としても注目を集める

シュニュットゲン美術館
Museum Schnütgen ★★

修道院の聖堂を改造した美術館にふさわしい、中世の宗教美術が展示されている。なかでもライン地方ならではの素朴な聖母子像や天使像には心引かれるものがある。

© RBA / W. Meier

静謐な空気に満ちた美術館

シュニュットゲン美術館
住Cäcilienstr. 29-33
〇Map P.82-B1
URL www.museum-schnuetgen.
de
開火～日　　10:00～18:00
（木は～20:00）
休月、カーニバル期間、
12/24・25・31、1/1
料€6、学生€3.50
特別展は別途料金

はみだし ケルン大聖堂前にはさまざまな衣装のパフォーマーがいて、観光客に記念撮影をしようと誘ってくる。だが撮影後、モデル料として数ユーロ（悪質な場合はかなり高額）要求してくるので、安易に撮影しないほうが無難。

チョコレート博物館

チョコレート博物館
🏠 Am Schokoladenmuseum 1a
🗺 Map P.82-B2
🌐 www.schokoladenmuse
um.de
🕐 10:00～18:00
（入場は閉館1時間前まで）
📅 11月と1～3月の月曜、カー
ニバル期間、12/24・25・
31、1/1
💰 月～金€14.50、土・日€
16、学生・子供割引あり

ライン川沿いに建つチョコレー
ト工場

錠にはカップルの名前と記念日
が刻まれ、鍵は永遠の愛を誓っ
てライン川に投げ入れる

トリアングルパノラマ
🗺 Map P.82-A2
🏠 Ottoplatz 1
🌐 www.koelntrianglepanorama.
de
🕐 11:00～20:00
荒天時は閉鎖
💰 €5

チョコレート博物館
Schokoladenmuseum(Imhoff-Stollwerk-Museum) ✶

ケルンの有名チョコレートメーカーImhoff-Stoll-
werkの工場兼博物館。ライン川にせり出したガラ
ス張りの船のような建物も印象的。社会科見学気
分で体験できる。大聖堂前広場から工場までチョ
コエクスプレスSchoko-ExpressというSL型の観光
車両（片道€6、周遊€10）が運行している。歩く
場合はライン川沿いを約30分。

甘い香りに満ちた博物館

ホーエンツォレルン橋
Hohenzollernbrücke ✶✶

1911年完成のライン川に架かる鉄橋。第2次世界大戦末期
に、連合軍の侵攻を妨げるためにドイツ国防軍が爆破したが、
戦後再建された。現在は、鉄道と歩行者および自転車専用
の橋。近年、愛の架け橋としてフェンスに
ぎっしりと南京錠が取り付けられて、橋の
所有者のドイツ鉄道は鍵の総重量に悩ま
されているほど。

ドイツで最も列車の運行本数が多い橋でもある

トリアングルパノラマ
Triangl Panorama ✶✶

ケルン大聖堂の対岸に建つ、トリアングルという30階建て
高層ビルの屋上がパノラマ展望台となっている。大聖堂が入
る撮影ポイントとしてはここがベス
ト。大聖堂の塔に上る体力に自
信がない人もこちらがおすすめ。
Aussichtsplattformと表示のあ
る直通エレベーターで上がる。ホー
エンツォレルン橋を渡るか、Sバー
ンでKöln Deutz下車徒歩約3分。

ケルンの新しい絶景ポイント

Topics ケルンのサッカースタジアム

ラインエネルギーシュタディオン
RheinEnergie Stadion
🌐 www.rheinenergiestadion.de
　1.FCケルンの本拠地。中央駅から西へ約6km、
全席屋根付きのスタジアム。
行き方 ケルン中央駅地下の乗り場から16、18番
の市電（路線図などでは🇺の表示）で2駅目の
Neumarktまで行き、地上の乗り場に出て1番
のWelden West方面行きの市電に乗り換えて

サッカー専用スタジ
アムの迫力を体験
できる

Rheinenergie-Stadion下車。試合日には臨時列
車が大量増発される。試合当日の入場券があれ
ば乗車は無料。

ケルン・ロープウエイ
Kölner Seilbahn ★★

ライン川の上を空中散歩

　　　　　動物園のすぐそばのライン左岸と、ライン公園があるライン右岸をつなぐ、ゴンドラリフト式のロープウエイ。ライン川の上をのんびりと空中散歩が楽しめる。周辺は地元の人のレジャーエリアで、家族連れでのんびりと休日を楽しむ姿が見られるのも楽しい。

クラウディウス・テルメ
Claudius Therme ★

　ライン右岸側のライン公園内にあるスパ＆温泉施設。各種温水プール（水着着用）、クナイプ施設、サウナ、マッサージ、ウエルネス＆ビューティサロンなどがある。夜遅くまで営業しているので、歩き疲れた体をほぐすのにぴったり。
　この施設の隣にロープウエイ乗り場がある。

© Claudius Therme GmbH & Co. KG
清潔で広い室内プールと屋外プールがある

ケルン・ロープウエイ
[住]Riehler Str. 180
[交]中央駅地下から18番の市電（[U]と表記）でZoo/Flora下車すぐ。対岸側からは、中央駅からSバーンで1駅のKöln Deutzで下車、150、250、260番のバスに乗り換えてThermalbad (Claudius-Therme)下車すぐ。
[URL]www.koelner-seilbahn.de
[営]4～10月の10：00～18：00
[休]11～3月
[料]片道€5、往復€9

クラウディウス・テルメ
[交]中央駅の隣のケルン・ドイツ駅Köln Deutzから150、250、260番のバスで約5分、Thermalbad (Claudius-Therme)下車すぐ。
[住]Sachsenbergstr. 1
[URL]www.claudius-therme.de
[営]9：00～24：00（入場は～22：30）
[料]2時間まで€15（€17）4時間まで€21（€23）（　）内は土・日・祝料金サウナ€8
[休]12/24

ケルンから行く世界遺産

ロココとバロックが融合した
ブリュールのアウグストゥスブルク城

　ケルンから南に約13km、ブリュールBrühlの町に建つ、ケルン大司教が夏を過ごしたロココ様式の城。ヴュルツブルクのレジデンツも手がけたバルタザール・ノイマン作の吹き抜け階段は必見。フランス・バロック風の庭園と森を挟んだ所には、狩りのための小さな城館、ファルケンルスト城Schloss Falkenlustが建ち、あわせて世界遺産に登録されている。

優美で気品漂うファルケンルスト城内

© Horst Gummersbach/Schlösserverwaltung Brühl（右上も同）

上／ロココ様式の先駆けアウグストゥスブルク城　下／階段の間は重要な見どころ

アウグストゥスブルク城
Schloss Augustusburg
（1984年登録）
[行き方]ケルン中央駅からBonnまたはKoblenz行きの普通列車または私鉄MRBで所要約15分、Brühl下車。城は駅前から見える。
[URL]www.schlossbruehl.de
[開]2～11月のみ公開。火～金9：00～16：00、土・日10：00～17：00。アウグストゥスブルク城内の見学はガイドツアーのみ。ファルケンルスト城はオーディオガイドで自由に見学できる。
[休]月、12～2月
[料]€9.50、学生€8。ファルケンルスト城とのコンビチケットは€15、学生€11.50

ケルンのショッピング

大聖堂から南へ延びる歩行者天国のホーエ通りとその周辺が最もにぎやかなショッピングエリア。

デパート、食品、雑貨

ガレリア
Galeria Köln Hohe Strasse

メインストリートの歴史的デパート ◯MAP：P.83

ドイツ国内に現在100店舗以上あるデパートの旗艦店として、1914年に完成した堂々たる建物。ドイツ初のエスカレーターが設置された店でもある。便利なセルフレストラン（當10：00〜19：00）も入っている。

住Hohe Str. 41-53
☎(0221)2230
URL www.galeria.de
當月〜土10：00〜20：00
休日・祝、カーニバル期間は変更、休業あり
カード A D J M V

リモワ
RIMOWA

スーツケースの名品はケルン生まれ ◯MAP：P.83

1898年にケルンで生まれたリモワは、耐久性に優れたスーツケースとして旅行者から高い支持を得ている。大聖堂近くにあるフラッグシップストアは、明るくポップな雰囲気。

住Hohe Str. 139
☎(0221) 16812079
URL www.rimowa.com
當月〜金10：00〜19：00　土10：00〜18：00
休日・祝
カード A D J M V

マヌファクトゥム
Manufactum

クオリティの高い品が並ぶ ◯MAP：P.83

高品質の雑貨や文具、家庭用品、キッチン用品、革製品、家具などを世界各地から集めた雑貨店。自家製パンとコーヒー、サラダ、サンドイッチなどが味わえる併設のカフェbrot & butterも人気。

住Brückenstr. 23
☎(0221) 29942323
URL www. www.manufactum.de
當月〜土10：00〜19：00
休日・祝
カード A D M V

Speciality　オーデコロンはケルン生まれ

オーデコロンとは、フランス語で「ケルンの水」という意味の香水のことで、1709年にケルンで誕生。その後、ケルンがナポレオン軍に占領された時代に、ナポレオンや兵士たちがこの香水を好んで、妻や恋人のためにフランスに持ち帰ったことから大人気となった。

赤いチューリップがトレードマークのファリナ

4711本店
「4711」とは、ナポレオン占領下の住居表示。そのまま店名にしてしまった珍しい由来。
住Glockengasse 4　◯Map P.82-B1
URL www.4711.com
當月〜金9：30〜18：30、土〜18：00
休日・祝　カード M V

ファリナ・ハウス（香水博物館）
オーデコロンは1709年にヨハン・ファリナが発明。その工場が博物館とショップになっている。
住Obenmarspforten 21　◯Map P.83
URL www.farina-haus.de
當月〜土10：00〜19：00、日11：00〜17：00
休祝　料ガイドツアーによる見学で€8
カード A M V

左／クラシックな本店
中／オーデコロンが流れ出ている水盤がある
右／柑橘系のさわやかな香りが特徴

Restaurant Köln

ケルンのレストラン

ケルンには「ケルシュ Kölsch」という地ビールがある。やや苦味が強い独特のケルシュは「ケルンの」という意味で、200㎖入りの細長いグラスに注がれる。大聖堂の周辺にケルシュを飲ませる店が多い。名物は、「ライニッシャー・ザウアーブラーテンRheinischer Sauerbraten」という肉料理。赤ワインと酢などのマリネ液に数日漬け込んだ牛肉をローストして、煮込んだ料理。

200㎖入りの細長いグラスに注がれるケルシュ

ドイツ料理

ブラウハウス・ジオン Brauhaus Sion

1511年創業のケルシュの名店

◎MAP：P.83

自家製のケルシュビール（0.2ℓ€2.20）の人気店。名物はさまざまなソーセージ料理でビールによく合う。なかでも、ぐるぐる渦巻き状の焼きソーセージKölner Dombockwurst "Prinz Frank"€9.80はよく知られた一品。

📍Unter Taschenmacher 5
☎(0221) 2578540
🌐www.brauhaus-sion.de
🕐12:00～24:00
カード JMV

フリュー・アム・ドーム Früh am Dom

できたてケルシュの代表格

◎MAP：P.83

中央駅から歩いて3分、できたてのケルシュビール（€2.20）で有名な店。内部はいくつかの部屋に分かれている。ポテトスープKartoffelsuppe€4.90、豚のカツレツSchweineschnitzel€14.20などが味わえる。

📍Am Hof 12-18
☎(0221) 2613215
🌐www.frueh-am-dom.de
🕐11:00～24:00
　（土・日・祝は10:00～）
休12/24
カード 不可

ペータース・ブラウハウス Peters Brauhaus

ドイツ風のインテリアで落ち着く

◎MAP：P.83

新鮮な自家製ケルシュは、1杯€2.30でついついおかわりが進んでしまう。店内は広く、民族調の部屋などいくつかの部屋に分かれている。写真はこの地方の名物ライニッシャー・ザウアーブラーテンRheinischer Sauerbraten€20.90。

📍Mühlengasse 1
☎(0221) 2573950
🌐www.peters-brauhaus.de
🕐11:30～23:00
　（日は～21:30）
休クリスマスシーズン
カード MV

エックス・フェアトレートゥング Ex-Vertretung

ライン川を眺めながらビールを

◎MAP：P.83

ライン川沿いのフィッシュマルクト広場に面した居酒屋風の店。夏は川辺のビアガーデンのような雰囲気。名物はフラムクーヘンFlammekuchenというドイツ風の薄いピザが各種（€10～13.50）あり、ビールによく合う。

📍Frankenwerft 31-33
☎(0221) 66990221
🌐www.ex-vertretung.de
🕐12:00～24:00
　（1～3月の月～木は17:00～。
　食事オーダーは22:30まで）
※季節により変更あり。
カード MV

カフェ

ライヒャルト Café Reichard

大聖堂の目の前にある老舗カフェ

◎MAP：P.83

天気のよい日に、野外テラスで大聖堂を眺めながら味わうコーヒーや朝食は最高に気分がいい。1855年創業の大きなカフェで、自家製ケーキやバウムクーヘン、チョコレートも各種。地下のトイレのガラス扉は一見の価値あり！

📍Unter Fettenhennen 11
☎(0221) 2578542
🌐www.cafe-reichard.de
🕐8:30～20:00
カード MV（€30以上）

ケルンのホテル

ケルンは見本市都市なので、期間中に当たれば割高になる(多くの場合、表示料金の上限が適用される)ことも知っておこう。見本市の日程は⑳www.koelnmesse.deでチェックできる。見本市会場は、右岸(大聖堂とは反対側)に位置しており、こちら側にも大規模ホテルが数軒あるし、ユースもある。ライン公園やクラウディウス・テルメなど、のんびりできる施設もあるので右岸に宿を取ってみるのもよいだろう。

高級ホテル

エクセルシオール・エルンスト　　Excelsior Hotel Ernst

中央駅近くの伝統的ホテル　　◎MAP：P.83

大聖堂の手前に建つ最高級ホテル。部屋の設備もサービスも申し分ない。ミシュラン1つ星のレストラン「TAKU」(要予約)では、中華やインドネシア料理から寿司までアジアの味覚が楽しめる。Wi-Fi利用可(無料)。

⊞Trankgasse 1-5/Domplatz D-50667
☎(0221) 2701
⬛(0221) 2703333
⬛www.excelsiorhotelernst.com
⬛Ⓢ€240〜　Ⓣ€270〜
　朝食は別料金
[カード] A D J M V

ヒルトン　　Hilton Cologne Hotel

中央駅から近く、設備充実　　◎MAP：P.82-A1

中央駅から歩いて約3分。大聖堂も近く、観光にも何かと便利。24時間オープンのジム、フィンランド式サウナもある。シングルでも広くて機能的な部屋は、使い勝手がよく快適。Wi-Fi利用可(有料。共有エリアは無料)。

⊞Marzellenstr. 13-17 D-50668
☎(0221) 130710
⬛www.hilton.de/koeln
⬛Ⓢ Ⓣ€139〜
　朝食は別料金
[カード] A D J M V

中級ホテル

イビス・ケルン・アム・ドーム　　Ibis Köln am Dom

駅構内にあり、大聖堂も近い　　◎MAP：P.83

ケルン中央駅構内からも入れて鉄道の旅には便利。ルームキーがないと駅側の入口ドアは開かないのでセキュリティも安心。外部の防音もしっかりしている。部屋の設備は簡素。窓の外に大聖堂が見える部屋もある。Wi-Fi利用可(無料)。

⊞Bahnhofsvorplatz D-50667
☎(0221) 9128580
⬛(0221) 912858199
⬛all.accor.com
⬛Ⓢ€99〜　Ⓣ€109〜
　朝食は別料金
[カード] A D M V

コメルツホテル・ケルン　　Kommerzhotel Köln

ビジネス客が多い中級ホテル　　◎MAP：P.82-A1

中央駅の大聖堂とは反対側の出口を出てすぐ右側に建っており、何かと便利。部屋はコンパクトだが、設備はよい。朝食を取る部屋からは中央駅のホームを眺められ、鉄道ファンにおすすめ。Wi-Fi利用可(無料)。

⊞Johannisstr. 30-34 D-50668
☎(0221) 16100
⬛(0221) 1610122
⬛www.kommerzhotel.eu
⬛Ⓢ€70〜　Ⓣ€114〜 (見本市およびイベント開催期間を除く)　朝食は別料金
[カード] D J M V

ユースホステル

ユーゲントヘアベルゲ　　Jugendherberge Köln Deutz

ドイツ屈指のマンモスユース　　◎MAP：P.82-A2

電車で中央駅からひとつ目のケルン・ドイツKöln-Deutz駅から約100mと便利な場所にある。全157室、506ベッドという大型ユース。人気があるので予約をしたほうがよい。Wi-Fiは共有エリアのみ利用可(無料)。

⊞Siegesstr. 5 D-50679
☎(0221) 814711　⬛(0221) 884425
⬛www.koeln-deutz.jugendherberge.de
⬛シーツ、朝食付き€40.90〜
　Ⓢ€67.40〜　Ⓣ€98.80〜
　メッセ期間中は値上がりあり
[カード] J M V

ロマンティック街道

Romantische Straße

夕暮れ時も美しいローテンブルクのマルクス塔

ロマンティック街道

ロマンティック街道は、ドイツでも最も人気のある観光ルート。マイン河畔のヴュルツブルクから、中世の町並みのローテンブルク、そしてドイツアルプス山麓の町フュッセンにいたる約350kmの街道には、中世の面影とロマンが満ちている。

周遊のヒント

🚃 鉄道で（利用の仕方→ P.286）

多くの町は、ローカル線または路線バスを乗り継いで行くことが可能。ただし本数は少ないので、時刻表をよくチェックすること。

🚗 レンタカーで（利用の仕方→ P.294）

好きな町から町へ、自分のペースで移動できるのがレンタカーの旅のメリット。

🚌 ツアーバスで（利用の仕方→ P.292）

ロマンティック街道の最も便利な交通機関は、**ロマンティック街道バス。マイバスとみゅうバス**（→ P.292）は街道の一部のみ、日本語ガイド付きの日帰りツアーを運行している。どちらも運行日に注意。

ベルリン
フランクフルト
ミュンヘン

ヴュルツブルク Würzburg P.094
バンベルク Bamberg
P.104
バート・メルゲントハイム Bad Mergentheim P.105
ヴァイカースハイム P.106
クレクリンゲン
ローテンブルク Rothenburg
古城街道
P.248
ニュルンベルク Nürnberg
アンスバッハ
シュヴェービッシュ・ハル
P.124
ディンケルスビュール Dinkelsbühl
P.129
ネルトリンゲン Nördlingen
P.133
ドナウヴェルト Donauwörth

ロマンティック街道

P.168
ミュンヘン München
P.134
アウクスブルク Augsburg
P.142
ランツベルク Landsberg
シュタルンベルガー湖 Starnberger See
P.144
ヴィース教会
P.146
フュッセン
P.152
シュヴァンガウ
リンダウ Lindau
P.154
ノイシュヴァンシュタイン城
P.230
ガルミッシュ・パルテンキルヒェン
ボーデン湖 Bodensee
ツークシュピッツェ Zugspitze 2962m

ロマンティック街道バスの時刻表（2023年）

A = 2023年5/7〜9/24の日曜運行、B = 2023年4/2〜10/29の水、日曜運行。A便とB便は乗り換えが必要。一部停留所省略。時刻表は毎年変更されます。

A		↓都市名（乗り場）		A
9:00	—	フランクフルト Frankfurt（中央駅 Mannheimer Str. 側、Deutsche Touring 前）	—	19:30
10:05*	—	ヴェアトハイム・ヴィレッジ Wertheim-Village	—	18:30*
10:35	—	ヴュルツブルク Würzburg（中央駅前長距離バス停 Hbf, Fernbus haltestelle）	—	18:00
	—	ヴュルツブルク Würzburg（レジデンツ広場 Residenzplatz）	—	17:55 / 17:40
11:25**	—	バート・メルゲントハイム Bad Mergentheim（Altstadt Schloss）	—	16:50
11:40 / 12:10	—	ヴァイカースハイム Weikersheim（マルクト広場 Marktplatz）	—	16:40
12:25	—	クレクリンゲン Creglingen（バート・メルゲントハイム通り）	—	16:25
12:45	—	ローテンブルク Rothenburg（シュランネン広場 Schrannenplatz）	—	16:00
12:50	—	ローテンブルク Rothenburg（駅前 Bahnhof）	—	15:50
12:55	—	ローテンブルク Rothenburg（駐車場P1 Parkplatz P1）	—	15:45
	B		B	
—	15:50	ローテンブルク Rothenburg（駐車場P1 Parkplatz P1）	12:35	—
—	16:35*	ディンケルスビュール Dinkelsbühl（ZOB シュヴェーデンヴィーゼ Schwedenwiese）	11:35*	—
—	17:15*	ネルトリンゲン Nördlingen（駅前 Bahnhof）	11:00*	—
—	17:40*	ドナウヴェルト Donauwörth（駅前 Bahnhof）	10:00*	—
—	19:00	ミュンヘン München（カールス広場 Karlsplatz）	8:30	—

（注） ドナウヴェルトからアウクスブルク、フュッセンへは鉄道に乗り換えて各自移動。
* 印付きの停留所での乗り降りは出発の36時間前までに下記に電話予約し、支払い済みの場合のみの運行。
** ここで乗車する場合は、遅くとも当日10:30までにバート・メルゲントハイム観光局☎ (07931) 574815 へ要予約。
※道路状況等により、時刻表どおりに運行しない場合もあります。
●ロマンティック街道バスの予約・問い合わせ先
EurAide Inc.,
☎ (089) 593889（圏月〜金11:00〜17:00）
🌐 www.romantischestrasse.de

ステイガイド

観光地だけに宿は十分にあるが、ローテンブルクやディンケルスビュールなどの祭りの時期は観光客が集中するので、祭りの日程をチェックしておきたい。

はみだし P.93紹介の城巡りチケットで見学する場合、各城のチケット窓口に並び、無料入場チケットを発券してもらう。ノイシュヴァンシュタイン城の場合のみ、バイエルンの城共通チケットはオンライン（→P.154）で日時指定の予約券（予約手数料

名産品と料理

街道の北半分はフランケン地方といって、**辛口の白ワインの名産地**。特にヴュルツブルクには、自家製ワインを飲ませるワイナリーやワインレストランが多い。アウクスブルクやフュッセンなどの南ドイツは、ビールがおいしい。ローテンブルクは、**シュネーバル**という白い粉砂糖をまぶした硬いドーナツのようなお菓子が名物。

上／フランケンワイン
下／シュネーバル

おもな祭りとイベント

★**マイスタートルンクの祭り** (→ P.114)
▶ローテンブルク
★**子供祭りキンダーツェッヒェ** (→ P.127)
▶ディンケルスビュール

バイエルンの城巡りチケット

★バイエルンの城共通チケット

ノイシュヴァンシュタイン城やミュンヘンのレジデンツなど、バイエルン州の40以上の城に入場できるバイエルンの城共通チケット Mehrtagestickets der Bayerischen Schlösserverwaltung は、14日間有効 Mehrtagesticket（€35）と1年間有効 Jahreskarte（€50）の2種類。パートナー＆ファミリー用もある。購入は加盟の城のチケット売り場または下記サイトから（加盟の城のリストなども掲載）。
URL www.schloesser.bayern.de/deutsch/schloss/objekte/jahresk.htm

★王の城チケット

ノイシュヴァンシュタイン城、リンダーホーフ城、ヘレンキームゼー城に入れる王の城チケット Kombiticket Königsschlösser（€31）は、6カ月の有効期間中、各城に1回入場できる。購入は各チケット売り場で。（注：下記はみだし参照）

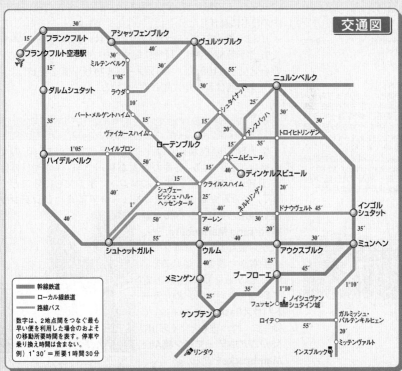

交通図

幹線鉄道
ローカル線鉄道
路線バス

数字は、2地点間をつなぐ最も早い便を利用した場合のおよその移動所要時間を表す。停車や乗り換え時間は含まない。
例）1°30′＝所要1時間30分

フランクフルト
フランクフルト空港駅
アシャッフェンブルク
ヴュルツブルク
ミルテンベルク
ラウダ
ダルムシュタット
ニュルンベルク
バート・メルゲントハイム
ヴァイカースハイム
ハイルブロン
ローテンブルク
アンスバッハ
トロイヒトリンゲン
ハイデルベルク
ドームビュール
ディンケルスビュール
クライルスハイム
シュヴェービッシュ・ハル・ヘッセンタール
ネルトリンゲン
ドナウヴェルト
インゴルシュタット
アーレン
シュトゥットガルト
ウルム
アウクスブルク
ミュンヘン
メミンゲン
ブーフローエ
ケンプテン
フュッセン
ノイシュヴァンシュタイン城
ガルミッシュ・パルテンキルヒェン
ロイテ
ミッテンヴァルト
リンダウ
インスブルック

（€2.50必要）を入手できるが、王の城チケットではオンライン予約できないので、現地のチケットセンターに並ばなくてはならない。しかし混雑する日が多く、当日中に予約券が入手できない場合もあるので要注意。

ヴュルツブルク

Würzburg

世界遺産に登録されているレジデンツとホーフ庭園

ベルリン

フランクフルト
★
ミュンヘン

DATA

MAP	P.13-C1
人口	12万7000人
市外局番	0931

ACCESS

🚃 ドイツ鉄道の主要幹線上に位置し、ICE特急（インターシティー・エクスプレス）、IC特急（インターシティー）、国際特急EC（オイロシティー）が発着し、とても便利。

　所要時間は、フランクフルトからICE利用で約1時間10分、ミュンヘンから約2時間5分。

🚌 ロマンティック街道バス（→P.92）はヴュルツブルク中央駅横のバスターミナルから発着。レジデンツ前の広場はフランクフルト行きのみ発着する。

市内交通

市電とバスが走っており、乗車券は自動券売機で購入する。乗車後4つ目の停留所まで有効の短区間券Kurzstrecke Eins+4は€1.40（乗り換え不可）、それ以上の区間は1回乗車券Einzelfahrschein €2.80。1日乗り放題の1日乗車券Tageskarte €4.60が便利。

中心部の観光に便利な市電

　ロマンティック街道の北の起点ヴュルツブルクは、マイン川の両岸に開けた教会の多い町。8世紀から司教座がおかれ、権勢を振るった歴代の司教領主のもとで発展した。フランケンワインのふるさととしても知られ、ヴュルツブルク中央駅の線路際にまでブドウ畑が広がっている様子が見られる。

　日本とのつながりも古い。長崎の出島で活躍した医師シーボルトは、この町に1796年に生まれ、医学を学んだ後、鎖国中の日本に赴任した。

　1582年創立のヴュルツブルク大学では、14人のノーベル賞受賞者が教鞭を執り、研究に従事した。なかでも1895年にX線を発見し、1901年、第1回ノーベル物理学賞を受賞したレントゲンの名は世界中に知れ渡っている。

ヴュルツブルクの歩き方

　中央駅前の広場からは、市電が発着している。町の中心へは、1番、3番、5番の市電が利用でき、ふたつ目の停留所**ドームDom**で下車すればよい。歩いても15分ほどで着く。この町で最大の見どころは、世界遺産の**レジデンツResidenz**と**マリエンベルク要塞Festung Marienberg**だが、駅から最も遠いマリエンベルク要塞から観光を始めるといい。その場合は上記の市電で駅から3つ目の停留所**ラートハウスRathaus**（市庁舎）で降りて、西へ進むとマイン川に架かる**アルテ・マイン橋Alte Mainbrücke**を渡る。

中央に市庁舎、その右奥に大聖堂の双塔が見える

1473～1543年に架けられたアルテ・マイン橋の両側には左右6人ずつ、計12体の石像が立っている。マリエンベルク要塞のほうを向いて左側手前から2番目の像が聖キリアン、3番目はフランコニアの像。右側は3番目が聖〉

ヴュルツブルク

アルテ・マイン橋とブドウ畑の上にそびえる要塞

橋の欄干に12体の聖人像が立つ橋の上は、マリエンベルク要塞を背景にした絶好の撮影ポイント。要塞へは、標識に従って坂道を30分ほど歩いて上る。

要塞見学後は、再びアルテ・マイン橋を渡って真っすぐ進むと、正面にロマネスク様式の大聖堂Domが見えてくる。その近くの**ノイミュンスター教会Neumünster**と、マルクト広場の**マリエンカペレMarienkapelle**は見逃せない教会だ。

レジデンツは、大聖堂の脇道を抜けて東へ5分ほどの所にある。レジデンツから中央駅へは、歩いて10〜15分ほど。

❶ヴュルツブルクの観光案内所
⊞Falkenhaus,Marktplatz 9
D-97070 Würzburg
◎Map P.95-A2
☎(0931)372398
囲www.wuerzburg.de
圏5〜10月
月〜金　10:00〜18:00
土・日・祝　10:00〜14:00
11〜4月
月〜金　10:00〜14:00
（木のみ〜18:00）
土　　10:00〜14:00

右側の建物が観光案内所がある
ハウス・ツム・ファルケン。左
奥側はマリエンカペレ

ヴュルツブルク WÜRZBURG

0　100　200m

中央郵便局
ヴュルツブルク中央駅 Hauptbahnhof
バスターミナル（ロマンティック街道バス）
レギーナ Haugerring
Babelfish-Hostel
国際会議センター Congress Zentrum マリティム
レントゲン記念館 Röntgen-Gedächtnisstätte
ユリウス シュピタール
ハウク教会 Stift Haug
Kroatengasse
Zur Stadt Mainz
Residence
ヴュルツブルガー ホーフ
ユリウスプロムナーデ
Bürgerspital
Mercure am Mainufer　古いクレーン・Alter Kranen
アウグスティーナー教会 Augustinerkirche
ビュルガーシュピタール
マリエンカペレ Marienkapelle　❶ハウス・ツム・ファルケン Haus zum Falken
劇場
ワーグナーが住んだ家
ツム・シュターヘル
プラートヴルスト・クニュプフィング
市庁舎 Rathaus
マルクト広場 Markt
ノイミュンスター教会 Neumünster
アルテ・マインミューレ　アルテ・マイン橋 Alte Mainbrücke
ラーツケラー　バッサーゼ・カフェ・アム・ドーム
大聖堂 Dom
Domstr.
シュテルンベック
ケーラーラー
レジデンツ Residenz
ホーフ教会 Hofkirche
バックエーフェレ
Franziskaner
マリエンベルク要塞 Festung Marienberg
聖ブルカート教会 St. Burkard Kirche
レープシュトック Neubaustr.
ホーフ庭園 Hofgarten
ユーゲントヘアベルゲ
ケッペレ Käppele へ
カルメリーテン教会 Karmelitenkirche
シーボルト像

1　　　　**2**

Ⓗホテル　ⓎⒽユースホステル　Ⓢショップ　Ⓡレストラン、スタンド　Ⓒカフェ　・・・・・観光モデルルート

ヨゼフ、4番目が橋の聖人聖ネポムク、6番目がカール大帝。橋の上から下流（北）に向かって右岸に見える古いクレーンは1772〜1773年に造られ、行き交う船の荷揚げに使用されていた。

レジデンツ
◯Map P.95-B2
URL www.residenz-wuerzburg.de
圏4〜10月　9:00〜18:00
11〜3月　10:00〜16:30
（入場は閉館45分前まで）
困1/1、12/24・25・31、カーニ
バルの火曜
料€9、学生€8
レジデンツの建物の内部は
個人で自由に見学しても、ガ
イドツアーに参加しても同じ
料金。ただし、個人では見学
できない部屋もある。英語の
ガイドツアーは11:00、15:00
スタート。所要約45〜50分。
ホーフ庭園は入場無料。

📷 ヴュルツブルクのおもな見どころ

レジデンツ
Residenz ★★★

　ドイツ・バロックの代表的建築物として名高いレジデンツは、
1720〜1744年に大司教の宮殿として建てられた。基本設計
は、天才建築家とうたわれたバルタザール・ノイマン。1981年に、
建物だけでなくレジデンツ広場および付属の庭園と合わせて
世界遺産に登録された。

　ヴュルツブルクの司教領主は宗教的権力と政治的権力を併
せもつ支配者で、戦乱に備えて13世紀から山の上の堅固な
マリエンベルク要塞に居住していた。だが、18世紀に入り政
局も安定してくると、もはや要塞は必要とされなくなり、町の中

レジデンツ

❶ 階段の間 Treppenhaus

　レジデンツで最も有名な場所。ド
イツ・バロック建築の精華、天才バ
ルタザール・ノイマンの最高傑作で、
階段だけでなく、そこから上がった
2階の巨大な天井画部分までを指し
ている。
　天井画はヴェネツィアのフレスコ
画の巨匠ティエポロが1752〜1753
年に描き上げた。面積は18×
32m、奥行きが約5mある丸天井に
描かれており、世界で一番大きいフ
レスコ天井一枚画。天井画は、世界
の4大陸（当時オーストラリアはま
だ知られていなかった）を表してい
る。
　この絵の下部の一番手前に見える
位置で、紫の軍服を着て、大砲の上
に横たわっている人物が建築家バル
タザール・ノイマン。自分の設計し
た階段の間を満足げに見下ろしてい
るようだ。

© FrankenTourismus/Fränkisches Weinland/Andreas Hub.

じっくり鑑賞したい階段の間の天井画

❸ 皇帝の間 Kaisersaal

　レジデンツでひときわ豪華
な部屋。入って右側（南側）
の壁画は、1156年にヴュル
ツブルクの大聖堂で行われた
皇帝フリードリヒ赤髭王と、
ブルグンドのベアトリクスの
結婚式を描いたもの。
　天井には太陽神アポロの
馬車に乗って天空を駆ける
ベアトリクスがダイナミックに
描かれている。

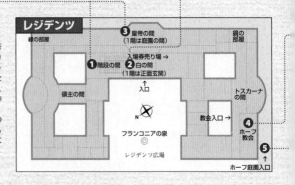

レジデンツ

緑の部屋　❸ 皇帝の間
（1階は庭園売り場）　鏡の
部屋

❶階段の間　入場券売り場 →

領主の間　❷白の間
（1階は正面玄関）

トスカーナ
の間

N

✗入口

教会入口 →

フランコニアの泉
◎

❹
ホーフ
教会

❺
↑
ホーフ庭園入口

レジデンツ広場

シーボルト博物館（住Frankfurter Str. 87　圏火〜日14:30〜17:30　料 常設展€ 4.50）は、幕末の長崎に
医師として滞在したシーボルトの活動を紹介。Mainaustr. 行きの2または4番の市電でSiebold-Museum下車。

に豪華な宮殿レジデンツを建てて権力を誇示した。

1894年にレジデンツ広場に作られた**フランコニアの泉 Frankoniabrunnen**をよく見てみよう。中央に立つのはフラ

フランコニアの泉とレジデンツ

ンケン地方の象徴である、女神フランコニア。その周りに座しているのは、ヴュルツブルクが誇る芸術家たちで、市長も務めた彫刻家リーメンシュナイダー（→P.98～99はみだし）、中世恋愛歌人のフォーゲルヴァイデ、そして画家のグリューネヴァルトの3人だ。

フランコニアの泉の像。リーメンシュナイダーは中央に、左がフォーゲルヴァイデ、右がグリューネヴァルト

モーツァルト音楽祭

毎年6～7月頃、レジデンツを舞台にモーツァルト音楽祭が催される。豪華な「皇帝の間」での演奏や、月光の下の庭園で聴くセレナーデなど、ため息が出るほどロマンティックだ。

1922年から続く歴史をもち、日本を含む世界各国から招かれる演奏家のレベルも高く人気がある。日程や詳細情報は公式サイトでチェックできる。
🌐www.mozartfest.de

❷白の間
Weißer Saal

© FrankenTourismus/Fränkisches Weinland/Andreas Hub.

階段を上がって正面、最初の部屋。壁面と天井には、白いレースのように繊細なスタッコ（漆喰）飾りが施されている。前後の部屋が色彩豊かであることを計算して、この部屋はあえて白一色にして、視覚効果を演出している。

白の間でのコンサート

© Oliver Lang
華麗な皇帝の間に響く音に包まれてみたい

© FrankenTourismus/Fränkisches Weinland/Andreas Hub.

❹ホーフ教会
Hofkirche

レジデンツの南端にある付属教会で、贅を尽くした装飾で知られる。赤、紫、灰色などの大理石に金細工を施した柱、天井には天使が飛び交う。左右の祭壇画は、ティエポロの作。

さまざまな大理石を観察してみよう

❺ホーフ庭園 Hofgarten

ホーフ教会の先のロココ風の鉄門から入ると、レジデンツの裏側にホーフ庭園が広がっている。幾何学庭園と、木々が生い茂る緑豊かな公園部分からなる。キューピッドや子供の彫像が配され、市民の憩いの場ともなっている。毎日日没までオープン（入場門に閉門時刻が表示されているので確認すること）。

春から夏はバラの花が咲く幾何学庭園

子供や天使の像が配されたホーフ庭園

マリエンベルク要塞

マリエンベルク要塞
🔗 Map P.95-B1
🌐 www.schloesser.bayern.de
🕐 4～10月　9:00～18:00
　11～3月　10:00～16:30
🚫 月、祝
中庭と領主の庭園は無料。
ガイドツアーは外観のみで
所要約45分。€4。

**マリエンベルク要塞とレジ
デンツ宮を結ぶ9番のバス**
マリエンベルク要塞のシェー
ンボルン門Schönborntorと
レジデンツ広場Residenzplatz
間を結ぶ9番のバスが4～10
月のみ、1時間に1本程度運
行。所要約20分。

マリエンベルク要塞
Festung Marienberg ★★★

　1253～1719年まで、歴代ヴュルツブルク大司教の居城と
なっていた。城壁や稜堡で守りを固めてあり、要塞兼居城
としてかなり堅固で複雑な構造になっている。アルテ・マイン
橋から上っていくと**ノイトーアNeutor**という門に着く。ここが
外側の要塞の入口門で、さ
らに上るとようやく本城への入
口**シェレンベルク門Scheren-
bergtor**がある。

　広い中庭に進むと、深さ
104mの**深井戸Tiefer Brunnen**
と、1200年頃に築かれた**ベル
クフリート（主塔）Bergfried**、
706年創立の**マリエン教会Marienkirche**がある。

左からベルクフリート、手前に深井戸、
マリエン教会

　テラスになっている領主の庭園から見るマイン川と旧市街も
見逃せない。ここまでは無料で入場できる。

　ガイドツアーでは、ベルクフリート内部やリーメンシュナイダー
地下牢、城壁などを見学できる。

　かつて武器庫として使用されていた**フランケン博物館**
Museum für Franken
はリーメンシュナイダーの
代表作『悲しみのマリア』
『アダムとイブの影像』を
所蔵しており必見。

マイン川に面した領主の庭園は、
ヴュルツブルクの絶景ポイント

フランケン博物館
🔗 Map P.98
🌐 www.museum-franken.de
🕐 4～10月
　火～日　10:00～17:00
　11～3月
　火～日　10:00～16:00
　（入場は閉館の30分前まで）
🚫 月、12/24・25・31、カーニ
バルの月・火曜
💶 €5、学生€4

マリエンベルク要塞

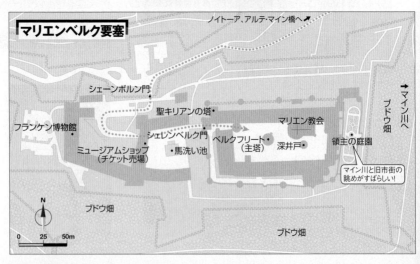

ノイトーア、アルテ・マイン橋へ

シェーンボルン門
聖キリアンの塔・
フランケン博物館
シェレンベルク門
ミュージアムショップ
（チケット売場）
・馬洗い池
ベルクフリート
（主塔）
マリエン教会
深井戸
領主の庭園
マイン川へ
ブドウ畑

マイン川と旧市街の
眺めがすばらしい！

N
0　25　50m
ブドウ畑
ブドウ畑

はみだし　ティルマン・リーメンシュナイダーTilman Riemenschneider（1460年頃～1531年）はドイツ・ゴシックで最重要
の彫刻家。ロマンティック街道では、ヴュルツブルクやローテンブルクなどの教会や美術館で彼の作品に触れる

ロマンティック街道

ヴュルツブルク

大聖堂
Dom ★★★

11〜12世紀のドイツ建築を代表する、ロマネスクの大聖堂。身廊の柱には歴代大司教らの墓碑が取り付けられている。ここでもリーメンシュナイダーの作品が群を抜いてすばらしく、ルドルフ・フォン・シェーレンベルク大司教（1495年没）とロレンツ・フォン・ビブラ大司教（1519年没）の墓碑に刻まれたレリーフは、必見。

ロマネスクの双塔をもつ大聖堂

ノイミュンスター教会
Neumünster ★★

ヴュルツブルクの守護聖人、聖キリアンの墓の上に11世紀に建立されたロマネスクのバジリカ。18世紀に大きなドーム屋根と、赤い砂岩でバロック様式のファサードを付け足した。内部に入ると、ヴィース教会（→P.144）も手がけたドミニクスとヨハン・ツィンマーマン兄弟の華麗な装飾に目を奪われる。身廊中部の、右の祭壇上部がリーメンシュナイダー作の**聖母と幼子キリスト像**、左が腕を前に交差させた珍しい**キリスト十字架受難像**。

祭壇に向かって左側中ほどの扉（ボタンを押すと自動的に開く）から小さな**中庭Lusamgärtlein**に出られる。ここには12世紀の回廊の一部が残り、一角にはミンネゼンガー（中世恋愛歌人）として有名なヴァルター・フォン・デア・フォーゲルヴァイデの墓がある。

聖母と幼子キリスト像（1493年）

キリスト十字架受難像（1350年頃）

大聖堂
◎Map P.95-B2
URL www.dom-wuerzburg.de
開月〜土　10:00〜17:00
　日・祝　13:00〜18:00

シェーレンベルク大司教の墓碑は正面祭壇に向かって左側、身廊部前から数えて4本目の柱にある

ノイミュンスター教会のファサード

ノイミュンスター教会
◎Map P.95-B2
URL www.neumuenster-wuerzburg.de
開月〜土　　8:00〜17:00
　日・祝　10:00〜17:00
　礼拝中の見学は不可

中世の柱廊に囲まれたフォーゲルヴァイデ（1230年没）の墓

Speciality マルクト広場の行列ソーセージスタンド

マリエンカペレの入口（アダムとイブの像がある）に向かってやや右にある**ブラートヴルスト・**

クニュプフィングBratwurst Knüpfing（◎Map P.95-B1〜B2）というスタンドは、昼時になると行列ができるほどの人気。焼きたてのソーセージを丸いパンにサンドしたOriginal Fränkische Würzburger Bratwurstは、€2.90。営業時間は月〜金曜9:30〜18:00、土曜10:00〜17:00。

左／ドイツでは珍しく、行列もできる人気　右／「ブラートヴルスト・ビッテ！」と注文後、「ミット・ゼンフ（マスタード付き）」または「オーネ・ゼンフ（マスタードなし）」と指定すればOK

機会が多いので、名前を覚えておきたい。ヴュルツブルクの市長も務めたが、農民戦争で農民側について敗れ、マリエンベルク要塞に幽閉され、拷問により指や腕を折られ、以後彫刻家として活動できなくなったという。

マリエンカペレ

◎Map P.95-B1～B2

⊕9:00～18:00(季節により
変更あり)

入口の両脇を飾るアダム（左）
とイブ（右）の像

レントゲン記念館

⊕Röntgenring 8

◎Map P.95-A2

URL wilhelmconradroentgen.de

閏月～金　8:00～14:00

**⊕土・日・祝、12月下旬～1月
上旬**

⊞ 無料

レントゲンリンク通りに面した
ヴェルツブルク大学の校舎の中
にある

🄯 マリエンカペレ
Marienkapelle ★★

1377～1481年に建てられた後期ゴシックのホール式教会
（ハレンキルヒェ）建築で、窓が大きく取ってあるため内部は
明るい。マルクト広場に面した入口には、有名なリーメンシュ
ナイダーの傑作**アダムとイブの彫像**（1493年）が飾られている
がこれは複製。オリジナルはマリエンベルク要塞のフランケン
博物館に展示されている（→P.98）。

内部には多くの騎士や市民の墓碑のレ
リーフが見られるが、**コンラート・フォン・
シャウムベルクの墓碑**もリーメンシュナイダー
の手によるもの。入口から入ってすぐ右側
の柱には、レジデンツを建てた建築家バルタ
ザール・ノイマンの墓碑がある。

精緻な表現が見事なコンラート・
フォン・シャウムベルクの墓碑

🄯 レントゲン記念館
Röntgen-Gedächtnisstätte ★

第1回ノーベル賞受賞者ヴィルヘルム・コンラート・レントゲンは、
この記念館の一室でX線を発見した。実験室は、その当時
のまま保存されており、X線発見を記した手紙や、愛用品な
どが展示されている。建物を入ると階段があり、扉を開けると、
記念碑と常設の説明コーナーがあり、日本語の解説もある。

また、授業が行われていなければ、
実験室のすぐ近くの扉を通り抜けて
突き当たり右側の階段の踊り場にあ
る扉を開けると、レントゲンがX線を
発表した講義室を見ることができ
る。

X線発見当時の実験器具が並ぶ

Topics 郊外型アウトレット、ヴェアトハイム・ヴィレッジショッピングセンター

ヴュルツブルクから西へ約30km、ヴェアト
ハイムWertheimの町の郊外にあるアウトレット
ショッピングセンター、**ヴェアトハイム・ヴィレッジ
Wertheim Village**には、ファッションブランドや皮
革製品の店はもちろん、シュタイフのぬいぐるみ、
ローゼンタールやル・クルーゼなどのキッチン用
品からスポーツショップなど約100店舗が並ぶ。

掘り出し物が見つかるかも？

**⊕Almosenberg　D-97877
Wertheim**

URL www.wertheimvillage.com

閏月～土10:00～20:00

⊕日

行き方▶ 郊外アウトレットはマイカー客をター
ゲットに設置されているため、車が最も便利。ヴュ
ルツブルクの町を出てアウトバーンA3をフランク
フルト方向に30分ほど走り、出口66Wertheim/
Lengfurtで下りるとすぐ。

フランクフルトの2軒のホテル前(Sofitel Frankfurt
OperaとSteigenberger Icon Frankfurter Hof)と現
地を結ぶショッピング・エキスプレスSHOPPING
EXPRESSというシャトルバスが木・金・土に運行して
いるので、利用する場合は左記サイトのGetting
here(英)/Anfahrt(独)内の予約ページから要予約。
片道€10。ロマンティック街道バス（→P.92）も停車
する。ただし、36時間前までに停車予約が必要。

はな
みし 作曲家ワーグナーは1833年にレジデンツに近いKapuzinerstr. 7番地（◎Map P.95-B2）に住んでいた。この
建物の外壁には、ワーグナーがここで彼の最初のオペラ『妖精 Die Feen』を作曲した、と刻まれたプレートがある。

Restaurant Würzburg

ヴュルツブルクのレストラン

フランケンワインの名産地だけに、自家製ワインをおくワインレストランもある。ひとりでも、グラスワインなら手頃な値段で味わえるので、ぜひ試してみたい。料理も、ワインによく合うドイツ料理の店が多い。ヴュルツブルクは大学都市なので、手頃な料金で食事も楽しめるカフェや居酒屋が多い。

ヴュルツブルクのレストラン

ドイツ料理

ツム・シュターヘル
Weinhaus zum Stachel

中庭が美しいワインレストラン
◎MAP：P.95-B1

中庭が美しく、夏の宵にグラスを傾けるのにぴったりの雰囲気。グラスワインは€5.90〜、ボトルは€29〜。シュターヘル・プフェンレStachel Pfännle €18.90は、ポーク、ソーセージ、ベーコンのローストとキノコソースの盛り合わせ。

値Gressengasse 1 (Unterer Markt)
☎(0931)52770
URL www.weinhaus-stachel.de
営11:30〜14:45、17:00〜21:15、季節により変更あり 休日、月、夏期休業あり、12月下旬、一部祝日 カード不可 交市電1、3、5番Rathausから徒歩約5分。

ユリウスシュピタール
Juliusspital-Weinstuben

自家製ワインの名店
◎MAP：P.95-A2

建物の中はいくつかの部屋に分かれている。料理の種類も豊富で、メイン€18〜28で味わえる。自家製のフランケンワインの質もよくフルーティでおいしい。グラスワインは0.1ℓ入り€3.50〜、0.25ℓ入り€5.50〜。

値Juliuspromenade 19
☎(0931)54080
URL www.weinstuben-juliusspital.de
営11:00〜23:00(季節により早期閉店あり)
カード M V
交市電1、3、5番Juliuspromenadeから徒歩約1分。

ビュルガーシュピタール
Bürgerspital zum Hl. Geist & Weinstuben

ドイツワインの伝統を体感する老舗
◎MAP：P.95-A2

約700年の歴史を誇る施療院付属のワインレストランで、おいしいフランケンワインと郷土料理を味わえる。グラスワインは0.25ℓ€5.40〜。フランケン風焼きソーセージFränkische Bratwürsteは€11.90。隣のワインショップLadenverkauf & Vinothek (Semmelstr.とTheaterstr.の交差点側に入口がある)でも、ワインバーを併設しているので、好きなワインを選ぶのも楽しい。日本への発送もしてくれる。

値Theaterstr. 19
☎(0931)352880
URL www.buergerspital.de/weingut
営レストランは11:00〜21:30、ワインショップは月9:00〜18:00、火〜木9:00〜22:00、金・土9:00〜24:00、日11:00〜18:00
カード J M V
交市電1、3、5番Juliuspromenadeから徒歩約5分。

上／レストランにはいくつかの部屋がある 下／施療院で暮らす老人たちがワインを楽しむ部屋

自慢の自家製ワインが並ぶショップ

ラーツケラー
Ratskeller

郷土料理を手頃な値段で
◎MAP：P.95-B1

市庁舎の地下にある地元料理のレストラン。気軽なムードで、値段は中級。フランケンワインや料理の種類も豊富に揃えている。テーブル数が多いのでグループツアーも利用するが、ひとりでも大丈夫。。

値Langgasse 1
☎(0931)13021
営10:00〜24:00(料理は11:00〜22:00)
冬期休業あり
カード A D J M V
交市電1、3、5番Rathausから徒歩約1分。

バックエーフェレ　Backöfele

地元の人たちに人気　　　　　　　○MAP：P.95-B1

歴史を感じさせる調度品が飾られた店で、地元の人たちが気軽にビールやワインを楽しみにやってくる。豚のカツレツSchweineschnitzel€15.80、フランケン名物のブラウエツィプフェルBlaue Zipfel€10.80。

住Ursulinergasse 2
☎(0931)59059
URLwww.backoefele.de
営月〜金　　　11:00〜23:00
　土・日・祝　12:00〜23:00
休12/24〜26、1/1〜3
カードMV　交市電1、3、5番Rathausから徒歩約5分。

ベー・ノイマン　B.Neumann

ワインもビールも食事もOK

レジデンツのホーフ教会のそばの、気軽なレストラン。ザウアーブラーテンSauerbraten€19.90、野菜カレー＆ライスGemüsecurry€14.90。グラスワインは€5.10〜。夏期の天気がよい日は庭園側にビアガーデンがオープン。

住Residenzplatz 1
☎(0931)46771944
URLwww.b-neumann.com
営水〜日11：30〜18：00、料理は17：00まで。ビアガーデンが営業する日は延長あり
休月、火　カードMV
交市電1、3、5番Domから徒歩約7分。

アルテ・マインミューレ　Alte Mainmühle

橋のたもとで雰囲気バツグン　　　○MAP：P.95-B1

アルテ・マイン橋のたもとに建つ、古い館を改装したレストラン。橋の上でワインの立ち飲みをする人も多いが、川に張り出したテラス席も大人気。予約がおすすめ。

住Mainkai 1
☎(0931)16777
URLwww.alte-mainmuehle.de
営11:00〜23:00
　（料理は12:00〜21:30）
カードAJMV
交市電1、3、5番Rathausから徒歩約3分。

ケーラーズ

ボリュームたっぷりのサンドイッチはランチにも　○MAP：P.95-B1

アルテ・マイン橋の近くのおしゃれなベーカリー。入口のショーケースで好きなパンやケーキを選び、会計でコーヒーなどのドリンクを注文。店の奥のカフェで食べたいときは「ヒア・エッセン」と言えばOK。

住Karmelitenstr. 1
☎(0931)571718
URLwww.koehlers-vollkornbaeckerei.de
営8:00〜18:00（土〜19:00）
カード不可
交市電1、3、5番Rathausから徒歩約1分。

シュテルンベック　Sternbäck

古びた雰囲気も魅力　　　　　　　○MAP：P.95-B1

シュテルン広場という小さな広場に面した居酒屋兼カフェ。板張りの床に木製の椅子。安いので学生や若者に人気がある店。ベーコンや玉ネギ入りのドイツ風のピザ、フラムクーヘンのアルザス風Flammkuchen „Elsässer Art"は€11。

住Sterngasse 2
☎(0931)54056
URLsternbaeck.de
営11:00〜翌2:00（土・日は10:00〜）
カード不可
交市電1、3、5番Rathausから徒歩約1分。

バッサネーゼ・カフェ・アム・ドーム　Bassanese Café am Dom

観光途中のひと休みに　　　　　　○MAP：P.95-B2

大聖堂の前にあり、テラス席でひと休みする人たちでにぎわっている。イタリア風の軽食やスイーツの種類が豊富で、どれにしようか迷ってしまう。アイスクリームのメニューが充実。写真はスパゲッティ・アイスSpagetti Eis€9.50。

住Kürschnerhof 2
☎(0931)4524999
営9:00〜22:00
カードADJM
交市電1、3、5番Domから徒歩約1分。

Hotel Würzburg

ヴュルツブルクのホテル

ホテルは中央駅の南側から町の中心部のマルクト広場にかけて点在している。観光に便利なのはマルクト広場周辺だが、見どころ自体もさほど広くはない範囲にあるので、場所にこだわる必要はあまりない。ホテルの数は多く、レベルも高級からエコノミーまでさまざま。

Ⓢ＝シングル　Ⓣ＝ツインまたはダブルの1室の料金。特に記していない場合はバスまたはシャワー、トイレ付き、朝食込みの料金

高級ホテル

マリティム
Maritim Hotel Würzburg

市内随一の高級ホテル　　●MAP：P.95-A1

マイン川の近くに建つヴュルツブルクで一番大型の高級ホテル。国際会議センターに隣接しており、ビジネスパーソンの利用が多い。室内スイミングプール、サウナ完備。客室はWi-Fi利用可（無料）。

🏠Pleichertorstr. 5　D-97070
🌐www.maritim.de
☎(0931) 30530
📠(0931) 3053900
💴Ⓢ€125〜　Ⓣ€135〜　朝食別€22　カード ADJMV
🚃市電2、4番Congress-Centrumから徒歩約1分。

レープシュトック
Rebstock

モダンとクラシックが融合するホテル　　●MAP：P.95-B2

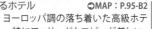

ヨーロッパ調の落ち着いた高級ホテル。特にファサードとロビーが美しい。インテリアも趣味がよい。レストランKUNO1408は（営水〜土18：00〜22：00、要予約）ミシュランの1つ星付き。Wi-Fi無料。

🏠Neubaustr. 7　D-97070
☎(0931) 30930
🌐www.rebstock.com
💴Ⓢ€155〜　Ⓣ€222〜　朝食別€20
カード ADJMV
🚃市電1、3、5番Neubaustr.から徒歩約1分。

中級ホテル

ヴュルツブルガー・ホーフ
Hotel Würzburger Hof

黄色の外観が目を引く　　●MAP：P.95-A2

カイザー通りから変形十字路を渡ってすぐの右側。駅とマルクト広場のちょうど中間に位置する3つ星クラスのホテル。34室それぞれに異なるロマンティックなインテリアの客室が特徴。Wi-Fi無料。

🏠Barbarossaplatz 2　D-97070
☎(0931) 53814
🌐www.hotel-wuerzburgerhof.de
💴Ⓢ€145〜　Ⓣ€149〜　朝食別€16　カード ADJMV
🚃市電1、3、5番Juliuspromenadeから徒歩約1分。

レギーナ
Hotel Regina

快適な駅前ホテル　　●MAP：P.95-A2

中央駅前広場に面していて、列車の旅には最適の中級ホテル。部屋はさほど広くはないが、設備は整っている。エレベーターあり。Wi-Fiは無料で利用できる。

🏠Bahnhofplatz/Haugerring 1　D-97070
☎(0931) 322390
📠(0931) 32239113
🌐www.hotel-regina-wuerzburg.de
💴Ⓢ€90〜　Ⓣ€110〜　朝食別€8.50
カード AJMV

ユースアコモデーション

ユーゲントヘアベルゲ（ユースホステル）
Jugendherberge

要塞見学に便利なユース　　●MAP：P.95-B1

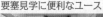

駅から歩くと30分くらい。マリエンベルク要塞のすぐ下にある。夏は満員のことがあるので予約をしてから行ったほうがいい。27歳以上は右の料金に€4加算される。Wi-Fiは公共エリアのみ利用可（無料）。

🏠Fred-Josepf-Platz 2　D-97082
☎(0931) 4677860
📠(0931) 46778620
🌐www.wuerzburg.jugendherberge.de
💴€36〜
カード JMV
🚃市電3、5番Löwenbrückeから徒歩約10分。

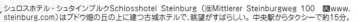

シュロスホテル・シュタインブルクSchlosshotel Steinburg（🏠Mittlerer Steinburgweg 100　🌐www.steinburg.com）はブドウ畑の丘の上に建つ古城ホテルで、眺望がすばらしい。中央駅からタクシーで約15分。

バート・メルゲントハイム

Bad Mergentheim

15〜19世紀にドイツ騎士団団長の居城だったメルゲントハイム城

ベルリン
フランクフルト
★
ミュンヘン

DATA

MAP	P.13-C1
人口	2万4200人
市外局番	07931

ACCESS

ヴュルツブルクからRE快速で約45分。途中ラウダLaudaでクライルスハイムCrailsheim方面行きに乗り換える便もある。平日は1時間に1本程度の割合で運行。

❶バート・メルゲントハイムの観光案内所
Marktplatz 1　D-97980 Bad Mergentheim
☎(07931) 574815
visit.bad-mergentheim.de
4〜10月
月〜金　9:00〜17:00
土・日・祝　10:00〜15:00

メルゲントハイム城
Schloss 16
www.schloss-mergentheim.de
4〜10月
水〜日　10:30〜17:00
11〜3月
水〜土　14:00〜17:00
日・祝　10:30〜17:00
€7、学生€3.50

ソリマール
Am Kurpark, Erlenbachweg 3
solymar-therme.de
9:00〜22:00
2時間まで€19、4時間まで€23（月〜金は€2.50の割引料金）、サウナは別料金

飲泉場
Lothar-Daiker-Str. 4
4〜10月　7:00〜 9:00
15:30〜18:00
11〜3月　7:30〜 9:00
15:00〜17:30

名前にバートとあるように温泉保養地であり、ドイツ騎士団の拠点として13世紀から発展した古い町でもある。

バート・メルゲントハイムの歩き方

駅前から町の中心**マルクト広場Marktplatz**へは、曲がりくねった**バーンホーフ通りBahnhofstr.**と**キルヒ通りKirchstr.**を5分ほど歩く。**教区教会Stadtpfarrkirche**のクリーム色の塔を過ぎるとすぐに、パノラマのようにマルクト広場が現れる。

❶前を過ぎて左へ延びる歩行者天国のブルク通りBurgstr.が町のメインストリート。突き当たりに見える建物はかつてドイツ騎士団団長の居城だった**メルゲントハイム城Residenzschloss Mergentheim**で、内部を見学できる。

騎士の泉があるマルクト広場

ドイツの温泉は医師の処方に従って2〜3週間湯治するのが基本だが、観光客が気軽に温泉気分を体験できる温泉プール（日本でいうクアハウスのようなリゾート施設）もある。1826年に羊飼いによって鉱泉が発見されたこの町には、各種プールやサウナなどを完備する**ソリマールSolymar**という温泉施設が、**クーアパークKurpark**の先にある。

トリンククアTrinkkurという、ヨーロッパで盛んな飲泉療法も試してみたい。ガラス張りの**飲泉場Brunnentempel**の中には、3ヵ所の源泉からの湯が湧き出ている。消化器系疾患や新陳代謝障害、虚弱体質などに効果があるといわれている。

左／クーアパーク内に建つHaus des Kurgastesの一角、ガラス張りのホール内にある飲泉場　右／飲泉用のグラス

はみだし　クーアパークは、公園入口で入場券€2.50を買う（この町の宿泊客はゲストカードを提示すれば無料）。飲泉場の受付で入場券を預けて、飲泉用のグラスを借りることができる。

宮廷文化が花開いたホーエンローエ家の城下町

ヴァイカースハイム

Weikersheim

300年以上前の宮廷生活を今に伝えるヴァイカースハイム城

今は人口8000人弱の小さな町に、宮廷文化の花が開いた時代があった。ヴァイカースハイム城を要にして開けたこの城下町は、周囲をブドウ畑と森に囲まれ、今も昔もワイン造りと農業に従事する人が多い。

ヴァイカースハイムの歩き方

ヴァイカースハイム駅から町の中心へは歩いて約15分。見どころはすべて、城の入口前にある**マルクト広場Marktplatz**の周りにある。

最大の見どころ**ヴァイカースハイム城Schloss Weikersheim**は、この地方一帯を領有支配してきたホーエンローエ家の居城で、豪華な部屋をガイドツアーで見学できる。1600年頃に造られた**リッターザールRittersaal**（騎士の間）という宴会の広間は特にすばらしく、ゾウやシカの頭部を本物同様に作って埋め込み、

マルクト広場とヴァイカースハイム城

動物が飛び出してくるように見せた壁面、木枠を組み合わせた天井に描かれた狩りの絵など、オリジナルのままの装飾は一見の価値がある。

幾何学風の城庭園

忘れてはならないのがフランス風の**城庭園Schlossgarten**で、南ドイツを代表するバロック庭園として評価が高い。

ベルリン

フランクフルト

★

ミュンヘン

DATA

MAP	P.13-C1
人口	7500人
市外局番	07934

ACCESS

🚃 バート・メルゲントハイムからRE快速で所要約15分。

🛈**ヴァイカースハイムの観光案内所**
🏠Marktplatz 2　D-97990 Weikersheim
☎(07934) 10255
🖥www.weikersheim.de
🕐5～9月
　月～金　　9:00～13:00
　　　　　14:00～17:00
　土・日・祝 10:00～14:00
　10～4月
　月～金　　9:00～13:00
🚫10～4月の土・日・祝

ヴァイカースハイム城
🖥www.schloss-weikersheim.de
🕐4～10月
　火～日　　9:00～18:00
　11～3月
　火～日　　10:00～17:00
城内はガイドツアーでのみ見学可。通常時は1時間ごと、最終は閉館1時間前にスタート。
💰ガイドツアー€8（1時間コース）、€10（80分コース）。庭園のみの入場は4～10月は€4、11～3月は€3

天井画が見事なリッターザール

ロマンティック街道を代表する中世の町

ローテンブルク

Rothenburg ob der Tauber

マルクト広場。左に市庁舎、右に市議宴会館が建つ

ベルリン

フランクフルト

★ ミュンヘン

DATA

MAP	P.13-C1
人口	1万1100人
市外局番	09861

ACCESS

🚂 ヴュルツブルクからアンスバッハ方面行きのIC特急で所要約30分のシュタイナッハSteinach (bei Rothenburg) まで行き、ここから出るローテンブルク行きの支線に乗り換えてさらに約15分。平日は1時間に1本の割合で運行する。ニュルンベルクからアンスバッハとシュタイナッハ乗り換えで行くこともできる。

🚌 ロマンティック街道バス (→P.92) のA便はシュランネン広場、駅前、駐車場P1に停車。B便は駐車場P1のみに停車。

※町の正式名称はローテンブルク・オブ・デア・タウバー Rothenburg ob der Tauber というので、駅名や時刻表検索などでは気をつけよう。Rothenburg o. d. Tauberのように略記されることもよくある。

🛈 ローテンブルクの観光案内所

住 Marktplatz 2　D-91541 Rothenburg o. d. Tauber

🗺 Map P.108-A1

☎ (09861) 404800

📠 (09861) 404529

🌐 www.rothenburg-tourismus.de

🕐 5～10月
　月～金　　9:00～17:00
　土・日・祝 10:00～17:00
　(9・10月は～15:00)
　11・1～4月
　月～金　　9:00～17:00
　土　　　 10:00～13:00
　12月
　月～金　　9:00～17:00
　土・日(～12/23まで)
　　　　　 10:00～17:00

　　13世紀に帝国自由都市となり商業で繁栄したローテンブルクは、17世紀の三十年戦争で痛手を受けて衰退し、歴史から忘れさられていた。しかし、そのおかげで中世の姿を完全に残していた町は、19世紀にロマン派の画家によって描かれて、広く世界に知られるようになった。

　　第2次世界大戦では旧市街の約45%が焼失したが、そう言われなければわからないほど中世の姿が忠実に再現されている。厳しい建築条例を定め、美しい町並みを保存するために並々ならぬ努力が払われている。中世の世界に浸りたかったら、観光客の雑踏のない早朝に散策に出るとよい。

🥾 ローテンブルクの歩き方

　　城壁に囲まれた旧市街は、南北が1.2km、東西も1kmに満たない範囲なので、おもな見どころを歩くだけなら2時間あれば見て回れる。とはいえ、ユニークな博物館を訪ねたり、かわいいカフェでひと休みしたり、有名なクリスマスショップでおみやげ探しをしていると、1日はあっという間に過ぎてしまうに違いない。

　　ひっそりとした裏通りに足を踏み入れてみると、自分だけの発見があるかもしれない。町の西側に広がるタウバー渓谷へ下りてみると、崖の上に築かれた堅固な町の様子がさらにはっきりと把握できる。

マルクス塔をくぐってマルクト広場へ向かおう

📝投稿 ローテンブルク駅には、以前は切符の窓口もありましたが、2023年に行ったときは閉鎖されていました。コインロッカーも使えないようになっていました。(東京都　まっちゃ　'23)

ロマンティック街道

ローテンブルク

おすすめ散策コース

1 レーダー門
⬅MAP：P.108-A2

列車で到着した場合は、**バーンホーフ通り**から**アンスバッハ通り**を5分ほど歩いていくと、旧市街の東の入口に当たるレーダー門が見えてくる。小さな商店が並ぶ通りの途中で、美しい城門**マルクス塔**をくぐる。

旧市街の入口レーダー門

ローテンブルクおすすめ散策ルート

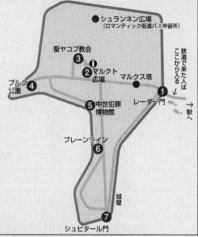

● シュランネン広場
（ロマンティック街道バス停留所）

聖ヤコプ教会 3
i
2 マルクト広場
マルクス塔
ブルク公園 4
5 中世犯罪博物館
レーダー門 1
鉄道で来た人はここから入る
→駅へ

プレーンライン 6

城壁

7
シュピタール門

2 マルクト広場
→P.110／⬅MAP：P.108-A1

ローテンブルクの中心マルクト広場は、北側にマイスタートルンクの**仕掛け時計**がある**市議宴会館**、西側に堂々とした**市庁舎**が建つ。市議宴会館の1階に❶があり、地図などの資料を入手できる。

お祭りやクリスマスマーケットの舞台になるマルクト広場

3 聖ヤコプ教会
→P.111／⬅MAP：P.108-A1

ローテンブルクが誇る最高の芸術作品、リーメンシュナイダー作の、木彫りの聖血の祭壇を所蔵する。

ゴシック様式の教会

4 ブルク公園
⬅MAP：P.108-A1

町の西端にそびえるブルク門をくぐった所に広がる公園。12世紀に築かれた**城**（＝ブルク）の遺構が一部残る。旧市街の南西部に広がる**タウバー渓谷**を眺められる絶景ポイントになっており、足を運ぶ価値がある。

ブルク門とブルク公園の春

107

ローテンブルク
ROTHENBURG

ローテンブルク

3

ブルクおすすめ散策ルート

5 中世犯罪博物館 →P.111/◎MAP：P.108-A1

ローテンブルクでいちばん人気がある博物館。背筋が凍るような魔女狩りの拷問具や、刑罰に使われた道具などが展示されていて、中世の歴史を別の一面から学べる。

さらし刑姿で記念写真

6 プレーンライン ◎MAP：P.108-B2

木組みの家々と塔が造り出す構図は、まさに一幅の絵画。ローテンブルクで最も美しいといわれ、撮影ポイントとして欠かせない場所。ここから**コボルツェラー門**を出ると、タウバー渓谷へ下りられる。

中世の町並みに迷い込んだよう

7 シュピタール門と城壁 →P.112/◎MAP：P.108-B2

旧市街の南端シュピタール門は、要塞を兼ねる堅固な城門。ここから東のレーダー門を通って北端のクリンゲン門まで城壁の上を歩けるようになっている。城壁の上からは、大通りに面していない町の裏側の風景がよくわかる。

上／城壁の上を歩くと、町を違う角度から眺められる　左／レーダー門の近くの旧鍛冶屋は屋根の形がおもしろい木組みの家。城壁の上から眺めたい

マルクト広場
Marktplatz ★★★

マルクト広場
(住)Marktplatz
(○)Map P.108-A1

町の中心マルクト広場

マルクトとは英語のマーケット、つまり市が立った広場で、ドイツの中世都市の中心となった場所だ。今も、土曜の午前と水曜の14:00〜18:00にマーケットが開かれる。

切妻屋根の壁に時計がある建物は**市議宴会館Ratstrinkstube**。ここは市議会員が集った宴会場だった。ドイツの町の市庁舎には地下に宴会場(ラーツケラー)があることが多いが、ローテンブルクでは、別に独立した建物を設けた。

ファサードを飾るのは、一番上に日時計、その下に日付を示す文字盤と時計。10:00〜22:00の毎正時になると時計を挟んだ左右の窓から「マイスタートルンク」の敵役ティリー将軍と、大ジョッキを手にしたヌッシュ市長が現れ、ワインを飲み干す。マイスタートルンクの物語(→P.114)にちなむこの仕掛け時計は一度は見ておきたい。

上／市議宴会館のファサード上部にある仕掛け時計　右／毎正時になると時計の両脇の窓が開き、ティリー将軍(左)とヌッシュ市長(マイスタートルンク)(右)が現れる

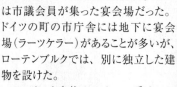
マルクト広場の南側にある聖ゲオルクの泉。泉の中央の柱の上には竜を退治する聖ゲオルク像が立つ。背後右側の白い建物は市庁舎の塔

市庁舎
Rathaus ★★

市庁舎の塔
(○)Map P.108-A1
塔の入口はマルクト広場側の市庁舎正面にある
(開)4〜10月　9:30〜12:30
　　　　　　13:00〜17:00
　11・1〜3月は土・日のみ
　　　　　　12:00〜15:00
　クリスマスマーケット期間
　　　　　10:30〜14:00
　　　　　14:30〜18:00
(料)€2.50

歴史物展示室
(開)3〜12月　10:00〜17:00
(料)€3.50、学生€3

マルクト広場の西側に面して建つ市庁舎は、ゴシック様式の建物と、高さ60mの塔からなる。観光シーズンは塔へ上る人たちで混雑するため、信号で上る人数を制限している。木造りの急で狭い階段を上り、展望台へ出る直前ははしごをよじ登るので、適した服装と靴で行くこと。

ヘレンガッセ側から入った所には**歴史物展示室Historiengewölbe**があり、三十年戦争当時の武器や地下牢が見学できる。

すばらしい眺めを体験できる塔の上はかなり狭い。混雑時は下りも時間がかかるので時間に余裕をもって上ろう

聖ヤコプ教会
St.-Jakobs-Kirche ★★★

　1311〜1490年頃までの長い建築期間を要して完成したゴシック様式の教会。ローテンブルクの主教会であり、1544年からはプロテスタントの教会となっている。

　1505年に完成した有名なリーメンシュナイダーの**聖血の祭壇Heilig-Blut-Altar**は、入口から左側奥の階段を上った2階にある。

　祭壇中央は『最後の晩餐』の場面。中央で斜め後ろ向きに立つのがユダで、イエス・キリストから差し出されたひと口のパンを受け取ろうとしている。このときイエスが「皆のなかで誰かが私を欺くであろう」と言った言葉に対する使徒たちの驚きととまどいの表情。リーメンシュナイダーの卓越した技術が緊張感あふれる場面を作っている。

リーメンシュナイダー作の聖血の祭壇

聖ヤコプ教会
Klostergasse 15
Map P.108-A1
www.rothenburgtauber-evangelisch.de/tourismus
4〜10月　9:00〜18:00
11〜3月　12:00〜15:00
※土・日の午前の礼拝中は見学不可。
€3.50、学生€2

正面祭壇や身廊にかかる絵画も見応えがある

中世犯罪博物館
Mittelalterliches Kriminalmuseum ★★★

　1000年以上に及ぶ法と刑罰に関わる資料約5万点を所蔵する博物館。中世の都市生活は厳しい規則のもとで、社会的秩序が保たれていた。それに背いた場合の罰は、今では考えられないような残酷なものも多かった。おしゃべりの過ぎる女性に舌の長い恥辱の面をかぶせたり、酒癖の悪い男に酒樽をかぶせて町中のさらし者にする罰などがあった。針の椅子など、魔女裁判に使われた恐ろしい拷問具もある。

身持ちの悪い女性を閉じ込める"鉄の処女"

中世犯罪博物館
Burggasse 3-5
Map P.108-A1
www.kriminalmuseum.eu
4〜10月　10:00〜18:00
11〜3月　13:00〜16:00
（12/1〜1/8は11：00〜17:00）
（入場は閉館45分前まで）
€9、学生€6

Topics　夜警によるガイドツアー

　夜のローテンブルクは、昼間とは違った姿を見せてくれる。中世には町の平和を守る夜警がいたが、現在は観光客に町を案内してくれるツアーガイドがいる。黒いマント姿の夜警Nachtwächterと石畳の道を歩くと、中世に迷い込んだような気分になってくる。

　1/8〜4/1は土曜21：30（英語20：00）、4/2〜12/30は毎日21：30（英語20：00）催行。マルクト広場からスタートし、所要約1時間。英語ツアーはひとり€9、ドイツ語は€8。

黒い衣装の夜警が町を案内してくれる

ローテンブルク・ミュージアム
住Klosterhof 5
Map P.108-A1
www.rothenburgmuseum.de
開4～10月　　9:30～17:30
　11～3月　　13:00～16:00
　クリスマスマーケット期間
　中の10:00～16:00
休12/24・31
料€5、学生€4

1616年と記されたボヘミアングラス製の大ジョッキ。このジョッキをもとに1881年から演じられている「マイスタートルンク」劇が生まれた

城壁には修復に寄付をした団体名が埋め込まれている

ローテンブルク・ミュージアム
RothenburgMuseum ★

　1258年創立のドミニコ修道院が、1936年以来博物館となっている。絵画、彫刻、家具、武具など多くの展示品がある。見逃してはならないのは「マイスタートルンク」ことヌッシュ市長が一気飲みをしたことになっている大

ローテンブルクの歴史がわかる博物館

きなワインジョッキ。修道院時代の**調理場Klosterküche**は、ドイツで現存する調理場としては最古（1200年頃）といわれている。

修道院時代のキッチンは必見

城　壁
Stadtmauer ★★

　中世の都市は、外敵から町を守るため、周囲に防御の壁を築いた。町の入口門は監視と税関の役目を果たし、出入りする人と物を厳しくチェックしていた。すべての門は日没とともに閉ざされ、市議会員の特別な許可がないかぎり、出入りは禁止されていた。

城壁の上の通路を歩いてみよう

　最初の城壁は1172年、マルクス塔、ヴァイサー塔、ブルク門、現在の聖ヨハニス教会の建つ場所にあった門をつなぐ範囲に築かれたが、その後拡張され、14世紀に現在のような形になった。

Topics　ドッペル橋とタウバー渓谷

　旧市街の南西には、緑豊かなタウバー渓谷が広がっている。タウバーリビエラと呼ばれる日当たりのよい斜面を下ると、ローマ風の石造りの二重橋ドッペル橋が架かっている。ここから旧市街を見上げると、この急斜面が自然の要塞として町を守る役割も果たしていたことがわかる。また、この町の正式名称は「ローテンブルク・オブ・デア・タウバーRothenburg ob der Tauber」というが、これは「タウバー川の上方のローテンブルク」という意味だ。

ドッペル橋から見上げる旧市街

第2次世界大戦で被害を受けた城壁や町並みは、国内外からの寄付金で修復された。寄贈者の名を書いたプレートが、城壁の壁に埋め込まれ、日本の団体の名も見られる。

城壁の上を歩けるのは、町の南端**シュピタール門**から東側のレーダー門を経て、北部の**クリンゲン門**までの約2.5km。

シュピタール門には町を守る要塞も付属しており内部に入れる

シュピタール門の上部にはラテン語でPax intrantibus Salus exeuntibus（訪れる者に安らぎを、去りゆく者には無事を、の意）と刻まれている

Topics クレクリンゲンのヘルゴット教会

町外れの道端に建つヘルゴット教会

ローテンブルクから北西へ約15km、クレクリンゲンの町外れに建つヘルゴット教会は、**聖母マリアの祭壇Marienalter**があることで知られる。繊細な彫刻が施された祭壇は、中世の木彫祭壇としては最高傑作のひとつと称され、ヴュルツブルク出身の天才彫刻家リーメンシュナイダーと弟子たちの手で1505～1510年頃に製作された。しかし1530年、この地方はプロテスタント化したために教会は閉鎖され、祭壇は倉庫の木箱の中にしまわれていつしか忘れ去ら

れた。祭壇が再発見されたのはそれから約300年後の1832年。保存状態がよかったため、製作当初のままの姿が現在も見られるのは、まさに奇跡。

教会はクレクリンゲンの町の中心から1km以上離れている。ローテンブルクから直通の路線バスはなく、途中乗り換えが必要で、接続もよくないのでタクシー利用がおすすめ（片道約30分）。

ヘルゴット教会

🔗 www.herrgottskirche.de
🕐 2・3・11・12月　火～日13:00～16:00
　　4～10月　　　 火～日 9:15～18:00
🚫月、12/24・25・31、1月
💴€4、学生€3.50

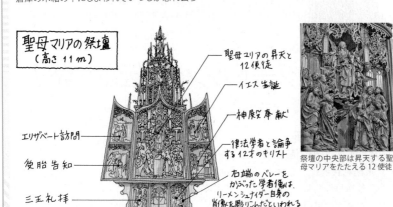

聖母マリアの祭壇（高さ11m）

エリザベート訪問
受胎告知
三王礼拝

聖母マリアの昇天と12使徒
イエス生誕
神殿奉献
律法学者と論争する12才のキリスト
右端のベレーをかぶった学者像は、リーメンシュナイダー自身の肖像を彫りこんだといわれる

祭壇の中央部は昇天する聖母マリアをたたえる12使徒

上／市庁舎とマルクト広場は祭りのメイン会場　左下／町のあちこちで兵士姿の人たちに出会う　右下／マルクト広場で披露される羊飼いのダンス

町全体が祭りの舞台！
気分は中世！

鮮やかによみがえる中世の歴史絵巻！

マイスタートルンクの伝説と祭り

大酒飲みの市長、ローテンブルクを救う

　市議宴会館にあるマイスタートルンクの仕掛け時計に見るように、「マイスタートルンク」はローテンブルクのシンボル。「マイスタートルンク」とは、三十年戦争の時代にローテンブルクを破壊から

救ったという大酒飲みの市長ヌッシュのこと。

　三十年戦争のさなか、敵軍に囲まれたローテンブルクはついに陥落。敵方の将軍ティリーが、市庁舎に乗り込んできた。しかし、町のお偉方にローテンブルク自慢のフランケンワインでもてなさ

土曜と日曜のパレードで、
祝祭気分は最高潮に！

女性のコスチュームはとってもかわいい

マイスタートルンクの歴史劇のワンシーン。いよいよワイン
の大ジョッキが登場する

旧市街の外には、ミリタリーキャンプが設けられ、まるで
歴史映画のワンシーンのようだ

れたティリー将軍はホロ酔い気分で「この特大ジョッキに注がれたワインを一気に飲み干す者がいたら、町を焼き払わずにいてやろう」と言い出した。ジョッキはなんと3.25ℓ入り！ 受けて立ったヌッシュ市長は、見事にワインを飲み干して、町を破壊から救ったという物語。このときの大ジョッキといわれるものが、ローテンブルク・ミュージアム（→P.112）に展示されている。

マイスタートルンクの祭りを見物しよう

この伝説は、毎年行われる「マイスタートルンクの祭り」で歴史劇として上演され続けている。祭りの日は、兵士姿や中世の衣装を着た人たちが町中にあふれて、ローテンブルクはまさに中世の世界。祭りのクライマックスは豪華な時代衣装を着た町の人たちによるメインストリートのパレードや、マルクト広場で披露される羊飼いのダンス。歴史劇のチケットは€6〜14。歴史マーケットやダンス、野営会場を見るには入場券が必要。

「マイスタートルンクの祭り」は例年、聖霊降臨祭（5〜6月頃）に行われる。2024年は5/17〜5/20の開催予定。なお、祭り期間中の土曜12:00〜18:00と日曜9:00〜15:30は旧市街に入る際に€5が必要。

詳しい日程やプログラム、チケット情報は下記のサイトで入手でき、劇のチケットのオンライン予約も可能。URL www.meistertrunk.de

旅行日程にお祭り見物を加えると、より思い出深い旅ができる。

ドイツの看板

ドイツの町をぶらぶらと歩くのは楽しい。何度も旅した人でも歩くたびに楽しい発見がある。ましてや初めてドイツを訪れた人には、見るもの聞くものすべてに強烈な異文化の香りを味わうことだろう。町でまず目につくのはお店の前に掲げられた看板である。昔は単なる実用品で旅人の目印として役立てばよかった。しかし今では精巧な細工によって装飾品、いや芸術作品になっている。これは金細工のマイスターの手によってできるのだろうか、あるいは鍛冶屋だろうか。いずれにしてもマイスターの国ドイツならではの作品である。

ドイツで看板といえば、何はさておきロマンティック街道のローテンブルクである。町なかの看板を見て歩くだけでも楽しい。特に市庁舎前の広場から鍛冶屋小路Schmiedgasseにかけての商店街の看板が見ものである。この町では看板を付ける高さ、場所、大きさなどが統一されているようで、それでいながら商店のデザインは個性豊かな都市景観となって、観光客たちを魅きつけている。そのいくつかをここで紹介し、簡単なコメントをつけたいと思う。ローテンブルクを訪れる読者の皆さんは、この看板にも目を向けてもらえたらと思う。

ローテンブルクは名だたる観光地だけあって、やはりホテル、ガストホーフが目につく。

代表的なものとしてホテル・ティルマン・リーメンシュナイダー（**イラスト❶**）を挙げる。おかみが日本に住んだことがある由で、このホテルはいつも日本人でごった返している。看板はライオンが何かをつかんでいる。よく見るとそれは赤い城壁をデザインした紋章だ。赤い城、つまりそれはローテンブルク市（赤い城を意味する）の紋章なのである。ホテルの場合、看板を見ればその名前（屋号）までわかることが少なくない。1

年中クリスマスグッズを売っているお店の前に、変な看板がぶら下っている。よく見れば鉄でできた帽子Eisenhutであり、ホテル「鉄帽子館」なのである。そのほか熊が描かれていればHotel Bären、つまりホテル「熊の屋」、また金色の鹿の看板がぶら下っていればGoldener Hirsch「金鹿館」というわけである。

次は薬屋。**イラスト❷**はマルクト広場の華麗なゲオルクの泉の前にあるマリア薬局である。コップに描かれた印は何だろう。杖に蛇が巻きついているのはアスクレピオスの杖と呼ばれ、ヨーロッパ中の薬屋のマークになっている。ギリシア神話の医の神の名前に由来するが、蛇と医薬のかかわりは蛇が毎年脱皮するのが若返りを連想させるのではないかと言われている。

❸はひとめ見れば誰でもワイン酒場とわかる。Bürger Kellerと呼ぶワイン酒場である。中央にワイングラスがあり、その左右にブドウの葉とつるが描かれたデザインは典型的なワイン酒場の看板である。

❹はパン屋である。2匹のライオンが支え王冠をかぶっているBrezelがパン屋のマークとなっている。私はこれを「8の字パン」と呼んでいるが、ロマンティック街道のあるバイエルン州など南ドイツでよく食べる。塩味の効いた8の字パンはビールのつまみによく合う。その下のプレートには「パン屋・カフェ」と書かれている。

そのほか鍛冶屋小路からいくつか挙げれば、銀行までハーモニーのとれた看板を出している。ドレスデン銀行の先にあるグリフィンという架空の動物の看板は旅館である。体はライオンで頭と翼がワシである。

ともかくローテンブルクではメルヘンチックな看板巡りをおすすめしたい。

藤代幸一

ローテンブルクのレストラン

ローテンブルクのレストランの多くは、ホテルを兼業している形を採っている。

レストランの入口外側にはメニューが張り出してあるので、どのような料理がいくらぐらいで食べられるかの見当はつく。アメリカ人や日本人観光客が多い町なので、英語や日本語のメニューを用意している店もある。

(L.O.=ラストオーダー)

ドイツ料理

クロースターシュテューブレ　Klosterstüble

おいしいドイツ料理を手頃な値段で　◎MAP：P.108-A1

同名のホテルの1階にあるレストラン。落ち着いた雰囲気でドイツ料理が味わえる。天気のよい日は、木陰のテラス席がおすすめ。テーブルの数が多くないので予約をしたほうが安心。写真右はローストしたマウルタッシェンgerösteten Maultaschen€13.90。ウィーン風ポークカツSchweineschnitzel Wiener Art €13.50など肉料理もおすすめ。

🏠Herrngasse 21
(入口はHeringsbronnengasse側)
☎(09861) 9388913
URL www.klosterstueble.de
🕐水〜日12：00〜14：00、17：30〜20：30
🚫月〜火、1月中旬〜3月上旬
カード J M V

ツア・ヘル　Zur Höll

町で最古の館にある居酒屋　◎MAP：P.108-A1

「地獄亭」という名前の店は、地下の洞窟風にしつらえられていて、薄暗い。料理のメニューは少ないが手頃な料金。グラスワインは€5.10から、ベイクドポテト€9.80やスペアリブ€14などが味わえる。要予約。

🏠Burggasse 8
☎(09861) 4229
📠(09861) 87811
URL www.hoell.rothenburg.de
🕐月〜土17：00〜22：00
🚫日
カード 不可

ローテンブルガー・カルトッフェルシュトゥーベ　Rothenburger Kartoffelstube

家庭的なジャガイモ料理が味わえる　◎MAP：P.108-A2

ジャガイモ料理が多いが肉料理もある。豚肉のコルドンブルーCordon Bleu vom Schwein€15.50。ポテトピザKartoffelpizza€11.20など、ボリュームたっぷり。

🏠Ansbacher Str. 7
☎(09861) 2022
URL www.roedertor.com
🕐水〜金17：30〜21：00、土・日11：30〜14：00、17：30〜20：30
🚫月・火、冬期休業あり
カード A D J M V

アルトフレンキッシェ・ヴァインシュトゥーベン　Altfränkische Weinstuben

古い調度に囲まれてワインを　◎MAP：P.108-A1

約650年前の建物を利用した趣のあるワインレストラン。フランケンワインをグラスワイン(0.20ℓ)で楽しめる。ポテトスープHausgemachte Kartoffelsuppe€4、ニュルンベルクソーセージNürnberger Rostbratwürste€9.80。要予約(電話のみ)。

🏠Am Klosterhof 7
☎(09861) 6404
URL www.altfraenkische-weinstube-rothenburg.de
🕐18：00〜23：00(L.O. 21：00)
🚫月、火
カード 不可

グロッケ　Glocke

フランケンワインを味わうならこの店へ！　○MAP：P.108-B2

自家製ワインの老舗が経営するレストラン。気に入ったワインがあれば隣のワインショップで購入できる。ワインに合う郷土料理も手頃な料金。日本語のメニューはないが、英語はOKで、親切に説明してくれる。グラスワイン€4.50〜、カツレツSchnitzelは€16.90、写真右下のロールキャベツKrautwickelは€14.20。

🏠Plönlein 1
☎(09861) 958990
🕐12：00〜14：00、17：00〜22：30（料理オーダーは〜21：00）、季節により変更あり
休日・祝の夜、冬期休業あり
カード A J M V

ヴィラ・ミッターマイアー　Villa Mittermeier

本格コースメニューを味わえる　○MAP：P.108-A2

素材の味を生かし、独特のセンスで仕上げた料理が好評の高級レストラン。落ち着いた雰囲気のなかでワインとともに味わいたい。5品フルコースメニューは€99、7品€129、3品€49。メニューは季節により変わる。予約が望ましい。

🏠Vorm Würzburger Tor 7
☎(09861) 94540
🌐www.villamittermeier.de
🕐火〜土18：00〜22：00
休日・月（1〜3月と8月は休業期間あり）
カード A D M V
※ホテルも兼業（→P.122）

ルーブル　Louvre

ローテンブルク唯一の日本食レストラン　○MAP：P.108-A1

ゆったりした店内で、日本人オーナーシェフが作る日本食が手頃な値段で味わえる。寿司や各種定食、ドイツ料理もある多彩なメニュー。鶏肉の唐揚げ定食€13.50、鮭の照り焼き定食€15.50。テイクアウトも可能。

🏠Klingengasse 15
☎(09861) 8755125
🌐www.facebook.com/JAPANLOUVRE
🕐11：30〜14：00、17：00〜21：00
休火、他不定休なので上記🌐で確認を
カード M V

ブロート＆ツァイト　Brot & Zeit

日曜も営業のパン屋＆カフェ　○MAP：P.108-A2

入口は明るいパン屋。奥がカフェになっていて、飲み物はセルフで注文時に受け取り、料理は席まで運んでくれるシステム。焼きたてパンが味わえる朝食セットが各種あり。ランチタイムにはパスタも食べられる。

🏠Hafengasse 24
☎(09861) 9368701
🌐www.brot-haus.de
🕐月〜土 7：30〜18：30
　日・祝 7：30〜18：00
カード M V

ヴァルター・フリーデル　Walter Friedel

シュネーバルと手作りケーキでコーヒータイム　○MAP：P.108-A1

ローテンブルク名物のお菓子シュネーバル（→P.120）を1882年に売り出した老舗。バリエーションの豊富さでも町一番を誇る。ケーキやパンも各種揃っているので、2階のカフェでコーヒーと一緒に味わってみよう。

🏠Markt 8
☎(09861) 7818
🌐www.original-rothenburger-schneeballen.de
🕐月〜土 6：00〜18：00
　日 10：00〜18：00
休1/1、12/25・26、夏期、冬期休業あり　カード不可

ローテンブルクのショッピング

　ドイツの一般商店は日曜、祝日には休業することが法律で定められているが、ここローテンブルクのみやげ物屋のなかには夏のシーズン中だけ、日曜日も営業している店もある。さすがは、ドイツ屈指の観光地！

※開店時間等のデータは、2023年4月現在のものです。予告なく変更される場合もありますので、ご了承ください。

おみやげ・雑貨

ケーテ・ヴォールファールト　　　　Käthe Wohlfahrt

ローテンブルクの人気スポット　　◎MAP：P.108-A1
　ローテンブルクでいちばん人気の見どころともいえるショップ。世界で最初の季節を問わずクリスマス用品を扱う専門店。ロマンティックなクリスマスのデコレーションがいっぱい。1日中いても飽きることがない楽しさ。クリスマス用品以外にも、テーブルクロスやテディベアなどのおみやげも揃う。店内にはクリスマスミュージアムも併設（開4/1〜12/23　10:00〜17:00。入場は閉館30分前まで。 料€5、学生€4）

住Herrngasse 1
☎(0800) 4090150
URL www.kaethe-wohlfahrt.com
営月〜土10:00〜18:00
※営業時間と休日は季節によりたびたび変更あり。
休日・祝、12/24・25・26・31、1/1・6、その他一部の祝日
カード A D J M V

ライク・リヒトホイザー　　　　Leyk lichthäuser

手作りのあたたかさがともる　　◎MAP：P.108-A1
　リヒトホイザー（英語でライトハウス）という、陶器製の小さな建物の中にろうそくが立てられる置物の店。ドイツならではの木組みの家や教会などがあって、集めれば自分だけの村を作ることもできる。冬期は休業。

住Untere Schmiedgasse 6
☎(09861) 86763
URL www.leyk-shop.com
営11:00〜17:00
休1月上旬〜4月上旬
カード A D J M V

テディランド　　　　Teddyland

ドイツで最大級のテディベア専門店　◎MAP：P.108-A1
　入口には大人の背丈ぐらいあるテディベアがお出迎え。ぬいぐるみだけでなく、絵本、文具、食器などテディベアに関するグッズが3000種以上も並ぶ。円、ドル、クレジットカードで支払いができる。

住Herrngasse 10
☎(09861) 8904
URL www.teddyland.de
営月〜土9:00〜18:00
　4〜12月は日曜10:00〜18:00も営業　季節により変更あり
休祝、1〜4月上旬の日曜
カード A D J M V

テディーズ　　　　Teddys Rothenburg

ぬいぐるみがぎゅっと詰まった夢のお店　◎MAP：P.108-A1
　店内にはシュタイフをはじめとする動物のぬいぐるみや人形がいっぱい。この店オリジナルのシュタイフのぬいぐるみもある。お気に入りを探していると、時間があっという間に過ぎてしまうので気をつけて。

住Obere Schmiedgasse 1
☎(09861) 933444
URL www.teddys-rothenburg.de
営月〜土　9:00〜22:00
　（季節により変更あり）
休日・祝
カード M V

はみだし　ドイツでは12/24〜26のクリスマスの3日間、商店やレストランの多くは休業する。大都市では営業する店もあるが、小さな町ではほとんどが休業してしまうので要注意。

グロッケ・ワインラーデン Glocke Weinladen

フランケンワインの品揃えが豊富　◑MAP：P.108-B2

プレーンラインの噴水の前にある。小さい店ながら、自家所有のケラー（地下蔵）で造ったワインをはじめ、ボックスボイテルに詰められたフランケンワインがぎっしり並ぶ。迷ったら店員に相談したほうがいい。

- 住Plönlein 1
- ☎(09861) 958990
- 営11:00～18:00
  - ※季節により変更あり
- 休日、12月下旬～1月中旬
- カードＡＤＪＭＶ（€20以上から可）

ブロートハウス BROTHAUS

シュネーバルの種類が多いパン屋　◑MAP：P.108-A1

地元で親しまれているベーカリーの店頭が、カラフルなシュネーバルコーナーになっている。シトロンやストロベリーチョコなどフレーバーも多彩。クリスマス限定のシュネーバルもある。

- 住Obere Schmiedgasse 10
- ☎(0986) 934112
- 営10:00～18:00
- カード不可

フレンキッシェ・テプファークンスト Fränkische Töpferkunst

かわいい手作り陶器の店　◑MAP：P.108-A2

あたたかみのある手作り陶器が並ぶ。17世紀から伝わるという伝統的な模様のマグカップや花瓶など、小さなものはおみやげにもいい（店舗が閉まっている場合は、裏側の工房兼ショップTöpferei Fritz Ehlerへ）。

- 住Wenggasse 47/Rödergasse32
- ☎(09861) 3889
- 営月～金　　 10:00～18:00
  土　　　 9:30～16:00
  ※季節により変更あり
- 休日・祝
- カードＡＤＪＭＶ

ツェントロ ZentRO

駅前の大型ショッピングセンター　◑MAP：P.109-A3

駅前広場に面して建ち、中には郵便局やスーパーマーケット、ドラッグストアなどが入っている。特にスーパーKauflandは売り場面積も広く、ショッピングしやすい。おみやげ用のチョコレートなどが安く買える。

- 住Bahnhofstr. 15
- 営月～土7:00～20:00（スーパーマーケット）
- 休日・祝
- カードスーパーは不可、他は店舗により異なる

Speciality　ローテンブルクの名物お菓子シュネーバル

シュネーバルSchneeballとはスノーボール、雪の球という意味で、ドーナツに似た味のお菓子。ひも状に伸ばした小麦粉の生地をぐるぐる丸めて油で揚げてあり、上に白い粉砂糖をかけてあるので、雪の球のように見える。

サクサクとした歯触りがおいしいが、直径が10cmぐらいあるので、一度に食べきるのはちょっと大変。チョコレートをかけてあるものやナッツをまぶしたものなど数種類のバリエーションがあり、1個€3～4、食べやすいのでおすすめの小サイズは€2前後。町のパン屋やケーキ店などで売っている。

パン屋さんのウインドーに並ぶシュネーバル

手前の器具に生地を入れて油で揚げる

お店によって種類はさまざま

Hotel 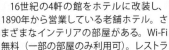 Rothenburg ob der Tauber

ローテンブルクのホテル

世界的に有名な観光地だけに宿泊施設は十分ある。本書に掲載したような旧市街の中のホテルが観光に便利だが、ホテル以外にも、安いペンションや、普通の家の部屋を貸している民宿のようなプリバートツィマー Privatzimmer という宿泊施設もあり、❸ で紹介してもらえる。

Ⓢ＝シングル Ⓣ＝ツインまたはダブルの1室の料金。特に記していない場合はバスまたはシャワー、トイレ付き、朝食込みの料金

高級ホテル

アイゼンフート Eisenhut

町の迎賓館的存在の格式あるホテル　◎MAP：P.108-A1

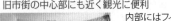

16世紀の4軒の館をホテルに改装し、1890年から営業している老舗ホテル。さまざまなインテリアの部屋がある。Wi-Fi無料（一部の部屋のみ利用可）。レストランの壁面を飾る大きな「マイスタートルンク」の絵が見事。

🏠Herrngasse 3-5/7　D-91541
☎(09861)7050
📠(09861)70545
🌐www.eisenhut.com
🛏Ⓢ€129〜　Ⓣ€139〜
　朝食は別料金
カード D M V

ティルマン・リーメンシュナイダー Tilman Riemenschneider

旧市街の中心部にも近く観光に便利　◎MAP：P.108-A1

内部にはフィットネスルームやジャクージ、サウナなどの設備がある。かわいいインテリアの客室が多い。Wi-Fi利用可（無料）。全60室とローテンブルクでは大きなホテルなので、日本のツアーも利用することが多い。

🏠Georgengasse 11/13 D-91541
☎(09861)9790
📠(09861)2979
🌐www.tilman-riemenschneider.de
🛏Ⓢ€120〜　Ⓣ€160〜
　トリプル€235〜
カード A D J M V

中級ホテル

ライヒスキュッヘンマイスター Reichsküchenmeister

「帝国料理長」という名のホテルレストラン　◎MAP：P.108-A1

本館と新築の別館がある。1階のレストラン（1〜3月は月・火曜休業）は評判がよく、スタッフも親切。❸の1ブロック裏側と場所もよい。日本のツアーが利用することもある。Wi-Fiは一部エリアのみ利用可（無料）。

🏠Kirchplatz 8　D-91541
☎(09861)9700
📠(09861)970409
🌐www.reichskuechenmeister.com
🛏Ⓢ€102〜　Ⓣ€132〜
カード A J M V

グロッケ Glocke

絵になる場所に建つホテル　◎MAP：P.108-B2

プレーンラインという、美しい一角にあり、城壁外のタウバーリビエラへ下りる道もすぐそばなので、朝夕の散策が楽しめる。Wi-Fi利用可（無料）。12月下旬〜1月中旬は休業。1階のレストランもおすすめ。

🏠Plönlein 1　D-91541
☎(09861)958990
📠(09861)9589922
🌐www.glocke-rothenburg.de
🛏Ⓢ€68〜　Ⓣ€120〜
カード A J M V

マルクストゥルム Romantik-Hotel Markusturm

中世の町にふさわしい古い宿　◎MAP：P.108-A2

マルクス塔に隣接するロマンティックなホテル。どの部屋もアンティーク調の家具が使われている。1264年に建てられた当時の古い壁が館内に一部残っている。全館禁煙。エレベーターなし。Wi-Fi利用可（無料）。

🏠Rödergasse 1　D-91541
☎(09861)94280
📠(09861)9428113
🌐www.markusturm.de
🛏Ⓢ€120〜　Ⓣ€220〜
カード A D J M V

ブルク・ホテル
Burg-Hotel

静けさのなかで快適滞在　　　　　　　◎MAP：P.108-A1

城壁に近い静かな一角に建つ落ち着いたプチホテル。団体客は受け付けないのでゆったりと滞在できる。各部屋ごとに違ったインテリアなので、どんな部屋に泊まれるか楽しみ。Wi-Fi無料。レストランはない。

　住Klostergasse 1-3　D-91541
　☎(09861) 94890
　FAX(09861) 948940
　URLwww.burghotel.eu
　料⑤①€180～
　カードAⒹⒿMⓋ

ゴルデナー・ヒルシュ
Goldener Hirsch

タウバー渓谷の眺めがいい　　　　　　◎MAP：P.108-B1

部屋数が多いので団体ツアーの利用も多い。タウバー渓谷の眺めがいい朝食用レストランが自慢。エアコン（冷房）のない部屋も一部あるので夏期の利用は予約時に要確認。レンタサイクルあり（有料）。Wi-Fi無料。

　住Untere Schmiedegasse 16
　D-91541
　☎(09861) 874990
　FAX(09861) 87499222
　URLwww.hotel-goldener-hirsch.
　de
　料⑤€119～　①€129～
　カードAMⓋ

ヴィラ・ミッターマイアー
Villa Mittermeier

グルメレストラン付きプチホテル　　　◎MAP：P.108-A2

同名の高級レストラン（→P.118）と同経営のおしゃれなプチホテル。朝食にも手の込んだ品々が並び、豪華。駐車場があるので、レンタカーの旅にも向く。客室はやや小さめ。Wi-Fi無料。

　住Vorm Würzburger Tor 7
　D-91541
　☎(09861) 94540
　FAX(09861) 945494
　URLwww.villamittermeier.de
　料⑤€125～　①€159～
　カードAⒹMⓋ

クロースターシュテューブレ
Klosterstüble

落ち着いたホテルレストラン　　　　　◎MAP：P.108-A1

フランツィスカーナー教会の先の静かな場所にある。ドイツ料理がおいしいレストラン（→P.117）もある。1556年と1736年に建てられた館を改造。3代続くファミリー経営。全室禁煙。Wi-Fiはロビーのみ利用可（無料）。

　住Heringsbronnengasse 5
　D-91541
　☎(09861) 938890
　FAX(09861) 9388929
　URLwww.klosterstueble.de
　料⑤€74～　①€94～
　　朝食は別料金
　カードⒿMⓋ

アルテス・ブラウハウス
Altes Brauhaus

ビール醸造所の歴史が残る　　　　　　◎MAP：P.108-A2

旧市街の静かな路地に建つ館。17世紀に建てられ、60の客室がある。専用の地下駐車場があるのでレンタカーの旅に便利。かつてのビール醸造所で、今も地ビールを飲める。Wi-Fi無料。

　住Wenggasse 24　D-91541
　☎(09861) 9780
　FAX(09861) 2039
　URLwww.altesbrauhaus.com
　料⑤€122～　①€178～
　カードAⒿMⓋ

ブルクガルテンパレ
BurgGartenpalais

貴族の古い館を改造したホテル　　　　◎MAP：P.108-A1

場所はブルク門の近く、フランツィスカーナー教会の向かい側に建つ。貴族の館を改造しており、通りに面した部屋からはブルク門が見える。手入れの行き届いた中庭も魅力。Wi-Fi利用可（無料）。エアコン付き。

　住Herrngasse 26　D-91541
　☎(09861) 8747430
　FAX(09861) 87474340
　URLwww.burggartenpalais.de
　料⑤①€148～
　カードⒹⒿMⓋ

ロマンティック街道

ローテンブルクのホテル

ゲルバーハウス
Hotel-Café Gerberhaus

中級ホテル

黄色のかわいい館が目印

●MAP：P.108-B2

旧市街の南部、16世紀のなめし皮職人の家を改装した小さなホテル。1階は小さなカフェ、城壁側にガーデンもある。Wi-Fi利用可（無料）。トリプル、4人部屋、5人部屋もある。

Spitalgasse 25　D-91541
☎ (09861) 94900
FAX (09861) 86555
URL www.gerberhaus.rothenburg.de
料 ⑤€120〜　①€152〜
カード J M V

シュランネ
Schranne

簡素ながらも清潔な部屋

●MAP：P.108-A2

ロマンティック街道バスが停車するシュランネン広場に面している。部屋はこぢんまりしているが清潔。レストランも兼業しており、郷土料理が味わえる。日本語メニューも用意されている。Wi-Fi利用可（無料）。

Schrannenplatz 6　D-91541
☎ (09861) 95500
FAX (09861) 9550150
URL www.hotel-schranne.de
料 ⑤€88〜　①€110〜
カード A D J M V

ツア・リンデ
Zur Linde

エコノミー／ユースアコモデーション

エコノミー料金で泊まれるのが魅力

●MAP：P.108-A2

マルクト広場から歩いて7〜8分、どっしりとしたれんが屋根と黄色の外壁が目印のガストホーフ。部屋の設備は古くて簡素ながらシャワー、トイレは新しい。2月は休業期間あり。Wi-Fi利用可（無料）。

Vorm Würzburger Tor 12
D-91541
☎ (09861) 94690
FAX (09861) 949690
URL www.hotel-linde-rothenburg.de
料 ⑤€40〜　①€52〜
カード A D M V

ローテンブルガー・ホーフ
Rothenburger Hof

駅のすぐそばのエコノミーホテル

●MAP：P.109-A3

駅前の交差点に面した55室のホテルで、鉄道の旅に適している。すぐ前にショッピングセンターもあるので何かと便利。Wi-Fi利用可（無料）。1階はレストラン。部屋数が多いので、ツアーも利用する。

Bahnhofstr. 13　D-91541
☎ (09861) 9730
FAX (09861) 973333
URL www.rothenburgerhof.com
料 ⑤€61〜　①€81〜
　トリプル€129〜
カード J M V

ペンシオン・ホフマン・シュメルツァー
Pension Hoffmann-Schmölzer

家族経営の小さな宿

●MAP：P.108-A2

レーダー門からもガルゲン門からも入れる家族経営の素朴なペンション。部屋は簡素で狭い。禁煙ルームあり。同経営の別館もあるが、そちらはエレベーターはない。Wi-Fi利用可（無料）。冬期休業あり。

Rosengasse 21　D-91541
☎ (09861) 3371
URL www.hofmann-schmoelzer.de
料 ⑤€40〜　①€70〜
　朝食は別料金
カード M V

ユーゲントヘアベルゲ
Jugendherberge

中世風の大きな館のユース

●MAP：P.108-B1

外観は、中世そのものといった感じだが中は近代的。駅から徒歩約20分。人気があるので予約を入れたほうがよい。Wi-Fiはロビーのみ利用可（無料）。12/31〜1/30は休業。お祭りなどのイベント開催時は加算あり。

Mühlacker 1　D-91541
☎ (09861) 94160
FAX (09861) 941620
URL www.rothenburg.jugendherberge.de
料 朝食付き€33〜
カード A M V

中世の町並みが現存する小さな町
ディンケルスビュール

Dinkelsbühl

ベルリン
フランクフルト
★
ミュンヘン

DATA
MAP	P.13-D1
人口	1万1800人
市外局番	09851

ACCESS
🚌 ロマンティック街道バス（→P.92）は城壁の外のシュヴェーデンヴィーゼSchweden-wiese前にあるバス停から発着。

路線バスは、ニュルンベルクからRE快速で約45分のドームビュールDombühlへ行き、駅前から813番のバスに乗り換えて所要約40分のAm Stanferwallまたは終点ZOB/Schwedenwiese, Dinkelsbühl下車。

鉄道は、SL等のイベント列車しか運行していない。

🛈ディンケルスビュールの観光案内所
🏠Altrathausplatz 14
D-91550 Dinkelsbühl
☎(09851) 902440
🌐www.tourismus-dinkelsbuehl.de
📅5～10月
　月～金　10:00～17:00
　土・日・祝　10:00～16:00
　（季節により変更あり）

ドイチェス・ハウスはレストランとホテルになっている

子供祭りの日のマルクト広場

　中世に手工業と交易で繁栄した帝国自由都市ディンケルスビュールは、自衛のための立派な城壁を築き、農民戦争、三十年戦争など幾多の戦いをくぐり抜けてきた。第2次世界大戦では、隣のローテンブルクが半分近く焼失したというのに、ディンケルスビュールはほとんど何の被害もなかったのは、奇跡というしかないだろう。

　子供祭りで華やぐ7月中旬の10日間以外、観光客は少ないので、観光客向けに飾り立てていない素顔の町に出会える。

　中世の風習も受け継がれており、今も黒マント姿の夜警がランプを持って、町を夜回りしている。

👣 ディンケルスビュールの歩き方

　ロマンティック街道バスで着いても、車や路線バスで着いても、まずは町の中心**マルクト広場Markt-platz**を目指そう。ロマンティック街道バスは旧市街の外のバス停に着く。

　マルクト広場に面して**聖ゲオルク教会St. Georg-Kirche**がそびえ、その斜め向かい側には15世紀の木組みの館**ドイチェス・ハウスDeutsches Haus**をはじめ、美しい家々が建ち並ぶ。

塔に日時計が描かれている聖ゲオルク教会

◆ 124

📮投稿 ローテンブルクからディンケルスビュールまで、807番と813番のバスを途中ドームビュール駅前で乗り継いで行けました。バス代は€11で1時間40分もかかりましたが、タクシーで行くよりはずっと安い。バスの本数はとても少な...

水路沿いの風景はとてものどか

聖ゲオルク教会の東側には**歴史博物館Haus der Geschichte**があり、この1階に❶が入っている。

小さい町なので、木組みの家々を眺めながら、気ままに歩いても迷うことはない。時間があったら、**ネルトリンガー通りNördlinger Str.**の途中の泉の角を曲がって、城壁の外に出てみよう。運河や水路に沿った散策路が整備されている。城壁の上に顔をのぞかせているれんが色の屋根や塔を眺めていると、本当に中世にタイムスリップしたような気分になる。

ネルトリンガー門を出た所には、**3次元博物館Museum 3. Dimension**もある。

ヴェルニッツ門の前の広場

1階に❶がある歴史博物館

城壁の外、シュヴェーデンヴィーゼから見た町

ディンケルスビュール
DINKELSBÜHL

いので、時刻表を必ず事前に調べてください。（東京都　まっちゃ　'23）

聖ゲオルク教会
St. Georgkirche ★★

内部は荘厳さに満ちている

聖ゲオルク教会
住Marktplatz
開教会
　9:00～17:00
　（夏期は～19:00）
　塔は閉鎖中
　日曜午前の礼拝中の内部見
学は不可。

れんが色の屋根が続く町並み

ローテンブルクやネルトリンゲンの教会も手がけ、教会建築の名人とうたわれたニコラウス・エーゼラーと、その同名の子ニコラウスによって1448～1499年に建てられた。

内陣は**ハレンキルヒェ（ホール型教会）**という、身廊と側廊の天井までの高さが同じ建築様式になっている。窓が高く大きく取れるため、内部の空間がとても明るく広く感じられる。天井までは21.3m、窓は16mの高さがある。教会の塔は13世紀に後期ロマネスク様式で建てられ、16世紀に現在のような高さになった。

歴史博物館
Haus der Geschichte ★

歴史博物館
住Altrathausplatz 14
URLwww.hausdergeschichte-
dinkelsbuehl.de
開5～10月
　月～金　9:00～17:30
　土・日・祝 10:00～16:00
　11～4月
　月～金　10:00～17:00
　土・日・祝 10:00～16:00
料€4、学生€3

ほぼ500年間、帝国自由都市として繁栄したディンケルスビュールの歴史と文化に関する展示。美術品、手工芸品は市民、農民、宗教関係と幅広く集められている。建物1階にある❶で入場料を払う。

スウェーデン王グスタフ・アドルフの肖像に向けられた大砲

3次元博物館
Museum 3. Dimension ★

3次元博物館
住Nördlinger Tor
URLwww.3d-museum.de
開4月上旬～11月上旬
　火～日　11:00～17:00
　11月中旬～3月下旬
　土・日　11:00～17:00
休12/23・24・25
料€10、学生€8

ホログラフィー、ステレオフォトグラフィー、ステレオカメラなど、目の錯覚で立体的に見えるさまざまな絵や写真が展示されている。ディンケルスビュールのような古い町に、かくもモダンな博物館があるというのもユニーク。

城壁のネルトリンガー門に隣接する3次元博物館

3Dめがねで観る展示や、だまし絵などさまざまな目の錯覚を体験できる

 カフェ・ツェントラルCafé Central（住Segringer Str. 5　URLdinkelsbuehl.leonidas.com）は、入口付近は有名なベルギーのチョコ、レオニダスのショップになっていて、その奥にカフェがあります。（東京都　ケイ　'23）

ロマンティック街道

ディンケルスビュール

夜警と歩く夜の路地裏

　5〜10月の毎日21:00（11〜4月は金・土曜のみ）になると、聖ゲオルク教会の前に長いマント姿に角笛とカンテラを持った夜警Nachtwächterが現れる。中世には、夜になると町の門は閉ざされ、町を守っていた夜警だが、現在は観光客と一緒に町を巡回。
　居酒屋の前で夜警の歌を歌うと店からワインが振る舞われるので、それを飲みながら、昔話をして楽しませてくれる。参加は無料だが、最後に€1〜2ほどのチップを渡す人が多い。

夜警姿が似合うベテランが多い

Festival　　愛らしい子供祭りを見よう！

　ローテンブルクのマイスタートルンクの祭りと並んでディンケルスビュールの子供祭りキンダーツェッヒェKinderzecheも、その逸話とともによく知られている。三十年戦争（1618〜1648年）の時代というのもローテンブルクと同じだが、ローテンブルクの主役が一気飲みの市長さんなら、ディンケルスビュールでは子供たち。
　スウェーデン軍に取り囲まれて陥落寸前だったさなか、町を救ってくれるように塔の見張り番の娘ローレとディンケルスビュールの子供たちは敵の将軍に嘆願に行った。そのなかにわが子の面影にそっくりの子を発見した敵将は心を動かされ、町の破壊と略奪を諦めた、というお話。町の人々は感謝を込めて勇気ある子供たちをもてなした。以来キンダーツェッヒェ（子供たちの宴会）という

祭りが17世紀当時の兵隊や市民に扮した人々によって繰り広げられる。パレードする子供たちは、町を救ってくれたお礼だよ、と言って渡されるお菓子や花をもらってとてもうれしそう。また、軍服姿の子供音楽隊はミュンヘンオリンピックの開会式で演奏して一躍有名になった。メインとなるのはパレードと劇。城壁の外のシュヴェーデンヴィーゼSchwedenwieseという草地では、1632年当時のようにスウェーデン軍が野営する様子も再現される。
　子供祭りは例年、7月中旬に行われ、2024年は7/12〜21の予定。祭りの開催中は、旧市街に入る入場料として€6支払う。詳しいスケジュールやチケット予約は URL www.kinderzeche.deで得られる。

子供を抱き上げる敵の将軍

左上／ローレと子供たちは祭りの主役
左下／農民の子に扮した子供
右下／色とりどりのコスチューム姿の子供たちがパレードする

ディンケルスビュールのレストラン＆ホテル

マイザーズ

Meiser's Café Restaurant　○MAP：P.125

　高級そうな雰囲気の店内だが、手頃な値段で気軽に食事できる。サラダやドイツ料理からエスニックを取り入れた無国籍料理までメニューも豊富。

🏠Weinmarkt 10　☎(09851) 582900
🌐www.meisers-cafe.com
🕐月〜土8：00〜24：00、日8：30〜24：00、料理は11：30〜22：30
カード A J M V

ドイチェス・ハウス

Deutsches Haus　○MAP：P.125

　15世紀に建てられた木組みの家は、国宝級の文化財でここ自体が見どころのひとつ。客室は10室しかないので早めに予約を。Wi-Fi無料。1階のレストランの天井には、子供祭りの逸話が描かれている。冬期は休業期間あり。

🏠Weinmarkt 3　D-91550
☎(09851) 6058　📠(09851) 7911
🌐www.deutsches-haus-dkb.de
料⑤€99〜　①€164〜　カード A J M V

アイゼンクルーク

Eisenkrug　○MAP：P.125

　赤茶色の壁が印象的な、小さなホテル。アンティーク調の家具を使用したロマンティックなインテリア。Wi-Fi利用可（無料）。1階は本格レストラン「ツム・クライネン・オブリステン」、地下は中世のムードがあふれる「ワインケラー」という、ふたつのレストランがある。

🏠Dr.-Martin-Luther-Str. 1　D-91550
☎(09851) 57700　📠(09851) 577070
🌐www.hotel-eisenkrug.de
料⑤€66〜　①€95〜　カード A M V

ブラウアー・ヘヒト

Romantica Hotel Blauer Hecht　○MAP：P.125

　古い外観からは想像できない、小さい室内プールやサウナまである。Wi-Fiは共有エリアのみ利用可（有料）。レストランは自家所有の養殖場から届く新鮮な魚を使った料理が自慢。

🏠Schweinemarkt 1　D-91550
☎(09851) 589980　📠(09851) 5899829
🌐www.romanticahotel.de
料⑤€79〜　①€109〜
休レストランは月曜と冬期に休業あり。1月は全館休業あり
カード J M V

ゴルデネ・ローゼ

Goldene Rose　○MAP：P.125

　町の中心にある1450年に建てられた木組みの館。大改装して5つ星のホテルになった。1891年にはヴィクトリア女王も泊まったという歴史をもつ。Wi-Fi利用可（無料）。郷土料理が中心のレストランも評判がいい。

🏠Marktplatz 4　D-91550
☎(09851) 57750
🌐www.hotelgoldenerose.com
料⑤€237〜　①€322〜　カード A J M V

ツア・ゾンネ

Hotel zur Sonne　○MAP：P.125

　薄いグリーンの外壁が目印。12室からなる4つ星のホテルですっきりと落ち着いたインテリア。1階はレストランになっている。Wi-Fi利用可（無料）。

🏠Weinmarkt11　D-91550
☎(09851) 5892320
🌐www.sonne-dinkelsbuehel.de
料⑤€102〜　①€139〜
カード A D M V

はみだし　14世紀の穀物倉庫を利用したディンケルスビュールのユーゲントヘアベルゲJugendherbergeは、旧市街西側の城壁近くにある。🏠Koppengasse 10　D-91550　料⑤€64〜

ダニエル塔に上って円形の町を眺めよう
ネルトリンゲン
Nördlingen

空から見た町の全景
©BAYERN TOURISMUS Marketing GmbH

DATA

MAP	P.13-D2
人口	2万700人
市外局番	09081

ACCESS

🚌 ドナウヴェルトからRB（普通列車）で所要約30分。

🚌 ロマンティック街道バス（→P.92）は駅前に停車する。ディンケルスビュールから501または868番の路線バスで所要40～50分。本数は少ない。

ネルトリンゲンは、直径わずか1kmほどの円形の町。聖ゲオルク教会の「ダニエル」と呼ばれる塔に上れば、中世そのままの町の形も手に取るようによくわかる。

さらにその周囲に広がっている緑豊かなリース盆地は、約1500万年前に隕石が落下した跡にできたという。ネルトリンゲンは、壮大な歴史のロマンを感じることができる町だ。

ネルトリンゲンの歩き方

列車でネルトリンゲンに到着した場合は、旧市街の入口**ダイニンガー門Deininger Tor**まで約3分、そこから**マルクト広場Marktplatz**までさらに5分ほど歩く。

町の中心に建つ聖ゲオルク教会

堂々たる**聖ゲオルク教会St. Georgskirche**がそびえるマルクト広場でまず目につくのは**タンツハウスTanzhaus**という大きな木組みの館。交易や織物業で、町が繁栄の絶頂にあった15世紀にできた町の集会兼舞踏場で、商館や倉庫も兼ねていた。外壁には、この館でダンスに興じたという皇帝マクシミリアン1世の像がはめ込まれている。

駅からはダイニンガー門をくぐって旧市街へ入る

🛈 **ネルトリンゲンの観光案内所**

🏠 Marktplatz 2　D-86720 Nördlingen im Ries

☎ (09081) 84116

🖥 www.noerdlingen.de

🕐 復活祭～10/31
月～木　9:00～18:00
金　9:00～16:30
土・祝　10:00～14:00
11/1～復活祭
月～木　9:00～17:00
金　9:00～15:30

通りを挟んで建つのは**市庁舎Rathaus**。外に取り付けられた屋根付きの石階段が特徴で、美しい彫刻が施されている。🛈は市庁舎の裏側にある。

バルディンガー通りBaldinger Str.を進んで行った右側には、**市立博物館**

タンツハウスの1階はショップやギャラリーになっている

ネルトリンゲン
NÖRDLINGEN

バルディンガー門
Baldinger Tor

リースクレーター博物館
Rieskrater-Museum

バルディンガー通り
Baldinger Str.

エーガー川

市立博物館
Stadtmuseum

Eger

Herrengasse

Gerberhäuser

nHクレースターレ
Klösterle

JUFAネルトリンゲン

城壁博物館

タンツハウス
Tanzhaus

市庁舎
Rathaus

ペルガー門
Berger Tor

アルトロイター
マルクト
広場

レプジンガー門
Löpsinger Tor

Hallgebäude

カイザーホーフ・
ホテル・ゾンネ

穀物市場
Kornschranne

聖ゲオルク教会
St. Georgskirche

Schrannenstr.

Bräugasse

Neubaugasse

Herrgotts-oder
Salvatorkirche

Drehergasse

Deininger Str.

ダイニンガー門
Deininger Tor

Wemdinger Str.

Ellinger
Haus

Münzhaus

郵便局

Reimlinger Str.

ライムリンガー門
Reimlinger Tor

Wem./Reger.str.

ネルトリンゲン駅
Bahnhof

0   100   200m

アートホテルANA
フレア

バイエルン鉄道博物館
Bayerisches
Eisenbahnmuseum

バスターミナル・

········· 観光モデルルート

町なかの「ロマンティック街道」
の標識

城壁
城壁の上を歩くなら、ライ
ムリンガー門～ダイニン
ガー門～レプジンガー門の
あたりがおすすめ。レプジ
ンガー門の内部は、城壁
博物館Stadtmauermuseum
（圖4～10月の火～日10：00
13：00、13：30～16：30
圉€3、学生€2）になっている。

Stadtmuseumとリー
スクレーター博物館
Rieskrater-Museum
がある静かな地区に
なる。博物館の見学
のあとは城壁の上を
歩いてもいいし、かわ
いい家々が建ち並ぶ
エーガーという小川沿
いを散策してみるのもおすすめ。

中心部に建つ市庁舎。❶は市庁舎の隣にある

　なお、マルクト広場から再び駅へ戻る場合は同じ道を戻ら
ずに、**ライムリンガー通りReimlinger Str.**から、町で一番

古い城門である**ライムリン
ガー門Reimlinger Tor**をく
ぐって行くコースを取ってみ
るのもいい。

城壁の上を歩ける

ネルトリンゲンのおもな見どころ

聖ゲオルク教会
St. Georgskirche　★★★

1427年から建築が開始され、現在のような後期ゴシックの姿になったのは1519年。主祭壇は17世紀のバロック風。教会建設には、この周辺で採石された石が使われた。祭壇に向かって左側に置かれた祭壇画の下の石台などをよく見ると、隕石の衝突時に高熱で変成した黒い硬質の小さな石片が含まれているのがわかる。

ネルトリンゲンのシンボル、高さ89.9mの塔は、愛称ダニエルと呼ばれている。350段の階段を上ると、かつて陸の灯台といわれた展望台にいたる。この塔は町や周辺の見張りの役目を果たしており、敵の襲来や火事にはいち早く合図を送って町を守った。現在も塔の上には番人がいて、上ってきた人から入塔料を徴収し、22:00〜24:00には30分ごとに塔の上から昔ながらの掛け声で叫ぶ。

優美な彫刻の主祭壇とオルガンに注目

聖ゲオルク教会の塔
（ダニエル）
圕 10:00〜18:00
　（11〜2月は〜17:00）
圗 €4

ダニエルの上から見下ろしたネルトリンゲンの町並み

Topics　ネルトリンゲンは豚が救った？

ダニエルの塔の番人が叫ぶ「ゾー・グゼル・ゾーSo, G'sell, so（おーい、仲間たちよ〜）」という掛け声は、15世紀のある夜、閉めてあるはずの城門から豚が逃げ出していることに気づいた人が、「So, geht Sau, so!（おーい、豚が逃げたぞ〜!）」と叫んだことに由来する。実はこの夜、町に奇襲を仕掛けようとしていた敵が秘かに門の錠を開けておいたのだった。この声で異変に気づいた町の人たちは団結して町を守り、敵を退けた。町を救ってくれた豚に感謝して、この町では豚が人気のキャラクター。

レプジンガー門の外側にいる豚（左）とリースクレーター博物館近くの庭にいる豚（上）

リースクレーター博物館
Rieskrater-Museum　★★

ネルトリンゲンがあるリース盆地は約1500万年前に、直径約1000mの隕石が落下した跡にできた直径約25kmの盆地。隕石跡であることが証明されたのは1961年のことで、1970年にはアポロ14号と17号の飛行士を含むNASAのスタッフが、フィールドトレーニングに訪れている。隕石によってできた跡がこれほどはっきり残っているのは、世界的にも珍しい。

館内では衝突時の様子や、その後の地質変化の様子などがわかりやすく説明されている。NASAとのつながりからアポロ16号が持ち帰った月の石の展示もある。

入口のショップでは、隕石衝突によってできたこの地方の岩石などを売っている。

宇宙のロマンを感じる月の石

リースクレーター博物館
圉 Eugene-Shoemaker-Platz 1
圗 www.rieskrater-museum.de
圕 4月中旬〜11月上旬
　火〜日　　10:00〜16:30
　11月上旬〜4月中旬
　火〜日　　10:00〜12:00
　　　　　　13:30〜16:30
圛 月、一部の祝日
圗 €5、学生€2

かつての材木倉庫をモダンに改造した建物の中にある

ダニエルにがんばって上ってきました。塔の上からは隕石のクレーター跡にできたという町の丸い形もわかって感動! 塔に勤務する猫職員として有名な猫ヴェンデルシュタインにも会えた!（長野県　ちゃぷこ　'19）〔'23〕

バイエルン鉄道博物館
Bayerisches Eisenbahnmuseum

ネルトリンゲン機関区跡地にあり、150以上のオリジナル車両を所有。1889年製のフュッセン号をはじめ、01 066（1918年）、03 295（1937年）といったかつての名機関車が動態保存されている。

駅の出口とは線路を挟んで反対側に位置しており、駅を出たら南へ進み、線路をまたぐ歩行者用陸橋を渡る。

バイエルン鉄道博物館
住Am Hohen Weg 6a
URLbayerisches-eisenbahn museum.de
開3・4・10月
　土・日・祝 10:00〜17:00
　5〜9月
　火〜金　12:00〜16:00
　土・日・祝 10:00〜17:00
休11〜2月、5〜9月の月曜、3・4・10月の月〜金
料€7、SLイベント開催日は€10〜15。SLの運行日等は、上記サイト内に案内あり。

イベント開催日には、ドイツで人気のSL01 066も登場

Restaurant & Hotel 🍴 Nördlingen

ネルトリンゲンのレストラン＆ホテル

アルトロイター
Konditorei-Café Altreuter　　◯MAP：P.130

聖ゲオルク教会のすぐそばにあるカフェ。手頃な値段のサラダやランチメニューと自家製ケーキ、パンが味わえる。おすすめケーキは写真のシュヴァルツヴェルダー・キルシュトルテ。上階は素朴な宿になっている。

住Marktplatz 11　☎(09081) 4319
URLwww.hotel-altreuter.de
営8:00〜18:00　カードMV

nH クレースターレ
nH Klösterle　　◯MAP：P.130

ネルトリンゲンで一番大きな高級ホテル。13世紀まで歴史を遡る修道院（クロースター）教会だった建物の一部を利用している。Wi-Fi無料。

住Beim Klösterle 1　D-86720
☎(09081) 87080
URLwww.nh-hotels.com
料⑤€85〜　Ⓣ€85〜　朝食別　カードAMV

アートホテル ANA フレア
Arthotel ANA Flair　　◯MAP：P.130

39室。駅のすぐ前にある中級ホテル。Wi-Fi無料。無料レンタサイクルあり。

住Bürgermeister-Reiger-Str. 14　D-86720
☎(09081) 290030
URLana-hotels.com　料⑤€84〜　Ⓣ€98〜
カードADJMV

カイザーホーフ・ホテル・ゾンネ
Kaiserhof Hotel Sonne　　◯MAP：P.130

聖ゲオルク教会や市庁舎などがすぐそばのマルクト広場にあり、観光には最適なロケーション。皇帝も滞在したという歴史的な館を改造。全29室。冬期休業あり。Wi-Fi無料。

住Marktplatz 3　D-86720
☎(09081) 5067　FAX(09081) 23999
URLkaiserhof-hotel-sonne.de
料⑤€65〜　Ⓣ€90〜　カードAMV

JUFA ネルトリンゲン
JUFA Nördlingen im Ries　　◯MAP：P.130

旧市街から城壁の外へ5分ほど行った所にある近代的なハイクラスのユース。駐車場（無料）があり、部屋は2〜4人用がメインなので、ファミリー利用も多い。Wi-Fi無料。

住Bleichgraben 3a　D-86720
☎(09081) 2908390　FAX(09081) 2722989
URLwww.jufa.eu/hotel/noerdlingen
料⑤€88〜　Ⓣ€108〜
カードMV

パステルトーンの家々がかわいいドナウ川沿いの町 ——

ドナウヴェルト

Donauwörth

カラフルな家々が並ぶライヒス通り

ベルリン
フランクフルト
★
ミュンヘン

DATA
MAP	P.13-D2
人口	1万9600人
市外局番	0906

ACCESS
🚃 ネルトリンゲンからRB
（普通）で所要約30分。
アウクスブルクからはRE
（快速）で所要約30分。

駅から❶がある**市庁舎Rathaus**までは徒歩10分ほど。途中にあるヴェルニッツ川の中の島は、かつてヴェルトと呼ばれ、これが町の名の由来。15世紀の猟師の館が、**郷土博物館Heimatmuseum**になっている。市庁舎の前から、緩やかな上り坂で延びる**ライヒス通りReichstr.**が町のメインストリート。通りの両側には、交易都市として繁栄した歴史を物語る、カラフルなファサードをもつ立派な館が建ち並び、南ドイツで最も美しい通りのひとつとたたえられている。突き当たりに建つひときわ立派な館は大富豪の**フッガーハウスFuggerhaus**。さらに西へ進み、木々に囲まれた**聖十字架教会Heilig-Kreuz-Kirche**まで足を運びたい。人形に興味がある人におすすめしたいのが、この町に工房があった有名な人形作家ゆかりの**ケーテ・クルーゼ人形博物館Käthe-Kruse-Puppenmuseum**。

❶ドナウヴェルトの観光案内所
住Rathausgasse 1
D-86609 Donauwörth
☎(0906) 789151
URLwww.donauwoerth.de/tourismus
開5〜9月
月〜金　9:00〜12:00
　　　　13:00〜18:00
土・日・祝　15:00〜18:00
10〜4月
月〜木　9:00〜12:00
　　　　13:00〜17:00
金　9:00〜13:00

郷土博物館
住Museumsplatz 2
開5〜9月
火〜日　14:00〜17:00
10〜4月
水・土・日　14:00〜17:00
休月、11〜4月の月・火・木・金、12/24〜26、聖金曜日
料€2.50、学生€1.50

ケーテ・クルーゼ人形博物館
住Pflegstr. 21a
開10〜4月
木〜日　14:00〜17:00
5〜9月
火〜日　11:00〜18:00
12/25〜1/6
毎日　14:00〜17:00
休月、10〜4月の月〜水、12/24、聖金曜日
料€2.50、学生€1.50

ドナウヴェルト
DONAUWÖRTH
N

ケーテ・クルーゼ人形博物館
Käthe-Kruse-Puppen-Museum
Mühlweg
Mühlberg
Brabanter Weg
Pflegstr.
Bäckerstr.
フッガーハウス
Fuggerhaus
Heilig-Kreuz-Str.
Klostergasse
Promenade
タンツハウス
Tanzhaus
教区教会
Stadtpfarrkirche
Minoga.
ライヒス通り
聖十字架教会
Heilig-Kreuz-Kirche
Kronengasse
市庁舎
Rathaus
郷土博物館
Heimatmuseum
Wornitz
リーダー門
Rieder Tor
Kapellstr.
Hintere...gasse
ドナウの女性像
Junge Donau
P
ドライ・クローネン
Bahnhofstr.
Weidenweg
Umhof
Augsburger Str.
郵便局
Schödlerstr.
Gartenstr.
ドナウ川 Donau
ドナウヴェルト駅
Bahnhof
0　100　200m
P
・・・・・ 観光モデルルート

大富豪フッガー家が栄華を極めたルネッサンス都市
アウクスブルク

Augsburg

市庁舎はドイツ・ルネッサンスを代表する建築。左はペルラッハ塔

ベルリン
フランクフルト
★
ミュンヘン

DATA

MAP	P.13-D2
人口	29万5800人
市外局番	0821

ACCESS

🚃 ドイツ国内を結ぶ重要な幹線上にあり、列車の発着本数は多い。ミュンヘンからICE特急で所要約30分。

■ **世界遺産**
アウクスブルクの水管理システム
（2019年登録）
→下記はみだし

❶ **アウクスブルクの観光案内所**
🏠Rathausplatz 1
D-86150 Augsburg
🗺Map P.135-A2
☎(0821) 502070
📱www.augsburg-city.de/service/touristinformation
📅4〜10月
　月〜金　8:30〜17:30
　土・日・祝　10:00〜17:30
11〜3月
　月〜金　9:00〜17:00
　土・日・祝　10:00〜17:00

市内交通
市電とバスが走っている。乗車券は停留所の自動券売機で購入してから乗車。4つ目の停留所までは短区間券Kurzstrecke€1.80、1日乗り放題の1日乗車券Tageskarteは€8.20。

中心部の足となる市電

　アウクスブルクはロマンティック街道で最古の歴史をもち、かつ最大の都市。町の名の由来となったローマ皇帝アウグストゥスの時代、紀元前15年にローマの属州ラエティアの軍事拠点として築かれた。15〜16世紀には遠方貿易や銀行業で黄金時代を迎えた。ドイツ・ルネッサンス様式の建築、芸術が花開き、フッガー家やヴェルザー家といった豪商や銀行家は世界史を左右するほどの財力と権力をもっていた。

　天才作曲家モーツァルトの父レオポルト・モーツァルト、画家のハンス・ホルバイン、劇作家のベルトルト・ブレヒトもこの町の出身。工業分野ではルドルフ・ディーゼルが、アウクスブルクの大企業MAN社でディーゼルモーターの開発に成功（1893年）した。

🐾 アウクスブルクの歩き方

　すべての見どころを徒歩で回ることは可能だが、大きな町なので疲れたら市電を一部利用すれば、時間と体力を節約できる。中央駅から町の中心部へは、3番のKönigsbrunn Zentrum行き、または6番のFriedberg West行きの市電に乗り、ひとつ目のケーニヒ広場KönigplatzでAugsburg West行きの2番の市電に乗り換える。2番の市電は、モーリッツ広場Moritsplatz、**市庁舎前広場Rathausplatz**、大聖堂に近いドーム／シュタットヴェアケDom/Stadtwerke、モーツァルトハウス／コルピングMozarthaus/Kolpingの順で、おもな名所の近くに停車する。まずレオポルト・モーツァルト・ハウスまで行き、南下しながら名所をたどると効率的。

　駅から歩く場合、ケーニヒ広場から**アンナ通りAnnastr.**という歩行者専用の道を行くと、15〜20分で市庁舎前広場に

はみだし　旧市街の最南端に建つローテス門は、15世紀に建造された中欧最古の給水塔を併設している。ここから小高い市内各地に水路を張り巡らせて、生活用水を供給していた。その高度な水管理システムは世界遺産となっている。

着く。ショッピングストリートが続くので歩くのがおすすめ。
　市庁舎前広場から東へ向かうと、世界最古の社会福祉住宅**フッゲライFuggerei**がある。
　町を南北に縦断する広々とした**マクシミリアン通りMaximilianstr.**沿いには、豪商フッガー家の商館だった**フッガーハウスFuggerhaus**（内部の見学はできない）や、**シェッツラー宮殿Schaezlerpalais**がある。

マクシミリアン通りの噴水は世界遺産（→ P.134 はみだし）の構成要素でもある

ロマンティック街道

アウクスブルク

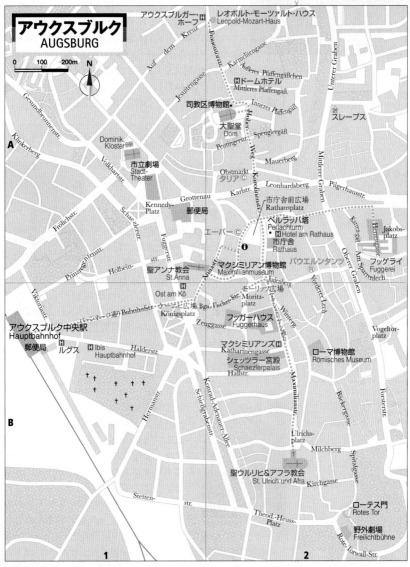

アウクスブルク
AUGSBURG

0　100　200m　N

アウクスブルガー・ホーフ 🚇
レオポルト・モーツァルト・ハウス
Leopold-Mozart-Haus

Auf dem Kreuz
Frauentorstr.
Karmelitengasse
Jesuitengasse
Karmeliten gasse
🚇 ドームテホル
Mittleres Pfaffengäß.
Inneres Pfaffengäß
Hoher Weg
Äußeres Pfaffengäßchen
Unterer Graben
司教区博物館●
大聖堂
Dom
Peutingerstr.
Spenglergäß.
🚇 スレーブス
Mauerberg
A
Gesundbrunnenstr.
Klinkerberg
Volkhartstr.
Dominik. Kloster
市立劇場
Stadt-Theater
Obstmarkt
タリア ⓒ
Karolinenstr.
Leonhardsberg
Mittlerer Graben
Pilgerhausstr.
Fröhlichstr.
Schaezlerstr.
Kennedy-Platz
郵便局
Grottenau
Karlstr.
市庁舎前広場
Rathausplatz
ペルラッハ塔
Perlachturm
🚇 Hotel am Rathaus
市庁舎
Rathaus
バウエルンタンツ ®
Jakobs-platz
Herrngäß.
Karrengäß.
Am Spänglech
Oberer Graben
フッゲライ
Fuggerei
Prinzregentenstr.
Viktoriastr.
Holbein-str.
Fuggerstr.
エーバー ⓒ
ⓘ
聖アンナ教会
St.Anna
マクシミリアン博物館
Maxiallianmuseum
Judenberg
モーリッツ広場
Moritz-platz
Vorderer Lech
Ost am Kö
フッガーハウス
Fuggerhaus
Winterg.
アウクスブルク中央駅
Hauptbahnhof
郵便局
🚇 Ibis
Hauptbahnhof
ルグス
Halderstr.
バーンホーフ通り Bahnhofstr.
ケーニヒ広場 Bgu. Fischer Str.
Königsplatz
Zeuggasse
マクシミリアンズ教
Katharinengasse
シェッツラー宮殿
Schaezlerpalais
Hallstr.
Konrad-Adenauer-Allee
Schießgrabenstr.
Hermanstr.
Maximilianstr.
ローマ博物館
Römisches Museum
Vogeltor-platz
Backergasse
Forsterstr.
B
Ulrichs-platz
Milchberg
Springgasse
聖ウルリヒ&アフラ教会
St. Ulrich und Afra
Kirchgasse
Stetten-str.
Theod.-Heuss-Platz
ローテス門
Rotes Tor
野外劇場
Freilichtbühne
Rote-Torwall-Str.

1　　　　　　　　　　2

モーリッツ広場から東へ延びるJudenbergという細い石畳の坂道を下っていくと、中世に職人街だった庶民的な雰囲気のエリアとなる。路地や水路沿いの小さなカフェや雑貨店に立ち寄りながら、散策が楽しめる。

市庁舎（黄金のホール）
◎Map P.135-A2
2番の市電でRathausplatz下車。
開10:00～18:00
ただし、市庁舎内で特別行事があるときは見学不可。
料€2.50

まぶしく輝く黄金のホール

ペルラッハ塔
◎Map P.135-A2
※改修工事のため閉館中。

大聖堂
◎Map P.135-A2
2番の市電でDom/Stadtwerke下車。
開7:00～18:00（日曜午前中など礼拝時は見学不可）
料無料

司教区博物館
◎Map P.135-A2
住Kornhausgasse 3-5
URLwww.museum-st-afra.de
開火～土　10:00～17:00
　日　　　12:00～18:00
休月、一部の祝日
料€4 、学生€3、特別展開催時は変更あり

レオポルト・モーツァルト・ハウス
住Frauentorstr. 30
◎Map P.135-A2
2番の市電でMozarthaus/Kolping下車。
開火～日　10:00～17:00
休月
料€7、27歳未満無料、日曜無料

市庁舎
Rathaus
★★★

ドイツ・ルネッサンスの最高傑作といわれ、1615～1620年に建てられた。

正面ファサードの頂点をよく見ると、町の紋章になっている青銅製の松ぼっくりが、ちょこんと載っている。その下には帝国自由都市であることを示す双頭のワシが、金地に黒のモザイクで描かれている。

内部は4階（ドイツ語では3.Stockと表記）にある**黄金のホールGoldner Saal**を見学できる。その名のとおり黄金と繊細な彫刻に飾られて、目がくらむ豪華さ。

隣に建つ**ペルラッハ塔**は、11:00、12:00、17:00、18:00に鐘が鳴り響く。塔の上には258段の階段で上ることができる。

大聖堂
Dom
★★★

ロマネスクとゴシック様式で建てられた大聖堂

アウクスブルク司教の教会として904年に建築が始まった。最も古い部分は西の内陣の下のクリプタで、10世紀のウルリヒ司教の棺が安置されている場所とされる。

身廊に見られる預言者を描いたステンドグラスは11世紀後半の作とされ、完全な形で現存する世界最古のステンドグラス。

この町の市民だった画家ハンス・ホルバインの祭壇画もすばらしい。また、側廊南側の入口の扉には、旧約聖書を題材とした35のレリーフ（11世紀）が刻まれていた。現在、この扉は北側にある**司教区博物館Diözesanmuseum St. Afra**に展示されている。

レオポルト・モーツァルト・ハウス
Leopold-Mozart-Haus
★

モーツァルトの父の生家

作曲家ヴォルフガング・アマデウス・モーツァルトの父、レオポルト（1719～1787年）がここで生まれた。製本屋の息子として生まれ、神学校に進学したレオポルトは18歳でザルツブルク大学に入学。そこから好きな音楽の道に進み、ザルツブルク大司教の宮廷に職を得た。そして天才の息子ヴォルフガングを一人前にするために心血をそそいだ。内部は、モーツァルト記念館としてモーツァルト家の歴史に関する資料や楽器、家具などが展示されている。

ロマンティック街道

アウクスブルク

フッゲライ
Fuggerei ★★

世界最古の社会福祉住宅としてフッガー家が設立した。1516～1521年に建てられた計147戸の住居は、カトリック信者のアウクスブルク市民で困窮した状況にあるが負債はない、という条件を満たす人に、わずかな年間家賃（現在でも€0.88！）で入居が許されていた。そのうち1軒の住居（Mittelere Gasse 14番地が入口）が博物館として公開されている。この博物館の隣は、モーツァルトの曾祖父が住んでいたことがあり、そのことを刻んだプレートが掲げられている。

今も老人たちが住むフッゲライ

シェッツラー宮殿（州立絵画館／ドイツ・バロック美術館）
Schaezlerpalais (Staatsgalerie / Deutsche Barockgalerie) ★★

この町の豪商が1770年に建設したロココ様式の宮殿。**祝祭の間Festsaal**は、結婚式のためフランスへ向かう途上のマリー・アントワネットも訪れたという。現在内部はデューラー、ホルバイン、クラーナハなどの作品を所蔵する**州立絵画館**と**ドイツ・バロック美術館**になっている。

華麗な祝祭の間

聖ウルリヒ＆アフラ教会
St. Ulrich und Afra ★

マクシミリアン通りの南端に、プロテスタントとカトリックのふたつのウルリヒ教会がある。通りに面しているほうがプロテスタントのウルリヒ教会で、その奥がカトリックのウルリヒ＆アフラ教会。304年に殉教した聖アフラと、10世紀の聖人ウルリヒの墓所となっているのでこの名がある。ふたつの宗派が同じ場所に建つのは、宗教改革やアウクスブルクの宗教和議の舞台となった、歴史的背景から。

手前のクリーム色の建物がプロテスタント、奥がカトリックの教会

聖アンナ教会
St. Anna ★★

かつてはカルメル派の修道院とその付属教会だった。1509年にはフッガー家の墓所礼拝堂が西側部分に造られた。

1518年には宗教改革者マルティン・ルターが修道院を訪れており、ルターが滞在した部屋は、**宗教改革記念室Lutherstiege**となっている。クラーナハが描いたルターの肖像画もある。

アンナ通りに面した外観

宗教改革記念室へ続く階段

アウクスブルクのレストラン＆ホテル

　中心部には手頃な料金の中級のホテルが数軒ある。ただし、ミュンヘンに近いので、大規模見本市やオクトーバーフェストの開催中は、満室になることもある。

Ⓢ＝シングル　Ⓣ＝ツインまたはダブルの1室の料金。
特に記していない場合はバスまたはシャワー、トイレ付き、朝食込みの料金

ドイツ料理

バウエルンタンツ　　　　　　　　　　　Bauerntanz

ドイツの田舎のムードがいっぱいの店

◎MAP：P.135-A2

手頃な料金でシュヴァーベン地方の料理が味わえる。チーズあえのシュペッツレKäsespätzle €10.80（スモールサイズは€9.80）、マウルタッシェンSchwäbisches Maultaschen €9.50のほか、日替わりメニューTagesmenüもある。テーブル数が少なく、食事時は混雑する。

ミンチ状の具をパスタで
包んだマウルタッシェン

⊞Bauerntanzgässchen 1
☎(0821) 153644
URL www.bauerntanz-augsburg.de
圏火～土　　11:00～23:00
　月　　　　11:30～20:00
（料理オーダーは～21:00）
月（夏期は月も17:00～
21:00オープン）
カード A M V
交市電Moritzplatzから徒歩約5分。

木を多用した店内

カフェ

エーバー　　　　　　　　　　　　　Café Eber

市庁舎前広場の眺めがいい

◎MAP：P.135-A2

1階はケーキなどのショーケースが連なり、2階が広いカフェになっている。月～土曜の11:00～14:00は日替わりランチが用意され、手頃な料金でドイツ料理が味わえる。写真はエクレア€4.60とコーヒー€3.30。

⊞Philippine-Welser-Str. 6
☎(0821) 36847
URL cafe-eber.de
圏月～土　　8:00～18:00
休日
カード 不可
交市電Rathausplatzから徒歩約1分。

タリア　　　　　　　　　　Kaffeehaus im Thalia

映画館に併設のシックなカフェバー

◎MAP：P.135-A2

若者たちが集まる活気があるカフェ。2階席やバーエリアもある。季節の素材を生かしたメニューはシーズンや日によって替わる。各種サラダ€10.80～、フラムクーヘン（ドイツ風の薄いピザ）€9.90～。朝食メニューもある。

⊞Obstmarkt 5
☎(0821) 153078
URL www.lechflimmern.de
圏9:00～23:30（朝食以外の料理は11:30～）
カード 不可
交市電Dom/Stadtwerkeから徒歩約5分。

高級ホテル

マクシミリアンズ　　　　　　　　　Maximilian's

アウクスブルクの最高級5つ星ホテル

◎MAP：P.135-B2

アウクスブルクで最高級のホテル。マクシミリアン通りに面しており、観光にも便利。Wi-Fi無料。ミシュラン1つ星のレストランSartoryは木～土18:00～のみ営業で要予約。3品コース€99。

⊞Maximilianstr. 40　D-86150
☎(0821) 50360
URL www.hotelmaximilians.com
料Ⓢ€254～　　Ⓣ€269～
カード A D J M V

アウクスブルクのレストラン ホテル

中級ホテル

アウクスブルガー・ホーフ
Romantik Hotel Augsburger Hof

インテリアがすてきなプチホテル　◎MAP：P.135-A1

　1355年に建てられたという歴史的な建物を改装してホテルとしている。ロマンティックで清潔な部屋に定評がある。中央駅から2番の市電で4つ目の停留所Mozarthaus/Kolpingで下車してすぐ。レオポルト・モーツァルト・ハウスの斜め向かい側に建つ。Wi-Fi無料。

住Auf dem Kreuz 2　D-86152
☎(0821) 343050
URL www.augsburger-hof.de
料⑤€109〜　①€147〜
　朝食は別料金
カード A D M V

ルグス
Rugs Hotel Augsburg City

駅前ホテルでも静かでゆったり　◎MAP：P.135-B1

　旧インターシティーホテルから名前が変わった。中央駅を背に、右側に建つ。入口は少し奥まっているので見落とさないように。ビジネスマンの利用が多い機能的なホテル。Wi-Fi利用可（無料）。

住Halderstr. 29　D-86150
☎(0821) 50390
URL www.rugshotel.com
料⑤€92〜　①€104〜
カード A D J M V

ドームホテル
Dom-Hotel

朝食のおいしさで人気　◎MAP：P.135-A2

　かつての司祭長の館だった所にあり、大聖堂（ドーム）のすぐそば。Wi-Fi利用可（無料）。冷蔵庫内のドリンクは無料。朝食メニューも評判。室内プールあり。2番の市電でMozarthaus/Kolping下車。

住Frauentorstr. 8　D-86152
☎(0821) 343930
FAX(0821) 34393200
URL www.domhotel-augsburg.de
料⑤€85〜　①€110〜
カード A D J M V

ユースホステル

スレープス（ユーゲントヘアベルグ）
SLEPS-Das Hostel

観光に便利なホステル　◎MAP：P.135-A2

　中央駅から3番の市電でKönigsplatzまで行き、ここで1番の市電に乗り換えてBarfüßerbrücke下車、徒歩約5分。同じ建物内にユースホステルJugendherbergeも入っている（住所、電話番号は共通）。Wi-Fi利用可（無料）。

住Unterer Graben 6　D-86152
☎(0821) 7808890
URL www.sleps.de
URL www.jugendherberge.de/jugendherbergen/augsburg（ユースホステル）
料⑤€42〜　①€59〜
カード M V

Festival　天使が現れるクリスマスマーケット

　ニュルンベルクと並び、ドイツで人気があるアウクスブルクのクリスマスマーケットAugsburger Christkindlesmarkt。2023年は11/27〜12/24（日〜木曜10:00〜20:00、金・土曜10:00〜21:30、12/24は10:00〜14:00）の予定。

　1498年まで遡る歴史があるマーケットで、期間中の土・日曜18:00には、市庁舎のバルコニーに天使たちが現れて音楽を奏でる。まさにメルヘンの世界そのもの。

左／屋台のはしごがとても楽しい
中／バルコニーに現れる天使たちは、ホルバインが描いた天使を再現している
右／市庁舎広場に屋台の列が整然と並ぶ

フッガー家を読む

アウクスブルクの町を歩いていると、思いがけなくフッガーという銀行を見つけたり、ヤーコプ・フッガーの記念像に出会ったりする。福祉住宅のフッゲライ（フッガー長屋）Fuggereiは、今日では名所のひとつになっている。この近くにある「フッゲライ・シュトゥーベ」というレストランに入ったことがある（注1）。当時、ミシュランガイドの赤のナイフ・フォーク印はひとつながら結構な店で、取った料理は「フッゲライ皿盛り料理」だった。また中央駅からヴュルツブルクへ行く列車に乗れば、ICのヤーコプ・フッガー号だった。このようにアウクスブルクは、フッガー家と切っても切れない関係がある。

このフッガー家について見るには、少し歴史の小径に踏み入らなければならない。フッガー家がアウクスブルクに定住するようになったのは、14世紀末といわれている。初めは織物業の親方をしていたが、すでにヨハネス・フッガーは市参事会員になる資格をもつほどにのし上がった。その後フッガー家はヨハネスの長男アンドレアス（1457年没）の家系と、次男ヤーコプ1世（1469年没）の家系のふたつの家系に分かれて発展し、イタリアのメディチ家と比べられる財閥となっていった。両家は紋章によって区別される。長男の家系は「鹿の紋章」のフッガー家と呼ばれ、次男のほうは「百合の紋章」のフッガー家と呼ばれる。百合がふたつ並んだ紋章はフッゲライ内の教会などで見ることができる。だが紋章

社会福祉住宅とはいえ落ち着いたたたずまいのフッゲライ

現在のフッガー銀行が入っている建物

といっても勝手に決められるものではなく、時の神聖ローマ皇帝から賜わるものであった。青地に黄金の鹿を描いた紋章をもつ長男の家系は、16世紀の末には途絶えた。

16世紀はフッガー家の時代と呼ばれるほどになったが、その中心となる人物は何といってもヤーコプ・フッガー（1459～1525）である。フッガー家にはヤーコプの名前をもつ者が何人かいるので、この人はヤーコプ2世とか富豪のヤーコプと呼ばれている。アウクスブルクのシェッツラー宮殿内にある州立絵画館にはデューラーが描いたヤーコプの肖像画があるので、その風貌をうかがうことができる。当時流行の帽子をかぶり、眼の光はやや鋭いが人のいい老人といった感じを受ける。

このヤーコプは百合の紋章の家系の出である。初め彼は聖職者の道を選ぼうと勉強していたが、兄たちが次々と死んだため家業に就くことになった。まず彼はヴェネツィアに送られ、修業時代を過ごすことになった。当時のヴェネツィアは南ドイツの商人の子弟にとって、まさにエリート学校だった。修業を終えて物を見る目を養ったヤーコプは、織物の商売から鉱山業と金融業へと進出した。新しい商売も大成功をおさめた結果、フッガー家は巨万の富をもつ財閥に成長し、アウクスブルクもヨーロッパ一番の金融市場となった。

コラム　フッガー家を読む

ヤーコプ2世の肖像
（デューラー作）

Photo ARTOTHEK

博物館の隣の住居にはモーツァルトの會祖父が住んでいた

　フッガー家の富の形成についてひとつのエピソードを紹介したい。その頃16世紀の前半の時代、ドイツだけでなくヨーロッパ中に「梅毒」という病気が流行していた。ドイツ人はこの病気をフランス病と呼んだが、フランス人はナポリ病と呼んで隣の国に責任をなすりつけていた。ともあれ、当時はこの病気の原因もわからず、ましてや適切な治療法はなかった。そのためグアヤクの樹（別名ユソウボク）を特効薬と信じて、藥にもすがる思いで病人たちはこの高価な樹液を飲み軟膏を塗りつけたのである。グアヤクの樹は梅毒と同じように新大陸から輸入したものだった。そしてこの樹にいち早く目をつけ、独占的に輸入販売したのがフッガー家だった。だが、この高価な薬も病気には効果がなかったという。

　いわば初期資本主義ともいえる時代に、ヤーコプ・フッガーは巨大な資本に物をいわせ政治の世界へ介入していった。ある年、彼は8週間の間に皇帝マクシミリアン1世に対し、17万ドゥカーテン（中世から近世にかけてヨーロッパで通用した金貨）という莫大な金を用立てているし、教皇レオ10世にも巨額の融資をした。その見返りに彼は貴族に列せられ、伯爵の称号を与えられた。時はまさに宗教改革の時代、ルターが激しく攻撃した免罪符売りも、教皇庁のフッガー家への借金返済のためという話も有名である。

　フッガー家は巨大資本を蓄積しただけでなく、社会福祉にも目を向けたため後世まで名声を残していることは注目に値する。ヤーコプが貧者のために、しばしば名前の出てきたフッゲライを建てたのである。これはフッガー長屋とでも訳せようか。ひとりの人間の中に金を儲ける、隣人愛に燃えるというふたつの心が共存した記念碑でもある。アウクスブルク市の一隅にフッゲライの住宅群はある。今日でも16世紀とまったく同じく1グルデン（現在は0.88ユーロ）の象徴的な家賃も有名である。フッゲライの中には泉もあり、聖マルコと呼ぶ小さな教会もある。そして長屋の一室が博物館として開設されている。小さな寝室、小さな厨房、小さな居間、そんな印象を受けた。付け加えておきたいことがある。ヤーコプの時代、このような家に住んだ者はフッゲライを寄進した者とその家族のために、毎日祈りを捧げることを義務づけられていた。天国への切符を手に入れるために貧者に手をさしのべるのも、当時の人びとの典型的な考え方だった。読者の皆さんもアウクスブルクで機会があれば、ぜひフッガー長屋の見学をおすすめしたい。

藤代幸一

フッゲライの住居の一室は博物館として公開されている

（注1）2014年末に閉店。

ランツベルク

Landsberg am Lech

ベルリン
フランクフルト
ミュンヘン

DATA

MAP	P.13-D2
人口	2万9300人
市外局番	08191

ACCESS

アウクスブルクからランツベルク行きのBRB（普通列車）で所要約45分。1時間に1本の運行。

---

❶ランツベルクの観光案内所
住Hauptplatz152 D-86899
　Landsberg am Lech
☎(08191) 128246
URLwww.landsberg.de/
tourismus
開5〜10月　10:00〜13:00
　　　　　　13:30〜17:00
　　（土の午後は〜18:00）
　11〜4月
　月・火・木・金
　　　　　　10:00〜12:30
　　　　　　14:00〜16:00

市庁舎
住Hauptplatz 152
開5〜10月
　月〜金　10:00〜13:00
　　　　　13:30〜16:00
　土　　　10:00〜13:00
　　　　　13:30〜17:00
　11〜4月
　月〜金　10:00〜12:30
　　　　　14:00〜15:30
料€3（内部の見学は1階の観光案内所に申し込む）

バイエルン門
開5〜10月
　火〜日　10:30〜12:30
　　　　　13:00〜17:00
休月、11〜4月はガイドツアーでのみ見学可
料€3

レヒ川に沿った詩情あふれる町

　オーストリアのチロル地方から発した清流レヒ川に沿った町並みは、思わず足を止めてみたくなる美しさがある。

　この町にはヒットラーが政権を握る以前に収容されていた刑務所がある。第2次世界大戦中には、ナチスの支持者が多かったバイエルン州でも特に信奉者が多く、ヒットラー・ユーゲントの町ともいわれた。戦後は町の刑務所に多くの戦犯を収容したが、そんな過去はすでに遠く、町は明るい。しっとりとした町の雰囲気もよく、のんびりと散策するのが楽しい町だ。

ランツベルクの歩き方

美しい市庁舎のファサード

　ランツベルク駅を出てレヒ川に架かる橋を渡り終わると旧市街に出る。橋から続く道がそのまま**ハウプト広場Hauptplatz**まで延びている。広場に面して建つ**市庁舎Rathaus**にはランツベルクの市長も務めた建築家ドミニクス・ツィンマーマン作の、華麗で繊細なスタッコ装飾が施されている。

　市庁舎から**ルートヴィヒ通りLudwigstr.**を進むと、すぐ右に**聖母マリア昇天教区教会Stadtpfarrkirche Mariä Himmelfahrt**が建っている。

　ハウプト広場の東側に建つ**シュマルツ塔Schmalzturm**という城門を越えて、急な坂道を10分ほど上り詰めるとランツベルクのシンボルである堂々たる**バイエルン門Bayertor**が姿を現す。門の上に上がると、レヒ川に沿った急斜面にぎっしりと建て込んだ家々

聖母マリア昇天教区教会

ランツベルク
LANDSBERG

······ 観光モデルルート

0　50　100m

ロマンティック街道

ランツベルク

の屋根が美しい。バイエルン門から町へ戻るときは、同じ道を通らず、途中から右側の坂道**イエズイーテンガッセJesuitengasse**を下りて右に曲がった所にある**市立博物館Stadtmuseum**へ立ち寄りたい。

　旧市街の対岸にあるレヒ川の遊歩道沿いに、**母の塔Mutterturm**という一風変わった塔がある。これは英国出身の画家ヘルコマーがアトリエ兼母の思い出のために建てた住居用の塔で、隣接している**ヘルコマー博物館Herkomer-Museum**と合わせてヘルコマーの世界を体験できる。

ランツベルクのシンボル、バイエルン門

市立博物館
※2023年4月現在、改修のため閉館中。

ヘルコマー博物館と母の塔
🏠Von-Kühlmann-Str. 2
🕐5～10月
　火～日　　13:00～18:00
　11～4月
　土・日　　12:00～17:00
🚫5～10月の月、11～4月の月～金、12/24・31
💴€5

Restaurant & Hotel　Landsberg am Lech

ランツベルクのレストラン＆ホテル

アム・ヘクセントゥルム

Café und Weinstube am Hexenturm　●MAP：P.143

「魔女の塔」という保存指定の建物に隣接するワインレストラン。気取らない雰囲気と手頃な値段でワインとシュヴァーベン風の郷土料理が食べられると町の人々にも人気。

🏠Vordere Mühlgasse 190
☎(08191) 1874
🌐www.restaurant-am-hexenturm.de
🕐11:30～14:00、18:00～22:00
カード MV

ゴッグル

Arthotel ANA Goggl　●MAP：P.143

ハウプト広場に近い。全室シャワーまたはバス、トイレ付きで、きれいな部屋。Wi-Fi無料。レストランも併設。

🏠Hubert-von-Herkomer-Str. 19/20　D-86899
☎(08191) 3240
🌐www.ana-hotels.com/goggl-landsberg
💴⑤€95～　①€109～　朝食別　カード ADMV

はみだし　800年以上の歴史があるルーテンフェストRuethenfestは、小枝（＝ルーテン）を持った子供たちが主役の祭り。約1000人の子供たちが参加する大規模なパレードは圧巻。4年に1度の開催で、次回は2027年に開催予定。

ヴィース教会

Wieskirche

草原のただ中に現れるヴィース教会

ベルリン

フランクフルト

ミュンヘン
★

DATA

MAP	P.13-D2
人口	2900人
	(Steingaden)
市外局番	08862

ACCESS

🚌 路線バスはフュッセンから73、9651、9606番のバスでWieskirche, Steingaden下車。所要約45分（便によって変更あり）、途中シュタインガーデンで乗り換える便もある。季節（学校の休暇シーズンなど）によって運行本数は変わるので必ず最新の時刻表でチェックを。

世界遺産
ヴィース教会
（1983年登録）

ヴィース教会
🏠Wies 12　D-86989
　Steingaden-Wies
🌐www.wieskirche.de
🕐5～8月　　　8:00～20:00
　3・4・9・10月 8:00～19:00
　11～2月　　　8:00～17:00
　ただし礼拝中（日曜午前
　など）は見学不可。
💴無料

　牧草地の丘の上にポツリと建つ教会。その外観を見ただけでは、ヨーロッパで最も美しいロココ教会として、年間100万人以上が訪れる場所であると気がつくことはないだろう。しかし、内部に足を踏み入れると、一瞬のうちに外界を忘れさせる豊かな色彩と華麗な装飾の世界に圧倒される。

草原の奇跡

　ヴィースとは、ドイツ語で草原や牧草地という意味。その起源は1730年、地元の農夫が持っていたキリスト像が、突然涙を流し出したという奇跡に遡る。このキリスト像をひとめ見ようと集まる人々のために小さな礼拝堂が建てられた。その後、この像に祈って病気が治ったという奇跡も加わり、ヨーロッパ各地から巡礼者が続々と押し寄せてきたため、より大きく立派な教会堂を建てることになった。

　設計建築は名匠ドミニクス・ツィンマーマン、天井画はミュンヘンの宮廷画家ヨハン・バプティスト・ツィンマーマンの作品。多くの教会建築を手がけたツィンマーマン兄弟渾身のヴィース教会は1754年に完成した。

（上）ため息が出そうなロココ様式の装飾美　（右）入口上部の豪華なパイプオルガン

ロマンティック街道

ヴィース教会

フレスコ天井画

虹の上に座るキリストや天国の門（右側）が描かれた天井画

天国の鍵を持つ
聖ペテロ

大天使ミカエル

復活した
イエス・キリスト

天国の扉

内部鑑賞のポイント

●フレスコ天井画

　壮麗な天界を描いたフレスコ天井画。緩やかなドーム状に見える天井だが、目の錯覚を利用した絵画技法のせいで、実際はほぼ平面の天井。入口近くの天井に描かれた茶色の扉は天国の扉。中央部の虹の上に座るのは復活したイエス・キリスト。雲の上には天国の鍵を持つ聖ペテロ、槍を持つ大天使ミカエルも描かれている。

●柱飾り

　身廊を取り囲む、華麗な柱飾りには金がふんだんに施されている。正面の中央祭壇を取り囲む大理石模様の柱は、漆喰に彩色を施したもの。柱の赤い色は自ら犠牲になったキリストの血を表し、青は天の恵みを表している。

●奇跡のキリスト像

　主祭壇に祀られている、鎖でつながれた姿の「鞭打たれる救い主像」が、涙を流したという奇跡の像。

少年と天使たちの華麗な装飾に囲まれた説教壇

主祭壇にある鎖につながれた奇跡のキリスト像は見逃せない

Speciality　ヴィースの名物揚げパン

　教会のすぐ近くのガストホーフ・シュヴァイガーGasthof Schweigerで売っているヴィースキュヒャールWieskücherlはシナモンシュガーをまぶした丸くて平べったい揚げパン。素朴な味で1個€3程。観光シーズンは店先に売店も出る。休金、11〜3月

素朴な甘さの揚げパンは、おやつにぴったり

左／店頭販売しているヴィースキュヒャール　右／併設のカフェではさまざまなスイーツが味わえる

街道の終点はレヒ川の水と緑に抱かれたすがすがしい町

フュッセン

Füssen

歩行者天国になっているライヒェン通り

ベルリン
フランクフルト
ミュンヘン
★

DATA

MAP	P.13-D2
人口	1万5600人
市外局番	08362

ACCESS

🚃 ミュンヘンからBRB（普通列車）で所要約2時間。途中ブーフローエBuchloeなどで乗り換えの場合もある。アウクスブルクからは所要約1時間55分、ブーフローエなど乗り換えの場合もある。

ℹ️ **フュッセンの観光案内所**
🏠Kaiser-Maximilian-Platz 1
D-87629 Füssen
◯Map P.147-A2
☎(08362) 93850
🔗www.fuessen.de
🕐月～金　　9:00～17:00
　　土　　　9:00～12:00
　（季節により変更あり）

フュッセンカード
フュッセン宿泊者だけが利用できる電子カードで、宿泊先ホテルで貸与される。滞在期間中は公共交通バスが無料で利用でき、博物館やロープウエイなどの割引もある。カードはチェックアウト時に要返却。

ライヒェン通りの南端に面したパステルトーンの家並み

古代ローマ時代にヨーロッパ北部とイタリアを結ぶ「クラウディア・アウグスタ街道」上に位置していたフュッセンは、アルプス越えの要衝の町として発展し、15～16世紀にイタリアとの通商で繁栄の頂点を極めた。楽器製作で有名な一族が活躍したのもこの頃で、フュッセン製のリュートやバイオリンは名をはせた。

しかしフュッセンの繁栄は、三十年戦争の戦火であっけない幕切れを迎えた。再び活気を取り戻したのはようやく19世紀になってからのこと。バイエルン王マクシミリアン2世とルートヴィヒ2世が隣村のホーエンシュヴァンガウに建てた城は観光客に開放され、フュッセンはそのゲートウエイとなる町として世界中からの観光客を迎えるようになった。アルプスのさわやかな空気に満ちたフュッセンは、保養地としての施設も整えている。

ヴュルツブルクから約350km、ロマンティック街道の旅はフュッセンで終点を迎える。

フュッセンの歩き方

終着駅フュッセンの駅前はバスターミナルになっていて、ここから、ノイシュヴァンシュタイン城の麓へ行くバスも出ている。バスの時刻をチェックしてから、町歩きに出かけよう。

駅前から延びる**バーンホーフ通りBahnhofstr.**を200mほど行くと、最初の大きな十字路を渡った所にℹ️があり、ここから歩行者天国のショッピングストリート、**ライヒェン通りReichenstr.**が延びている。ライヒェン通りの奥、正面の建物越しにのぞいているのはホーエス城の**時計塔Uhrturm des Hohen Schlosses**。ライヒェン通

はだみし　駅にあるレンタサイクルBike Rental Train Station（🔗www.bike-rental-fuessen.com）では、シティバイクが€15からレンタルできる。冬期は休業。周辺はサイクリングロードが整備され走りやすい。

フュッセン FÜSSEN

フュッセン駅 Bahnhof
バス停（ノイシュヴァンシュタイン城行きなど）
シュロスクローネ
銀行
ルイトボルトパルク
ゾンネ
ヴィンツェンツムル
Krippkirche St. Nikolaus
テレージエンホーフ（ショッピングセンター）
ヒルシュ
Kaiser-Maximilian-Platz
Schrannengasse
ガストホーフ・クローネ
Markthalle
シュタット・アポテーケ
Kirche St.Sebastian
ツム・ヘヒテン
Ritterstr.
時計塔 Uhrturm
Hutergasse
ホーエス城 Hohes Schloss
フランツィスカーナー修道院と聖シュテファン教会 Franziskanerkloster mit Kirche St. Stephan
フュッセン市博物館 Museum der Stadt Füssen
ツム・シュヴァネン
ロマンティック街道終点の門がある家
アンナカペレ Annakapelle
聖霊シュピタール教会 Heilig-Geist-Spitalkirche
聖マング市教区教会 Stadtpfarrkirche St. Mang
Lech
レヒ川

・・・・・・ 観光モデルルート

りの突き当たりを左に曲がり、道なりに進むと右側に立派な**フュッセン市博物館Museum der Stadt Füssen**が建っている。内部はかなり広いので見学時間をたっぷり取っておきたい。

聖マング市教区教会Stadtpfarrkirche St. Mangの入口は、博物館の手前の道を行った左側。教会の向かい側の高台には**ホーエス城 Hohes Schloss**がそびえている。

博物館前に戻り、赤茶色の壁画に彩られた**聖霊シュピタール教会Heilig-Geist-Spitalkirche**を過ぎると、ヒスイ色をしたレヒ川に出合う。川を渡って東へ行けばホーエンシュヴァンガウに続く国道にぶつかり、西に進めば、**バウムクローネンヴェークBaumkronenweg**という木造橋がある森林体験センターを経て、隣国オーストリアとの国境にいたる。

レヒ川の対岸から見た市教区教会とフュッセン市博物館

森の中を歩くバウムクローネンヴェーク

フュッセンのおもな見どころ

フュッセン市博物館（旧聖マング修道院）
Museum der Stadt Füssen (Kloster St. Mang) ★★★

8世紀に修道生活を送った聖者マングが基礎を築き、後に修道院として発展した由緒ある建物が博物館となっている。地下から発掘された中世期の回廊跡も見られる。

入口は中庭の奥にある

見逃せないのは9世紀にまで歴史を遡る**アンナカペレ Annakapelle**で、壁一面に描かれた『**死の舞踏**』（1602年、ヤーコプ・ヒーベラー作）が残る。

また、2階にはリュートやヴィオラ・ダモーレなど、楽器の製作地として有名だったフュッセンで生まれた古楽器が展示されている。バイオリン工房の再現コーナーも興味深い。

フュッセン市博物館
- Lechhalde 3
- Map P.147-B1
- 4〜10月
  - 火〜日　11:00〜17:00
  - 11〜3月
  - 金〜日　13:00〜16:00
- 月、11〜3月の火〜木、12/24・25、1/1
- €6、ホーエス城とのコンビチケット€9

アンナカペレの壁に描かれた『死の舞踏』

© FTM

聖マング市教区教会
Stadtpfarrkirche St. Mang ★★★

聖マングにささげた中世風の教会を、18世紀に華麗なバロック様式に改装。天井のフレスコ画は聖マングの生涯を描いたもの。

隣接する**クリプタKrypta**は、フュッセンで最も古い建築物で、聖マングの墓石がある。

聖マング市教区教会
- Magnusplatz 1
- Map P.147-B1
- 8:30〜18:00
  - （礼拝の間は見学不可）
- ※クリプタの見学は土10：30に催行するガイドツアーでのみ可。

四角形の塔からは美しい鐘の音が響き渡る

左／南側の祭壇にある後期ゴシックのマリア像　上／燭台を掲げるドラゴンの像

Topics ロマンティック街道の終点はココ？

町の中心部から少し外れた高台に建つフランツィスカーナー修道院と聖シュテファン教会隣の家（○Map P.147-B2）の門には「**ロマンティック街道の終点 Ende der romantischen Straße**」と記されている。この文字の上に描いてある、3本の足を組み合わせたマークは、フュッセン市の紋章。フュッセンの語源はドイツ語の「フューセ（足の複数形）」からきており、3本の足はフュッセンからアウクスブルク方面、ケンプテン方面、そしてイタリア方面へ延びる3本の街道を表しているという。

ロマンティック街道の終点と書かれた門

はみだし ライヒェン通りの薬局**シュタット・アポテーケStadt Apltheke**（○Reichenstr. 12　○Map P.147-A1）は、外壁の伝統的なだまし絵が見事。クリスマスの頃には華やかなイルミネーションでも知られ、この通りのシンボル的な存在。

ホーエス城
Hohes Schloss ★★

アウクスブルク司教の夏の居城として建てられ、1500年頃に現在のような形となった。窓の縁飾りとして描かれただまし絵が特徴。**騎士の間 Rittersaal**は重厚な木製の天井が見事

出窓や小さな塔のように見えるが実はだまし絵

で、かつて皇帝マクシミリアン1世はフュッセンを訪れるたびにここで司教のもてなしを受けた。

城の北棟は現在、**バイエルン州立絵画館分館**および**市立絵画館**として、フュッセン周辺で活躍した後期ゴシックとルネッサンス時代の画家の作品が展示されている。

ホーエス城
Ⓘ Magnusplatz 10
➡ Map P.147-B1
🕐 4〜10月
　火〜日　　11:00〜17:00
　11〜3月
　金〜日　　13:00〜16:00
🚫 月、11〜3月の火〜木、12/24・31、1/1
💰 €6、フュッセン市博物館とコンビチケット€9

聖霊シュピタール教会
Heilig-Geist-Spitalkirche ★

正面のファサードに描かれた鮮やかなフレスコ画に目を奪われる印象的な教会。内部の右側の祭壇画には、いかだ師の守護聖人である聖ネポムクの姿が描かれ、レヒ川の水運業がいかに重要だったかがわかる。

ファサードに向かって左に聖フローリアン、右には旅の守護聖人の聖クリストフォルスが描かれている

聖霊シュピタール教会
Ⓘ Spitalgasse
➡ Map P.147-B1
🕐 8:30〜18:00
　（礼拝の間は見学不可）

バウムクローネンヴェーク
Baumkronenweg ★

全長480m、高さ20mのバウムクローネンヴェーク（木の冠の小道、という意味）という木造橋は、レヒ川に沿って続く**森林体験センターWalderlebniszentrum Ziegelwies**にある。約100mごとに4本の支柱で支えられたつり橋のような構造をしており、ハイキングには絶好のポイント。橋の途中でドイツとオーストリアの国境を越えるというおもしろい体験もできる。

橋の上の国境線。青はバイエルン（ドイツ）、赤はオーストリアを表す

バウムクローネンヴェーク
Ⓘ Tiroler Str. 10
➡ Map P.153外
フュッセン駅前からReutte行きの74番のバスでZiegelwies Walderlebniszentrum下車すぐ。フュッセンの町からハイキング気分で歩くと約30分。
🌐 www.baumkronenweg.eu
🕐 5〜10月　10:00〜17:00
　4・11月　10:00〜16:00
　（天候により変更あり）
🚫 12〜3月
💰 €5

フュッセンのレストラン＆ホテル

大型のホテルは少なく、旅行シーズン中は満室になってしまうことが多い。フュッセンは個人住宅の部屋を貸してくれる民宿、プリバートツィマー（＝プライベートルーム）Privatzimmer が多く、❶ の窓口で紹介してくれる。ただし宿の人は英語はあまり通じない。

フュッセンは保養地のため、宿泊には保養税 Kurtaxe（€2.20）が加算される。

レストラン

ガストホーフ・クローネ　　　　　　　　　　　Gasthof Krone

中世風の食事を演出

◎MAP：P.147-A2

スタッフは中世風の衣装で、料理もボリュームたっぷりで野趣に富んでいる。白身魚のグリルGegrillter Zander€19.90、リッターステーキRittersteak€17.90。ビールの種類も多く、0.30ℓ入り€3.80～。英語メニューあり。

囲Schrannengasse 17
☎(08362)7824
URLkrone-fuessen.de
圏12：00～22：00（料理は12：00～14：00、17：00～21：00）
困火・水、冬期休業あり
カード不可

ツム・シュヴァネン　　　　　　　　　　　　Zum Schwanen

手頃な値段で郷土料理が味わえる

◎MAP：P.147-B1

旧市街の静かな一角に建つ白壁の小さなレストラン。気軽な雰囲気で食事できる。肉料理が中心だが、ベジ料理も各種用意されている。肉料理の人気は豚肉のシュニッツェルSchweine-schnitzel€14や牛肉のヴィーナー・シュニッツェルWiener Schnitzel€22。魚料理は、ホッキョクイワナの一種をグリルしたGebratener Seesaibling€26。写真（右）は太めのグリルソーセージDicke Bratwurst€11。ビールは0.3ℓ€3.50～、グラスワインは0.2ℓ €5.50～各種あり。

囲Brotmarkt 4
☎(08362)6174
URLwww.schwanen-fuessen.de
圏12：00～14：00、17：00～21：00
困月、オフシーズン休業あり（不定期）
カードMV

Topics　フュッセン中心部のショッピングセンター

駅から観光案内所を通り過ぎた先にショッピングセンター、**テレージエンホーフTHERESIENHOF**（囲Kaiser-Maximilian-Platz 5　◎Map P.147-A2）がある。規模はコンパクトだが、1階にはスーパー、2階にはドラッグストアなどが入っていてなにかと便利。日・祝休業。

町並みに溶け込んだ低層式の建物

スーパーのレーヴェにあるサラダバー。ホテルの部屋での夕食に

大型スーパー、レーヴェは月～土7：00～20：00営業（日・祝休業）

肉屋兼インビスのヴィンツェンツムルVinzenzmurr（◎Map P.147-A1）は、肉のシュニッツェルやハンバーグをパンに挟んだ物をテイクアウトできる。ボリューム満点で安いのでおすすめ。日・祝は休み（埼玉県　ララック　'23）

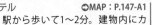

ロマンティック街道

フュッセンのレストラン　ホテル

ルイトポルトパルク
Luitpoldpark

高級ホテル

フュッセンで最高級の大型ホテル

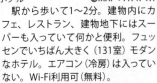

◎MAP：P.147-A1

駅から歩いて1～2分。建物内にカフェ、レストラン、建物地下にはスーパーも入っていて何かと便利。フュッセンでいちばん大きく（131室）モダンなホテル。エアコン（冷房）は入っていない。Wi-Fi利用可（無料）。

📧Bahnhofstr. 1-3　D-87629
☎(08362) 9040
📠(08362) 904678
URL www.luitpoldpark-hotel.de
料⑤€128～　①€142～
カード A D J M V

ヒルシュ
Hirsch

中級ホテル

パステルトーンの外観がかわいい

◎MAP：P.147-A2

❶の先にあるロマンティックな外観のホテル。館内もアンティークの調度が配されている。木を多用したバイエルン風のレストランも好評。日本のグループツアーがよく利用する。Wi-Fi無料。

📧Kaiser-Maximilian-Platz 7
D-87629
☎(08362) 939080
📠(08362) 939877
URL www.hotelfuessen.de
料⑤€112～　①€165～
カード A D M V

ゾンネ
Via Hotel Sonne

駅から近くて観光にも便利

◎MAP：P.147-A1

歩行者天国のライヒェン通りReichenstr.入口にあり便利。1階はみやげ物店、2階はレストラン、3階から上がホテル。明るい客室で使いやすい。サウナやフィットネスルームもあり。Wi-Fi無料。

📧Prinzregentenplatz 1
D-87629
☎(08362) 9080
URL www.hotel-fuessen.de
料⑤①€149～
カード A D M V

ツム・ヘヒテン
Altstadthotel Zum Hechten

中心部にある小さな宿

◎MAP：P.147-B1

フュッセンの町の中心部にある中級ホテル。Wi-Fi利用可（無料）。1階には、肉、魚、ベジ料理のメニューなども揃った郷土料理レストランが入っていて、夜はにぎやか。

📧Ritterstr. 6　D-87629
☎(08362) 91600
URL www.hotel-hechten.com
料⑤€85～　①€139～
トリプル€183～
カード A M V

シュロスクローネ
Schlosskrone

カフェ併設の中級ホテル

◎MAP：P.147-A1

駅前から延びるBahnhofstr.を歩いてすぐ。1階は創業1896年の老舗ケーキ店クーアカフェKurcaféになっている。カフェではケーキはもちろん、食事のメニューも各種揃っている。Wi-Fi無料。

📧Prinzregentenplatz 4　D-87629
☎(08362) 930180
📠(08362) 9301850
URL www.Schlosskrone.de
料⑤①€149～
カード A M V

ユーゲントヘアベルゲ（ユースホステル）
Jugendherberge

ユースホステル

人気が高いユースホステル

◎MAP：P.147-A1 外

フュッセンの駅を出て、線路を戻るように歩いて西へ約15～20分。途中、案内表示が出ているのでわかりやすい。学生の団体利用が多く、人気があるので必ず予約を。Wi-Fiは共用エリアで利用可（無料）。冬期は休業あり。

📧Mariahilferstr. 5　D-87629
☎(08362) 7754
📠(08362) 2770
URL www.jugendherberge.de
料朝食付き€34.40～
カード A D J M V

シュヴァンガウ

Schwangau

ベルリン

フランクフルト

ミュンヘン

★

DATA

MAP	P.13-D2
人口	3300人
市外局番	08362

ACCESS

🚌 ノイシュヴァンシュタイン城の最寄りの停留所Hohenschwangau, Neuschwanstein Castlesへは、フュッセン駅前から73、78番のバスで約15分。料金は片道€2.60、往復€5.20。1時間に1本程度の運行。タクシーは駅前から城まで約€14(+チップを)。

なお、シュヴァンガウの村の中心で、観光案内所にあるSchwangau Rathausへは、フュッセン駅前から上記と同じバスで約20分。

🛈 **ホーエンシュヴァンガウの観光案内所(出張所)**
ホーエンシュヴァンガウのバス停前。
住Alpseestr. 2 D-87645
　Hohenschwangau
☎(08362) 819765
🕐10:00～17:30
　(季節により変更あり)

🛈 **シュヴァンガウの観光案内所**
住Gipsmühlweg 5 D-87645
　Schwangau
(シュロスブロイハウス
Schlossbräuhausの中)
☎(08362) 81980
🌐www.schwangau.de
🕐月～金　9:00～17:00
　(オフシーズンは変更あり)

マリエン橋とノイシュヴァンシュタイン城

高原地帯特有のさわやかな空気に満ちたのどかな村シュヴァンガウは「白鳥の高原」という意味で、さらに山の麓の高い地区をホーエンシュヴァンガウ(高シュヴァンガウ)という。ホーエンシュヴァンガウの山上に自分だけの夢の城を築いた王がいる。バイエルン王、ルートヴィヒ2世である。そしてこの城こそ、ロマンティック街道の旅のフィナーレを飾るにふさわしいノイシュヴァンシュタイン城だ。

👣 シュヴァンガウの歩き方

ホーエンシュヴァンガウのバス停

城を目指してフュッセンからバスで来た場合は、ホーエンシュヴァンガウHohenschwangauで下車。停留所前にはシュヴァンガウの🛈の出張所がある。バス停前から、緩やかな坂道を進むと城のチケットセンターがある。**ノイシュヴァンシュタイン城Schloss Neuschwanstein**と**ホーエンシュヴァンガウ城Schloss Hohenschwangau**を見るための日時指定チケットをオンラインで購入していない人は、ここでチケットを購入しなくてはならない(→P.154)。

城行きの馬車乗り場前のミュラーというみやげ物店を過ぎてさらに行くと、神秘的な**アルプ湖Alpsee**が姿を現す。

アルプ湖とホーエンシュヴァンガウ城。湖を一周するハイキングコース(→P.158)もある

なお、ホーエンシュヴァンガウは、シュヴァンガウという村の一地区であり、村の中心は歩いて15～20分ほど北にある。こちらには🛈や数軒のホテ

祝祭劇場
Festspielhaus
Neuschwanstein

至ショーンガウ
アウクスブルク

フォルッゲン湖
Forggensee

聖コロマン教会
St. Coloman

ツア・ポスト

市庁舎
Rathaus

フュッセン

クーアパーク
Kurpark

クリスタル・テルメ
Kristall-Therme

シュヴァンガウ

フュッセン駅
Bahnhof

クーアハウス
Kurhaus

テーゲルベルク山への
ロープウエイ乗り場

ホーエス城
Hohes Schloss
St. Mang-K.

フュッセン中心部は
P.147参照

バウムクローネン
ヴェークへ

N

0　200　400m

シュヴァンガウとフュッセン
SCHWANGAU & FÜSSEN

シュロスブリック

アルブレヒト

ノイシュヴァン
シュタイン城
Schloss
Neuschwanstein

ヴィラ・ルートヴィヒ

ホーエン
シュヴァンガウ
バス停
アルペン

チケットセンター

ホーエンシュヴァンガウ城
Schloss Hohenschwangau

シュヴァンゼー
Schwansee

シュトゥーベン

アメロン

ミュラー

マリエン橋
Marien-
brücke

フュルステン湖
Fürstensee

アルプ湖
Alpsee　バイエルン王博物館

ル兼レストラン、スーパーマーケットなどが集まっている。少し離れた牧草地には**聖コロマン教会St. Coloman**が絵のように美しい姿で建っている。保養客のための**クーアパークKurpark**という公園の南側には、塩水を用いた温泉プール施設**クリスタル・テルメKristall-Therme**がある。

　村の南東にそびえる**テーゲルベルク山Tegelberg**へは、ロープウエイが運行している。ロープウエイの中から右側を見ていると、ノイシュヴァンシュタイン

シュヴァンガウの市庁舎前に立つ
ルートヴィヒ2世の胸像

城の美しい姿が望める。ロープウエイ乗り場の周辺はパラグライダーの着陸地点になっている。ドイツ・アルペン街道も横切っているシュヴァンガウでは、平地にはサイクリング道と散歩道、ハイキング道が整備されている。バイエルンで4番目に大きい湖、**フォルッゲン湖Forggensee**では、ウインドサーフィンやヨットを楽しむ人々が多い。

テーゲルベルク山へ上る
ロープウエイ

聖コロマン教会
夏期14:00〜16:30

牧歌的な風景のなかに建つ聖コ
ロマン教会

シュヴァンガウのおもな見どころ

ノイシュヴァンシュタイン城

Schloss Neuschwanstein ★★★

ロマンティック街道の旅のフィナーレを飾るにふさわしい白亜の城。城内の見学は、時間指定の予約制（→下記コラム）となっている。

1869年に起工し、1884年にようやく4階の国王ルートヴィヒ2世の住居部分などが仕上がったが、王の突然の死により当初の構想どおりの全面完成にはいたっていない。

ワーグナーに心酔し、耽美的芸術を愛したルートヴィヒ2世の夢の城に自身が滞在したのはわずか172日。その最後の日に政府の手によって捕らえられた。精神異常者とみなされたルートヴィヒ2世はベルク城に幽閉され、1886年6月13日、シュタルンベルク湖で謎の死を遂げた。

美しい白亜の城。左奥の渓谷に城の撮影ポイントのマリエン橋が見える

ノイシュヴァンシュタイン城

⊠Neuschwansteinstr. 20
D-87645 Hohenschwangau
URL www.neuschwanstein.de
開4/1～10/15　9:00～18:00
10/16～3/31 10:00～16:00
休12/24・25・31、1/1
料€15、65歳以上および学生€14。バイエルンの城巡りチケット及び王の城チケット（→P.92～93）有効。
※チケットはオンラインチケットショップのサイト（→下記コラム）から日時指定のチケット（手数料€2.50加算）を購入する。

行き方 フュッセン駅前からホーエンシュヴァンガウまでの行き方は→P.152。

馬車で
みやげ物店ミュラーの前から、城の300m手前のレストラン前まで行く。料金は上り€8、下り€4。城門まではさらに15分ほど歩いて上る。

シャトルバスで
みやげ物店ミュラーの先の駐車場から、マリエン橋の前まで行くシャトルバスが出ている。所要約5分、シーズン中は約20分間隔で運行、冬期は運休。料金は上り€3、下り€2、往復3.50。橋から城までは600mほどの上りと急な下りの山道を徒歩約20分。

徒歩で
体力に自信のある人は、ハイキングがてら歩いて上る。健脚の人で約40分。路面が凍結する冬期は要注意。

Topics 城のチケットの購入方法

ドイツでも屈指の人気のノイシュヴァンシュタイン城とホーエンシュヴァンガウ城は、日時指定のオンライン予約（→URL shop.ticket-center-hohenschwangau.de）ができる。予約なしでも、空きがあれば現地のチケットセンターで購入できるが、観光シーズンには希望する時間が残っていることはまずないので、早めにオンライン購入しておくことをおすすめする。

オンラインでチケットを購入済みの人は、現地でチケットセンターに立ち寄る必要はなく、直接城の入場門まで行き、指定の入場時間を待つ。入場する際は、メールで届いたPDFのチケットを自分で印刷したもの、またはスマホに保存したQRコードをゲートで提示する。

●ホーエンシュヴァンガウのチケットセンター
Ticket Center Hohenschwangau
※当日の残り券がある場合のみ販売しており、翌日以降のチケットは販売していない。
⊠Alpseestr. 12 D-87645 Hohenschwangau
☎(08362)930830　FAX(08362)9308320
URL www.ticket-center-hohenschwangau.de
営4/1～10/15
　　8:00～16:00
10/16～3/31
　　8:30～15:00

城のチケットセンター

マリエン橋は、ノイシュヴァンシュタイン城撮影の絶好のポイント

驚くべきことに、ノイシュヴァンシュタイン城は王の死後2ヵ月もたたないうちに一般に公開されている。最初の半年で1万8000人もの入場があったという。以来、この城の人気は衰えることを知らない。

チケットセンターから城の前までは、徒歩の場合、少なくとも40分の時間の余裕をみて、指定の時刻に遅れないように。

城の中庭のゲートに、自分のチケットに印刷されたツアーナンバーが表示されたら自動改札機を通り、ガイドツアーがスタートするのを待つ。見学は30人ほどのガイドツアーで、ガイドと一緒にオーディオガイドを聞きながら回る。自由見学はできない。見学の所要時間は約30分。城内は撮影不可。かなりの数の階段を上り下りするので歩きやすい靴で。

城内の様子は「ノイシュヴァンシュタイン城徹底ガイド」（→P.156）。

マリエン橋
城へのシャトルバスで下車後、徒歩約5分。観光シーズンは行列ができる。冬期は閉鎖（バスも運休）。

城の近くまで行く観光馬車

ホーエンシュヴァンガウ城
Schloss Hohenschwangau　★★

ネオゴシック様式のホーエンシュヴァンガウ城

12世紀に築かれて荒れ果てていた城を、ルートヴィヒ2世の父、マクシミリアン2世が再建し夏の狩りの城とした。この城でルートヴィヒ2世は弟オットーと幸せな子供時代を過ごした。ノイシュヴァンシュタイン城の建築中はこの城から、進行状況を見ていたという。こぢんまりとした城だが、ルートヴィヒ2世を知るには欠かせない城だ。

ワーグナーが演奏したピアノが置かれた**音楽室Musik Zimmer**なども見逃せない。

バイエルン王博物館
Museum der bayerischen Könige　★

ルートヴィヒ2世をはじめとするヴィッテルスバッハ家出身のバイエルン王の歴史をたどることができる。ルートヴィヒ2世のマントや装飾品なども所蔵。日本語オーディオガイドあり。

2階の窓からは湖とホーエンシュヴァンガウ城が見える

自分のツアーの番号が表示されるまで、城の中庭で待とう

ホーエンシュヴァンガウ城
住Alpseestr. 24　D-87645 Hohenschwangau
URLwww.hohenschwangau. de/schloss-hohenschwangau
開4/1～10/15　9:00～17:00
　10/16～3/31 10:00～16:00
休12/24・25・31、1/1
料€21、65歳以上および学生€18
※チケットはノイシュヴァンシュタイン城と同様にオンラインで日時指定チケット（手数料€2.50加算）を購入するのがおすすめ。
行き方チケットセンターのそばから、ホーエンシュヴァンガウ城まで馬車が出ている（冬期は運休）。料金は上り€5.50、下り€3。徒歩の場合はみやげ物店ミュラーの先の坂道を上って所要約20～30分。

バイエルン王博物館
住Alpseestr. 27
URLwww.hohenschwangau. de/museum-der-bayerischen-koenige
開9:00～16:30
休12/24・25・31、1/1
料€14

シュヴァンガウ

155

ノイシュヴァンシュタイン城
徹底ガイド

まぶしく輝く玉座の広間

※ 2024年頃まで改修工事のため見学できない部屋がある

● 主階段
最上部の円柱はヤシの木を模しておりエキゾチック

最初に案内される玉座の広間は、目もくらむような金色の大ホール。大理石の階段の上には玉座が置かれるはずだったが王の死により中止された。王冠の形をした金メッキのシャンデリア、動植物を描いたモザイクの床なども目を見張る。大理石階段の向かい側にある竜と戦う聖ゲオルクの絵に描かれた城は、王が建設を予定していたファルケンシュタイン城。

歌人の広間

5階

フュッセンの町が見える

ガイドツアーはここからスタート

控の間

● アルプ湖、シュヴァンゼー、ホーエンシュヴァンガウの村が見えるバルコニー（立ち入り禁止）

玉座の広間

副官の部屋　執務室

近従の部屋　食堂

洞窟　居間

王のトイレ　更衣室

寝室　礼拝堂

＜王の住居＞

→ マリエン橋が見える

4階

● ヴァルトブルク城の伝説の歌合戦をテーマとした壁絵に囲まれている。リンダーホーフ城やヘレンキームゼー城にある"魔法の食卓"は、ここには造られなかったが、食事は専用エレベーターで調理場から引き上げていた。

調理場　洗い場　上の

1階

テーブルの左右には食器戸棚がある

● 温水も出る給水システム。肉を焼くための自動回転グリルなど、当時の最新設備を誇る。また、城内は温風によるセントラルヒーティングで暖められていた。

ノイシュヴァンシュタイン城徹底ガイド

● アイゼナハにあるヴァルトブルク城の歌人の広間をモデルにした。この広間を実現したいがためにノイシュヴァンシュタイン城を建てたが、王の存命中に使用されたことは一度もなかった。『パルシファル』伝説が壁に描かれている。

● タンホイザーの洞窟。人工の滝に照明装置まで造らせて効果を出した。

石膏に粗麻を混ぜて作った洞窟

華麗な絵画とシャンデリアに圧倒される歌人の広間

● 角のテーブルの上には、白鳥の姿をしたマジョリカ焼。壁の絵は『ローエングリン』から。

● 『タンホイザー』の名シーンが描かれた壁とどっしりとしたオーク材の机、椅子、天井などが見事に調和している。

● 『ニュルンベルクのマイスタージンガー』と中世の恋愛歌人、フォーゲルヴァイデの生涯を描いた絵が見られる。

洞窟を抜けた所にある王の執務室

洗面用の水差しとボウルが置かれている

シャトルバス乗り場とマリエン橋へ行く道

↑入口

城門　←入口

下の中庭

● ベッドカバーやカーテンは、ルートヴィヒの好きなロイヤルブルーで統一。絵は『トリスタンとイゾルデ』から。

寝台の繊細な彫刻に目を奪われる寝室

● 実際には建築されなかった塔の基礎部分。

P.156-157 Photo：© Bayerische Schlösserverwaltung

テーゲルベルク山
ロープウエイ

URL www.tegelbergbahn.de
開 9:00〜17:00
　（冬期は10:00〜16:30)
料 片道€18.50、往復€28.50
行き方 フュッセン駅前から73、78番のバスで15〜25分、ホーエンシュヴァンガウからは5〜15分のSchwangau Tegelberg-bahn下車。ただしこの停留所を経由しない便もあるので、乗車時に要確認。

テーゲルベルク山のハイキングコースは健脚向き

クリスタル・テルメ

住 Am Ehberg 16
☎ (08362) 926940
URL kristalltherme-schwangau.de
開 9:00〜21:00
　（金・土は〜22:00)
※火の19:00以降は水着着用不可なので注意。
休 12/24
料 2時間€18、4時間€26。シュヴァンガウ宿泊者はゲストカード割引あり、サウナ込みは2時間€25、4時間€34.50。貸タオル€5.50。

テーゲルベルク
Tegelberg ★★★

　テーゲルベルク山は標高1720m。ホーエンシュヴァンガウから北へ約1kmほど歩いた所にロープウエイ乗り場がある。ロープウエイの中からはノイシュヴァンシュタイン城が美しい角度で見えるが、山上からは見え

山の上から見たシュヴァンガウとフォルッゲン湖

ない。山の上のロープウエイ乗り場のそばにはレストランがあるのでひと休みしていこう。
　ホーエンシュヴァンガウの村まで歩いて下るハイキングコースもあるが、全長約7km、標高差が300mあり、健脚向き。しっかりしたハイキング装備と地図も必要。手軽なハイキング気分を楽しみたいなら、アルプ湖一周のコースのほうがおすすめ(→下記コラム)。

クリスタル・テルメ
Kristall-Therme ★

　城を見ながら塩水浴が楽しめるテルメ。マッサージジェット付きや、さまざまな塩分濃度のプールが屋内と屋外合わせて7つある。屋外には12%もの塩分濃度のプールがあり、死海のようにぷかぷかと浮く体験ができる。水温は32〜36℃なので、サウナ（別料金）で温まりながら入浴しよう。

城が見える屋外プールもあるクリスタル・テルメ

Topics　アルプ湖一周ハイキング

　ホーエンシュヴァンガウで2時間ほどの余裕と好天に恵まれたなら、バイエルン王博物館の先に広がる澄んだアルプ湖を散策してみたい。
　アルプゼー・ルントヴェークAlpsee Rundwegという標識に従って、どちら回りでスタートしてもよいが、時計とは反対回り（ホーエンシュヴァンガウ城方面への坂を途中まで上っていく）のほうが、前半に高低差がある箇所がくるので、比較的疲れが少なくて済む。後半は、ふたつの城を眺め

ながらの湖沿いの平坦な道が続き、途中には水浴場もある。なお、冬期は凍結や積雪などで道が悪くなるのでハイキングはできない。

左／ルートヴィヒ2世の母マリーの記念碑　中／場所によって湖の色が変わる　右／対岸からはふたつの城が一望できる

Hotel　Hohenschwangau & Schwangau

ロマンティック街道

ホーエンシュヴァンガウとシュヴァンガウのホテル

　城の麓のホーエンシュヴァンガウは、ホテルの数が少ない。小さめのホテルやペンションがほとんどで、城が見える部屋を希望するなら、早めの予約を心がけたい。シュヴァンガウにはさまざまな宿があるが、車(レンタカー)の旅でないと移動には不便。
　保養地のため、宿泊には保養税 Kurtaxe(ひとり1泊€1.90)が加算される。

高級ホテル

アメロン　　　　　　AMERON Neuschwanstein Alpsee Resort & Spa

城の眺めがいい高級ホテル

◎MAP：P.153

　スパ&ウェルネスセンター(屋内プール、フィットネスセンター、サウナなど)が自慢。城を眺めながらの朝食やディナーは旅の思い出に残る。ここに泊まったら、城だけでなく、アルプ湖散策やハイキングも楽しみたい。Wi-Fi無料。

値Alpseestr. 21
D-87645
☎(08362) 70300
URL www.ameroncollection.
com/de/neuschwanstein-
alpsee-resort-spa
料⑤€209～　　Ⓣ€253～
カード A D J M V

ヴィラ・ルートヴィヒ　　　　　　Villa Ludwig Suite Hotel

全室スイートでゆったり

◎MAP：P.153

　ホーエンシュヴァンガウのバス停から徒歩約5分。ほとんどの部屋からノイシュヴァンシュタイン城が望める。サウナやジャクージも完備。カフェはあるがレストランはない。1月中旬～下旬は休業あり。Wi-Fi無料。

値Colomannstr. 12　D-87645
☎(08362) 929920
URL www.suitenhotel-
neuschwanstein.de
料⑤€204～　　Ⓣ€224～
カード M V

中級ホテル

アルペンシュトゥーベン　　　　　　Alpenstuben

アルプスの山小屋のような宿

◎MAP：P.153

　ホーエンシュヴァンガウのバス停から歩いて2分の山小屋風の建物。1階はみやげ物店とレストラン。部屋の設備は簡素だが清潔。冬期休業あり。Wi-Fi無料。エレベーターなし。

値Alpseestr. 8
D-87645
☎(08362) 98240
URL www.alpenstuben.de
料⑤€145～　　Ⓣ€155～
カード J M V

アルブレヒト　　　　　　Romantic Pension Albrecht

家庭的で明るいペンション

◎MAP：P.153

　ホーエンシュヴァンガウのバス停から徒歩約5分。6室中、4室からはノイシュヴァンシュタイン城が見える。城のベストビューは5号室。トイレとシャワーが室外にある部屋もある。Wi-Fi無料。

値Pfleger-Rothutweg 2
D-87645
☎(08362) 3071939
URL www.albrecht-neuschwanstein.
de
料⑤Ⓣ€131～
　朝食は別料金
カード A J M V

シュロスブリック　　　　　　Hotel garni Schlossblick

城が見えるリーズナブルな宿

◎MAP：P.153

　ホーエンシュヴァンガウのバス停から徒歩約3分。朝食室からはノイシュヴァンシュタイン城が見える。テレビや電話はなく簡素な客室で、バスタブ付きはなくシャワーのみ。全館禁煙。冬期休業あり。インターネット接続不可。

値Schwangauer Str.7　D-87645
☎(08362) 81649
FAX(08362) 81259
URL www.schlossblick-
neuschwanstein.de
料⑤€98～　　Ⓣ€116～
カード A D M V

はみだし　みやげ物店ミュラーと同じ建物にあるホテル・ミュラー(URL www.mueller-hohenschwangau.de)は冬期休業。通年営業のみやげ物店のほぼ向かいから、ノイシュヴァンシュタイン城行きの馬車が出る。

ホーエンシュヴァンガウとシュヴァンガウのホテル

神秘なる ルートヴィヒ2世の人生

若き日のルートヴィヒ
2世の肖像

1886年に謎の死を遂げてから130年以上が過ぎても今なお、
ミュンヘンで「王」といえば、それはルートヴィヒ2世のこと。
彼の生まれたヴィッテルスバッハ家はドイツ屈指の名門。
政治的駆け引きだけでなく、芸術のパトロンとして代々知られていた。
その王家の伝統と血脈が最も極端な形で遺伝したのが、ルートヴィヒ。
即位直後は「もっとも美しい王」と、
人生の最後には「狂王」と呼ばれた彼の生涯とは、
どんなものだったのだろうか?

幼年時代から即位まで

ルートヴィヒ2世は1845年8月25日、ミュンヘン郊外にあるニンフェンブルク城で生まれた。ルートヴィヒは夢見がちな少年で、芸術に関しては非常に早熟だった。レジデンツ宮殿内にある通称キュヴィリエ劇場で、初めてワーグナーの楽劇『ローエングリン』を観劇したのは16歳のとき。感動のあまり、侍従が痙攣ではないかと心配するほどの反応を見せる。「白鳥の騎士」というドイツ中世以来の伝説をテーマにもつこの作品とワーグナーに、ルートヴィヒは生涯をかけて傾倒していった。

ワーグナーとの出会いと庇護について

父王が急逝し、19歳で国王となったルートヴィヒがまずしたことは、ワーグナーへの資金援助だった。財政的窮地に突然救いの手を差し伸べられたワーグナーは、「ヨーロッパで一番美しい王」と呼ばれた当時のルートヴィヒを、手紙で絶賛している。王は、バイエルンの政治的地位に敏感で、かつ王国のイメージ作りにも熱心だった。そのために登用されたのがワーグナーだったといってもよい。ワーグナーへの支援は国費からではなく、王の個人年収の1割程度が使われた。ともかく、こうするうちに王は当時上演不可能だといわれたワーグナーの難曲『トリスタンとイゾルデ』世界初演をはじめ、数々の文化事業を成功させた。こうするうちに王国の"ブランド・プロデューサー"ルートヴィヒの高い能力は証明され、ヨーロッパ中から賞賛が浴びせられた。

実生活のかげりと美しい城の建設

しかし、私生活では22歳で婚約とその破棄を経験。王家のつき合いや、政治の陰険な駆け引きに嫌気がさしたルートヴィヒは、卓越したプロデュース能力を自分の夢想の実現だけに使うようになる。後世にルートヴィヒの名前を残すことになる城造りも、24歳のとき、定礎式をしたノイシュヴァンシュタイン城を皮切りに始められて

ルートヴィヒ2世が情熱を傾けたノイシュヴァンシュタイン城

コラム　神秘なるルートヴィヒ2世の人生

ヴィッテルスバッハ家

ルートヴィヒ2世の遺体が発見された湖岸に立つ十字架

乗馬姿のルートヴィヒ2世。夜中に馬車で走り回ることもあった

いた。それ以降、ロココ文化への憧れが凝縮したリンダーホーフ宮殿、そしてルートヴィヒが理想とした、フランスのルイ14世への尊敬の念が造らせたヘレンキームゼー宮殿などが、次々と着工される。

ルートヴィヒとワーグナーとのコラボレーションも約15年間続いたが、『パルジファル』の上演を巡るいざこざで、最後は悲劇的な終わり方をした。それ以降、いっそう王は城造りにのめり込む。当時のいわゆる名匠を使わなかったのは、彼らの創意工夫が「作品」として反映されることを、嫌ったからだろう。王国のプロデュースに倦んでしまったルートヴィヒは、今度は他人の評価より、自分のためだけの城造りに打ち込んだのである。

「狂王」は本当に狂っていたのか？

「狂王」だと噂された晩年のルートヴィヒだが、実際には国王としての自覚を失うことはなかった。しかし、建城熱のために国庫が破綻寸前だったのは事実であり、数々の政治的努力も最後には報われず、周囲の人間に「狂人ではないか」という疑問の念だけを残すことになった。実弟のオットー親王が本物の狂気に蝕まれていたことも、

王には不利に働いた。こうしてノイシュヴァンシュタイン城に滞在中の王は、何年も前に一度会っただけの精神科医グッデンに「パラノイア」の診断を下され、身柄を拘束されてしまう。1886年6月、彼が40歳のときのことだった。

ルートヴィヒの謎の死

シュタルンベルク湖畔にあるベルク城で、ルートヴィヒは人生最後の数日間を過ごした。皮肉なことにこの城は、ルートヴィヒやその従姉妹でハプスブルク家に嫁いだエリーザベトたちが幼い頃から、よく滞在した思い出深い場所だった。6月12日、侍医とふたりきりで夕方の散歩に出かけた王が城に再び戻ることはなかった。水泳が得意だった国王の遺骸が、しかも湖の浅瀬に浮かんだのはその翌日。衝撃的すぎる王の死に、世論は沸騰した。

ドイツ留学中の森鷗外もリアルタイムでこの事件を知り、湖を訪ねている。しかし、なぜか検死もほとんど行われぬまま、ルートヴィヒの遺体はミュンヘン市内の聖ミヒャエル教会に埋葬された。生前の王が漏らした「私は自分にとっても、他人にとっても謎でありたい」という言葉さながらの死だった。享年40歳。その神秘性をたたえられ、「19世紀唯一の王」とうたわれたルートヴィヒの棺に、献花が絶えることはない。

東雲　あんな

ルートヴィヒ2世の夢の城

ロマンティック街道のフィナーレを飾るノイシュヴァンシュタイン城、ホーエンシュヴァンガウ城に加えて、訪ねてみたい城がリンダーホーフ城とヘレンキームゼー城だ。どちらも、ノイシュヴァンシュタイン城と比べれば小さい城だが、そのぶんルートヴィヒ2世のこだわりが凝縮されている。さらにルートヴィヒ2世の人生にゆかりの場所もたどってみよう。

王の城チケット
有効期限6ヵ月間のうちに、ノイシュヴァンシュタイン城、リンダーホーフ城、ヘレンキームゼー城に各1回入場できる。チケットは各城のチケット売り場で販売、大人€31。P.92～93参照。

リンダーホーフ城

www.linderhof.de
圖4/1～10/15　9:00～18:00
　10/16～3/31
　　　　　　10:00～16:30
チケット売り場
圖4/1～10/15　8:30～17:30
　10/16～3/31　9:30～16:00
困12/24・25・31、1/1、カーニバルの火曜
阛城と庭園 €10（10/16～3/31は城館のみの見学となるので€9）
※上記サイト内から日時指定チケットを購入できる。現地窓口での混雑が避けられるので予約がおすすめ。

行き方 鉄道の最寄り駅はオーバーアマガウOberammergauで、駅前のバス停から出ているリンダーホーフ城Schloss Linderhof, Ettal行きの9622番のバスで終点下車。所要約30分。

ミュンヘン
0　　　15　　　30km
ベルク
ローゼン島
シュタルンベルク湖
Starnberger See
キーム湖
Chiemsee
ヘレンキームゼー城
プリーン
リンダーホーフ城
○オーバーアマガウ
○フュッセン
ガルミッシュ・
パルテンキルヒェン
ノイシュヴァンシュタイン城
ホーエンシュヴァンガウ城
ルートヴィヒ2世の城

リンダーホーフ城
Schloss Linderhof

バスを降り、チケット売り場から5分ほど歩くと見えてくる小さな城。1階は召し使い部屋で、2階の10室が王の部屋として公開されている。この城は、ルートヴィヒひとりのためだけのものであり、客を招待することはなかった。玄関ホールの中央には、ルートヴィヒ2世があがめていた、フランスの太陽王ルイ14世の騎馬像が置かれている。

内部はフランス風のロココや後期バロック様式を取り入れている。王の寝室には、ロイヤルブルーの巨大な天蓋付きベッドが置かれ、108本のろうそくを取り付けたボヘミアングラス製のシャンデリアが輝いている。人間嫌いの王は、食事中召し使いにさえ見られることを嫌ったため、1階で作った料理をテーブルごと用意し、2階の食堂へ舞台のせりのように持ち上げる「**魔法の食卓**」を造らせた。

庭の噴水や**ヴィーナスの洞窟**、ムーア風の**キオスク**など、城以外にも凝った造りの見どころがある。特にヴィーナスの洞窟は幻想的。ワーグナーのオペラ『タンホイザー』の一場面を再現したもので、人工鍾乳洞の中の湖に、貝の形の船を浮かべてある。

ロココ様式の華麗な城。夏期は噴水も動く

はみだし ルートヴィヒ2世とその世界に興味があるなら、映画『ルートヴィヒ』（公開時邦題『ルートヴィヒ／神々の黄昏』、原題『Ludwig』）は必見。監督ルキノ・ヴィスコンティ、主演ヘルムート・バーガー、ロミー・シュナイダー。1972年。

人工的に波を起こしたり、自動的に照明を変化させたりと、当時の最新技術が駆使されている。

ルートヴィヒ2世の人間嫌いがエスカレートしていき、外界と遮断された夢の世界でまどろんでいた様子がうかがえる。
（※ヴィーナスの洞窟は2024年末頃まで改修工事のため閉鎖中）

ヘレンキームゼー城
Schloss Herrenchiemsee

ルートヴィヒ2世が建てた最後の城で、王の死により未完成のままで終わっている。外観はヴェルサイユ宮殿にそっくりで、内部も豪華絢爛。ブルボン家の紋章が織り込まれたカーテンを使ったりと、いかにルイ14世に心酔していたかがわかる。圧巻は長さ98mに及ぶ**鏡の間**で、思わず息をのむ美しさ。この城にも「魔法の食卓」の仕掛けがあり、ここでは1階の仕組みが見学できる。

ヴェルサイユ宮殿によく似た外観。噴水は5月上旬～9月頃の毎正時から約15分間動く

城の正面に向かって右側部分には、**ルートヴィヒ2世博物館**が併設されており、ミュンヘンのレジデンツ内にあったルートヴィヒ2世の執務室などが再現されている。また、左側部分にはカフェもあるので、王の気分でコーヒーなど飲んでみては。

ニンフェンブルク城
Schloss Nymphenburg

ルートヴィヒ2世は夏の離宮であるこの城で誕生した。
付属の**馬車博物館Marstallmuseum**では、ルートヴィヒ2世の黄金の馬車や、そり付きの馬車が見られる。

ルートヴィヒ2世が生まれた部屋

ルートヴィヒ2世愛用のそり

ヘレンキームゼー城
🔗www.herrenchiemsee.de
🕐4/1～10/24
　　　　　9:00～18:00
　（最終のガイドツアーは
　　17:00頃出発）
　10/25～3/31
　　　　　10:00～16:15
　（最終のガイドツアーは
　　16:00頃出発）
🚫12/24・25・31、1/1、カーニバルの火曜
💴€10
※上記サイト内から日時指定チケットを購入できる。現地窓口での混雑が避けられるので予約がおすすめ。城を見学するにはGesamtkarte "Insel"（英Combination ticket "Island"）を選択する。ドイツ語、または英語のガイドツアーによる見学。

行き方最寄りの鉄道駅はプリーンPrienで、ミュンヘンからEC、RJ特急またはRE快速で所要約55分。駅から船着場までは約1.5km離れており、バスで約10分。5月中旬～9月中旬のみ、SLが運行しており、往復€4.50。城があるヘレンインゼルの島へは、船着場から出る遊覧船で所要約20分。往復€11.60。SLと船の往復コンビチケット€13.40。島の船着場のすぐ向かいにヘレンキームゼー城チケット売り場がある。日時指定チケットをオンラインで購入していない人は必ずここでチケットを購入してから城へ向かうこと。城へは、徒歩約20分または観光馬車（観光シーズンのみ）で。

SLと遊覧船
🔗www.chiemsee-schifffahrt.de
ニンフェンブルク城
データ→P.204～205

ニンフェンブルク城
データ→P.204～205

Topics バイエルンの城のミュージアムショップ

ノイシュヴァンシュタイン城や、ここで紹介したルートヴィヒ2世ゆかりの城、さらにヴュルツブルクのレジデンツやニュルンベルクのカイザーブルクなど、バイエルン州の約30の城には、共通の公式ショップがあり、高級感のあるスカーフやバッグ、クッション、マグカップ、絵皿などを販売している。公式サイト🔗kulturgut.de内にはオンラインショップがあり、どんな品を扱っているのかあらかじめチェックできる。

の作品。本書でも紹介した城やゆかりの地を舞台に、孤独な王の生涯を描いた名作。2012年には『LUDWIG II』（監督ペーター・ゼアー）がドイツで公開され、話題を呼んだ。

レジデンツ
データ→P.188〜189

宮殿の中に自分だけの世界をつくり出していた

シュタルンベルク湖
◎Map P.170-B1
行き方 シュタルンベルク湖へはミュンヘン中央駅からトゥッツィングTutzing行きのSバーン6で約35分、またはRB（普通列車）で約17分のStarnberg下車。駅を出るとすぐに湖の遊覧船乗り場があり、ベルクBergまで所要12分。
ローゼン島へはシュタルンベルクから直行の場合（ベルク経由の周遊便もある）所要約35分のポッセンホーフェンPossenhofenで降り、徒歩約25分またはタクシーでグロッケンベルクGlockensteg桟橋へ。ここから出る渡し船で渡る。

シュタルンベルク湖の遊覧船
Schifffahrt Starnberger See
🔲www.seenschifffahrt.de
運航期間は4月上旬〜10月中旬。

リゾート気分を満喫できる遊覧船

記念教会
ベルクの船着場から徒歩15〜20分。途中からは森の中でハイキング気分で歩ける。

ローゼン島への渡し船
🔲www.roseninsel.bayern
5/1〜10/15の運航。天気が悪い日は運休。結婚式による運休日は上記サイトに案内あり。
ローゼン島のカジノ
🕑5/1〜10/15の火〜日12:15〜16:15の1時間ごと（土・日・祝は30分ごと）のガイドツアーで見学。 🔳€4

レジデンツ
Residenz

ヴィッテルスバッハ家の本宮殿。ルートヴィヒ2世は、ヴィンターガルテンという温室を造って池にゴンドラを浮かべ、南国の木々を植え、照明で朝や夕焼けを演出するなどエキゾチックに改装した。この様子は白黒写真で見ることができる。

ミュンヘンの中心にあるヴィッテルスバッハ家の本宮殿レジデンツ

シュタルンベルク湖
Starnberger See

謎に包まれた死を遂げたシュタルンベルク湖畔の**ベルクBerg**の村には、死の直前まで幽閉されていた**ベルク城Schloss Berg**がある。この城は個人所有のため見学はできないが、遺体の発見現場近くに十字架と**記念教会Votivkapelle**が建てられている。棺はミュンヘンのミヒャエル教会（→P.184）に安置されている。

湖を見下ろす森の中に建つ記念教会

ベルクの対岸側に浮かぶ**ローゼン島Roseninsel**には、その名のとおりバラ庭園と、王家ゆかりの**カジノCasino**と呼ばれる館がある。ルートヴィヒ2世は敬愛する従姉妹でオーストリア皇妃エリーザベトを、この島に何度か招いた。カジノの内部はガイドツアーで見学できる。

ローゼン島のカジノはエリーザベトとの密会の場所

ミュンヘンとバイエルン・アルプス

München & Bayerische Alpen

レジデンツ内のアンティクヴァリウム（ミュンヘン）

ミュンヘンとバイエルン・アルプス

ドイツ南部の中心都市ミュンヘンは BMW やシーメンスなど有名企業の本拠地がある工業都市だが、どこかおっとりとした雰囲気がある。大自然の雄大さを味わえる山岳リゾート、ガルミッシュ・パルテンキルヒェン、ミッテンヴァルトへも足を延ばそう。

周遊のヒント

🚃 鉄道で

ミュンヘンはドイツ南部の中心都市で日本から直行便も毎日運航している。ガルミッシュ・パルテンキルヒェンは日帰りでも行ける山岳リゾート。隣国オーストリアの間には特急列車も多く運行している。

🚌 バスで

ガルミッシュ・パルテンキルヒェンとロマンティック街道のフュッセンの間には路線バスが運行しており、鉄道よりも便利。ただし本数は少ない。

ドイツ南部の路線網の中心、ミュンヘン中央駅

ステイガイド

ミュンヘンのホテルは、9月下旬から10月上旬のオクトーバーフェスト期間には通常料金の倍近くになり、早い時期から満室になるので要注意。

ガルミッシュ・パルテンキルヒェンをはじめとするアルプス地方は冬がハイシーズンで、宿泊料金が上がる。特にクリスマス休暇から新年は混雑する。

壁絵が美しいミッテンヴァルトのホテル

名産品と料理

ミュンヘンの名物料理は**白ソーセージ Weißwurst**と**レバーケーゼ Leberkäse**（ケーゼフライシュ Käsefleisch ともいう）。どちらも日本ではなかなか味わえない。ホーフブロイハウスをはじめとするビアホールなどで食べられる。ビールは**ヴァイスビーア Weissbier**という小麦麦芽を主原料としたビールが人気。

グリルして食べるレバーケーゼ

ヴァイスビーアは、専用の形のビアグラスに注がれる

白ソーセージはお湯の中に入って出てくる

ビアガーデンでは1ℓ入りのジョッキでぐっと飲もう

肉屋の店先には、テイクアウトできる総菜がいろいろ。好きなものを指さして、パンに挟んでもらおう

おもな祭りとイベント

★オクトーバーフェスト
▶ミュンヘン

世界最大のビール祭りとして、あまりにも有名。ビール会社の巨大なテントが立ち並び、広大な移動遊園地もオープンする。テント内のテーブル席は団体の予約で埋まるため、個人での入場は難しいが、平日の午前中なら、入れる可能性がある。毎年、10月第1日曜を最終日として16日間開催される。

URL www.oktoberfest.de

オクトーバーフェスト初日の土曜と日曜のパレードにはバイエルン各地の団体が参加

★アウアードゥルト
▶ミュンヘン

春、夏、秋の年3回、マリアヒルフ広場 Mariahilfplatz で開催される大規模なのみの市。

URL www.auerdult.de

★クリスマスマーケット
▶ミュンヘン

11月下旬から12月24日まで、マリエン広場を中心に、周辺の歩行者天国の通りにも屋台が並ぶ。

グリューワインを飲むのがクリスマスの楽しみ

色とりどりのオーナメントを売る屋台

ベルリン

フランクフルト

ミュンヘン

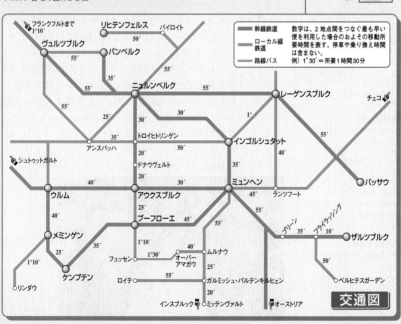

	凡例
━━	幹線鉄道
━━	ローカル線鉄道
━━	路線バス

数字は、2地点間をつなぐ最も早い便を利用した場合のおよその移動所要時間を表す。停車や乗り換え時間は含まない。
例）1°30′＝所要1時間30分

- フランクフルトまで 1°10′
- リヒテンフェルス
- バイロイト
- ヴュルツブルク
- バンベルク
- ニュルンベルク
- レーゲンスブルク
- チェコ
- トロイヒトリンゲン
- アンスバッハ
- インゴルシュタット
- シュトゥットガルト
- ドナウヴェルト
- ミュンヘン
- パッサウ
- ウルム
- アウクスブルク
- ランツフート
- ブーフローエ
- メミンゲン
- フュッセン
- オーバーアマガウ
- ムルナウ
- ザルツブルク
- ケンプテン
- ロイテ
- ガルミッシュ・パルテンキルヒェン
- ベルヒテスガーデン
- リンダウ
- インスブルック
- ミッテンヴァルト
- オーストリア

交通図

南ドイツ最大の都市はビールの都

ミュンヘン

München

DATA

MAP	P.13-D2
人口	148万8200人
市外局番	089

ACCESS

ICE特急でフランクフルト中央駅から約3時間20分、オーストリアのザルツブルクからRJX特急で約1時間30分、スイスのチューリヒからEC特急で約3時間30分。

ⓘミュンヘンの観光案内所
☎ (089) 23396500
🖳www.muenchen.travel

●新市庁舎内のⓘ
🏠Marienplatz 8
　（新市庁舎1階）
🗺Map P.173-B3
🕐月～金　　10:00～18:00
　　土　　　 9:00～17:00
　　日・祝　10:00～14:00
🚫1/1・6、カーニバルの火曜、
　5/1、12/25・26

●中央駅前のⓘ
🏠Luisenstr. 1
🗺Map P.172-A1
🕐月～土　　 9:00～20:00
　　日　　　10:00～18:00
　（季節により変更、休業の
　　場合あり）

日本総領事館
Japanisches Generalkonsulat
🏠Friedenstr. 6
　（4. Stock ドイツ式4階）
　D-81671 München
🗺Map P.171-B4
☎ (089) 4176040
📠 (089) 4705710
🖳www.muenchen.de.emb-
　japan.go.jp
🕐月～金　　 9:00～12:30
　　　　　　14:00～16:00
※窓口は予約制
🚫土・日・祝、年末年始

町の中心、マリエン広場に建つ新市庁舎

「ミュンヘンは輝いていた。晴れがましい広場や白い柱の神殿や古典趣味の記念碑やバロック教会、ほとばしる噴水と宮殿と王宮の庭園の上には、青い絹の空が煌めきながら広がっていた」

トーマス・マンが短篇『神の剣』で描写したミュンヘンの初夏の風景は、約120年を経た現在もまったく変わっていない。

ミュンヘンは人口150万の「村」といわれる。それは都会にありがちな冷たさがないからだ。ボヘミアンや若者、旅人を迎え入れて世話を焼くあたたかさがある。そしてミュンヘンの青空は都会の空の色をしていない。バイエルン・アルプスの空気がそのまま流れてきているかのような、さわやかな色をしている。

そんな空の下、ミュンヘンは1年中お祭り騒ぎをしている。サッカーに熱を上げ、ビアホールでジョッキを上げるミュンヘンっ子たち。そう、ミュンヘンといえばビール、ビールといえばミュンヘンだ。ドイツ最古のビール醸造所はミュンヘン近郊にある。世界最大級のビアホールもある。そして世界最大のビール祭りオクトーバーフェストの盛り上がりといったら……。ミュンヘン滞在中、何種類のビールを味わえるか楽しみだ。アルコールが苦手な人には、ノンアルコールビールもあるので大丈夫。とにかくビールの都に来たら「ビールください！　Bier, bitte!」

オクトーバーフェストで盛り上がる！

ミュンヘン交通路線図（Sバーンおよびリバーン）

2023年4月現在

ミュンヘンとバイエルン・アルプス

ミュンヘン

現地の駅表示
S＝Sバーン（近郊電車）
U＝Uバーン（地下鉄）

Flughafen München **S8**
ミュンヘン空港
Flughafen
Besucherpark
Hallbergmoos
Ismaning
Unterföhring
Johanneskirchen
Englschalking
Daglfing

S1 Freising フライジング
Pulling
Neufahrn
Eching
Lohhof
Unterschleißheim
Oberschleißheim

S2 Petershausen ペーターズハウゼン
Vierkirchen-Esterhofen
Röhrmoos
Hebertshausen
Dachau Stadt
Dachau Bahnhof ダッハウ
Karlsfeld
Allach
Untermenzing
Obermenzing
Pasing パージング
Westkreuz

S2 Altomünster へ

S3 Mammendorf マメンドルフ
Malching
Maisach
Gernlinden
Esting
Olching
Gröbenzell
Puchheim
Aubing
Leienfelsstr.
Lochhausen
Langwied

S3 Holzkirchen ホルツキルヒェン
Deisenhofen
Sauerlach
Otterfing
Furth

S4 Geltendorf ゲルテンドルフ
Türkenfeld
Grafrath
Schöngeising
Fürstenfeldbruck
Buchenau
Eichenau

Petershausen ペーターズハウゼン

U2 Messestadt Ost メッセシュタット・オスト
Messestadt West
Neuperlach Süd

S2 Erding エアディング
Altenerding
Aufhausen
St. Koloman
Ottenhofen
Markt Schwaben
Poing
Grub
Heimstetten
Feldkirchen
Riem
Moosfeld

Trudering
Gronsdorf
Haar
Vaterstetten
Baldham
Zorneding

S6 **S4** Ebersberg エーバースベルク
Eglharting
Kirchseeon
Grafing Bahnhof
Grafing Stadt

Kreillerstraße
Gronsdorf

Innsbrucker Ring
Michaelibad
Quiddestraße
Neuperlach Zentrum
Therese-Giehse-Allee
Neubiberg
Ottobrunn
Hohenbrunn
Wächterhof
Höhenkirchen Siegertsbrunn
Dürrnhaar
Aying
Peiß

S7 Großhelfendorf
Kreuzstraße クロイツシュトラーセ

Leuchtenbergring
Berg am Laim
Josephs-
burg
Ostbahnhof オスト駅(東駅)
St. Martinstraße

S1

Nari-Pres-Platz
Perlach

U5 **U7**
U8

Arabellapark アラベラパルク
Richard-Strauss-Str.
Böhmerwaldplatz
Prinzregentenplatz

U4

Garching-Forschungszentrum
Garching
Garching-Hochbrück
Fröttmaning(アリアンツ・アレーナ)
Kieferngarten
Freimann
Studentenstadt
Alte Heide
Nordfriedhof
Dietlindenstraße
Münchner Freiheit
Giselastraße
Universität

U6

Max-Weber-Platz
Rosenheimer
Platz
Lehel
Isartor

U1

Feldmoching
Hasenbergl
Dülferstraße
Harthof
Am Hart
Frankfurter Ring
Milbertshofen
Scheidplatz
Bonner Platz
Hohenzollernplatz
Josephsplatz
Theresienstraße
Königsplatz
Odeonsplatz

Moosach
Fasanerie

U3

Hirschgarten
Laim

S20

Westendstraße
Heimeranpl.

U4 **U5**

Olympia-Einkaufszentrum
Georg-Brauchle-Ring
Westfriedhof
Gern
Rotkreuzplatz
Maillingerstraße
Stiglmaierplatz

U1 **U7**
Petuelring

U8

中央駅

Hackerbrücke
Donnersbergerbrücke

Theresien-
wiese
Schwanthaler-
höhe
Poccistraße
Implerstraße
Brudermühlstraße

Goetheplatz
Sendlinger Tor
Fraunhofer-
straße
Kolumbusplatz
St.-Quirin-Platz
Mangfallplatz

U1

Wettersteinplatz
Candidplatz

Untersbergstraße
Giesing
Fasangarten
Fasanenpark

S3

Unterhaching
Taufkirchen

Harras
Partnach-
platz
Westpark
Holzapfel-
kreuth
Machtlfinger
Straße
Aidenbachstraße
Forstenrieder
Allee
Basler
Straße
Fürstenried
West

U3 **U6**

Mittersendling
Siemenswerke
Obersendling
Thalkirchen
(Tierpark)

Klinikum
Großhadern

Westkreuz
Laimer Platz
Friedenheimer
straße

Haderner Stern
Haidenau

Großhesselohe Isartalbf.
Pullach
Höllriegelskreuth
Ebenhausen-Schäftlarn
Icking

S7 Wolfratshausen ヴォルフラーツハウゼン

Solln
Baierbrunn
Buchenhain

Menterschwaige

S20

Siemensallee
Aubing

Harthaus
Freiham
Neuaubing
Lochham
Gräfelfing
Planegg
Stockdorf
Gauting
Geisenbrunn

S8 Tutzing トゥッツィング
Feldafing
Possenhofen
Starnberg
Starnberg Nord
Steinebach
Weßling
Neugilching
Gilching Argelsried

S4 Herrsching ヘアシング

S6 Gruppe
Germering-
pfaffenhofen
Germering-Unterpfaffenhofen
Seefeld Hechendorf

169

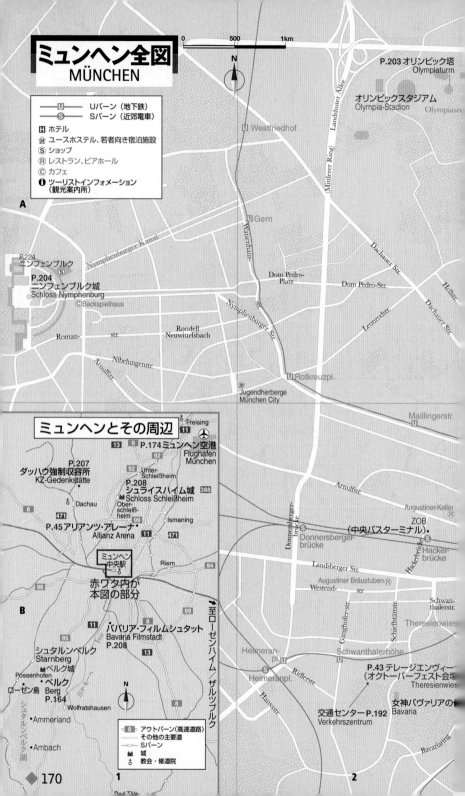

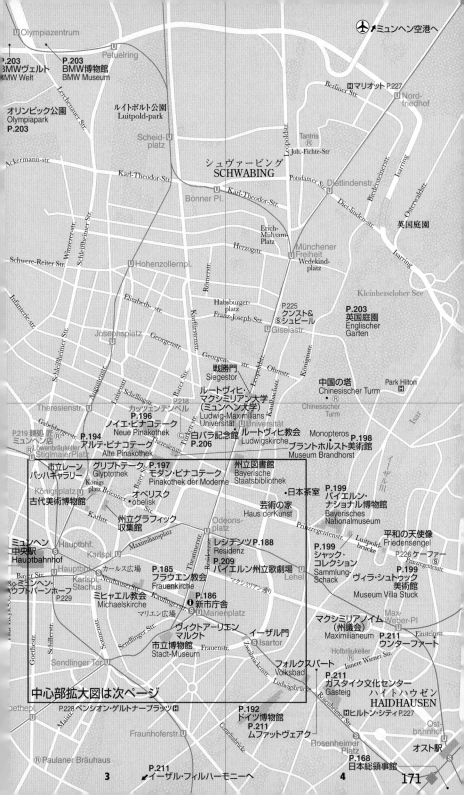

ミュンヘン空港へ

ⓤ Olympiazentrum

P.203
BMWヴェルト
MW Welt

P.203
BMW博物館
BMW Museum

ⓤ マリオット P.227
Nord-friedhof

Petueling

Berliner Str.

オリンピック公園
Olympiapark
P.203

ルイトポルト公園
Luitpold-park

Scheid-platz ⓤ

シュヴァービング
SCHWABING

Bonner Pl.

Joh.-Fichte-Str

Tantris

Dietlindenstr.

英国庭園

Erich-Mühsam-Platz

Münchener
Freiheit ⓤ
Wedekind-platz

Kleinhesseloher See

Elisabeth-str.

Habsburger-platz
Franz-Joseph-Str.

P.225
クンスト＆
ⓢ シュピール

P.203
英国庭園
Englischer
Garten

Josephsplatz ⓤ

ⓤ Giselastr.

中国の塔
Chinesischer Turm

Park Hilton

戦勝門
Siegestor

Chinesischer Turm

ルートヴィヒ・
マクシミリアン大学
（ミュンヘン大学）
Ludwig-Maximilians
Universität

ⓤ Universität

P.196
ノイエ・ピナコテーク
Neue Pinakothek

P.218
カッツェンテンペル

Monopteros

P.198
ブラント・ホルスト美術館
Museum Brandhorst

P.219 麺処
ミュンヘン

P.194
アルテ・ピナコテーク
Alte Pinakothek

白バラ記念館
P.206

ルートヴィヒ教会
Ludwigskirche

Löwenbräukeller
Stiglmaierplatz ⓤ

市立レーン
バッハギャラリー

P.197
グリプトテーク
Glyptothek

P.197
モダン・ピナコテーク
Pinakothek der Moderne

州立図書館
Bayerische
Staatsbibliothek

P.199
バイエルン・
ナショナル博物館
Bayerisches
Nationalmuseum

Königsplatz ⓤ

古代美術博物館

König
platz

オベリスク
obelisk

州立グラフィック
収集館

●日本茶室

芸術の家
Haus der Kunst

平和の天使像
Friedensengel

Karlstr.

Odeons-platz ⓤ

ミュンヘン
中央駅
Hauptbahnhof

Hauptbhf. ⓤ

Karlspl. ⓤ

レジデンツ P.188
Residenz

P.199
シャック・
コレクション
Sammlung
Schack

P.226 ケーファー

ミュンヘン・
ハウプトバーンホーフ

Karlspl.
Stachus

P.185
フラウエン教会
Frauenkirche

バイエルン州立歌劇場

P.199
ヴィラ・シュトゥック
美術館
Museum Villa Stuck

Bayer Str.
ⓢミュンヘン・
ハウプトバーンホーフ
P.229

カールス広場

P.186
ⓘ新市庁舎
ⓢ Marienplatz

Lehel

ミヒャエル教会
Michaelskirche

マリエン広場

マクシミリアノイム
（州議会）
Maximilianeum

Max-Weber-Pl ⓤ

ヴィクトアーリエン
マルクト

イーザル門
ⓢ Isartor

ウンターファート

Sendlinger Tor ⓤ

市立博物館
Stadt-Museum

フォルクスバート
Volksbad

Hofbräukeller

中心部拡大図は次ページ

ハイト・ハウゼン
HAIDHAUSEN

P.192
ドイツ博物館

P.211
ガスタイク文化センター
Gasteig

ペンション・ゲルトナープラッツ ⓗ

P.211
ムファットヴェアク

ⓗヒルトン・シティ P.227

Rosenheimer
Platz ⓢ

オスト駅

ⓡ Paulaner Bräuhaus

3

P.211
イーザル・フィルハーモニーへ

4

P.168
日本総領事館

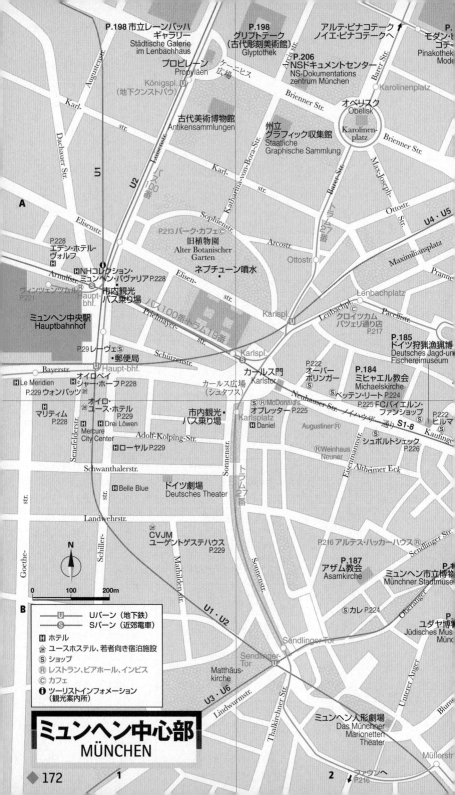

P.198 市立レーンバッハ
ギャラリー
Städtische Galerie
im Lenbachhaus

P.198
グリプテーク
(古代彫刻美術館)
Glyptothek

アルテ・ピナコテーク↗
ノイエ・ピナコテークへ

P.
モダン・ヒ
コテー
Pinakothek
Mode

プロピレーン
Propyläen

ケーニヒス
広場

P.206
NSドキュメントセンター
NS-Dokumentations
zentrum München

Königspl.
(地下クンストバウ)

Karolinenplatz

古代美術博物館
Antikensammlungen

州立
グラフィック収集館
Staatliche
Graphische Sammlung

オベリスク
Obelisk

Karolinen-
platz

Brienner Str.

Brienner Str.

Karl-

A

Elisenstr.

P.213パーク・カフェ
旧植物園
Alter Botanischer
Garten

Maximiliansplatz

Pranne

P.228
エデン・ホテル・
ヴォルフ

NHコレクション・
ミュンヘン・バヴァリア P.228

ネプチューン噴水

Ottostr.

ヴィンツェンツムール
P.221

市内観光
バス乗り場
Haupt-
bhf.

Karlspl.

Lenbachplatz

Pacellistr.

クロイツカム
パツェリ通り店 P.217

ミュンヘン中央駅
Hauptbahnhof

Pfelmayer-

P.185
ドイツ狩猟漁猟博
Deutsches Jagd-und
Fischereimuseum

P.29レーヴェS
郵便局

Schützenstr.

Karlspl.

Haupt-bhf.

カールス門
Karlstor

P.222
オーバー
ポリンガー

P.184
ミヒャエル教会
Michaelskirche

Bayerstr.

Le Meridien
P.229 ウォンバッツ

オイロ・ヒョーフ P.228

カールス広場
(シュタフス)

ベッテン・リート P.224

P.225 FCバイエルン・
ファンショップ S1-8

P.222
ヒルマ

オイロ・
ユース・ホテル
P.229

マリティム
P.228

Mercure
City Center

McDonald's
オプレッター P.225

Karlsplatz

Daniel

Augustiner

シュポルトシェック
P.226

ローヤル P.229

Drei Löwen

Adolf-Kolping-Str.

Weinhaus
Neuner

Altheimer Eck

Schwanthalerstr.

Belle Blue

ドイツ劇場
Deutsches Theater

Landwehrstr.

P.216 アルテス・ハッカーハウス

CVJM
ユーゲントゲステハウス
P.229

P.187
アザム教会
Asamkirche

ミュンヘン市立博物
Münchner Stadtmuse

P.
ユダヤ博
Jüdisches Mus
Münc

カレ P.224

N

0   100   200m

B

U ── Uバーン（地下鉄）
S ── Sバーン（近郊電車）

H ホテル
ユースホステル、若者向き宿泊施設
S ショップ
R レストラン、ビアホール、インビス
C カフェ
i ツーリストインフォメーション
（観光案内所）

Sendlinger Tor

Sendlinger-
Tor

Matthäus-
kirche

U3・U6

Lindwurmstr.

ミュンヘン人形劇場
Das Münchner
Marionetten
Theater

Müllerstr

ミュンヘン中心部
MÜNCHEN

1

2   ファウンへ
P.216

至シュヴァービング

Schönfeld str.

Von-der-Tann-Str.

バス100番

バス100番

Oskar-von-Miller-Ring

Königstr.

英国庭園
Englischer Garten

•日本茶室

芸術の家
Haus der Kunst

Galerie str.

Wittels-bacherpl.

オデオン広場
Odeons-
platz

Brienner Str.

Prinzregentenstr.

P.202
アイスバッハ
Eisbach

P.217 ルイトポルト Ⓒ

Franz-Josef-Strauß-R.

ホーフガルテン
Hofgarten

27 Ⓒ
ーイエリッシャー・
ーフ

P.216 オスカー・
マリア

Salvatorstr.

Hofgartenstr.

州立エジプト美術収集館
Staatliche Sammlung
Ägyptischer Kunst

P.202
テアティーナー教会
Theatinerkirche

将軍堂
Feldherrn-
halle

U4・U5

P.223 マックス・マーラ
P.219 カイム・グ Ⓡ
P.219 ヴァピアーノ Ⓡ
メレー P.218

アラン P.219 Ⓡ

P.188
レジデンツ（博物館、宝物館）
Residenz

ブッフェルツァー・レジデンツ・
ヴァインシュトゥーベ P.215

Karl-Scharnagl-R.

St.-Anna-

P.222
フュンフ・ヘーフェ
（アーケード）
Fünf Höfe

ボス P.223

クンストハレ
Kunsthalle

Max-
Joseph-Pl.

P.215
シューベルテンハウス Ⓡ

P.209
バイエルン州立歌劇場
Bayerische
Staatsoper
(Nationaltheater)

バイエルン州立歌劇場
前売り窓口

クロイツカム Ⓒ
マッフィアイ通り店
Theatinerstr.

ツァ・ワラツツスターナー

ティファニー P.223

Nationaltheater

Alfons-

Goppel-Str.

ケンピンスキー・ホテル・
フィーア・ヤーレスツァイテン P.227

185 Schaflerstr.
ラウエン教会
uenkirche

アイグナー
P.223

P.214 Ⓢ

プラダ P.223

ルイ・ヴィトン
P.223

マクシミリアン通り
Maximilianstr.

P.217

ブレンナー

トッズ P.223 Ⓢ
フェラガモ P.223 Ⓢ

224 ヘンケルス
アンデクサー・アムドーム P.216

P.225 Ⓡ
Ⓡ FCバイエルン・
ワールド
ルンベルガー・プラート
ルストダ゙レックル P.216
゙ゴ P.225

ズィ マヌファクトゥム
P.226 ダルマイヤー

シャネル P.223

エルメス
P.223

グッチ P.223 Ⓢ
ディオール P.223 Ⓢ

Hofgraben

Münzhof

カルティエ
P.223

アルマーニ
P.223 Ⓢ

トラム19番

アルター・ホーフ
Alter Hof

ヴィンツェルムッルム P.35 Ⓡ

バウアー＆ヒーバー
P.224

プラッツル
Platzl

Kammerspiele

P.186
新市庁舎
Neues Rathaus

ⓘ

ホーフブロイハウス P.214 Ⓡ

Hildegardstr.

ルートヴィヒ・ベック

マリエン広場
Marienpl.

マンダリン・オリエンタル P.227

ガレリア
P.222

シャルト
旧市庁舎（おもちゃ博物館）
Altes Rathaus(Spielzeugmuseum)

FCバイエルン・ファンショップ
P.225 Ⓢ

Rindes

シュースター
P.226 Ⓢ

P.218 P.206

Thomas-Wimmer-Ring

Kanalstr.

ガレリア
レストラン P.221

P.186
ペーター教会
Peterskirche

シュナイダー・ブロイハウス P.215 Ⓡ

ベアシャフツヴァイデン P.215

イーザル門
Isartor

クスターマン P.223 Ⓢ
シェリーナ P.221 Ⓡ

ルトゼー P.219

P.187
ヴィクトアーリエンマルクト
Viktualienmarkt

聖霊教会
Heiliggeist-
kirche

ミュラー P.224 Ⓢ

P.206
（ファレンティン・
カールシュタット・ムゾイム）

Rosental

P.226 ベーシック Ⓢ

Thiersch str.

Ⓒ フリッシュフード
P.218

レオズ・オーガニックキッチン
P.221

Tal

Radlsteg

イーザル川

ュタットカフェ P.217

イータリー P.218 Ⓢ

Frauenstr.

Isartor Ⓢ

Thierschstr.

ティーム劇場

Zweibrückenstr.

S1-8

Klenzestr.

Baader-
str.

至ガスタイク文化センター

Cornelius str.

Ludwigsbrücke

Gärtner-
platz

ルトナープラッツ・
州立劇場

3

4

P.192
ドイツ博物館
Deutsches Museum

173

ミュンヘン空港（MUC）
◎Map P.170-B1
☎(089) 97500
（フライト案内）
URL www.munich-airport.de

※München（ミュンヘン）は
英語表記ではMunich（ミュ
ニック）となる。ウェブサイ
トや一部の時刻表検索な
どに、覚えておくと役立つ。

飛行機で着いたら

ミュンヘンの中心から北東へ約28.5km
の所にある**ミュンヘン空港Flughafen
München**（空港コード：**MUC**）。フラン
クフルト空港に次いで、国内第2の乗
降客数がある大空港だ。

案内標示には英語も併記され
ている

ターミナル1と**ターミナル2**があり、ター
ミナル2はルフトハンザとそのパートナー
エアライン専用となっている。

ルフトハンザ、ANAの直行便は
ターミナル2の発着

両ターミナルの間に、多数のレストランやショッ
プなどが集まるテント屋根の広場**ミュンヘン・
エアポートセンターMünchen Airport Center**
（**MAC**とエリア表示がある）と**中央エリア Zent-
ralbereich**（**Z**とエリア表示）がある。

日本から直行便で到着したら、英語も併記し
てある案内表示に従って、通常はパスポートを
提示するだけの簡単な**入国審査（パスポートコントロール）
Passkontrolle**、**手荷物受取所Gepäckausgabe**、**税関審査
Zollkontrolle**の順に手続きを済ませる（→P.285）。

ターミナル2からSバーン（→P.175）を利用してミュンヘン中
心部へ行く場合は、テント屋根の広場**MAC**を抜けた中央エリ
ア**Z**の地下ホームへ。

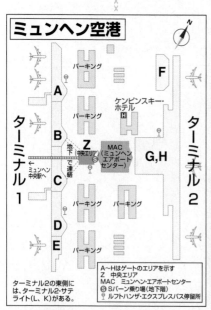

ミュンヘン空港

パーキング
パーキング
パーキング
パーキング
パーキング

A
B
C
D
E

F
ケンピンスキー・
ホテル
H
G,H

Z
（中央エリア）
地下
（中央エリア）
で連絡
MAC
（ミュンヘン
エアポート
センター）

ターミナル1
ミュンヘン
中央駅へ

ターミナル2

ターミナル2の東側に
は、ターミナル2・サテ
ライト（L、K）がある。

A～Hはゲートのエリアを示す
Z　中央エリア
MAC　ミュンヘン・エアポートセンター
Ⓢ Sバーン乗り場（地下階）
● ルフトハンザ・エクスプレスバス停留所

ふたつのターミナル間にある広場 MAC

Sバーンを利用する人は飛行機を降りたら中央エリアへ

はみだし ビールの都ミュンヘンの空港には、なんと自家醸造しているビアホールがある。エアブロイ（URL www.airbraeu.
de）はMAC（上図参照）のレベル3にあり、毎日8:00～翌1:00まで営業。待ち時間に訪れてみては。

空港と市内のアクセス

▶エアポートバスで

ルフトハンザ・エクスプレスバスが、空港からミュンヘン中央駅前まで走っている。

▶Sバーンで

ドイツの大都市圏では**S-Bahn**と呼ばれる電車が**地下鉄（U-Bahn**という）とともに重要な都市交通網を形成している。**ミュンヘン空港駅Flughafen München**と**ミュンヘン中央駅Hauptbahnhof**の間は、Sバーン1号線と8号線（以下Ⓢ1、Ⓢ8、と表記）が結んでいる。

所要時間はⓈ1、Ⓢ8いずれを利用してもさほど変わらず、中央駅まで40〜45分ほど。

なお、中央駅の地下ホームでは、Ⓢ1とⓈ8は互いに反対の方向へ発車していくが、これは両者がまったく異なる経路を取るためで、**空港行きFlughafen München**であればどちらを利用しても大丈夫。ただしⓈ1はフライジングFreising行きの車両と空港行きの車両が連結されていて、途中で切り離される列車もあるので要注意。

Sバーンは切符を先に自動券売機で買ってから乗車する。空港から中央駅までの料金は€13（M-5ゾーンを選択。ゾーンについてはP.177参照）。ユーレイルグローバルパスやジャーマンレイルパスも有効。乗車券には1日乗車券もある。ミュンヘンでの滞在予定に応じて、どのチケットが得か、考えてから選びたい。

フライジング Freising

ミュンヘン空港駅 Flughafen München

ノイファールン Neufahrn

注）オスト駅発のⓈ1は、ノイファールンでフライジング行きと空港駅行きに切り離される列車もあるので乗車時に車両を確認すること。

ルフトハンザ・エクスプレスバス

マリエン広場 Marienplatz　オスト駅 Ostbahnhof

至Geltendorf　中央駅 Hauptbahnhof

空港〜市内の連絡マップ　※Sバーンの途中駅は省略（詳細路線図は→P.169）

空港とミュンヘン中央駅を結ぶルフトハンザ・エクスプレスバス

空港地下駅から発着しているSバーン

ミュンヘン空港〜ミュンヘン市内の交通手段

（2023年5月現在）

		空港発着場所	市内発着場所	運行時間	所要時間	料金
Sバーン	S1	空港駅地下ホーム	Sバーン中央駅（地下ホーム）、マリエン広場駅ほか	空港駅発／月〜金 4:31始発　土・日 5:31始発　5:31〜翌0:11 20分間隔で運行	中央駅まで約46分、マリエン広場駅まで約50分	片道€13
				中央駅発／3:43、4:23、5:03〜23:23 20分間隔で運行	中央駅から空港駅まで約45分	エアポート・シティ・デイ・チケットAirport-City-Day-Ticketは購入時から翌日6:00まで空港を含むM-6ゾーン（→P.177）に何度でも乗車でき、€16。3〜5人の場合はグループ用Gruppeもあり€29.80。空港駅内の自動券売機で購入できる。
	S8	空港駅地下ホーム	Sバーン中央駅（地下ホーム）、マリエン広場駅、オスト駅ほか	空港駅発／4:04〜翌1:24まで20分間隔（深夜は40分）間隔で運行	中央駅まで約41分マリエン広場駅まで約38分	
				中央駅発／3:15〜翌1:35まで20分間隔（深夜は40分）間隔で運行	中央駅から空港駅まで約40分	
ルフトハンザ・エクスプレスバス		ターミナル2、ターミナル1（エリアA）、中央エリア、ターミナル1（エリアD）	ミュンヘン中央駅前のアルヌルフ通り側Arnulfstr.（途中シュヴァービングも停車）	空港発／ターミナル2 6:25〜22:25 20分間隔　中央駅発／5:15〜19:55 20分間隔	45分	片道€12.50（オンライン購入€11.50）往復€19.50（オンライン購入€18.50）

メーターがバックミラーに表示されるタクシーもある

▶タクシーで

　Sバーンやエアポートバスが運行していない時間に着いた場合の足として重要。空港から中央駅まで、渋滞に巻き込まれなければ所要約40〜45分、日中は約€70〜80が目安。チップは一般に料金の5〜10%ほどだが、€1未満の端数を切り上げて、€1〜2を加算した額で払えばよいだろう。タクシーのドアは自動ではないので自分で開閉する。大きな荷物は運転手がトランクに出し入れしてくれる。

レンタカー会社
　　（空港営業所）
エイビス・バジェットAvis Budget
☎(089) 97597600
🕐月〜金　7:00〜23:00
　土　　　7:00〜18:00
ジクスト Sixt
☎(089) 66060060
🕐毎日6:00〜24:00
レンタカーについて→P.294

▶レンタカーで

　ターミナル1の中央エリアにある**レンタカーセンターMietwagenzentrum**に、レンタカー会社の営業所が入っている。日本で予約してある人は、ここ

空港のレンタカー会社のカウンター

で車の書類と鍵を受け取って手続きを済ませ、駐車場へ行き借りる車を探し出す。
　ミュンヘン市内へは所要35〜40分程度。市内の中心部へ入る道は一般車両の運行を制限していて、目指すホテルまで大回りすることになったりと、慣れないと走りにくい。

ミュンヘン中央駅
○Map P.172-A1

新築後の中央駅の完成予想図
Ⓒ AuerWeber

鉄道で着いたら

　ミュンヘンの陸の玄関にふさわしい、堂々とした**ミュンヘン中央駅**。明るい構内からはヨーロッパ各地への国際列車や、ドイツ各都市への特急列車がひっきりなしに発着している。空港からのSバーンは地下ホームに着く。
　なお、現在ミュンヘン中央駅は建て替え工事中のため、駅構内の移動には通常時よりも時間がかかることを想定しておきたい。
　全面完成は2031年以降の予定。

ZOB（中央バスターミナル）
⒜Arnulfstraße 21
○Map P.170-B2
🔗www.muenchen-zob.de

長距離バスで着いたら

　ドイツ国内外の大都市間を結ぶ長距離路線バスは、**中央バスターミナルZOB**から発着する。場所は、中央駅からSバーンでひと駅西側のHackerbrückeに隣接しており、ターミナルのビルには、スーパーマーケットやレストラン、銀行などが入っている。

設備が充実している大きなバスターミナル

ミュンヘンとバイエルン・アルプス

空港と市内のアクセス／ミュンヘンの市内交通

ミュンヘンの市内交通

ミュンヘンの公共交通機関には**S バーンS-Bahn**（以下**S**と表記）という近郊電車と地下鉄 **U バーンU-Bahn**（以下**U**と表記）、さらに**トラム（市電）Tram**や**市バスMetroBus**があり、とても便利。これらは**ミュンヘン交通連合MVV**を形成していて、

Uバーンと Sバーンの乗り場入口

乗車券は共通するゾーン制料金システムを採用している。乗車券の有効区間、有効時間内であればこれらの交通機関同士何度乗り換えてもよい（ただし片道方向のみで、往復のルートは不可）。

ミュンヘン交通連合
URL www.mvv-muenchen.de

U は Uバーン、S は Sバーンの乗り場があるという表示

1回乗車券の有効時間
短区間券は1時間以内。1回乗車券のMゾーンまたは2ゾーン分は2時間以内、Mゾーン＋1ゾーンまたは3ゾーン分は3時間以内有効。

乗車券の種類

乗車券のおもな種類と料金		
移動するゾーン（Mゾーン発以外はここでは略）	1回乗車券（片道）Einzelfahrkarte	1日乗車券Tageskarte
Mゾーン	€3.70	€8.80
1ゾーン	€5.60	€10
2ゾーン	€7.40	€11
3ゾーン	€9.30	€12.10
4ゾーン	€11.10	€13.40
5ゾーン	€13	€14.80
6ゾーン	€14.80	€16
名称	有効乗車範囲	料金
短区間券Kurzstrecke	バス、トラムは4駅、Sバーンは2駅まで乗車可	€1.90
イーザルカードIsarcard	**M**ゾーンで1週間有効。M-6まであり	€20.20〜

乗車券はMVV共通で、ゾーン制料金システムを採っており、中心部のMゾーンを出発したら、目的地までいくつのゾーンにまたがるかによって料金が決まる。

例えば券売機に表示されている交通路線図で、ダッハウのように駅名にゾーン名が①/②のようにふたつ表記されている場合は、目的地としてどちらか近いほうのゾーンを選択できる。中央駅からダッハウへ行く場合は、Mからゾーン1（①/②）の料金（€5.60）となる。同様に、中央駅からアリアンツ・アレーナの最寄り駅のフレットマニング（**M**/①）へはMゾーン（€3.70）の料金でよい。

●ミュンヘン交通ゾーン

ツーリスト向きのカード

以下のカードは各有効期間内に市内公共交通機関が乗り放題になるほかに、いくつかの美術館などの見どころや市内観光バスなどが割引料金または無料になる。下記のどれを選ぶかは、自分の行きたいところが割引対象かどうかを各サイトでチェックして検討するといい。観光案内所やMVVの案内センター、自動券売機、オンラインなどで購入できる。以下の料金表記は、乗車有効範囲が市内中心部（ゾーンM）／ミュンヘン全域（ゾーンM-6）。

●シティツアーカード
City Tour Card München

🔗citytourcard-muenchen.com

市内の公共交通機関に有効期間内乗り放題で、いくつかの観光施設の入場料が割引になる。ただし、アルテ・ピナコテークなどのメジャーな博物館は割引対象外。ひとり用SingleとグループGruppeがあり、グループ用は5人まで（6～14歳の子供は2人で大人1人に換算）。4～6日間用もある。

ひとり用料金
24時間　€15.50／€25.50
48時間　€22.50€／€36.90
3日間　€27.50€／€45.90
グループ用料金
24時間　€24.50／€38.90
48時間　€37.90／€59.90
3日間　€41.90／€63.90

●ミュンヘンカード
München Card

🔗www.mvv-muenchen.de

内容は上記のシティツアーカードと同じだが、割引物件が一部異なる。ひとり24時間用€16.90／€24.90、2日間用€21.90／€34.90。3～5日間用、グループ用もある。

●ミュンヘンシティパス
München City Pass

🔗www.turbopass.de

市内の公共交通機関に有効期間内乗り放題。おもな博物館、美術館など見どころへの入場や指定の観光バスなどが無料。ひとり24時間用€39.90／€49.90、2日間用€64.90／€74.90。3～5日間用、グループ用もある。

自動券売機の使い方

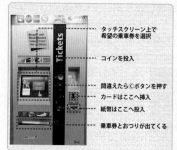

タッチスクリーン上で希望の乗車券を選択

コインを投入

間違えたら©ボタンを押す
カードはここへ挿入
紙幣はここへ投入

乗車券とおつりが出てくる

SバーンとUバーンの乗車券は、駅の窓口（MVVの表示が出ている窓口）か自動券売機で購入する。自動券売機は、ホームへ下りる手前の階に設置されている。

バスとトラムは、主要な停留所のみに設置されているが、車内に券売機が設置されているので、乗車後速やかに購入する。ただし、車内の券売機では紙幣は使用できずコインのみなので注意しよう。

① 言語を選択する

初期画面はドイツ語になっている。国旗で示されている複数の言語から、希望する国旗をタッチ。日本語を選択できる自動券売機もある。

② 乗車券の種類を選ぶ

1回乗車券Einzelfahrkarte、1日乗車券Tageskarteなどの選択肢のなかから、希望する乗車券を選んでタッチする。

③ 人数を選ぶ

グループチケットもあるので同時利用する人数をタッチ。なお、1日乗車券を選んだ場合はこのあと、1日乗車券か3日乗車券か再度確認画面が出る。

④ 料金を支払う

表示された料金を現金またはクレジットカードで支払う。高額紙幣は使用できないことが多く、その場合、札の絵の上に赤い×印で表示される。最後に下の受け取り口から乗車券（とおつり）を取り出す。

利用の仕方

▶SバーンとUバーン

1 乗車する前に

ドイツの駅には日本のような形式の改札はない。ただし、切符に刻印するための**刻印機Entwerter**が並んでいる場所を越えたら、有効乗車券を持たない者は不正乗車をしているとみなされる。この刻印機へ、乗車券の"Hier ENTWERTEN"と書かれている部分を差し込むと、日付や時刻などが刻印され、初めて有効な乗車券となる。刻印を忘れて乗車する

ホームへ下りる手前にある刻印機

と、たとえ切符を持っていても不正乗車とみなされるので要注意。車内には、突然検札係が乗り込んできて、不正乗車した者は多額の罰金を徴収される。なお、1日乗車券の場合は、使用開始時に1回だけ刻印すればよい。

刻印済みの乗車券
バス、トラム車内の自動券売機と、Uバーン駅の券売機で購入した乗車券は、購入時の時刻がすでに記載されており刻印は不要。中央駅構内やSバーン駅などドイツ鉄道DBの駅にある券売機は、刻印済みか、または未刻印かを画面上で自分で選択してからチケットを購入できる。

2 ホームへ

中央駅など多くの路線が乗り入れている駅では、自分が目指す駅へ行く電車や地下鉄のホームをまず探し出さなくてはならない。ホームの表示は、路線番号と終着駅名で示されている。**目指す駅名**とそこを通る**路線番号**、その**路線の終点名**の3つを頭に入れて（またはメモして）正しいホームへ向かおう。

ホームへ下りる前に行き先方面を確認

3 乗車する

電車や地下鉄の乗降ドアは全自動ではない。**開ける場合は手動**なので、降りる駅のホームに電車が完全に停車したらドアのボタンを押す（古い車両は取っ手を横に引く）と開く。閉まるのは自動。

行き先はホーム上の表示に出る。同じホームに異なる路線番号の電車が発着する駅もある

4 下車する

駅名を告げる車内アナウンスは、ある場合とない場合があるが、ホームには大きく駅名表示が出ている。車内にもドアの上部に停車駅と路線図が出ているので確認しておこう。降りる際も、ボタンを押して扉を開ける。

5 乗り換え

乗り換え先の路線番号と終着駅名がホームに表示されているので、それに従って、目的のホームへ移動する。

停車後、ドアの丸いボタンを押すとドアが開く

観光に便利な路線

●19番のトラム

ミュンヘンの観光とショッピングに利用度が高い路線。中央駅前からSt.-Veit-Str.行きに乗ると、3つ目が新市庁舎に近いテアティーナー通りTheatinerstr.で、ショッピングパッサージュのフュンフ・ヘーフェの入口に近い。4つ目はバイエルン州立歌劇場Nationaltheaterで、ここからミュンヘンの高級ショッピングストリートであるマクシミリアン通りMaximilianstr.に入る。

●100番のバス

博物館ラインMuseenlinieという行き先表示が出ている。中央駅前が始発で、3つのピナコテークの近く、バイエルン・ナショナル博物館、レジデンツ(オデオン広場側)など、おもな博物館や見どころをつないでオスト駅まで行く。オスト駅行きと反対の中央駅行きでは、途中経路が一部異なり、停留所の位置が異なるので注意。

トラムの乗降口。乗車の際はオレンジ色のボタンを押す

車内にはその路線が通る停留所が示されている

▶トラムとバス

1 停留所

停留所は**ハルテシュテレHalte-stelle**といい、大きな**H**のマークがついていて、時刻表が掲示されている。切符の自動券売機が設置されているのは一部の停留所のみ。

中央駅前のトラム乗り場

2 路線番号と行き先を確認

複数の路線が乗り入れている停留所では、まず行き先を確認。車両の前面に大きく路線番号と行き先が示してあるので、わかりやすい。

バスとトラムは先頭に路線番号と行き先を表示している

3 乗車する

乗るときはドアのすぐ横にあるボタンを押すとドアが開く。すでに切符を持っているのならどの乗降口から乗車してもよい(ただしバスは21:00以降は前扉から乗車し、乗車券を運転手に提示しなくてはならない)。乗車したらすぐに乗降口近くにある刻印機で切符に刻印をすること。

左／車内の刻印機
右／赤い部分に乗車券を入れて刻印する

4 下車する

車内には、その路線が通る停留所が示されているので、自分の降りる場所がいくつ目になるかを確認できる。降りるときは、乗降口の脇のボタンを押して知らせる。運転手脇のドア以外から降車すること。

ボタンを押して下車を知らせる

はたみ ミュンヘンの名は、中世ドイツ語で修道僧を意味する「ムニヘン」に由来する。市の紋章は黒衣の僧で、ミュンヘナー・キンドル(ミュンヘン小僧)という愛称がある。この僧はトラムの車体にも描かれている(左上写真参照)。

▶市内定期観光バス

時間がない人、ひとりでトラムや地下鉄に乗る自信がない人に便利なのが観光バスによる市内観光。

天気のいい日には2階はオープンデッキになる

数社が運行しているが、下の表は**ミュンヒナー・シュタットルントファーレンMünchner Stadtrundfahren**が主催するおもなコース。この会社の市内観光バスはブルーの車体のダブルデッカー。

赤の車体でとても目立つダブルデッカーで運行している**シュタットルントファート・ミュンヘンStadt-Rundfahrt München**は、日本語の音声ガイド付き。ホップオン・ホップオフ（見どころで自由に乗り降りできる）方式で運行している。市内中心部コース、ニンフェンブルク城＆オリンピック公園コース、シュヴァービングコースがある。

料金は、どちらのバス会社も乗車時に運転手から購入するよりも、事前にオンラインで購入したほうが割引されるので、ウェブでチェックを。ただし変更はできないので注意。

ミュンヘン市外へ行く1日エクスカーションコースは、**アウトブス・オーバーバイエルンAutobus Oberbayern**が運行している（行き先は下の表参照）。

ミュンヒナー・シュタットルントファーレン
URL www.stadtrundfahrten-muenchen.de
集合場所：カールス広場（シュタフス）の南側（●Map P.172-B1）。

シュタットルントファート・ミュンヘン
URL www.citysightseeing-muenchen.de
集合場所：ミュンヘン中央駅前東側（●Map P.172-A1）

乗車時に支払いもできるが、オンライン予約のほうが割引料金になる

アウトブス・オーバーバイエルン（URL www.munichdaytrips.com）の集合場所は上記ミュンヒナー・シュタットルントファーレンと同じ

観光バスのコース例（一部抜粋）

2023年4月現在

コース名（内容）	運行日／出発時刻	所要時間	料　金
ミュンヘン市内コース（ミュンヒナー・シュタットルントファーレン）			
ホップオン・ホップオフ・エクスプレスチケット	10:00〜16:00出発	1時間	€23（24時間有効）
ホップオン・ホップオフ・グランドサークルコース	10:00〜16:30出発	2時間30分	€28（24時間有効）€33（48時間有効）
FCバイエルンサッカーツアー（市内周遊、アリアンツ・アレーナなど）	4〜10月の月・木・金曜10：00	4時間	€44
ミュンヘンから足を延ばして1日エクスカーションコース（アウトブス・オーバーバイエルン）			
ノイシュヴァンシュタイン城とリンダーホーフ城	毎日8：30（12/24・25・31、1/1は除く）	10時間30分	€64（城の入場料は別途€33）
ツークシュピッツェ・ツアー	5/14〜10/29の日曜10：00	8時間	€115（登山鉄道料金込み）
ベルヒテスガーデンとオーバーザルツベルク	5/12〜10/30の月・金曜8：30	10時間	€64（専用バスとエレベーター代は別途€33必要）
ロマンティック街道（ハールブルク城とローテンブルク観光）	4/2〜11/29の水・土・日曜8：30	11時間	€66（城の入場料は別途€10）
ザルツブルクとザルツカンマーグート	4〜12月の火・木・土曜8：30（12/24・31は運休）	11時間	€64（遊覧船代は別途€15）

181

ミュンヘンのオリエンテーション

町の中心はマリエン広場

ミュンヘンは歴史的にも**マリエン広場Marienplatz**周辺を中心として発展してきたので、見どころもマリエン広場を中心とした地区に集中している。周辺は大ショッピングゾーンでもある。

中央駅に着いた場合、まずはマリエン広場を目指す。中央駅からSバーンでふたつ目だが、荷物がなければ町の大きさをつかむためにも歩いてみたい。**カールス広場Karlsplatz**から始まる**ノイハウザー通りNeuhauser Str.**はミュンヘンきってのショッピングエリアで、歩行者天国になっているのでのんびり歩ける。ゆっくり歩いても20分ほどでマリエン広場に着く。おもな見どころはこの広場から歩いて5〜10分ほどの圏内にある。

中心部からやや離れた見どころ、ドイツ博物館やアルテ&ノイエ・ピナコテーク、ニンフェンブルク城などへは、Sバーン、Uバーン、市電などの市内交通を利用すれば簡単に行ける。

ノイハウザー通りから見えるフラウエン教会の塔

ドイツ最大の仕掛け時計が見ものの新市庁舎

ミュンヘン1日観光モデルルート

❶ ミュンヘン中央駅
→P.176

※2023年現在、中央駅は改装工事中のため東側出口は利用できず、北側または南側出口（または地下通路）を利用する

🚶15分 →

❷ フラウエン教会

見学 ▼ 約15分
→P.185

🚶5分 →

❸ マリエン広場と新市庁舎

ミュンヘンはマリエン広場を中心に考えるとわかりやすい。広場周辺にはドイツ料理の店やカフェが多いので立ち寄ってみるのもいい

見学 ▼ 約30分
→P.186

🚶5分 →

❹ レジデンツ

レジデンツの内部は広大で豪華。見学後は周辺のショッピングエリア散策も

🚶5分 + 🚋10分 →

見学 ▼ 約1時間30分
→P.188

❺ ドイツ博物館

展示スケー大きさに圧れる、科学業技術の博

🚶15分 + 🚋10分

見学 ▼ 約1時間
→P.192

ミュンヘンとバイエルン・アルプス

ミュンヘンのオリエンテーション

ミュンヘンのおもな通り

　見どころの位置関係をつかむために頭に入れておきたい通りがいくつかある。起点はマリエン広場。ここから中央駅方面へ延びるノイハウザー通り、北へ延びる**ルートヴィヒ通りLudwigstr.**は、大学を経て、**レオポルト通りLeopoldstr.**と名前が変わり、若者の町**シュヴァービングSchwabing**へ続いている。

　レジデンツResidenz前から東へ延びる**マクシミリアン通りMaximilianstr.**には、高級ブランドショップが並び、ウインドーショッピングが楽しい。

ミュンヘン大学があるルートヴィヒ通りはサイクル族が多い。自転車専用レーンに踏み込まないように注意

歩行者天国ノイハウザー通りの入口に建つカールス門

ブランドショップが集まるマクシミリアン通り

---

❻ アルテ&ノイエ&モダン・ピナコテーク

🚋 + 🚶
10分　5分

憧れの名画に思う存分向き合う時間

見学
2～3時間

→P.194
～197

❼ ビアホールで夕食

→P214～

ビアホールは相席の場合が多く、いろいろな国の人と知り合うチャンス

ミュンヘンのおもな見どころと1日観光モデルルート

‥‥‥ 1日観光モデルルート

シュヴァービング

レオポルト通り

英国庭園

ノイエ・ピナコテーク❻
アルテ・ピナコテーク
モダン・ピナコテーク

この道路の中が旧市街(中心部)

ノイハウザー通り

ルートヴィヒ通り

ミュンヘン中央駅 ❶

フラウエン教会

❹ レジデンツ

マクシミリアン通り

カールス広場

❷❸
マリエン広場と新市庁舎

❼

ホーフブロイハウス

❺ドイツ博物館

テレージエンヴィーゼ
(オクトーバーフェスト会場)

※以上は欠かせない見どころだけの最短コース。滞在時間と興味に応じて、美術館や博物館、郊外の城などをプラスするとよい。

オリンピック公園
ニンフェンブルク城
アルテ&ノイエ・ピナコテーク
英国庭園
ミュンヘン中央駅
マリエン広場
ドイツ博物館

0 1 2km
N

カールス門をくぐると歩行者天国のノイハウザー通り

ファストファッション系のショップが多いカウフィンガー通り

ミヒャエル教会
住Neuhauser Str. 6
地Map P.172-A2
USKarlsplatzまたは
Marienplatz下車。
教会
開7:30～19:00
礼拝中の見学は不可
**ヴィッテルスバッハ家の
地下墓所**
開月～金　10:00～12:30
　　　　　13:00～17:30
　土　　　10:00～12:30
　　　　　13:00～16:30
（たびたび変更あり）
休日・祝、12/24・31
料教会は無料、地下墓所は
€2

中央駅からマリエン広場へ

　中央駅からマリエン広場へ歩いていくには途中のカールス広場まで、3本の通りが並行して延びているので、そのいずれかを歩いて行く。中央駅を南側の出口から出た場合は**バイヤー通りBayerstr.**を東へ約5分でカールス広場に出る。東側出口は工事中のため、地下通路をくぐって**シュッツェン通りSchützenstr.**を進む。この通りを歩いていくのがおすすめ。シュッツェン通りの北側に並行して延びる**プリールマイヤー通りPrielmayerstr.**には、トラムが走っている。

　カールス広場は、地下にはSバーンとUバーンの駅が交差し、地上にはトラムの路線が行き交うにぎやかな広場だ。

　地下通路をくぐって地上へ出ると、噴水の向こうに**カールス門Karlstor**が見える。中世にはミュンヘンも城壁に取り巻かれていたが、カールス門は1300年頃にできた城門のひとつ。この門をくぐれば旧市街に入ったことになる。

　ここから始まる歩行者天国の通りが**ノイハウザー通りNeuhauser Str.**。この通りは途中から**カウフィンガー通りKaufingerstr.**と名前が変わる。**マリエン広場Marienpl.**へ向かって延びる通りの両側にはデパートやブティック、レストラン、カフェが並び、ミュンヘンで最もにぎやかなショッピングストリート。

📷 中央駅からマリエン広場のおもな見どころ

ミヒャエル教会
Michaelskirche　★★

　アルプス以北では最古で最大のルネッサンス様式の教会。反宗教改革のシンボルとして1583～1597年に建てられた。

　正面祭壇に向かって右下に、地下へ下りる階段があり、**ヴィッテルスバッハ家の地下墓所Wittelsbacher Fürsten Gruft**を見学できる。ここには**ルートヴィヒ2世の棺**が置かれている。中央の目立つ場所にある大きな棺で、花束も一番多く置かれているのですぐわかる。

大通りに面したファサードには、歴代ローマ皇帝や聖人の像が並ぶ

左／ヴィッテルスバッハ家の地下墓所への入口
右／花束が絶えることがないルートヴィヒ2世の棺

ドイツ狩猟漁猟博物館
Deutsches Jagd-und Fischereimuseum ★★

かつて教会だった建物を利用しており、広間には大鹿の頭の剥製や狩猟道具が並ぶ。生息する動物たちの様子がわかるジオラマや、狩猟をテーマにした絵画なども見もの。ここの

漁猟関係のコレクションはヨーロッパでも最大級といわれ、淡水魚の標本や原始時代からの釣りの道具の数々が展示されている。

入口前でポーズを決めるイノシシ像

フラウエン教会
Frauenkirche ★★★

2本の塔の上に乗った玉ねぎ型の屋根はミュンヘンのシンボル。1468〜1488年に建てられた。内部の身廊の長さ109m、幅41.05m、天井までの高さは31m。ハレンキルヒェというドイツ特有の後期ゴシック様式で、窓が高いため内部はとても明るい。

北塔は約99m、南塔は約100mの高さがある。南塔は、86段の階段を上った所にエレベーターが設置されており、塔の上からは天気のよい日はバイエルン・アルプスの山々も望める。

フラウエン教会の塔はミュンヘンのシンボル

ドイツ狩猟漁猟博物館
- 🏠Neuhauser Str. 2
- ⬤Map P.172-B2
- ⓈMarienplatz下車。
- 🌐www.jagd-fischerei-museum.de
- 🕐9:30〜17:00
  （入場は閉館の45分前まで）
- 休12/24・31、カーニバルの火曜
- 料€7、学生€5

フラウエン教会
- 🏠Frauenplatz 1
- ⬤Map P.173-B3
- ⓊⓈMarienplatz下車。

教会
- 🕐月〜土　　8:00〜20:00
  日・祝　　8:30〜20:00
  礼拝中の見学は不可
- 料無料

南塔のエレベーター
- 🕐月〜土　10:00〜17:00
  日・祝　11:30〜17:00
  （最終入場16:30）
- 料€7.50

ルートヴィヒ皇帝（1282〜1347）の記念墓

Topics　フラウエン教会にある「悪魔の足跡」伝説

フラウエン教会に入ってすぐの床石を注意して見ると、黒い足跡がついている石が見つかるはず。これはなんと「悪魔の足跡」なのだという。

それはフラウエン教会が完成して、奉納式が行われる前夜のこと。どんな教会ができたか好奇心にかられた悪魔が、正面入口から忍び込んできた。そして、悪魔は大笑い。なんとこの教会には窓が

ひとつもなかったのだ。こんな変な教会にやってくる信者はいないだろうと、悪魔は勝ち誇った気分で床石に足跡を残した。でも、悪魔がもう1歩、2歩、踏み出すと、なんと窓がちゃんと現れたではないか。だましたな！と怒り狂った悪魔は、強風を起こして教会を壊そうとしたが歯が立たなかった、とさ。

実際に、床石に残る悪魔の足跡の上に立ってみよう。本当に左右の窓は全然見えないから不思議だ。1622〜1860年までは中央部分に、巨大な祭壇が置かれていたので、正面の窓さえ見えなかったという。

今でも、フラウエン教会の塔の周りは悪魔が起こす風が吹き荒れているので、塔に上るときは気をつけたほうがよいらしい。

上／悪魔の足跡
右／悪魔の足跡の上に立って見た教会内部

右／赤枠内が仕掛け時計になって
いる　左上／馬上槍試合の勝
者はどっち？　左下／ビールの
樽を作る職人たちのダンス

マリエン広場と新市庁舎
Marienplatz & Neues Rathaus ★★★

ミュンヘンの中心マリエン広場

　ミュンヘンの市内交通網の中心地であり、**新市庁舎**が堂々とした姿を見せるマリエン広場はまさにミュンヘンの中心。広場の北面にそびえるネオゴシック様式の新市庁舎は、1867～1909年に建てられた。中央部の塔に設けられたドイツ最大の仕掛け時計**グロッケンシュピールGlockenspiel**で有名で、聖金曜日と諸聖人の日を除く毎日11:00と12:00（3～10月は17:00も）に約10分間、等身大の人形たちが動き出す。1568年のバイエルン大公の結婚式の祝祭絵巻を再現しており、騎士の馬上槍試合やビール樽職人たちの踊りが展開する。21:00には、夜警と天使とミュンヘン小僧Münchener Kindlが現れておやすみのあいさつをする。

　高さ85mの**市庁舎の塔**へはエレベーターで昇れる。塔上に入れる人数は限定されており、観光局のサイト（→左欄）から日時指定のチケットを事前に購入する。塔へは、まず4.Stock（ドイツ式4階）までエレベーターで上り、ここにある受付でチケットを見せてから別のエレベーターで9.Stock（同9階）まで昇ると**展望台Plattform**に到着する。

ペーター教会
Peterskirche ★

　ミュンヘンで最も古い教会。12世紀後半、ロマネスク様式の教会堂以前に歴史は遡る。高祭壇の上にある聖ペーター像は、エラスムス・グラッサーの作（1492年）。

　塔に上るなら教会の中へ入らずに、南に回り込んだところに塔の入口がある。約300段もの木の狭い階段を譲り合いながら登らなくてはならないが、最高の絶景を味わえる。

新市庁舎とフラウエン教会を同時に望める

老ペーター Alter Peter の愛称がある塔

ミュンヘン市立博物館
Münchner Stadtmuseum ★★

　1888年の創立で、ミュンヘン市の歴史を物語る中世の鎧甲冑、武器、民族衣装、絵画、彫像などさまざまな展示がある。ミュンヘンのシンボル的存在である「モリスケンダンサー Moriskentänzer」（エラスムス・グラッサー作、1480年）の木像は見逃さないように。ミュージアムショップも充実している。

かつての武器庫を改造した博物館

ミュンヘン市立博物館
🏠Sankt-Jakobs-Platz 1
🔵Map P.172-B2
Ⓤ Marienplatz下車。
🖥 www.muenchner-stadt
museum.de
🕐火〜日　10:00〜18:00
休月、カーニバルの火曜、
　5/1、12/24・31
💶€7、学生€3.50

アザム教会
Asamkirche ★★

　マリエン広場から、南西に延びる商店街ゼンドリンガー通り沿いに建つ教会だが、両側を建物に挟まれて、間口もさほど広くないので、気をつけないと通り過ぎてしまいそう。だが、内部に足を踏み入れると、その豪華絢爛たる装飾に目を見張る。

　正式には聖ヨハン・ネポームク教会St. Johann Nepomukというが、通常は教会を建設したアザム兄弟の名で呼ばれている。兄弟は、バイエルン地方各地にバロックの教会建築を残した。1733〜1746年、兄弟は所有する敷地に自らのためにこの教会を建てた。名匠が思う存分その腕を振るっただけに、南ドイツの後期バロックを代表する作品といわれる。

アザム教会
🏠Sendlinger Str. 32
🔵Map P.172-B2
Ⓤ Sendlinger Tor下車。
🕐9:00〜19:00
　（金は13:00〜19:00）
　（礼拝の間は見学不可。
　冬期は短縮の場合あり）

左／8×22mの狭い土地に建つとは思えないほど、内部は美が凝縮した空間が広がる
右／彫刻、スタッコ飾りの見事さは、アザム兄弟ならでは

ヴィクトアーリエンマルクト
Viktualienmarkt ★★

　1807年から続く常設の野外市場。野菜や果物、花、肉、パンなどを扱う店がなんと約140軒も並ぶ。青と白の巨大な柱、マイバウム（メイポール）の下の木陰には、ビアガーデンやミュンヘン名物の屋台もあって、ひと休みするにはもってこい。ここは、ミュンヘンの中の「村」と表現する人もいるほど。牧歌的な雰囲気を楽しみたい。
※広場の地図、おすすめ店→P.220

🔵Map P.173-B3
ⓊⓈMarienplatz下車。
🕐各店により異なるが、月
〜金9:00〜18:00頃、土
9:00〜16:00が目安。
ショップは日・祝休業。

野外市場では、簡易包装が基本。売り手が「テューテ（袋に入れる）?」とか、「ゲート・ゾー（このままでいい）?」と聞いてくれることもあるが、普通はそのまま無造作に包装なしで手渡される。必ずエコバッグ持参で行こう。

オリンピック公園
ニンフェンブルク城
アルテ＆ノイエ・ピナコテーク
ミュンヘン中央駅　英国庭園
マリエン広場
ドイツ博物館

N
0　1　2km

マリエン広場周辺とレジデンツ

　新市庁舎の先の**ディーナー通りDiener-str.**を北に進むと、壮麗な**マックス・ヨーゼフ広場Max-Josef-Pl.**に出る。広場の奥にそびえるのが、バイエルン王家の居城**レジデンツResidenz**、その右側のギリシャ風の

マックス・ヨーゼフ 1 世像とレジデンツ

建物はオペラの殿堂、**バイエルン州立歌劇場（ナツィオナルテアター）Bayerische Staatsoper（Nationaltheater）**。

　歌劇場の横から東へ延びる**マクシミリアン通りMaximili-anstr.**の両側には、有名ブランド店が集まり、ショッピングが好きな人にはたまらない。

ミュンヘンの名物ビアホール、ホーフブロイハウス

　マクシミリアン通りの最高級ホテル、ケンピンスキー・ホテル・フィーア・ヤーレスツァイテンの向かい側から南へ延びるプラッツルPlatzlという路地を進むと、長い旗がはためく建物がある。ここが有名なビアホール、ホーフブロイハウス。

　マリエン広場から**タールTal**という大通りを東へ向かうと、旧市街の東端にあたる**イーザル門Isartor**が建つ。さらに5分ほど東へ進むとイーザル川の中の島に巨大な科学技術の殿堂、**ドイツ博物館**（→P.192）に出る。科学よりも絵画などのアート作品に興味がある人は、Sバーンでカールス広場まで戻り、トラムに乗り換えて**アルテ・ピナコテーク**（→P.194）や**ノイエ・ピナコテーク**（→P.196）などを訪問するとよい。

レジデンツ博物館
🏠Residenzstr. 1
（入口はMax-Joseph-Platz側）
🔵Map P.173-A3
🚇MarienplatzまたはⓊ3～6 Odeonsplatz下車徒歩5分。またはトラム19番National-theater下車すぐ。
🌐www.residenz-muenchen.de
🕐4/1～10/15
　　　　　　9:00～18:00
　10/16～3/31
　　　　　　10:00～17:00
　（入場は閉館1時間前まで）
🚫1/1、カーニバルの火曜、12/24・25・31
💰€9、学生€8、バイエルンの城巡りチケット（→P.93）有効。
レジデンツ宝物館とのコンビチケットは€14、学生€12
※リュックや大きめのバッグ、カサは入口で預けなくてはならない。

レジデンツ宝物館
🏠🕐🚫はレジデンツ博物館と同じ

マリエン広場周辺とレジデンツのおもな見どころ

レジデンツ
Residenz
★★★

　バイエルン王家であるヴィッテルスバッハ家の本宮殿。1385年に建築が始まり、ルネッサンス、バロック、ロココなどの様式によるたび重なる増改築が行われたため、かなり複雑な構造をしている。ゲーテ、モーツァルト、ナポレオンもこのレジデンツを訪れて、華麗なる宮廷に驚嘆したという。バイエルン最後の王ルートヴィヒ3世が退位し、王政が崩壊した1918年から

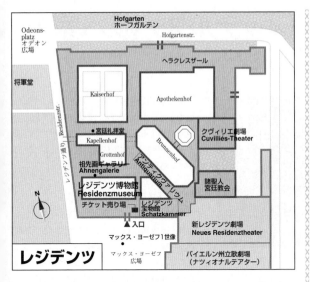

Hofgarten
ホーフガルテン

Odeons-
platz
オデオン
広場

Hofgartenstr.

ヘラクレスザール

将軍堂

Kaiserhof

Apothekenhof

Residenzstr.
レジデンツ通り

●宮廷礼拝堂

Kapellenhof

Grottenhof

Brunnenhof

クヴィリエ劇場
Cuvilliés-Theater

祖先画ギャラリー
Ahnengalerie

アンティクヴァリウム
Antiquarium

諸聖人
宮廷教会

レジデンツ博物館
Residenzmuseum

チケット売り場

レジデンツ
宝物館
Schatzkammer

▲入口

新レジデンツ劇場
Neues Residenztheater

マックス・ヨーゼフ1世像

マックス・ヨーゼフ
広場

バイエルン州立歌劇場
（ナツィオナルテアター）

レジデンツ

ロココ様式のクヴィリエ劇場の
入口は別で、入場料（€5、学生
€4）も別途必要

古代彫像を飾ったアンティク
ヴァリウム

宝石をちりばめた聖ゲオルクの
騎馬像は宝物館に展示

わずか2年後には、博物館として一般公開された。第2次世
界大戦で建物の被害はあったものの、美術品や財宝の数々
は保護されていたため無事だった。

　内部は4つの博物館と劇場になっているが、最も重要なの
は豪華な部屋や大広間など、かつての王宮内部がそのま
ま見られるようになっている**レジデンツ博物館Residenzmu-
seum**。ここだけでもかなり広いので、見学に1〜2時間はみて
おいたほうがいい。

　内部はヴィッテルスバッハ家の人々の肖像画が121枚も並ん
だ**祖先画ギャラリーAhnengalerie**、ルネッサンス様式の華麗
な丸天井が印象的な**アンティクヴァリウムAntiquarium**、ヨー
ロッパでも貴重な3500点もの銀食器コレクションが飾られた**銀
の間Silberkammer**など、見応えのある部屋が次々に現れる。

　レジデンツ宝物館Schatzkammerには、10世紀からの王
家の宝物が展示されている。宝石がちりばめられた王冠や金
細工などに目がくらむ。レジデンツ博物館とレジデンツ宝物館
は同じ入口だが、別料金。

左／貝殻をびっしりと埋め込んで洞窟を模したグ
ロッテンホーフ　右／ヴィッテルスバッハ家の肖
像画と金色の装飾に圧倒される祖先画ギャラリー

ヴィッテルスバッハ家とミュンヘン

レジデンツ宝物館所蔵のバイエルンの王冠

町の始まり

　ミュンヘンの町の歴史は、12世紀中頃のハインリヒ獅子大公の時代に始まる。気性の激しいハインリヒは、フライジング司教の領地にあったイーザル川の橋を壊して、現在のミュンヘンの地に新しい橋を架けた。その橋は、塩の貿易に欠かせない要所であったため、通行税によってそれまで修道院のある小さな村にすぎなかったミュンヘンに大きな富をもたらした。「ミュンヘン」という名も「僧侶たちの住む所」という言葉からきたもので、1158年のアウクスブルクの帝国議会で市場と貿易の諸権利が認められた。

　しかし、その後、700年以上も南ドイツのバイエルン地方を治めたヴィッテルスバッハ家の歴史は1180年の大公オットー1世（Herzog Otto I.）に遡る。この年レーゲンスブルクで開かれた帝国議会において、ハインリヒ獅子大公は追放され、代わってヴィッテルスバッハ家が登場する。ミュンヘンは交通の要所、商業の中心地として発達する。

　ザルツブルク近郊の塩の産地とアウクスブルクを結ぶ「塩の道」はミュンヘンを東西に横切る幹線道路で、現在でも**イーザル門**から**カールス門**までの歩行者道路から中央駅にいたるTal〜Kaufingerstr.〜Neuhauser Str.に見ることができる。また、南北には**ゼンドリンガー門**から現在のレジデンツのあたりにあった**シュヴァービンガー門**までの通りが延び、Sendlinger Str.

〜Rindermarkt〜Dienerstr.〜Ludwigstr.にその面影を見ることができる。この東西と南北の主軸が交差する地点が、当時の市場が立った所であり、今も**マリエン広場**の名でミュンヘンの中心であることに変わりない。

ヴィッテルスバッハ家の都

　都市としての機能が整い、商業上のさまざまな権利を獲得して、ミュンヘンがヴィッテルスバッハ家の**レジデンツ（居城）**をもつようになったのは、1255年、ルートヴィヒ厳格侯（Ludwig II. der Strenge、在位1253〜1294）の時代である。初めの居城は現在の**旧王宮**アルター・ホーフに建てられた。また、現在は都市の一番内側を取り巻く環状の道路には、城壁の建設が開始され、要所には門が築かれた。

　1294年から、ルドルフ1世とともにバイエルンを治めたルートヴィヒ4世（Ludwig IV. der Bayer）は、1328年からは神聖ローマ皇帝となり、中世における最盛期を迎えた。バイエルンの領土は拡大し、首都であるミュンヘンを外敵から守るための城壁はさらに増築された。一方では、人口1万人に達した市民の権利主張も高まり、13世紀末には、商人による参事会や手工業者の同業組合（ツンフト）が互いの利権を争うようにもなった。14・15世紀には、後継ぎ問題で、複数の諸侯がバイエルンを治めるようになり、貨幣の下落や黒死病の流行によって、人々の不安は高まった。

　数々の戦争を経てようやく16世紀になって、バイエルンは強力な統治者を迎え、芸術と学問の中心地として栄えた。アルブレヒト4世（Albrecht IV. der Weise）の下では、後期ゴシック様式が栄え、グラッサー、ポラックらの芸術家が活躍した。ビールの純粋法を制定したのも彼である。アルブレヒト5世（Albrecht V. 在位1550〜1579）は、宮廷音楽家としてオルランド・ディ・ラッソを招き、ルネッサンス文化が栄え、ヴィルヘルム5世（Wilhelm V.1559〜1597）の時代、

ミュンヘンとバイエルン・アルプス

コラム　ヴィッテルスバッハ家とミュンヘン

バイエルン王家の系図
（年代は在位）

マクシミリアン1世 ヨーゼフ
バイエルン最初の王
1806〜1825

ルートヴィヒ1世
バイエルン王
1825〜1848

ルイトポルト
バイエルンの摂政官
1886〜1912

マクシミリアン2世
バイエルン王
1848〜1864

オットー
ギリシャ王
1832〜1862

ルートヴィヒ3世
バイエルン最後の王
1913〜1918

ルートヴィヒ2世
バイエルン王
1864〜1886

オットー1世
バイエルン王
1886〜1913

ミュンヘンはルネッサンス文化の中心地となる。

選帝侯フェルディナンド・マリア（Ferdinand Maria 1651〜1679）はイタリアから建築家を呼んだため、南ドイツにバロック建築が熱狂的に受け入れられるようになった。例えば彼の下では**テアティーナー教会**が、また彼の息子マックス2世エマヌエル（Maximilian II. Emanuel）は**シュライスハイム城**の新宮殿および庭園を建造。カール・アルプレヒト（Kurfürst Karl Albrecht 1742〜1745）は、1742年より、皇帝カール7世として戴冠し、彼の下でロココの宮廷芸術が栄え、フィッシャー、ツィンマーマン、クヴィリエが、選帝侯マックス3世ヨーゼフ（Kurfürst Max III. Joseph、1745〜1777）の時代には、イグナッツ・ギュンターが活躍した。しかし、その後後継者が断たれたバイエルンのヴィッテルスバッハ家は、親戚筋であるプファルツから選帝侯カール・テオドール（Kurfürst Karl Theodor 1777〜1799）を後継として招いたが、あまり人気がなかったようである。彼の名にちなんだ「カールス広場」は今でも、「シュタフス」という愛称で呼ばれている。

芸術家を愛した王たち

次の選帝侯マクシミリアン4世ヨーゼフ（Kurfürst Max. IV. Joseph 1799〜1825）は1806年より、マクシミリアン1世と名乗り、ここにバイエルンは王国が始まる。2代目の王、ルートヴィヒ1世（König Ludwig I.1825〜1848）は、近代都市の建設に力を注いだ。ギリシア・ローマの古典

古代芸術を好み、多くの芸術家を擁護した。建築家では、クレンツェ（Leo von Klenze）がグリプトテーク、**アルテ・ピナコテーク**、レジデンツのケーニヒスバウ、レーゲンスブルクのヴァルハラを建設し、その後継者ゲルトナー（Friedrich von Gärtner）はルートヴィヒ教会、州立図書館、**ミュンヘン大学**などを建設し、新古典主義を都市にもたらした。絵画では、コルネリウス（Peter Cornelius）、彫刻では、シュヴァンターラー（Ludwig Schwanthaler）が活躍して、ルートヴィヒ通りを建設。

ニンフェンブルク城にある美人画ギャラリーも彼の趣味によって制作されたが、踊り子ローラ・モンテスとのスキャンダルで退位を余儀なくされた。続くマクシミリアン2世（König Max II. 1848〜1864）は科学を奨励し、**バイエルン州立博物館**を設立したが、病気により早死にしたため、長子**ルートヴィヒ2世**（König Ludwig II. 1864〜1886）が18歳で王位を継承した。バイエルン王国が、プロシアやフランス、ハプスブルク帝国に囲まれ複雑な政治情勢にあるなかで、彼は戦争や政治に失望し、次第に自分の趣味・芸術の世界に入り込む。今日残る、**リンダーホーフ、ノイシュヴァンシュタイン、ヘレンキームゼー**の3つの城のほかにも数々の築城を計画し、科学技術を促進させ、音楽家ワーグナーらを擁護した。

美人画ギャラリーで見られる踊り子ローラ・モンテスの肖像

ルートヴィヒが、シュタルンベルク湖で謎の死を遂げたあと、弟のオットーが形式的には王位を継いだが、実際には、ルートヴィヒとオットーの叔父ルイトポルトが政権をにぎった。皇太子摂政ルイトポルト（Prinzregent Luitpold 1886〜1912）の時代、絵画、文学は世紀転換期の独特の様式をもって展開されたが、その子ルートヴィヒ3世（König Ludwig III.）の時代に第1次世界大戦が勃発し、1918年の終戦とともに国王はレジデンツを逃亡し、バイエルンは自由州となった。ヴィッテルスバッハ家の大公・国王の時代の終焉である。

高島　慶子

ドイツ博物館

住 Museuminsel 1
◯ Map P.171-B4/P.173-B4
Ⓢ Isartor下車、徒歩約15分（**Ⓢ**より近いDeutsches Museum停留所がある17番のトラムは、2023年は工事のため運休）
※ドイツ博物館は2023年現在改修工事のため、正面入口は閉鎖中でCorneliusbrückeの側に新しい入口がある。新しい入口の最も近くへ行くには、マリエン広場Marienplatz（聖霊教会の向かい側に停留所あり）から出る132番のバスで、BoschbrückeまたはCorneliusbrücke下車、徒歩約5分。
URL www.deutsches-museum.de
時 9:00～17:00
休 1/1、聖金曜日、5/1、10/3、12/25 **料** €15、学生€8
別館（→下記）である交通センターとシュライスハイム航空博物館の3館共通入場券（1年間有効）は€38、学生€20。
※上記サイト内から日時指定チケットの購入がおすすめ。特に日曜はファミリー客で混雑する

2023年現在の入口がある側（写真左端部分）

ドイツ博物館の別館
交通センター
Verkehrszentrum
自動車、バイク、機関車、客車などを展示。
住 Am Bavariapark 5
◯ Map P.170-B2
U 4、5 Schwantalerhöhe下車。
時 9:00～17:00
（入場は閉館1時間前まで）
休 ドイツ博物館と同じ
料 €8、学生€5

シュライスハイム航空博物館
Flugwerft Schleißheim
ドイツで最も古い飛行場のひとつシュライスハイム整備工場に約60機が並ぶ。
住 Effnerstr. 18 D-85764 Oberschleißheim
行き方はP.208のシュライスハイム城を参照（城に隣接）。
時 9:00～17:00
（入場は閉館1時間前まで）
休 ドイツ博物館と同じ
料 €8、学生€5

ドイツ博物館
Deutsches Museum ★★★

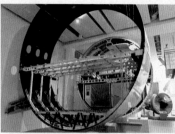

巨大なエアバスの機体をスライスした形で展示

　イーザル川の中の島にあるドイツ博物館は世界最大級の自然科学と工業技術の博物館。航空機、鉄道、ロボット工学、健康・医学、音楽など多岐にわたる分野の展示がある。展示面積は5万㎡を超え、各展示フロアの通路をすべて歩くとなんと17kmに及ぶという（2023年現在は改修工事中のため数字は異なる）。この博物館は、ライト兄弟の飛行機からユンカースの歴史的名機、近年の旅客機や戦闘機、ドイツで最初のUボート（潜水艦）U1、ディーゼルエンジン、プログラム制御された最初のコンピューターなどを所蔵している（すべてを展示しているわけではない）。

1930～40年代に活躍したユンカースJu 52は機内に入れる

　しかも、内部構造がわかるように、実物を縦割りにしたり横割りにして展示し、中に入れるものもある。

　さらにデモンストレーション装置を使っての説明コーナーも充実しており、一度入り込んだら1～2時間では出てこられないおもしろさが体験できる。

（右）交通センター
自動車やトラムでかつてのミュンヘンの交通状況を再現

（上）（右）航空機ファンは見逃せないシュライスハイム航空博物館

ミュンヘンとバイエルン・アルプス

ミュンヘンの歩き方／おもな見どころ

ドイツ博物館

※展示は2023年4月現在です。
改修工事中のため変更される
場合があります。
□□ =閉鎖中

4階(EBENE 3) 農業、栄養、医学
3階(EBENE 2) 宇宙、数学、マイクロエレクトロニクス
地階(EBENE -1) チャイルドエリア、ビジターホール

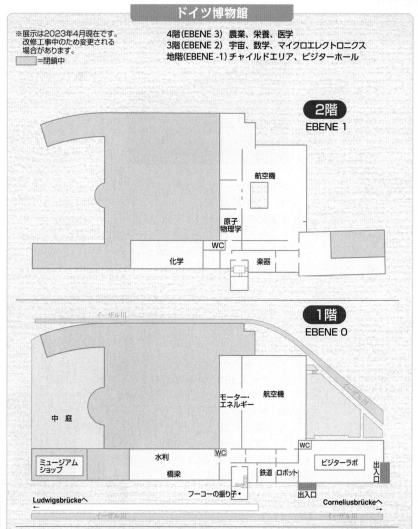

2階 EBENE 1

航空機

原子物理学

WC

化学

楽器

1階 EBENE 0

イーザル川

中庭

モーター・エネルギー

航空機

イーザル川

ミュージアムショップ

水利

橋梁

WC

WC

鉄道　ロボット

ビジターラボ

出入口

フーコーの振り子・

出入口

Ludwigsbrückeへ
←

Corneliusbrückeへ
→

イーザル川

イーザル川

DBの鉄道モデル。運行開始時刻はモニターに表示されている

1925年から塔に取り付けられているフーコーの振り子

アルテ・ピナコテーク
Alte Pinakothek ✹✹✹

アルテ・ピナコテーク
住Barer Str. 27
◉Map P.171-B3
U2のTheresienstr.下車徒歩約
10分。または100番のバスか
27、28番のトラムでPinako-
theken下車徒歩約2分。
URLwww.pinakothek.de
開火〜日　10:00〜18:00
　（火は〜20:30）
休月、カーニバルの火曜、
5/1、12/24・25・31
料€7、学生€5
　日曜は€1（特別展は除く）
※モダン・ピナコテーク、ブ
ランドホルスト美術館、
シャック・コレクションに有
効の1日券Tageskarte€12
（特別展は要別途料金）。

ルネッサンス様式の堂々たる美術館

ヴィッテルスバッハ家が16世紀から集めた名画が一堂に並ぶ、ヨーロッパを代表する美術館のひとつ。

通りを挟んで**アルテ**（古い）と**ノイエ**（新しい）のふたつのピナコテークが向かい合っている。アルテ・ピナコテークには14〜18世紀のヨーロッパ絵画が、ノイエ・ピナコテークにはおもに19〜20世紀初めの作品が中心に展示されている。

アルテ・ピナコテークは「あらゆる芸術作品は、万人の目に触れなければならない」と言ったルートヴィヒ1世により、1836年に創立。

[おもな作品]

小さなハンドバッグや貴重品以外の手荷物は館内に持ち込まないように指示されるので、必ずクロークまたはロッカーに預けること。

数多くの名作のなかでも、ドイツの画家デューラーの『四人の使徒』『自画像』、アルトドルファーの『アレクサンダー大王の戦い』をはじめとするドイツ絵画のほか、ファン・ヴェイデンの『東方三博士の礼拝』、ペーター・ブリューゲル父子のフランドル絵画も必見。

デューラーの『四人の使徒』❶に見入る

下記の作品名のあとの数字（❶〜❺）は、P.195の見取り図内の展示位置を示す

フィリッポ・リッピ『受胎告知』❷
Fra Filippo Lippi『Die Verkündigung Mariae』
Photo ARTOTHEK

ペーター・ブリューゲル『怠け者の天国』❸
Pieter Brueghel d. Ä《Das Schlaraffenland》
Photo ARTOTHEK

はだみし 大きな美術館には、荷物を預けるクローク（係員がいる）とロッカーがある。クロークは有料（€1程度）だが、ロッカーは無料（預け入れ時に€1〜2コインが必要だがあとで戻る）で利用できる。

Photo ARTOTHEK

レオナルド・ダ・ヴィンチ『聖母子』❹
Leonard da Vinci《Maria mit dem Kind》

Photo ARTOTHEK

ラファエロ『カニジアーニの聖家族』❺
Raphael《Hl.Familie》

ミュンヘンとバイエルン・アルプス

ミュンヘンの歩き方／おもな見どころ

アルテ・ピナコテーク

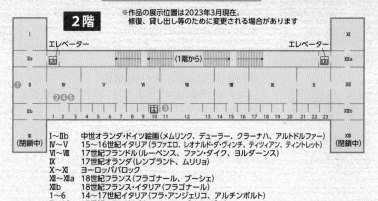

2階

※作品の展示位置は2023年3月現在。
修復、貸し出し等のために変更される場合があります

I〜IIb	中世オランダ・ドイツ絵画（メムリンク、デューラー、クラーナハ、アルトドルファー）
IV〜V	15〜16世紀イタリア（ラファエロ、レオナルド・ダ・ヴィンチ、ティツィアン、ティントレット）
VI〜VIII	17世紀フランドル（ルーベンス、ファン・ダイク、ヨルダーンス）
IX	17世紀オランダ（レンブラント、ムリリョ）
X〜XI	ヨーロッパバロック
XII〜XIIa	18世紀フランス（フラゴナール、ブーシェ）
XIIb	18世紀フランス・イタリア（フラゴナール）
1〜6	14〜17世紀イタリア（フラ・アンジェリコ、アルチンボルト）
7〜12	17世紀フランドル（ルーベンス、ブリューゲル）
13	16〜17世紀ドイツ（エルスハイマー、フォン・アーヘン）
14〜23	17世紀オランダ、他（レンブラント、ロイスダール）

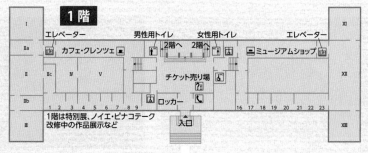

1階

1階は特別展、ノイエ・ピナコテーク
改修中の作品展示など

← バーラー通りへ（市電27番）

ノイエ・ピナコテーク

ノイエ・ピナコテーク
値Barer Str. 29
◐Map P.171-B3
U 2のTheresienstr.下車徒歩
約10分。または100番のバス
か27、28番のトラムでPina-
kotheken下車徒歩約2分。
URL www.pinakothek.de
※2025年頃まで改修工事の
ため閉館中。一部の主要
作品はアルテ・ピナコテー
クの1階とシャック・コレク
ション Sammlung Schack
(→P.199) で公開してい
る。

ノイエ・ピナコテーク

Neue Pinakothek ★★★

ノイエ・ピナコテークは1853年、ルートヴィヒ1世によって開設された。戦災を受け、建て直されたため、建物自体もシックでモダン。絵画展示室は1フロアに広がっており、自然採光の十分な明るさがあり、とても鑑賞しやすく設計されている。大きめの荷物やコート等は地下のコインロッカーへ預けて、身軽に美術を堪能したい。

モダンな外観の正面入口

［おもな作品］

●フランス印象派

日本人にもなじみの深いフランス印象派の画家モネ、マネ、ルノアール、シスレー、ドガの名作が並ぶ。マネの『アトリエでの朝食Frühstück im Atelier』(1868)は傑作。

●後期印象派

ゴーギャン『キリスト生誕』
Gauguin《Die Geburt》

セザンヌ『自画像Selbstbildnis』(1878/80)、『鉄道事故Bahndurchstich』(1870)、ゴーギャン『キリスト生誕Die Geburt』のほか、ゴッホも『ひまわりSonnenblumen』(1888)をはじめ数点ある。

●社会リアリズム、ドイツ印象派

フランス印象派の影響を受け、ベルリン分離派の会長も務めたマックス・リーバーマンをはじめとするドイツ印象派のコレクション。

●象徴主義、ユーゲントシュティール

ゴッホ『ひまわり』
Gogh《Sonnenblumen》

19世紀末から20世紀初頭に花開いたユーゲントシュティールの作品群は必見。スイスの画家ホドラー、アルプスの画家セガンティーニ、ウィーン分離派の巨匠クリムトの『マルガレーテ・ヴィトゲンシュタインの肖像Stonborough-Wittgenstein』(1905)、ミュンヘン分離派の中心的人物フランツ・フォン・シュトゥックの代表作『罪Die Sünde』などを所蔵。

セガンティーニ『耕作』
Segantini《Das Pflügen》

クリムト『音楽』Klimt《Die Musik》

設計はシュテファン・ブラウン

天井光が差し込むロトンド

モダン・ピナコテーク
Pinakothek der Moderne ★★★

20世紀から現代までのアート作品を展示する美術館。アルテ・ピナコテークの2倍に及ぶ総面積があり、贅沢なくらいに広い展示室で、思う存分アートの世界に浸ることができる。吹き抜けのロトンド（円形ホール）を中心に、展示室が広がる。

家具や生活用品も展示

2階Obergeschossはクレー、キルヒナー、ノルデ、マグリット、マティス、ピカソなどの近代絵画部門。

地階Untergeschossは、ポルシェのクーペ・フェルディナンドの型から液晶テレビまで、優れた工業デザインや、トーネット社製の椅子など家具のコレクションが並び、見応えがある。

1階Erdgeschossは建築モデルやグラフィック部門とカフェテリア、ミュージアムショップになっている。

モダン・ピナコテーク
⊕Barer Str. 40
●Map P.171-B3/P.172-A2
中央駅北口から100番のバスでPinakotheken下車。またはKarlsplatzから27、28番のトラムでPinakotheken下車すぐ。
🌐www.pinakothek.de
🕐火～日　10:00～18:00
（木は～20:00)
🚫月、カーニバルの火曜、5/1、12/24・25・31
💰€10、学生€7、日曜は€1（特別展は除く）
※アルテ・ピナコテークやブランドホルスト美術館、シャック・コレクションに有効の1日券Tageskarte €12（特別展は要別途料金）。

地階のデザイン部門も必見

近代絵画のコレクションも充実

ブラントホルスト美術館
Museum Brandhorst

近現代美術のコレクター、ブラントホルスト夫妻の多彩な所蔵作品を中心とした常設展と、注目の現代アーティストの特別展を随時開催する美術館。100点を超えるアンディ・ウォーホルのコレクションはヨーロッパ随一。ベルリ

大胆な色彩と素材を使った外観

ンの建築家ザウアーブルッフとハットンによるモダンな2階建ての建物が印象的。

ブラントホルスト美術館
⊞Theresienstr. 35a
⬤Map P.171-B3
100番のバスで中央駅からPinakotheken下車、中央駅行きではMaxvorstadt/Sammlung Brandhorst下車。
🔗www.pinakothek.de
🕐火～日　10:00～18:00
　（木は～20:00）
休月、カーニバルの火曜、5/1、12/24・25・31
💰€7、学生€5、日曜は€1。アルテ、モダン・ピナコテークとシャック・コレクションの常設展にも入場できる1日券は€12

市立レーンバッハギャラリー
Städtische Galerie im Lenbachhaus

2013年に増築された新館から入場する

ミュンヘンの侯爵画家フランツ・フォン・レーンバッハの広大な邸宅が19～20世紀絵画を中心に展示する美術館になっている。特にカンディンスキーのコレクションはすばらし

©Städtische Galerie im Lenbachhaus, Munich

く、初期から年代ごとに変わっていくカンディンスキーの画風がよくわかる。

また、カンディンスキーもいっとき加わっていた芸術グループ「青騎士」のメンバーの作品も多数ある。マルク、マッケ、クレー、ミュンター、ヤウレンスキーたちの代表作も数多く所蔵している。

「青騎士」を代表するマルクの『青い馬』

市立レーンバッハギャラリー
⊞Luisenstr. 33
⬤Map P.172-A1
Ⓤ2のKönigsplatz下車。
🔗www.lenbachhaus.de
🕐火～日　10:00～18:00
　（木は～20:00）
休月、12/24
💰€10、学生€5

美しい邸宅にも名作が並ぶ

グリプトテーク（古代彫刻美術館）
Glyptothek

ルートヴィヒ1世が集めさせたギリシャ、ローマの彫像が並ぶ。ギリシャのエギナ島にあるアファイア神殿のオリジナル彫像、ヘレニズム時代のバルベリーニのサテュロス像などを所蔵。広場を挟んだ向かいに建つ**古代美術博物館**（ギリシャ陶器やブロンズ、装飾品、グラスなどを展示）と合わせて、**バイエルン州立古代美術コレクション**をなしている。

グリプトテーク（古代彫刻美術館）
⊞Königsplatz 3
⬤Map P.172-A2
Ⓤ2のKönigsplatz下車。
🔗www.antike-am-koenigsplatz.mwn.de/glyptothek
🕐火～日　10:00～17:00
　（木は～20:00）
休月、カーニバルの火曜、一部の祝日
💰€6、学生€4、日曜は€1

ギリシャ神殿風の建物

シャック・コレクション
Sammlung-Schack ✱

Photo ARTOTHEK

昔、プロイセン（北ドイツ）の公館だった建物の中にあり、シャック伯爵のコレクションを展示。19世紀ドイツの画家ベックリン、フォイアーバッハ、レーンバッハ、シュヴィント、シュピッツヴェークらの作品が観られる。

モーリッツ・フォン・シュヴィント作『リューベツァール』

ユダヤ博物館
Jüdisches Museum München ✱

装飾を排した外観が印象的なユダヤ博物館とシナゴーグ、イスラエルコミュニティセンターで構成される。博物館は3フロ

アからなり、ミュンヘンにおけるユダヤ人の歴史、生活、文化を紹介する常設展示と、若手アーティストの作品を紹介する特別展示が随時開催されている。

ユダヤ博物館をはじめとする建物群が印象的

バイエルン・ナショナル博物館
Bayerisches Nationalmuseum ✱✱

1855年、マクシミリアン2世によって創設された博物館。お城のような堂々とした建物は1900年に完成した。館内はかなり広いので、目的を絞ってから見学したほうがいい。

内部は大きくふたつの部門に分かれている。**芸術史コレクションKunstgeschichtliche Sammlungen**には、ニンフェン

ブルクをはじめとする陶磁器やガラス器、時計など。鎧甲冑や武器の展示室もある。**民俗学コレクションVolks-kundliche Sammlungen**には農家の部屋を再現したり、農民の手工芸品、宗教芸術作品などが展示されている。

プリンツレゲンテン通りに面したバイエルン・ナショナル博物館

ヴィラ・シュトゥック美術館
Museum Villa Stuck ✱

レーンバッハと並ぶ、ミュンヘンの画家シュトゥック侯爵の館が、彼の作品を展示する美術館になっている。手頃な大きさの建物と内装も、世紀末様式ともいうべき耽美なユーゲントシュティールで統一され、シュトゥック作の約40点の絵画と15点の像が展示されている。館内では音楽会や企画展も催される。

シャック・コレクション
値Prinzregentenstr. 9
●Map P.171-B4
100番のバスでReitmorstr./Sammlung Schack下車。
URLwww.pinakothek.de
開水〜日　　10:00〜18:00
休月・火、5/1、12/24・25・31
料€4、学生€3、日曜は€1。アルテとモダン・ピナコテークとブラントホルスト美術館にも入場できる1日券は€12

ユダヤ博物館
値St. Jakobs-Platz 16
●Map P.172-B2
UⓈMarienplatzから徒歩約8分。
URLwww.juedisches-museum-muenchen.de
開火〜日　　10:00〜18:00
休月、一部の祝日
料€6、学生€3

バイエルン・ナショナル博物館
値Prinzregentenstr. 3
●Map P.171-B4
16番のトラムまたは100番のバスでNationalmuseum/Haus der Kunst下車。
URLwww.bayerisches-nationalmuseum.de
開火〜日　　10:00〜17:00
（木は〜20:00）
休月、一部の祝日
料€6、学生€6（特別展は別料金）
日曜は€1（常設展のみ）

ヴィラ・シュトゥック美術館
値Prinzregentenstr. 60
●Map P.171-B4
Ⓤ4でPrinzregentenplatz下車、または100番のバスでFriedensengel/ Villa Stuck下車。
URLwww.villastuck.de
開火〜日　　11:00〜18:00
（毎月第1金曜日は〜22:00）
休月、12/24、カーニバルの火曜
料€9、学生€4.50

ユーゲントシュティールのシュトゥック邸

ミュンヘンの世紀末

19世紀末に花開いたミュンヘンの青春の様式
ユーゲントシュティールの作品をたどる

カンディンスキー『多彩な生活』

ヤウレンスキー
『舞踏家アレクサンダー・
サハロフの肖像』

フランツ・フォン・レーンバッハ『レーンバッハ卿の一家』
上3点の絵は市立レーンバッハギャラリー所蔵
©Städtische Galerie im Lenbachhaus, Munich

　いくつかの様式が展開し、多くの芸術家が出現したドイツ美術史の中でも、とりわけひとつのエポックとして注目すべきものに「世紀末芸術」がある。実際には、1900年を境にした前後数十年、**世紀転換期Jahrhundertwende**の芸術という表現が正しい。そして、それは全ヨーロッパにまたがる芸術の激動期でもあった。

　伝統的なアカデミーの芸術に反発し、また、東洋趣味のような異国文化に影響を受けて現れたこの動きは、例えば、ウィーンの**分離派（ゼセシオン）**や工芸と結び付いたイギリスの**アート・アンド・クラフト**などの運動に見られるが、ドイツにおいてはまず**ユーゲントシュティールJugendstil**に実現される。これはフランスの**アールヌーボー**とも比較しうる装飾豊かな芸術で、家具、調度品、食器などの工芸の部門にそのスタイルが表れている。

　絵画では、19世紀末にレーンバッハFranz von Lenbach、カオルバッハFriedrich August von Kaulbach、シュトゥックFranz von Stuckらが肖像画を中心に成功を収める。レーンバッハは自ら画家であると同時に芸術愛護者でもあり、若い芸術家たちを庇護したことでも現代芸術に大きな貢献をしている。

表現主義の登場

　20世紀に入って、芸術史の舞台に「**表現主義**」が現れた。ミュンヘンにおいては、1909年、カンディンスキーWassily Kandinskyによって結成された**新芸術家同盟 Neue Künstlervereinigung München**に端を発する。この同盟には、カンディンスキーの生涯の伴侶であった女流画家

コラム ミュンヘンの世紀末

のミュンターGabriele Münterをはじめ、クレーPaul Klee、ヤウレンスキーAlexej von Jawlensky、マルクFranz Marc、マッケAugust Mackeらが参加した。1911年には考えの違いから、カンディンスキー、ミュンター、マルクが同盟を抜け、独自の展覧会活動を行う。彼らは、**青騎士 Der Blaue Reiter**という名前のもと、カンディンスキーの理論的な基盤（著書『芸術における精神的なものについて』に表

建物自体も美しいヴィラ・シュトゥック美術館

されている）に基づいて活動した。それは、「形式と色彩の自立、物自体からの独立」を目標とするものであった。青騎士は、第1次世界大戦の勃発によってカンディンスキーがドイツを去るまでの間、ヨーロッパ各地の世紀転換期の芸術運動に大きな影響を与え続けた。

現代のミュンヘンにも世紀末の香りが

　シュヴァービングの画廊や骨董品屋をのぞいてみよう。ユーゲントシュティールのランプや食器、世紀末の批評誌『ジンプリツィスムス』が見つかるかもしれない。
　さらに音楽では、19世紀末から第2次世界大戦直後までミュンヘンを中心に活躍した音楽家リヒャルト・シュトラウス。今でも、ミュンヘンフィルやバイエルン州立歌劇場では彼の作品がよく演奏されている。

高島　慶子

近代芸術史全体の流れをおさえる　　　→P.196 / MAP P.171-B3
ノイエ・ピナコテーク
Neue Pinakothek
　18世紀末のダヴィッドから始まるヨーロッパの美術史を代表する、古典派、ロマン派、印象派、後期印象派、リアリズムや現代芸術が観られる。

現代芸術、世紀末から20世紀のヨーロッパ全体の美術
モダン・ピナコテーク　　→P.197 / MAP P.171-B3
Pinakothek der Moderne
　所蔵のブリュッケ、青騎士、バウハウス、未来派、キュビズムなどの作品は見逃せない。

マッケ
『テーゲルン湖の農家の少年』

19世紀末芸術に浸ろう　　　　　→P.199 / MAP P.171-B4
ヴィラ・シュトゥック美術館
Museum Villa Stuck
　世紀末画家シュトゥック卿の住まいで彼の作品のほかアトリエ、家具・調度品、彼自身が収集した絵画・彫刻を展示。興味深い企画展も開催される。

「青騎士」専門に鑑賞するには　　　→P.198 / MAP P.172-A1
市立レーンバッハギャラリー
Städtische Galerie im Lenbachhaus
　レーンバッハ卿の邸宅として建てられた後期ルネッサンス様式の建物には、彼のコレクションのほかミュンヘン市が収集した19世紀から現在までの作品が展示されている。特に「青騎士」の作品は、世界的に貴重な、充実したコレクションである。

マルク『青い馬』
上２点の絵は市立レーンバッハギャラリー所蔵
©Städtische Galerie im Lenbachhaus,Munich

オデオン広場に建つ将軍堂（左）とテアティーナー教会（右）

シュヴァービングと周辺

ミュンヘン大学の本館前

テアティーナー教会
🏠Theatiner Str. 22
🔵Map P.173-A3
Ⓤ Odeonsplatz下車。
🔗www.theatinerkirche.de
🕐6:30〜20:00
（礼拝の間は見学不可）

レジデンツ通りの歩行者天国の終わり、**オデオン広場Odeonsplatz**のモニュメントは、**テアティーナー教会Theatinerkirche**と**将軍堂Feldherrn-halle**。オデオン広場から北へ延びる大通りは**ルートヴィヒ通りLudwigstr.**。ここから北へ向かうと**ルートヴィヒ・マクシミリアン大学Ludwig-Maximilians-Universität**（ミュンヘン大学）があり、学生たちに人気の**シュヴァービング**地区に入る。

シュヴァービングは、カンディンスキー、クレー、トーマス・マンなど数多くのアーティストや作家、詩人が集まって、独特の19世紀末文化を形成した場所だった。今では、ミュンヘンの最先端を行く人々が集まるおしゃれなバーやクラブ、小劇場などが、地下鉄のギゼラ通りGiselastr.駅あたりから、ミュンヒナー・フライハイトMünchener Freiheit駅周辺に点在している。

学生街だけに自転車族が多いシュヴァービング

シュヴァービングの東側一帯に広がる**英国庭園Englischer Garten**は、ニューヨークのセントラルパークよりも広大な都市公園。のんびりくつろぐ人々の姿を見るのもいい。

オリンピック公園に隣接するエリアは、高級自動車BMWの本拠地でもある。本社ビルの前に建つ、**BMWヴェルトBMW Welt**や**BMW博物館BMW Museum**など、旅行者に人気のアトラクションがある。

Topics 大都会の意外なサーフスポット

英国庭園の南端に、**アイスバッハEisbach**（🔵Map P.173-A4）という川が地中から勢いよく流れ出てくる箇所があり、川サーファーが妙技を繰り広げるスポットになっている。橋の上には多くの見物人が集まり、いまやミュンヘンの名所のひとつになっている。

行き方 16番のトラムまたは100番のバスでNational-museum/ Haus der Kunst下車、徒歩約2分。

左／目の前でサーフィンの技を見られて迫力満点　右／両岸に並んで、出番を待つサーファーたち。この場所でのサーフィンは市にも認められているのだ

📷 シュヴァービングと周辺のおもな見どころ

BMW 博物館
BMW Museum ★★

オリンピック公園のそばに建つ4本の筒型の高層ビルは自動車のシリンダーを表していて、通称4気筒ビルと呼ばれるBMW本社ビル。博物館はその手前のお椀のような建物。モダンな館内はいかにも最先端のテクノロジーを感じさせる。

博物館から連絡ブリッジでつながれた向かい側には、**BMWヴェルトBMW Welt**という建物

BMW 本社ビル（左）と BMW 博物館

がある。ここはBMWの最先端テクノロジーを集結した巨大ショールームであると同時に、BMWの顧客への納車場も兼ねている。ショップやレストランも充実。

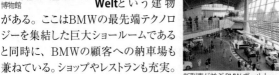
新型車が並ぶ BMW ヴェルト

オリンピック公園
Olympiapark ★

1972年、ここで第20回のオリンピック競技大会が開催された。約7万人を収容する**オリンピックスタジアムOlympia-Stadion**や、ロックやポップスのコンサート会場になる**オリンピックホールOlympiahalle**がある。

高さ約290mの**オリンピック塔Olympia-turm**は、約180mの高さの所に展望台があり、高級レストランも入っている。天気がよければアルプスまでも一望できる。

オリンピック塔はミュンヘンで一番高い展望台

さまざまな施設があるオリンピック公園

英国庭園
Englischer Garten ★

ミュンヘンっ子たちのオアシス。幅約1km、長さ約4kmに及ぶ広大な英国風の庭園は、1789年に造られた。イーザル川から引いた水路や池、日本がミュンヘンオリンピックの開催記念に贈った**日本茶室Japanisches Teehaus**、夏にはビアガーデンもオープンする**中国の塔Chinesischer Turm**、ヌーディスト地区（FKK→下記はみだし）まであるのはちょっとオドロキだ。町歩きに疲れたら地元の人に交じってのんびり木陰でひと休みしてみては。

広大な英国庭園はミュンヘン市民の憩いの場

BMW博物館
🏠Am Olympiapark 2
🔵Map P.171-A3
Ⓤ3,8 Olympiazentrum下車。
URL www.bmw-welt.com
🕐火～日　10:00～18:00
（入場は閉館30分前まで）
休月、12/24～26、12/31、1/1
料€10、学生€7

BMWヴェルト
🏠Am Olympiapark 1
🔵Map P.171-A3
URL www.bmw-welt.com
🕐9:00～18:00
休12/24～26、12/31、1/1、ほかに行事やリニューアル等により休館あり
料無料

BMW工場見学
ドイツ語または英語の工場ガイドツアーWerkführung（24人までのグループ）に参加して見学する。申し込みは☎(089)125016001または✉infowelt@bmw-welt.comから事前要予約。所要約2時間～、料€14。

オリンピック公園
🔵Map P.170-A2～P.171-A3
Ⓤ3,8 Olympiazentrum下車。
URL www.olympiapark.de
🕐塔の入場9:00～23:00
料塔の入場€13

英国庭園
🔵Map P.171-A4～B4
Ⓤ3、6 Universität、または100番のバスでNationalmuseum/Haus der Kunst下車。入口は各所にあるが、中国の塔のビアガーデンは中央部にあり、Ⓤ3、6 Giselastr.下車、徒歩約10分。または54番か154番のバスでChinesischer Turm下車すぐ。

夏は地元の人に人気のビアガーデンになる中国の塔

203

オリンピック公園
ニンフェンブルク城
アルテ&ノイエ・ピナコテーク
ミュンヘン中央駅
英国庭園
マリエン広場
ドイツ博物館
0 1 2km

本城の西側庭園に建つアマリエンブルク

ニンフェンブルク城

ドイツで最大級のバロックの城

　ミュンヘン中央駅から北西へ、トラムで15分ほど行くと、**ニンフェンブルク城Schloss Nymphenburg**と、その庭園が広がる地区に着く。

　ニンフェンブルク城はヴィッテルスバッハ家の夏の居城として建てられた。広大な敷地を左右に貫く運河とさまざまな様式の庭園を配している。本城の西側の庭園の中には小さな城館が点在し、すべてを訪ね歩いたら1日あっても足りないくらい。

壁一面の 36 人の美女に会える美人画ギャラリー

ニンフェンブルク城
Schloss Nymphenburg ★★★

　1664年、フェルディナント・マリア侯が妃アーデルハイトのために造営した別荘が歴史の始まりで、その後19世紀半ばまでのたび重なる増改築および庭園の造営により、現在見る姿となった。戦争による破壊も免れ、「妖精（ニンフェ）の城（ブルク）」の名にふさわしい往時のままの美しい姿を見せている。

　白鳥が浮かぶ運河の後ろ、訪れる者を魅了する左右対称

ニンフェンブルク城
🔲Map P.170-A1
中央駅からトラム17番のAmalienburgstr.行きでSchloss Nymphenburg下車、徒歩約10分。
🔗www.schloss-nymphenburg.de
🕐4/1〜10/15
　　　　　 9:00〜18:00
　10/16〜3/31
　　　　　 10:00〜16:00
（入場は閉館20分前まで）
🔲1/1、カーニバルの火曜、12/24・25・31
💴城本棟のみ€8、学生€7。馬車博物館や庭園内の館にも有効の共通チケットGesamtkarteは€15、学生€13（10月中旬〜3/31は庭園内の館が閉館となるため€12、学生€10）
バイエルンの城巡りチケット（→P.93）有効

ニンフェンブルク城
Menzinger Str.
Maria-Ward-Str.
植物園 Botanischer Garten
パゴーデンブルク Pagodenburg
磁器工房 Porzellanmanufaktur
マクダレーネンクラウゼ Magdalenenklause
ニンフェンブルク⑤ P.224
Nördl. Auffahrtsallee
Südl. Auffahrtsallee
ニンフェンブルク城 Hauptschloss
ニンフェンブルク運河
アマリエンブルク Amalienburg
馬車博物館 Marstall-Museum
Zuccalistr.
バーデンブルク Badenburg
0 200 400m
Nibelungenstr.
ミュンヘン中央駅へ

はみだし　ニンフェンブルク城のそのほかの見どころ　●アマリエンブルク：銀色に輝く鏡の間や華麗なロココ様式の部屋などが必見。●バーデンブルク：内部は王家の人々が遊んだ豪華な温水浴場になっている。●パゴーデン↗

のバロックの城が**本城Hauptschloss**。中に入ってまず目を奪われるのが**シュタイネルネ・ザールSteinerne Saal**というロココ様式の大広間。フランソワ・クヴリエとヨハン・バプティスト・ツィンマーマンという、当代きっての名建築家が腕を振るった。

圧巻は、南翼にある**美人画ギャラリーSchönheitengalerie**。ルートヴィヒ1世が愛した美女36人の肖像画がずらりと壁面を飾っている。また、ルートヴィヒ2世誕生の部屋も見逃せない。

本城の南側には、**馬車博物館Marstallmuseum**があり、ルートヴィヒ2世の豪華な馬車やそりを展示している。本城の西側庭園には、狩猟用の城館アマリエンブルクなどの館が点在する。

中央の広間シュタイネルネ・ザール

馬車博物館
Marstallmuseum

ルートヴィヒ2世が愛用した黄金のそり付き馬車をはじめ、ヴィッテルスバッハ家の豪華な馬車が展示されている。

同じ建物には**ニンフェンブルク陶磁器コレクション**もあり、1747年創業から現在までの貴重な作品が展示されている。入口は宮殿本棟とは別で、南側にある。

ルートヴィヒ2世の絢爛たる馬車

Topics ミヒャエル・エンデの世界を訪ねて

『モモ』や『はてしない物語』など、ファンタジーに満ちた世界を書いた作家ミヒャエル・エンデ。1929年にガルミッシュ・パルテンキルヒェンで生まれ、その後の人生の大半はミュンヘンに暮らし、1995年8月28日にこの世を去った。

ミヒャエル・エンデ博物館
Michael-Ende-Museum

公園の中に建つ白壁にれんが屋根のブルーテンブルク城は国際青少年図書館になっており、エンデ博物館はこの一角にある。エンデの本、写真、絵、遺品などを展示するほか、日本への興味や日本とのつながりの深さを感じられる展示も。
[行き方] ミュンヘン中央駅から、⑤3、4、6、8でパージングPasing下車、そこから56番のバスでブルーテンブルク城Schloss Blutenburg下車、徒歩約5分。
住Schloss Blutenburg D-81247
URLwww.ijb.de/ausstellungen/single/michael-ende-museum
開水〜日 14:00〜17:00
休月・火・祝 料€3

左／『モモ』に登場するカメ、カシオペイアの背には〈オソレルナ〉の文字が浮かぶ 右／墓全体にエンデの世界が広がる

ヴァルトフリートホーフWaldfriedhof

エンデの墓は、ミュンヘン市内のヴァルトフリートホーフ（森林墓地）にある。スフィンクス像が向かい合う正面入口Haupteingangの門を入り、左に5分ほど、地面に212と表示された区画にある。入口のそばの看板で位置を確認してから歩き出そう。大きな本を開いた青銅の墓碑を中心として、周囲の香炉や花台なども、すべて「本」をモチーフにした墓だ。墓碑には『モモ』に出てくるカメや、カタツムリ、一角獣などが配され、エンデが描いた世界が凝縮されているようだ。
[行き方] 中央駅から回5のLaimer Platzまで行き、Aidenbachstr.行きの51番のバスに乗り換えて6つ目のWaldfriedhof Haupteingang下車。
開8:00〜17:00（3月は〜18:00、9・10月は〜19:00、4〜8月は〜20:00）

▶ブルク：当時流行のシノワズリ（中国趣味）の装飾を取り入れた小さな城館。●マクダレーネンクラウゼ：マックス・エマヌエル選帝侯が造った庵。わざと廃墟のようにしてある。

205 ◆

貴重な芸術作品から、記念館、個人のこだわりのコレクションまでミュンヘンにはひと味違った博物館がいろいろある。

おもちゃ博物館 Spielzeugmuseum

旧市庁舎の塔の中にある小さな博物館。風刺画家だったイヴァン・シュタイガーのプライベートコレクションをもとに、ヨーロッパ、アメリカ、ロシアなどの人形とおもちゃが展示されている。

但Im Alten Rathausturm, Marienplatz 15
◆Map P.173-B3
U|**S**Marienplatz下車。
URLwww.spielzeugmuseummuenchen.de
開10：00〜17：30 休12/24、カーニバルの火曜
料€6、子供（4〜15歳）€2

ノスタルジックなおもちゃがいっぱい

ファレンティン・カールシュタット・ムゾイム
Valentin Karlstadt Musäum

ドイツ語で博物館はムゼウムというが、わざとムゾイムと言ってみたり、入館料が半端な額だったりとしゃれっ気がいっぱい。ここはミュンヘン出身のコメディアン、カール・ファレンティンと相手役リーズルの活躍を紹介した記念館。ファレンティンはヘッセやブレヒトもファンだったというほどの国民的人気を博した。季節ごとにユニークな特別展を開催。古きよき時代のインテリアのカフェも併設。

但Im Tal 50 im Isartorturm（イーザル門の中）
◆Map P.173-B4
URLwww.valentin-musaeum.de
SIsartor下車、16番か17番のトラムも利用可。
開木〜火　11：00〜17：30
　　日　　10：00〜18：00
休水、12/24〜26、1/1 料€2.99、学生€1.99

アンティークムードのカフェ

白バラ記念館
DenkStätte Weiße Rose

白バラとは、1942年、第2次世界大戦下のミュンヘンで、反ナチスのビラを配布したりスローガンを壁に書いたりなどの反体制運動を行ったグループのこと。

グループのメンバーは、ハンス・ショルとその妹ゾフィーを中心とする6名のミュンヘン大学の学生や教授で、翌年逮捕され死刑に処された。「白バラ抵抗運動」は、学生たちによる代表的な反ナチス抵抗運動として知られている。ミュンヘン大学の校舎内には、彼らの活動を記念する部屋が設けられ、当時の記録などが展示されている。

但Geschwister-Scholl-Platz 1 ◆Map P.171-B4
U3、6 Universität下車すぐ。
URLwww.weisse-rose-stiftung.de
開月〜金 10:30〜16:30、土 11:30〜16:00
休日・祝 料無料

大学のメイン玄関を入ってすぐのホール。この先右奥にある階段を下った所が白バラ記念館の展示室

NSドキュメントセンター
NS-Dokumentationszentrum München

ミュンヘンはナチス（NSDAP）結党の町。かつて党本部がおかれていた跡地に、ナチスの時代を忘れないための記念館が建つ。西隣のケーニヒス広場はナチスのパレードやプロパガンダ集会が開かれた場所でもあり、当時の様子を伝える展示が臨場感をもって胸に迫ってくる。

但Max-Mannheimer Platz 1 ◆Map P.172-A2
交**U**2Königsplatzから徒歩約5分。
URLwww.nsdoku.de
開火〜日10:00〜19:00 休月 料無料

白いキューブ形の記念館。展示は英語併記

ミュンヘン郊外のおもな見どころ

ダッハウ強制収容所
KZ-Gedenkstätte Dachau ★★

ダッハウ強制収容所の記念館

ミュンヘンから北西へ約19kmの所にあるダッハウには、ナチスによるドイツで最初の強制収容所があった。この収容所にはユダヤ人だけでなく、宗教上、思想上、政治上の問題で収容されていたドイツ人、ポーランド人もかなりの数を占めていた。この収容所で命を奪われた人は約3万人にものぼる。

広大な敷地内にはバラックが2棟だけ復元され、その外れにはガス室や焼却炉も保存されている。目をそむけずに歴史の事実を見つめるために、ドイツでは各地の強制収容所を残している。

復元されたバラックの内部

かつての管理棟が記念館になっていて、ここでナチスがどのように残虐行為を行ったかを訴えかけてくる展示がある。

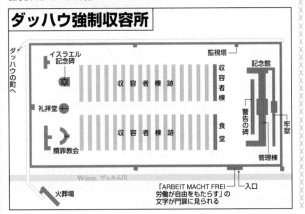
ダッハウ強制収容所

「労働が自由をもたらす」の文字がある鉄の門扉

ダッハウ強制収容所
🏠Pater-Roth-Str. 2a D-85221 Dachau
🗺Map P.170-B1
🌐www.kz-gedenkstaette-dachau.de
🕐9:00～17:00
休12/24
料無料

1日にドイツ語4回、英語3回のドキュメントフィルムが上映される（12歳以上から可）。ガイドツアー（所要約2時間30分）はドイツ語が毎日12:00、英語が毎日11:00と13:00に催行（13歳以上から参加可）。1人€4

行き方
中央駅（地下ホーム）から⑤2（Petershausen方面行き）で所要約20分のダッハウDachau下車。ダッハウ駅前からSaubachsiedlung行きの726番のバスで所要約10分のKZ-Gedenkstätteで下車。
ミュンヘン中心部からダッハウへはゾーン1用（→P.177）のチケットが必要。

死体焼却炉やガス室があった火葬場

死体焼却炉。戦争のむごさを訴えかけてくる

ガス室は「シャワー室 BRAUSEBAD」と表示されていた

バリア・フィルムシュタット
Bavaria Filmstadt ✱

『ネバーエンディングストーリー』に出てくる
ファルコンで特撮効果を見せてくれる

ミュンヘンはドイツ映画の都のひとつ。『Uボート』や『キャバレー』『ネバーエンディングストーリー』などが撮影されたバリア・フィルムシュタットでは、「フィルムエクスプレス」というミニ列車に乗って、広い撮影所内を見て回るガイドツアーが人気を集めている。

ツアーは所要約1時間30分。SF映画のトリック撮影の仕方を説明してくれたり、セットの中で見物客を演じさせてくれたり、いろいろな体験ができる。

シュライスハイム城とルストハイム城
Schloss Schleißheim und Schloss Lustheim ✱

ミュンヘンの北の郊外に建つシュライスハイム城（ノイエス・シュロス）

ミュンヘン中央駅から⑤1のフライジングFreising行きで所要約20分、オーバーシュライスハイムOberschleißheim駅で下車する。シュライスハイムには古い城という意味の**アルテス・シュロスAltes Schloss**と新しい城**ノイエス・シュロスNeues Schloss**がある。アルテス・シュロスはバイエルン・ナショナル博物館の別館として、プロイセンのコレクションと特別展が随時開催されている。ノイエス・シュロスのほうは、マックス・エマヌエル選帝侯のヴェルサイユとたたえられる美しいバロックの城。内部には華麗なスタッコ装飾が施されている部屋と、バロック絵画を展示する**州立ギャラリーGemäldegalerie**があり、一般公開されている。

ノイエス・シュロスの**庭園Park**は、ドイツに残る絶対主義時代のフランス風庭園としては珍しいもの。この広大な庭園の奥には、水路に囲まれた**ルストハイム城Schloss Lustheim**がある。内部は、**マイセン陶磁器コレクションMeißener Porzellan-Sammlung**が公開されている。

ババリア・フィルムシュタット
📍Bavariafilmplatz 7
D-82031 Geiselgasteig
◉Map P.170-B1
🔗www.filmstadt.de
🕐4/1〜11/5 9:00〜18:00
　11/6〜1/7 10:00〜17:00
　（入場は閉館2時間前まで）
🚫9〜5月の月、火、12/24・25、他に不定休で冬期にあり（上記サイトで要チェック）
💶園内ガイドツアー€28（4Dフィルム上映含む）、VR体験（約5分）€8
行き方
　⑤1〜8のRosenheimer Platzで下車し、Grünewald方面行きの25番の市電に乗り換えてBavariafilmplatz下車、徒歩約10分。（ミュンヘン中心部からはゾーン1用のチケットが必要）

シュライスハイム城（アルテス・シュロス）
📍Max-Emanuel-Platz 1
D-85764 Oberschleißheim
◉Map P.170-B1
🔗www.schloesser-schleissheim.de
🕐火〜日 9:00〜18:00
　（10〜3月は10:00〜16:00）
🚫月、1/1、カーニバルの火曜、12/24・25・31
💶€4、学生€3
　ノイエス・シュロス、ルストハイム城との共通チケット€10、学生€8
行き方
　⑤1オーバーシュライスハイム駅（ミュンヘン中心部からはゾーン1用のチケットが必要）から徒歩約15分。駅前からは292番のバスが城（Schloss Lustheim下車）まで行くが、運行本数は少ない。ミュンヘン中心部からタクシーで€30〜40。
（ノイエス・シュロス）
🕐🚫アルテス・シュロスと同
💶€6、学生€5
　共通チケット€10、学生€8

ルストハイム城
🕐🚫アルテス・シュロスと同
💶€5、学生€4
　共通チケット€10、学生€8

はみだし シュライスハイム城に隣接して航空博物館（→P.192）がある。上記バス停からはやや距離がある。

ミュンヘンのエンターテインメント

オペラ

バイエルン州立歌劇場
Bayerische Staatsoper (Nationaltheater)

ギリシャ神殿様式の列柱が美しい

バイエルン州立歌劇場
住Max-Joseph-Platz 2
Map P.173-A3
トラム19番Nationaltheater下車すぐ。またはⓊⓈMarienplatzから徒歩約5分。
☎(089) 21851920（予約）
www.staatsoper.de
前売り窓口 Tageskasse
住Marstallplatz 5
Map P.173-A4
圏月〜土　10:00〜19:00
休日・祝
当日券窓口 Abendkasse
当日券は開演1時間前から劇場内の窓口でも販売。

　劇場前広場の座像になっているマックス・ヨーゼフ1世が19世紀前半に建てた、ドイツを代表する歌劇場。若きルートヴィヒ2世は、ここで初めてワーグナーの『ローエングリン』を観て感動に打ち震えた。即位後はワーグナーのパトロンとなり『トリスタンとイゾルデ』と『ニュルンベルクのマイスタージンガー』を初演させている。第2次世界大戦で爆撃を受けて炎上したが、戦後1963年に再建された。

舞台正面の席を取り囲む豪華な装飾

　9月の中旬から翌年6月までがシーズンで、ほぼ毎夜オペラまたはバレエが上演されている。また、夏に開催される**オペラ・フェスティバル**の主会場ともなり、世界中からオペラファンが集まる。内部のロビーや客席も、格調高い雰囲気があり、音楽ファンなら一度は足を運びたいオペラハウス。

Topics　バイエルン州立歌劇場内部のガイドツアー

　オペラファンならぜひ体験したいガイドツアー。客席やロビーだけでなく、バイエルン王家専用席や舞台裏（ステージ準備の都合で見学できない場合もある）を見学できる。催行は不定期で週に数回14:00からスタート（催行日はwww. staatsoper.de/fuehrungenに掲載されている。英語版あり）。所要約60分。チケットは上記前売り窓口または上記ウェブサイト内からオンラインで購入、€10、学生€5（オンラインの場合は予約料€2加算）。ドイツ語のみ。劇場の東側の道Alfons-Goppel-Str.に集合する。

シャンデリアが輝く王の広間

王家専用のロージェに入れる

普段は見られない場所にも入れる

オペラを楽しむ方法

1 まずは上演スケジュールをチェック

上演スケジュールは、バイエルン州立歌劇場の公式サイト（URL www.staatsoper.de）でチェックできる。

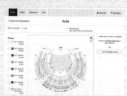

公式サイトの上演スケジュール Spielplan（英 Schedule）のページ。TICKETS をクリックすると席の選択画面に進む

2 インターネット予約

インターネットで購入するのが一番簡単なチケット入手方法。公演日の2ヵ月前からネット予約を受け付けている。英語の表示もあり、座席指定で簡単に予約できる。チケットを選び会員登録後、クレジットカードで支払う。チケットの受け取りはEメールで送信してもらう方法と、自宅に郵送してもらう（送料必要）方法があり、どちらかを選択する。

バイエルン州立歌劇場の東側の建物内にある前売り窓口

3 現地で購入する

残席がある場合、前売り窓口で購入できる。当日券は、開演1時間前からオープンする劇場内の窓口Abendkasseで購入する。

4 劇場でのマナー

服装に決まりはないが、日常と切り離された夢の世界に浸るために、自分なりのおしゃれをして楽しみたい。

コートやカサなどは、消防法によりクロークに預けるルールになっている（無料）。

上演中の私語、撮影は厳禁。携帯電話や時計のアラームはオフにしておくこと。時差や旅の疲れからか、上演中に眠り込んでしまう人も意外に多い。いびきで周囲に迷惑をかけることだけはないように。

舞台への期待が高まる開演前

赤と金色を基調にした豪華な客席

幕間のひとときを過ごす豪華なロビー

ミュンヘン・フィルハーモニー管弦楽団
URL www.mphil.de

バイエルン放送交響楽団
URL www.br-so.de

レジデンツ内のヘラクレスザール
住Residenzstr.1
Map P.189
U3、4、5、6またはバス100番でOdeonsplatz下車。ホーフガルテン側から入る。前売りは、各主催者、ミュンヘンチケット（→P.211）などで。

コンサート

ミュンヘンには、世界的に評価の高いオーケストラがふたつある。**ミュンヘン・フィルハーモニー管弦楽団Münchner Philharmoniker**と**バイエルン放送交響楽団Symphonie-orchester des Bayerischen Rundfunks**で、ガスタイク文化センターの中の**フィルハーモニーホールPhilharmonie im Gasteig**（→閉館中。次ページ参照）や、レジデンツの一角にある**ヘラクレスザールHerkules-saal der Residenz**で演奏会を行っている。

ガスタイク改装中の移転先ガスタイク HP8

ガスタイク文化センター

Gasteig

　ガスタイクはミュンヘンを代表する複合文化施設で、大ホールのフィルハーモニーホール、中ホールのカール・オルフ・ホール、音楽学校、中央市民図書館、市民学校などからなる。

※ガスタイクは、2027年頃までの予定で改修工事のため閉鎖中。その間は**ガスタイクHP8 Gasteig HP8**という複合文化エリア内にある**イーザル・フィルハーモニーIsarphilharmonie**が代わりのホールとして使われている。

©Tobias Hase

近代的な設備のイーザルフィルハーモニーホール

ガスタイク文化センター
住Rosenheimer Str. 5（閉館中）
◉Map P.171-B4
URLwww.gasteig.de

イーザル・フィルハーモニー
住Hans-Preußinger-Str. 5
◉Map P.171-B3外
U3 Brudermühlstr.下車 徒歩約5分。またはバス54、X30でSchäftlarnstraße/Gasteig HP8下車すぐ。

コンサートのチケット入手方法

　ミュンヘンの2大オーケストラのチケットは、それぞれの公式サイトからオンライン購入できる。ほかにミュンヘンとその周辺のクラシックやロックなどさまざまなコンサートのチケットは、おもに**ミュンヘンチケットMünchen Ticket**が取り扱っており、同社のサイトからオンライン購入できる。

ミュンヘンチケット
URLwww.muenchenticket.de

ナイトライフ

　ミュンヘンのナイトライフの中心は、学生が多いシュヴァービング周辺や、イーザル川の東側からオスト駅周辺のハイトハウゼンHaidhausen地区（◉Map P.171-B4）。個性的なカフェバーやライブハウスが点在する。

人気のライブハウス、ムファットハレ（下記参照）

Club　München

ミュンヘンのライブハウス＆クラブ

ムファットヴェアク

Muffatwerk　　◉MAP：P.171-B4

　ミュンヘンを代表するライブハウス、ムファットハレと、クラブ・アンペレを中心に、週末の夜は若者であふれる複合施設。19世紀に建てられた水力発電所を大胆に

改装した広い敷地内にはビアガーデンやカフェもある。ライブやイベントの日程は下記のサイト（英語あり）でチェックしよう。

住Zellstr. 4　URLwww.muffatwerk.de
営各エリア、イベントによって異なる
交⑤Rosenheimer PlatzまたはIsartor下車、徒歩約15分。

ウンターファート

Unterfahrt　　◉MAP：P.171-B4

　かつてのビール醸造所地下にある老舗のジャズクラブ。上原ひろみをはじめ、国内外の人気の高いアーティストも登場したライブハウス。ライブは必ず下記サイトで予約を。ライブは通常20:30～。

住Einsteinstr. 42
☎(089) 4482794
URLwww.unterfahrt.de
営ライブ開始約45分前～
交U4、5 Max-Weber-Platz下車。

ビールの都

ミュンヘンで飲む！

冬でも昼からビールを楽しむ

ミュンヘンに来たら、
まずは新鮮なビールでカンパイ！
仲間とにぎやかに飲むもよし、
ひとりでじっくり味わうもよし。

白ソーセージとプレーツェルは最高のコンビ

ミュンヘンとビール

　ミュンヘン周辺はドイツで最も多くのビール醸造所が集まっており、ビールの歴史もこの地域から始まる。ドイツ最古のビール醸造所は、ミュンヘンの北東フライジングという町にある**1040年創立のヴァイエンシュテファン修道院**で、現在は州立醸造所として製造を続けている。

　ビールには大麦、ホップ、水以外を入れてはならない（後に酵母が加わる）と定めた「**ビール純粋令**」は、1516年の制定以来いまだに守られている。この法令に従って造られたビールは、長期保存や長距離移送には適していないので、ドイツには全国的シェアのビール醸造所というものは存在せず、各地の醸造所で造られる新鮮なビールが飲めるようになっている。

　ビール醸造所直営のビアホールやビアガーデンもミュンヘンの町のあちらこちらにあり、できたての新鮮なビールが飲める（→P.214〜ドイツ料理・ビアレストラン）。

ビアガーデンの楽しみ方

　ミュンヘンの中心部には、有名なビアホールやビアガーデンが数多くあり、地元の人と一緒にビールを堪能する観光客の姿も多く、連日にぎわっている。にぎやかなビアホールも楽しいけれど、実は地元のミュンヘナー（＝ミュンヘンっ子）たちは、ビアガーデンで意外に素朴で静かなひとときを過ごしている。

　昔ながらのビアガーデンはセルフサービスのところが多く、テーブルクロスがかかっていないテーブルは、つまみなどの食べ物を持ち込んでもよいことになっているから、お金もそれほどかからない。

　森や池のほとりのビアガーデンや、動物園を併設しているビアガーデンまであり、ミュンヘンという大都会にいることを忘れそう。

　天気のいい日は、お気に入りのビアガーデンへ家族や友達同士で、ハイキング気分で出かけていく。ミュンヘンの人たちは、自然のなかでビールを楽しむのが大好きなのだ。

＼ セルフ式のビアガーデンでオーダーする ／

① 料理を選ぶ

トレイを持っておいしそうな料理が並ぶコーナーへ行って注文する。実物が見られるので安心

② ビールを注文

別のビール専用コーナーで注文。種類（→P.40）とサイズ（大はグロース、小はクライン）を選ぶ

③ 支払い

支払いはカッセ Kasse で。ジョッキにデポジットが加算されている場合は所定位置に戻せば返金される

おすすめビアガーデン
Best3

町の中心から交通の便がよくて、地元の人に人気のビアガーデンのベスト3を紹介してもらった。ミュンヘンの人たちのビアガーデンライフを体験してみよう。

（ビアガーデン紹介：武内喜世茂）

クラブやカフェも併設する

旧植物園の一角にある

1 パーク・カフェ
Park Café

ミュンヘン中央駅からも近く、サッカーのゲームをビアガーデンのビッグスクリーンにライブで流している。サッカーの試合がある日はここでビールを飲みながら観戦し、その後は併設のクラブで飲み直しもできる。周りは緑豊かな公園（旧植物園）に囲まれているので、酔い覚ましに散歩でもしながら帰途につける。

囲Sophienstr. 7　◉Map P.172-A1　☎(089)51617980
URLwww.parkcafe089.de　営レストランは月～金12:00～23:00、土10:00～翌1:00、日10:00～21:00。ビアガーデンは月～金15:00～、土・日12:00～　交中央駅から徒歩約5分。

2 ミヒャエリ・ガルテン
Michaeligarten Wirtshaus & Biergarten

ミュンヘンの中心から東へ約5kmに位置し、周りはオストパークという大きな公園になっている。ビアガーデンに隣接して人工の池があり、カモやハクチョウが遊泳し、ラジコン船なども浮かんでいる。隣には大きなプールMichaelibadがあり、もちろんビールを飲んで昼寝もできる。柵で囲まれた一角は、なんとヌーディスト地域FKKになっていて、そこはもちろん全裸が基本。

水辺のテーブルが人気

噴水が上がる大きな池と森に囲まれたビアガーデン

囲Feichstr. 10　地図外　☎(089)43552414
URLwww.michaeligarten.de　営木～土11:30～22:00(食事オーダーは～21:00)、ビアガーデンは月～土12:00～、日・祝11:00～で、雨天や荒天時、冬期は閉鎖。
交U5Michaelibadから徒歩すぐ。

3 ケーニヒリッヒャー・ヒルシュガルテン
Königlicher Hirschgarten

ミュンヘンの西方5kmに位置し、王立鹿公園という名のとおり、ビアガーデン内には数百頭ものシカが飼われている。しかもいろいろな種類のシカが数百頭！料理の味は地元の人が多いことで判断できる。特にサバの炭火焼きは脂がのって絶品。ビールは、ミュンヘン6大メーカーのひとつ、アウグスティーナー。地元の人はこれを常温で飲んでいる。

フェンスの脇までシカがやってくる

バイエルン風の革の半ズボン姿の陽気なウエーター。創業は1791年、屋外の座席数約8200はバイエルン最大級のビアガーデン

囲Hirschgarten 1　地図外　☎(089)17999119　URLhirschgarten.de
営月～日11:00～24:00(食事オーダーは～22:00)　交トラム16または17番でRomanplatz下車、徒歩約3分。

ミュンヘンのレストラン

ミュンヘンの中心部には、大きなビアホールやビアレストランが競い合い、連日地元の人々や観光客でにぎわっている。

天気のよい日には、昼間から木陰のビアガーデンでのんびりとビールを楽しむのがミュンヘン流。ビアホールやビアガーデンは、大きなテーブルの席が多いので、相席は当たり前。

ドイツ料理・ビアレストラン

ホーフブロイハウス　　　　Hofbräuhaus

ミュンヘンの名所でカンパイ！　　　◎MAP：P.173-B3

ミュンヘンの夜に欠かせない最大の観光名所。1階は体育館のように広く、木の長椅子と長いテーブルがずらりと並んでいる。天気のよい日は中庭のビアガーデンもオープン。1階ではバンド演奏もある。2階はレストラン、3階はショー付きのフロアで団体客が多い。1ℓ入りビール€10.40、白ソーセージWeisswurst（2本）€6.50。

住Platzl 9
☎(089) 290136100
URLwww.hofbraeuhaus.de
営11：00～24：00
カード J M V
交 U S Marienplatzから徒歩約5分。

3階はショータイム（有料）がある

ツム・フランツィスカーナー　　　Zum Franziskaner

自家製ビールと白ソーセージが絶品　　　◎MAP：P.173-A3

1363年創業という歴史あるバイエルン料理の店だが、気取らない雰囲気が魅力。内部はいくつかの部屋に分かれている。レバーケーゼLeberkäse€16.90（小€8.90）が名物。白ソーセージ（2本）は€7.80。

住Residenzstr. 9/Perusastr. 5
☎(089) 2318120
URLwww.zum-franziskaner.de
営11：00～23：00（木～土は～24：00）
カード A D M V
交 U S Marienplatzから徒歩約5分。

ラーツケラー　　　Ratskeller

新市庁舎の地下で味わう本場の味　　　◎MAP：P.173-B3

自家製ソーセージの盛り合わせをはじめとする、バイエルン料理のメニューが多数。広くて堂々としたインテリアは、歴史を感じさせる。ミックスグリルソーセージGrillwurst Schmankerl€20。

住Marienplatz 8
☎(089) 2199890
URLwww.ratskeller.com
営11：00～23：00（料理オーダー～22：25）
カード A M V
交 U S Marienplatzから徒歩約1分。

Speciality　ミュンヘン名物白ソーセージとは？

白ソーセージWeißwurstは、子牛肉にパセリや香辛料を混ぜたすり身を白い皮で包んだソーセージで、必ずゆでて食べる。注文は2本以上から。

ソーセージを皿にのせ、フォークで押さえながら、食べやすい大きさに切って、皮をはがし、ズューサー

ゼンフSüßer Senfという甘味のあるマスタードをつけて食べる。

いたみやすいソーセージだったため、昔はできたての新鮮なものを昼までに食べきる習慣があった。今もその伝統を守る店もある。

ミュンヘンとバイエルン・アルプス

ミュンヘンのレストラン

ドイツ料理・ビアレストラン

シュナイダー・ブロイハウス（旧称ヴァイセス・ブロイハウス）　Schneider Bräuhaus

落ち着いて食事ができるビアレストラン　●MAP：P.173-B3

　シュナイダー・ヴァイスSchneider Weisseという小麦ビールで有名なビール醸造所の直営ビアレストラン。家族連れや小グループが多く、気軽に食事が楽しめる雰囲気。白ソーセージは昔ながらの習慣を守り12：00までのメニューなので、朝食代わりに食べてみては。5種のソーセージ盛り合わせGroße Metzgerplatte-fünf verschiedene Würste€19.90。ヴァイスビアは9種類あり、0.5ℓ入り€4.82～。

住Tal 7
☎(089)2901380
URLwww.schneider-brauhaus.de
営8：00～23：00
カードJMV（€20以上から）
交UⓈMarienplatzから徒歩約5分。

落ち着いた色の木を多用した店内

日によってブラスバンドの演奏も入る

白ソーセージは2本€6.40

シュパーテンハウス　Spatenhaus

オペラの前後に立ち寄りたい　●MAP：P.173-A3

　バイエルン風のカモ料理や豚肉料理が名物。バイエルン風肉・ソーセージの盛り合わせプレートBayerische Schmankerlplatte €39.90。すっきりした辛口ビールが好きな人は、この店のビールがおすすめ。2階は高級。

住Residenzstr. 12
☎(089)2907060
URLwww.kuffler.de/spatenhaus
営1階は11：30～翌0：30（料理オーダーは～23：00）、2階は11：30～24：00
カードAMV
交UⓈMarienplatzから徒歩約7分。

ヘアシャフツツァイテン（旧パウラーナー・イム・タール）　Herrschaftszeiten

中庭の席が人気のビアレストラン　●MAP：P.173-B3

　入口は目立たないが、店内は広く、奥には中庭もある。パウラーナービールの直営だけにビールは最高にうまく、生のヘレスHelles（0.5ℓ）€5.70、ヴァイスビアWeissbierは€6.10。白ソーセージ（2本）€6.80。

住Tal 12
☎(089)693116690
URLherrschaftszeiten-muenchen.de
営月～土11：00～翌1：00、日11：00～23：00
カードAMV　交UⓈMarienplatzから徒歩約5分。

プフェルツァー・レジデンツ・ヴァインシュトゥーベ　Pfälzer Residenz Weinstube

レジデンツの建物にあるワインレストラン　●MAP：P.173-A3

　ビールよりもワインが飲みたくなったらここへ。プファルツ地方名産のワインを中心に、0.1ℓや0.25ℓ入りのグラスワインが、€1.90～6.10と手軽な値段で楽しめる。ワイン片手に気取らない雰囲気でおしゃべりする地元の人の姿が見られる。料理は、ソーセージや肉のグリル料理が中心のドイツ料理で、メインは€9.50～24.20、日替わりランチは€8.90～15.90程度。夏にはレジデンツの中庭に、テーブルが並ぶ。

住Residenzstr. 1
☎(089)2422910
URLwww.pfaelzerweinstube.de
営11：00～翌0：30
カードMV
交UOdeonsplatzから徒歩約3分。

0.1ℓから注文できるので、いろいろな味を試してみたい

アンデクサー・アム・ドーム　　Andechser am Dom

和牛のメニューも自慢　　　　◎MAP：P.173-B3

550年以上の歴史がある修道院ビールとして有名なアンデックスビール（0.3ℓ€4.70）が飲める。ビールのつまみの定番、オバツタObatzdaはパン付きで€9.50、自家飼育の和牛WAGYUのバーガーやカルパッチョ、ステーキなどもある。

住Frauenplatz 7
☎(089) 24292920
URL www.andechser-am-dom.de
圏10:00〜23:30（金・土は翌1:00、日は〜23:00)
カード A M V
交U S Marienplatzから徒歩約4分。

ニュルンベルガー・ブラートヴルスト・グレックル　Nürnberger Bratwurst Glöckl

ニュルンベルク名物をミュンヘンで　◎MAP：P.173-B3

店内はさほど広くないが、天気のよい日は、店の前にズラリとテーブルが並ぶ。ブナの木炭でカリッと焼き上げたニュルンベルクソーセージの専門店で、6本€10.70、10本€15.20でザウアークラウトかポテトサラダ付き。

住Frauenplatz 9
☎(089) 2919450
URL www.bratwurst-gloeckl.de
圏10:00〜翌1:00（日・祝〜23:00)（料理オーダー〜23:00)
カード A D J M V
交U S Marienplatzから徒歩約5分。

アルテス・ハッカーハウス　　Altes Hackerhaus

伝統的なビアレストラン　　　◎MAP：P.172-B2

ミュンヘンのビール会社ハッカー・プショールの直営店。ヘレスHellesの0.5ℓ€5.60。子牛肉のハンバーグKalbsfleischpflanzerl€14、白ソーセージ（15:00まで）2本€6、豚肉スライスのグリルSchweinsbraten€18。

住Sendlinger Str. 14
☎(089) 2605026
URL www.hackerhaus.de
圏11:00〜23:00
カード A D J M V
交U S Marienplatzから徒歩約5分。

ファウン　　Gaststätte FAUN

地元の人たちに愛される食堂　◎MAP：P.172-B2 地図外

美しく彩色された天井に目を奪われるが、ビアホール風の気取らない食堂。平日の日替わりランチ（11:30〜15:00）は€8.50〜10.50という安さ。アウグスティーナービールが飲める居酒屋として利用する人も多い。

住Hans-Sachs-Str. 17
☎(089) 263798
URL faun-muenchen.de
圏12:00〜24:00（金・土は〜翌1:00)（料理は〜22:30)
カード M V　交U S Karlsplatzから16、18番のトラムでMüllerstr.下車、徒歩約5分。

オスカー・マリア　　Oskar Maria

フランス風のおしゃれなブラッスリー　◎MAP：P.173-A3

リテラトゥーアハウスという文学館にあるおしゃれなブラッスリー。お客さんも何となくインテリ風。1階は天井が高く明るい。サラダやスープ、パスタやリゾットなどもおいしい。キッシュQuiche€13。朝食メニューでは、エッグ・ベネディクトEier Benedict,Sauce Hollandaise€14がおすすめ。

住Salvatorplatz 1
☎(089) 29196029
URL www.oskarmaria.com
圏月〜金11:00〜23:30（料理オーダー〜22:00)
土10:00〜23:30（料理オーダー〜22:00)
日・祝10:00〜18:00（料理オーダー〜16:00)
カード不可
交U S Odeonsplatzから徒歩約7分。

左／朝食のエッグ・ベネディクト
右／1階席のコーナー

ミュンヘンとバイエルン・アルプス

ミュンヘンのレストラン

その他・レストラン

ブレンナー brenner

おしゃれなグリルレストラン

●MAP：P.173-A4

通りに面した建物の間を抜けて、中庭のような広場に建つ。高級な雰囲気だが、ランチなら手頃な料金（写真は週替わりのランチメニュー€16.50）。入口はバースペースで、奥が広いグリルエリアになっている。

住Maximilianstr. 15
URL www.brennergrill.de
営月～土8：30～24：00（週末は延長あり。料理オーダーは～23：00。月～木の14：30～17：30はグリルエリア閉鎖）　休日　カード AJMV
交トラム19番Nationaltheaterから徒歩約2分。

カフェ

ルイトポルト Café Luitpold

ミュンヘンマダム御用達のカフェ

●MAP：P.173-A3

1888年に創業し、ミュンヘンの社交界の中心的存在だったという老舗カフェ。内部は大理石の列柱のある部屋や、温室風の中庭スペースに分かれている。自家製ケーキで評判が高く、名物ケーキはカフェの名を冠したルイトポルトトルテLuitpoldtorte。朝食やランチも提供しており、昼からはかなり混みあう。

住Briener Str. 11
☎(089) 2428750
URL www.cafe-luitpold.de
営月　8：00～20：00
　火～土　8：00～22：00
　日　9：00～20：00
カード MV
交U Odeonsplatzから徒歩約5分。

上／マジパンとワインクリームを挟んだルイトポルトトルテ
右／朝食のエッグ・ベネディクト

ショーケースに並ぶ色とりどりのケーキ

シュタットカフェ Stadtcafé

気取らないカフェで過ごすひととき

●MAP：P.173-B3

ミュンヘン市立博物館に隣接するカフェで、若者に人気。手作りのケーキがショーケースに並び、スープやサラダ、サンドイッチなどのメニューも豊富なので、食事カフェとしても使える。夏は中庭にビアガーデンもオープン。ビールは各種あり、ヘレス（0.3ℓ）€3.50。カプチーノ€4.20。

住St. Jakobs-Platz 1
☎(089) 266949
URL www.stadtcafe-muenchen.de
営火～土　10：00～23：00
　日・祝　11：00～18：00
カード不可
交U S Marienplatzから徒歩約10分。

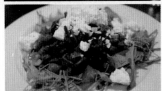

食事メニューは日替わり。写真はルッコラとグリルしたナスのサラダ

サツマイモとニンジンのスープ

クロイツカム・パツェリ通り店 Café Kreuzkamm

1855年創業の老舗

●MAP：P.172-A2

ドレスデン発祥の店だけに、ドレスデン名物のクリスマスのお菓子シュトレンやバウムクーヘンが名物。写真のバウムクーヘントルテは€5.40。中心部にもう一軒小さな支店（●Map：P.173-A3　住Maffeistr. 4）がある。

住Pacellistr. 5
☎(089) 22880300
営月～金　8：00～18：00
　土　10：00～18：00
休日・祝
カード AMV　交U S トラム19番Lenbachplatzから徒歩約2分。

フリッシュフート
Café Frischhut

市場の近くの庶民派カフェ　●MAP：P.173-B3

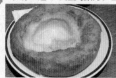

ヴィクトアーリエンマルクトに面しており、早朝から営業。市場で働く人や買い物帰りの人が立ち寄る気取らないカフェ。名物シュマルツヌーデルは平たい揚げパンで€3.10、テイクアウトは€2.60。揚げたてを食べたい。

住Pralat- Zistl-Str. 8
☎(089) 268237
営月～土　8:00～18:00
休日・祝
カード不可
交U S Marienplatzから徒歩約7分。

リシャルト
Café Rischart

新市庁舎の斜め前の気軽なカフェ　●MAP：P.173-B3

ミュンヘンに数店舗あるベーカリーチェーン直営のカフェ。新市庁舎の向かいの2階にあるので仕掛け時計が動く時間になると混む。1階がショップで、2階がカフェになっている。各種ある朝食セットもおすすめ。

住Marienplatz 18
☎(089) 231700320
URL www.rischart.de
営8:00～20:00
　（オーダー～19:00）
カード不可
交U S Marienplatzから徒歩約1分。

メルー
Café MAELU

カラフルでモダンな新感覚のケーキ　●MAP：P.173-A3

歩行者天国の通りに面したショーケースに並ぶケーキは、モダンで個性的な色彩とフォームで、思わずひき寄せられる美しさ。ケーキは€9.50～と高めだが、繊細な味に納得。2階が白を基調としたカフェになっている。

住Theatinerstr. 32
☎(089) 24292597
URL maelu.de
営月～土　10:30～19:00
　日・祝　10:30～18:00
カード M V
交U S Marienplatzから徒歩約5分。

カッツェンテンペル
Café Katzentempel

ネコが店内を歩くカフェ　●MAP：P.171-B3

地元の大学生に人気のネコカフェだが、ネコは少なめで通常のカフェと同じ雰囲気。メニューはベジタリアン料理のみで、トウフボウル€15.50、サンドイッチ€12.90～など。土・日曜は混むので予約がおすすめ。

住Türkenstr. 29
☎(089) 20061249
URL katzentempel.de
営月～木10：00～20：00、金10：00～21：00、土9：00～21：00、日・祝9：00～20：00
カード不可
交U Universitätから徒歩約8分

Topics* シュランネンハレはイタリアン・フードのパラダイス

　シュランネンハレという名は、19世紀に建てられた穀物市場に由来する。何度かの改築を経て、現在は鉄骨とガラス張りのモダンな大型体育館のような建物になった。ここにドイツ初進出のイタリアの食のデパート、イータリーが出店した。シュランネンハレの広大なスペースに、ワインやオリーブオイル、チーズなどのイタリア食材のショップやレストランを展開している。

イータリー EATALY
住Blumenstr. 4
●Map P.173-B3
URL www.eataly.net/de_de/geschaefte/muenchen
営月～土9:00～20:00、レストランは月～土12:00～22:00
休日・祝　カード A M V
交U S Marienplatzから徒歩約6分。

左／ヴィクトアーリエンマルクトのすぐ南側に建つのであわせて訪ねたい
左／食材店が多く、見て歩くだけでも楽しい

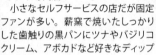

ミュンヘンとバイエルン・アルプス

ミュンヘンのレストラン

アラン
カフェ
aran

コーヒーと黒パンのオープンサンド専門店　◎MAP：P.173-A3

小さなセルフサービスの店だが固定ファンが多い。薪窯で焼いたしっかりした歯触りの黒パンにツナやバジリコクリーム、アボカドなど好きなディップ（Aufstrich）を塗ってもらう。テイクアウトも可。

- 住Theatinerstr. 12
- ☎(089) 25546982
- URL www.aran.coop
- 営月～土9：00～19：00
- 休日・祝
- カード不可
- 交Ⓤ⑤Marienplatzから徒歩約5分。

麺処 匠 ミュンヘン店
エスニック・他
TAKUMI

行列ができるラーメンの名店　◎MAP：P.171-A3

日本で製麺した麺を直輸入しているこだわりぶりで、地元在住の日本人の評価が高い店。人気は特上味噌ラーメン、担々麺、から揚げなど。写真は味噌ラーメン€14、味玉€2、餃子€6.80。

- 住Gabelsbergerstr. 77
- ☎(089) 528599
- 営水～金　　　11：45～15：00
- 　　　　　　　17：00～21：00
- 　土・日　　　11：45～21：00
- 休月、火　カード MV
- 交ⓊStieglmaierplatzまたはTheresienstr.から徒歩約5分。

カイムグ
kaimug

タイ料理を気軽に　◎MAP：P.173-A3

ショッピングパッサージュ（フュンフ・ヘーフェ）の中にあるセルフサービスのタイ料理店。カウンターで注文、支払い後、料理を受け取る。写真の野菜カレーGemüsecurry€9.90をはじめ、ベジメニューも多い。

- 住Theatinerstr. 15（Fünf Höfe内のSalvatorpassage）
- ☎(089) 20603325
- URL kaimug.de
- 営月～土　11：00～21：00（料理オーダー～20：30）
- 休日・祝　カード不可　交Ⓤ⑤Marienplatzから徒歩約7分。

ヴァピアーノ
Vapiano

セルフのイタリアンで人気の店　◎MAP：P.173-A3

セルフサービスのカジュアルイタリアンのチェーン店。入店の際に、入口のレジでチップカードを受け取る。メニューはピザ（ピンザというタイプ）、パスタ、サラダに分かれたキッチンカウンターに並んで注文する。このとき、キッチンのスタッフの指示に従ってチップカードをカードリーダーに

トマトとホウレン草のパスタ Pomodoro e Spinaci（メニューは季節により変わる）

かざしてチェックするシステム。パスタは€8.45～15.95と手頃な料金。スタッフは調理しながら、パスタの場合は麺の種類や辛さ、ガーリックの有無など、客の好みを聞いてくれる。精算は帰りにレジで行う。テイクアウトも可。ランチタイムはかなり混む。

料理によって並ぶカウンターが異なる

- 住Theatinerstr. 15（Fünf Höfe内）
- ☎(089) 206065860
- URL www.vapiano.de
- 営月～木11：00～23：00、金・土は～24：30、日は～22：00
- カード AMV
- 交Ⓤ⑤Marienplatzから徒歩約10分。

ノルトゼー
Nordsee

魚介類のセルフレストランチェーン　◎MAP：P.173-B3

ショーケースにはバゲットサンドやシュリンプフライのボックスなどテイクアウト用の手軽なメニューが並び、ヴィクトアーリエンマルクトのビアガーデンで食べるのもいい。奥のカウンターではさまざまな魚料理をオーダーできる。

- 住Viktualienmarkt
- ☎(089) 221186
- URL www.nordsee.com
- 営火～土　8：30～20：00
- 　日・月　11：00～17：00
- 休10～3月の日曜　カード M
- 交Ⓤ⑤Marienplatzから徒歩約5分。

Viktualienmarkt

ミュンヘン最大の青空市場
ヴィクトアーリエンマルクトで食べ歩き

ミュンヘンの中心、マリエン広場からペーター教会の南側に広がるミュンヘン最大の青空市場。食材店だけでなく、多くの飲食店が営業しているので、どの店にするか迷ってしまう。行列ができるほどの人気店も多い。●Map173-B3

1 行列ができるソーセージ店
シュレマーマイアー
Schlemmermeyer

キッシュやパニーニサンドも並ぶ

充実した総菜コーナーもあるドイツの大手肉屋チェーン。焼きソーセージのおいしさでも知られ、昼時には行列ができる人気ぶり。

一番人気の焼きソーセージRostbratwurstは€3.70

聖霊教会のすぐ横にある焼きソーセージの窓口

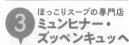

🏠Viktualienmarkt/ Abteilung V
☎(089) 295575
🕐月～土9:00～18:30　休日・祝
🌐www.schlemmermeyer.de

2 天気のいい日は大にぎわい
ビーアガルテン・アム・ヴィクトアーリエンマルクト
Biergarten am Viktualienmarkt

緑の木の下にあり気持ちがいい

木陰に長テーブルとベンチがズラリと並び、晴れた日は席を見つけるのが難しいほど。ビールは専用窓口で購入し、食べ物は好きなものをマルクトの各店で買って持ち込む方式。

---

3 ほっこりスープの専門店
ミュンヒナー・ズッペンキュッヘ
Münchner Suppenküche

マルクト名物店のひとつ。日替わりも含め15種類ほどのスープが用意されている。ボウルにたっぷり、パンを付ければ立派なランチになる。カレーもある。

左／入ってすぐが注文窓口。奥にはテーブル席もある　右／人参、ココナツ、ショウガスープ Karotte-Kokos-Ingwersuppe€5.90、パン Semmel€0.5

🏠Viktualienmart/ Abteilung Ⅲ
☎(089) 2609599　🕐月～土10:00～16:00
休日・祝　🌐muenchner-suppenkueche.de

■ ヴィクトアーリエンマルクト

↑マリエン広場

Rindermarkt　ペーター教会　Tal

Ⅶ　†聖霊教会

Ⅰ　Ⅴ　①

Ⅱ　Ⅳ　②

Ⅲ　Ⅵ　N

マイバウム　③　Frauenstr.

Ⅰ　肉屋・インビスエリア
Ⅱ　花・果物・軽食エリア
Ⅲ　軽食・パン・ジャガイモエリア
Ⅳ　ビアガーデンエリア
Ⅴ　肉屋・インビスエリア
Ⅵ　魚・エスニックフードエリア

Schänke

Kasse で注文、支払い。隣で受け取る

1ℓ（Mas という）入りヘレスは€9.80、ヴァイスビアは€10.20。0.5ℓ入りもある

🏠Viktualienmarkt/ Abteilung Ⅳ
☎(089) 297545
🕐月～土9:00～22:00
（夏期は日曜もオープン）
休冬期、天候により閉鎖あり
🌐biergarten-viktualienmarkt.com

マルクトのシンボル、マイバウム。バイエルン地方では5月1日に広場などに木を立てる風習がある

＼おみやげなら／

マルクトには、プチみやげになりそうな品も数多い。

エコバッグ
市場の絵柄がかわいい。€3

ハチミツ
アカシアや樫の木など種類はさまざま

セルフ＆テイクアウトの店ならココ！

倹約グルメのポイントは、チップ不要のセルフレストランやテイクアウトを利用すること。お総菜やパンを公園やホテルの部屋で味わうのも気軽で楽しい。

ガレリア・レストラン
GALERIA Restaurant

中心部のデパートの最上階にあるセルフレストラン。400席もある広いスペースが、昼時は満席になる人気ぶり。ケーキやスイーツもあるので、観光途中のひと休みにも。

上／昼の混雑時間帯をずらせば落ち着いて食べられる　中／総菜量り売りコーナーでは好きな総菜を好きなだけ。テイクアウト用BOXもある　下／ケーゼシュペッツレ（→P.32）やカレーも盛って€11.62、ミネラルウォーター€3.70

🔗Map P.173-B3（ガレリア内）
🏠Kaufingerstr. 1-5 5.Stock
☎(089) 23185757
🕐月～土10:00～18:00　休日・祝　カードMV
🔗galeria-restaurant.de/filialen-galeria-restaurant-muenchen-am-marienplatz

レオズ・オーガニック・キッチン
Leo's Organic Kitchen

BIOスーパー、ベーシック（→P.226）の2階にあるセルフのビオレストラン。カウンターに並ぶさまざまなサラダとアンティパストがメイン。

上／明るいテーブルコーナーが広がる　下／旅行中の野菜不足を補える。量り売りで100g 2.50€。写真の盛りで€6.20

🔗Map P.173-B3（ベーシック内）
🏠Westenriederstr. 35　☎(089)24215288
🕐月～土10:00～17:00　休日・祝　カードMV
🔗www.leos-organic-kitchen.de

ブレーツェリーナ
Brezelina

Ⓤ Ⓢマリエンプラッツの地下街にあるブレーツェルのスタンド。サラミやハム、クリームチーズなどさまざまな種類がある。

中身！

上／ピンク色のポップな店舗　中／レバーケーゼ・ブレーツェルは€3.20　下／レバーケーゼ、ピクルス、バターをサンドしてある

🔗Map P.173-B3（Ⓤ ⒮Marienplatz駅地下通路）
🏠U-Bahnhof Marienplatz　☎(089) 89082072
🕐月～金7:00～20:00（土は9:30～）　休日・祝
カード不可　🔗www.brezelina.com

ヴィンツェンツムル
Vinzenzmurr

ミュンヘン中心部だけでも10軒以上ある老舗の肉屋兼総菜店。食事エリアも併設している。バイエルン料理中心の総菜メニューの半分程度は週替わり。

上／各種総菜が並ぶカウンターで注文、支払い　中／野菜ハンバーグバーガー Gemüsepflanzerlburger €3.95　下／ハンバーグ Fleischpflanzerl €3.25、エンドウ豆のスープ Erbseneintopf €5.40 をテイクアウト

🔗Map P.172-A1（ミュンヘン中央駅北側地下通路）
🏠Bahnhofplatz 2　☎(089) 12282912
🕐月～金7:00～20:00　休土・日・祝　カードMV
🔗www.vinzenzmurr.de

ミュンヘンのショッピング

ミュンヘンのショッピングエリアは、カールス門から東に延びる歩行者天国のノイハウザー通りから始まる。この通りはデパートや手頃な値段のブティックが多い。有名ブランド店の多くは、バイエルン州立歌劇場から東へ延びるマクシミリアン通りに集まっている。

※開店時間等のデータは、2023年5月の時点のもので、予告なく変更される場合もあります。

デパート

ガレリア — Galeria

充実したデパ地下食品売り場 ●MAP：P.173-B3

新市庁舎の斜め向かいに建つ大型デパート。マリエンプラッツの地下鉄駅に直結している。ファッションフロアを中心に、家庭用品など雑貨類もいろいろ揃う。地下の食品フロアは、世界各国の食材が揃う。

🏠Kaufingerstr. 1-5
☎(089) 231851
URL www.galeria.de
営月〜土10:00〜20:00
休日・祝
カード A D J M V
交 U S Marienplatzから徒歩約1分。

オーバーポリンガー — Oberpollinger

有名ブランドが集まる高級デパート ●MAP：P.172-A2

ルイ・ヴィトン、グッチ、ディオール、フェンディ、プラダなど人気ブランドが入った高級感のあるデパート。5.Stock（日本式4階）には、The RooftopというレストランやカフェRosalie's、スイーツショップなどがある。

🏠Neuhauser Str. 18
☎(089) 290230
URL www.oberpollinger.de
営月〜土10:00〜20:00
休日・祝
カード A D J M V（店舗により一部異なる）
交 U S Karlsplatzから徒歩約1分。

ルートヴィヒ・ベック — Ludwig Beck

マリエン広場の庶民派デパート ●MAP：P.173-B3

どこか下町的な雰囲気があるデパート。クラシックとジャズの品揃えに定評があるCDショップがあることで知られる。シャンパントリュフで有名な菓子店デュッセルドルフのハイネマンのショップも入っている。

🏠Marienplatz 11
☎(089) 236910
URL kaufhaus.ludwigbeck.de
営月〜土10：00〜20：00（クリスマスシーズンは変更あり）
休日・祝 カード A M V
交 U S Marienplatzから徒歩約1分。

ショッピングビル・パッサージュ

ヒルマー — Hirmer

ドイツブランドを多く扱う紳士服店 ●MAP：P.172-B2

ヒューゴ・ボスやトミー・ヒルフィガーをはじめ、ヨーロッパの人気ブランドを扱う紳士服専門の大型ブティック。歩行者天国に面した、クラシックな6階建てのビルで、ちょっとしたデパート並みの店構え。

🏠Kaufingerstr. 28
☎(089) 23683274
URL www.hirmer.de
営月〜土 10:00〜19:00
休日・祝 カード A M V
交 U S Marienplatzから徒歩約5分。

フュンフ・ヘーフェ — Fünf Höfe

おしゃれなショップやカフェが集合 ●MAP：P.173-A3

マリエン広場の北に広がるショッピングパッサージュ。寒い季節も荒天の日も快適にショッピングできるのがうれしい。大型書店フーゲンドゥーベルHugendubelやブランドショップをはじめ、雑貨店、レストラン、おしゃれなカフェやギャラリーなども入っている。

🏠Theatinerstr. 15
☎営店舗により異なる
URL www.fuenfhoefe.de
交 U S Marienplatzから徒歩約5分、またはトラム19番Theatinerstr.から徒歩約1分。

ミュンヘンとバイエルン・アルプス

ミュンヘンのショッピング

ドイツブランド

アイグナー　　Aigner

ドイツ生まれの有名ブランド　　●MAP：P.173-A3

革製のバッグや財布、ベルトなどで世界的に有名なドイツのブランドだが、ファッション製品のラインも充実している。近年改装した店内はゆったりとしており、2階にもスペースがある。

住Theatinerstr. 45
☎(089) 30702066
営月〜金 10:00〜19:00
　　土　　10:00〜18:00
休日・祝
カード ADJMV
交US Marienplatzから徒歩約3分。

ボ　ス　　BOSS

構築的デザインのメンズウエアで人気　　●MAP：P.173-A3

1923年に南ドイツのメッツィンゲンで創業した紳士服の高級ブランド。ドイツらしいシルエットのスーツは日本でも人気。ここはフラッグシップストアで、レディスウエアや靴なども展開している。

住Theatinerstr. 8
（フュンフ・ヘーフェ内→P.222）
☎(089) 24218880
営月〜土10:00〜19:00
休日・祝
カード ADJMV
交トラム19番Schauspielhausから徒歩約1分。

キッチン&生活用品・雑貨

マヌファクトゥム　　Manufactum

厳選されたヨーロッパの雑貨がぎっしり　　●MAP：P.173-B3

こだわりの高級雑貨ショップ。ブリキのおもちゃ、フィッシング用具、工具、アロマグッズ、キッチンウエアなど、どれも上質でグッドデザイン。オリーブオイルやパスタソースなど、イタリアやフランスの食材も扱っている。

住Dienerstr. 12
☎(089) 23545900
URL www.manufactum.de
営月〜土9:30〜19:00
休日・祝
カード ADMV
交US Marienplatzから徒歩約5分。

クスターマン　　KUSTERMANN

世界のキッチン、テーブルウエアが揃う老舗　　●MAP：P.173-B3

約120年もこの地で営業する老舗で、高級から日常使いのキッチン用品、食器、ガーデン用品などの店舗としてはドイツ最大級の広さを誇る。3フロアからなる店内を、全部見て歩くのにはかなりの時間が必要。

住Viktualienmarkt 8 / Rindermarkt 3-4
☎(089) 237250
URL www.kustermann.de
営月〜土10:00〜19:00
休日・祝　カード MV
交US Marienplatzから徒歩約4分。

ミュンヘンで買えるおもな有名ブランド

店　名	地図／住所	店　名	地図／住所
フェラガモ Ferragamo	●MAP：P.173-B4 住Maximilianstr. 29	ティファニー TIFFANY & Co.	●MAP：P.173-A3 住Residenzstr. 11
シャネル CHANEL	●MAP：P.173-A3 住Maximilianstr. 6	トッズ TOD'S	●MAP：P.173-B4 住Maximilianstr. 21
グッチ Gucci	●MAP：P.173-B4 住Maximilianstr. 31	プラダ PRADA	●MAP：P.173-A3 住Residenzstr. 10
ルイ・ヴィトン LOUIS VUITTON	●MAP：P.173-A3 住Residenzstr. 2	マックス・マーラ Max Mara	●MAP：P.173-A3 住Theatinerstr. 11
エルメス HERMES	●MAP：P.173-A3 住Maximilianstr. 8	ディオール DIOR	●MAP：P.173-B4 住Maximilianstr. 30
カルティエ Cartier	●MAP：P.173-B4 住Maximilianstr. 20	アルマーニ ARMANI	●MAP：P.173-B4 住Maximilianstr. 32

ニンフェンブルク Porzellan Manufaktur Nymphenburg

ミュンヘン伝統の高級陶磁器　　○MAP：P.170-A1/P204

18世紀以来、ニンフェンブルク城の工房で作られてきた王室陶磁器の旗艦店。いくつもの部屋に分かれた広い店内に、優美な陶器が並ぶ。花や鳥をあしらった芸術的な絵柄が特徴。陶器の人形も人気がある。

住Nördiches Schlossrondel 8
☎(089) 1791970
営月～金　10:00～18:30
　　　土　10:00～16:00
休日・祝　カード AJMV
交中央駅 からトラム17番でSchloss Nymphenburg下車、徒歩約7分。

カレ KARE City Studio München

ドイツで流行のインテリアを知るなら

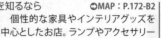

個性的な家具やインテリアグッズを中心としたお店。ランプやアクセサリーなどもあり、見ているだけで楽しくなる。大物は持って帰るのが難しいが、インテリアのアクセントになりそうな小物なら買ってみてもいいのでは。

住Sendlinger Str. 37
☎(089) 255420000
URL www.kare.de
営月～金　11:00～19:00
　　　土　10:00～20:00
カード MV
交USendlinger Torから徒歩約3分。

ヘンケルス Zwilling J.A.Henckels

刃物とキッチン用品の老舗　　○MAP：P.173-B3

双子のシンボルマークが目印のヘンケルスは、切れ味のよいナイフや包丁で有名。おみやげに人気の品は革のケース入りのネイル用品セットやひげそり、キッチンばさみなど。そのほかのキッチン用品も充実。

住Weinstr. 12
☎(089) 222135
営月～土10:00～19:00
休日・祝
カード ADJMV
交USMarienplatzから徒歩約3分。

ミュラー Müller

使える大型ドラッグストア　　○MAP：P.173-B3

地下から2階まで3フロアある広い店内。化粧品や日用雑貨などのドラッグストア品目だけでなく、文具、プレゼント用品、おもちゃなども扱っていておみやげ探しにも使える。

住Tal 23-25
☎(089) 2919720
URL www.mueller.de
営月～土9:00～20:00
休日・祝
カード 不可
交USMarienplatzから徒歩約5分。

ベッテン・リート Betten Rid

憧れのベッドルーム造りに　　○MAP：P.172-A2

羽根枕や羽根布団、シーツなど、ありとあらゆるベッド用品や、バスタオル、バスマットなどのバス用品を扱っている。セールを利用すれば、日本よりも上質な品が安く手に入ることもある。

住Neuhauser Str. 12
☎(089) 211010
URL www.bettenrid.de
営月～土10:00～19:00
休日・祝
カード MV
交USMarienplatzから徒歩約5分。

バウアー＆ヒーバー Bauer & Hieber

クラシック音楽ファン御用達　　○MAP：P.173-B3

楽譜や音楽関係の書籍をメインに扱う音楽ショップ。新市庁舎の裏側（北東の角）にある。地下には各楽器の楽譜が揃っており、専門知識のある店員に尋ねれば、すぐに探してくれる。

住Landschaftstr. 1 (im Rathaus)
☎(089) 2111460
URL www.bauer-hieber.com
営月～金　9:30～19:00
　　　土　9:30～18:00
休日・祝
カード ADJMV
交USMarienplatzから徒歩約5分。

ミュンヘンとバイエルン・アルプス

趣味・おもちゃ

クンスト＆シュピール
Kunst und Spiel

上質なおもちゃと雑貨の店

◎MAP：P.171-A4

大通りに面したかわいい手芸・雑貨店。地下は手芸用品や画材が中心。2階は、上質で安心な木のおもちゃを中心とした玩具が並んでいる。絵本コーナーも充実。シュヴァービングという場所柄、おしゃれな品揃え。

🏠Leopoldstr. 48
☎(089) 3816270
🔗kunstundspiel.de
🕐月〜金　10:00〜19:00
　　土　　10:00〜18:00
休日・祝
カード AMV
交Ⓤ Giselastr.から徒歩約5分。

オプレッター
Obletter

中心部の大型玩具店

◎MAP：P.172-B2

カールス広場に面した大型玩具店。ぬいぐるみ、人形、ベビー用のおもちゃ、ミニカー、各種ゲームなど、ありとあらゆるおもちゃがぎっしりと詰まっている。文具も揃う。

🏠Karlsplatz 11-12
☎(089) 55089510
🔗www.mueller.de
🕐月〜土10:00〜20:00
休日・祝
カード AMV
交Ⓤ Karlsplatzから徒歩約1分。

レゴ
LEGO Store München Zentrum

ドイツでも大人気のレゴ

◎MAP：P.173-B3

大人から子供まで人気があるレゴ。ミュンヘン中心部にあるこの店はいつもレゴファンのファミリーでいっぱい。2階まであり、探しているものがあれば、フレンドリーなスタッフが応対してくれる。

🏠Kaufingerstr. 9
☎(089) 75505659
🔗www.lego.com/de-de/stores/store/munchen-zentrum
🕐月〜土10:00〜20:00
休日・祝　カード AMV
交Ⓤ Ⓢ Marienplatzから徒歩約5分。

スポーツ

FCバイエルン・ワールド
FC Bayern World

高級ブランド店のようなスポーツショップ

◎MAP：P.173-B3

スポーツショップとは思えない外観に加えて、内部はユニフォーム以外のスポーツウエアも多数展示、販売しているので、とてもおしゃれな雰囲気。小物などのグッズも目当てなら、下記のショップにも足を運びたい。

🏠Weinstr. 7
☎(089) 69931666
🔗fcbayern.com/store/de-de/i/stores
🕐月〜土10:00〜20:00
休日・祝　　カード MV
交Ⓤ Ⓢ Marienplatzから徒歩約3分。

FCバイエルン・ファンショップ
FC Bayern Fan-Shop

名門クラブのファンショップ

◎MAP：P.172-B2

ブンデスリーガの名門F.C.バイエルンのグッズが並ぶ。ユニホームやマフラーはもちろん、スマホカバーやキーホルダーなどの小物も充実。市内にショップは7軒あるが、ここは観光の途中に立ち寄りやすい。ほかに、空港、ホーフブロイハウス斜め向かい（◎Map P.173-B3）、アリアンツ・アレーナ（→P.44〜45）などに店舗がある。

🏠Neuhauser Str. 2
🔗fcbayern.com/store/de-de/i/stores
🕐月〜土　10:00〜20:00
休日・祝
カード AMV
交Ⓤ Karlsplatzから徒歩約5分。

応援に欠かせないマフラー

チームカラーの赤が鮮やかな店内

ミュンヘンのショッピング

シュポルトシェック
SportScheck München

最新のメガスポーツショップ　◯MAP：P.172-B2

ヨーロッパ最大規模のスポーツショップ。4フロアに、最新のスポーツウエアやシューズはもちろん、登山、スキー、スノーボード、マウンテンバイク、ゴルフなどのスポーツ用品が揃う。日本にないスポーツグッズも探してみよう。

⊞Neuhauser Str. 21
☎(089)67846733
URLwww.sportscheck.com
🕐月～土10:00～20:00
休日・祝
カード AMV
交ⓊKarlsplatzから徒歩約2分。

シュースター
Schuster

アウトドア＆スポーツ用品のデパート　◯MAP：P.173-B3

創業1913年、ドイツ山岳会とのつながりも深く、登山用品はもちろん、スキー、テニス、キャンプ用品、スニーカー、スポーツウエアなども豊富な品揃え。地下から最上階まで続く高さ25mのクライミングウォールが印象的。

⊞Rosenstr. 1-5
☎(089) 23707421
URLwww.sport-schuster.de
🕐月～土10:00～19:00
休日・祝
カード MV
交ⓊⓈMarienplatzから徒歩約2分。

ベーシック
basic

BIOにこだわるドイツ人御用達のスーパー　◯MAP：P.173-B3

ドイツ各地に支店をもつBIO食品専門のスーパーマーケット。おみやげにしたい菓子や食材が豊富に揃う。2階は化粧品と雑貨を扱っている。セルフのレストランもあり、気軽にBIO食品を味わえておすすめ。

⊞Westenriederstr. 35
☎(089) 2420890
URLbasicbio.de
🕐月～土8:00～20:00
休日・祝
カード MV
交ⓊⓈMarienplatzから徒歩約5分。

ダルマイヤー
Alois Dallmayr

ミュンヘンを代表する高級デリカテッセンの店　◯MAP：P.173-B3

約300年の歴史があり、バイエルン王室の御用達だった伝統を感じさせるクラシックな店内。ガラスのショーケースには、肉料理、野菜料理、サラダなどが並び、地元の人たちがひっきりなしに購入している。おみやげにはコーヒー豆や紅茶、チョコレートなどがおすすめ。2階にはカフェビストロと高級レストランがある。

公園やホテルの部屋で食べるのにちょうどいいパック入り

⊞Dienerstr. 14-15
☎(089) 21350
URLwww.dallmayr.de
🕐月～土　9:30～19:00
　　（クリスマスシーズンは変更あり）
休日・祝　カード MV
交ⓊⓈMarienplatzから徒歩約5分。

おみやげにいいジャム

ケーファー
Käfer

テーブルウエアも人気の高級デリカテッセン　◯MAP：P.171-B4

1930年に創業の高級食材とデリカテッセンの老舗。マスコットのテントウムシが描かれたカップやお皿はおみやげに人気。ここ本店は中心部から少し離れた住宅街にある。上階は高級レストラン（日曜・祝日休）。

⊞Prinzregentenstr. 73
☎(089) 4168310
URLwww.feinkost-kaefer.de
🕐月～金　8:00～19:00
　　土　　8:00～16:00
休日・祝　カード AMV
交ⓊPrinzregentenplatzから徒歩約5分。

Hotel München

ミュンヘンのホテル

オクトーバーフェストと、年に数回ある国際見本市（メッセ）の開催期間（URLwww.messe-muenchen.de でチェックできる）はとても混み合い、料金もかなり高くなる。ホテル街は中央駅の周辺にあり、駅の北側は中級からやや高級なホテルが多い。中央駅南側はエコノミーな宿もある地域となる。

最高級ホテル

ケンピンスキー・ホテル・フィーア・ヤーレスツァイテン　Kempinski Hotel Vier Jahreszeiten

ミュンヘンを代表する最高級ホテル　　●MAP：P.173-A4

バイエリッシャー・ホーフと並ぶミュンヘンの最高級ホテル。バイエルン王国時代にはミュンヘンの迎賓館としての役割も務め、1993年には天皇、皇后両陛下（当時）も滞在した。州立歌劇場も近い。Wi-Fi無料。

住Maximilianstr. 17　D-80539
☎ (089) 21250
URL www.kempinski.com
料⑤①€480〜 朝食別€50
カード A D J M V
交トラム19番でKammerspieleから徒歩約1分。

バイエリッシャー・ホーフ　　　　　　　　　　Bayerischer Hof

宮殿を改装した格調高いホテル　　●MAP：P.173-A3

1852年創業。ミュンヘンを代表する伝統と格式を誇る豪華ホテル。モンゲラ宮殿など、いくつかの建物をつなぎ合わせており、客室の大きさやスタイルもさまざま。最上階にはプールやフィットネスルームもある。Wi-Fi無料。

住Promenadeplatz 2-6　D-80333
☎ (089) 21200
FAX (089) 2120906
URL www.bayerischerhof.de
料⑤€400〜 ①€470〜 朝食別€47
カード A D J M V
交トラム19番でTheatinerstr.から徒歩約3分。

マンダリン・オリエンタル　　　　　　　Hotel Mandarin Oriental

世界のセレブ御用達のゴージャスホテル　●MAP：P.173-B4

マイケル・ジャクソンやプリンス、マドンナなど、世界的スターも滞在した超デラックスホテル。Wi-Fi有料。日本とペルーの料理をベースにした高級レストラン「マッシサ」が入っている。最上階のプールからは市内を一望できる。

住Neuturmstr. 1　D-80331
☎ (089) 290980
URL www.mandarinoriental.com
料⑤①€808〜　朝食別€58
カード A D J M V
交Ⓤ⑤Marienplatzから徒歩約5分。

高級ホテル

マリオット　　　　　　　　　　　　München Marriott Hotel

町の北部に位置する大型ホテル　　●MAP：P.171-A4

シュヴァービングの北部にある大型ホテル。サウナや室内プールあり。日本のグループツアーも利用する。Wi-Fi利用可（客室は有料、部屋のカテゴリーにより無料もあり）。

住Berliner Str. 93　D-80805
☎ (089) 360020
FAX (089) 36002200
URL www.marriott-muenchen.de
料⑤①€169〜　朝食別€26
カード A D J M V
交Ⓤ6 Nordfriedhofから徒歩約5分。

ヒルトン・シティ　　　　　　　　　　　Hilton München City

落ち着いた部屋で快適に滞在　　●MAP：P.171-B4

日本のパッケージツアーも利用する近代的な大型ホテル。どっしりした家具で、部屋の設備もよい。イーザル川を渡った対岸にあるが、Sバーンの駅がホテルに直結していて便利。Wi-Fi無料。

住Rosenheimer Str. 15　D-81667
☎ (089) 48040
FAX (089) 48044804
URL www.hilton.com
料⑤①€185〜　朝食別€28.50
カード A D J M V
交⑤Rosenheimerplatzから徒歩約1分。

高級ホテル

マリティム Maritim Hotel München

都会的なムードのシティーホテル　　●MAP：P.172-B1

中央駅の南側に建つ339室の大型高級ホテル。都会的で洗練されたシティーホテルの雰囲気が特徴。温水プールやサウナも完備。各国料理が味わえるレストランやビストロも充実している。Wi-Fi利用可（無料）。

- 住Goethestr. 7　D-80336
- ☎(089) 3383389
- FAX(089) 55235900
- URL www.maritim.de
- 料ⓈⓉ€119〜　朝食別€21
- カード ADJMV
- 交中央駅から徒歩約2分。

エデン・ホテル・ヴォルフ Eden-Hotel-Wolff

バイエルン風のムードあふれる駅前ホテル　　●MAP：P.172-A1

中央駅の北口すぐ向かい側、空港からのルフトハンザ・エクスプレスバスの乗り場も近くにあり、交通の便は抜群によい。家具は落ちついたトーンでまとめられている。1階のバイエルン風のレストランも好評。Wi-Fi利用可（無料）。

- 住Arnulfstr. 4　D-80335
- ☎(089) 551150
- URL www.ehw.de
- 料Ⓢ€148〜　Ⓣ€203〜
- 　朝食別€26
- カード ADJMV
- 交中央駅から徒歩約1分。

プラッツル Platzl Hotel

オペラやショッピングを楽しむ人に　　●MAP：P.173-B3

バイエルン州立歌劇場に近いのでオペラで夜遅くなっても安心して歩いて帰れる。ホーフブロイハウスも歩いて1〜2分。ホテル全体がバイエルン風の雰囲気のインテリア。朝食のビュッフェも充実。Wi-Fi利用可（無料）。

- 住Sparkassenstr. 10　D-80331
- ☎(089) 237030
- FAX(089) 23703800
- URL www.platzl.de
- 料Ⓢ€208〜　Ⓣ€230〜
- 　朝食別€31
- カード ADMV
- 交ⓊⓈMarienplatzから徒歩約5分。

NH コレクション・ミュンヘン・バヴァリア NH Collection München Bavaria

中央駅の近くで何かと便利　　●MAP：P.172-A1

中央駅の北側出口から通りを渡ってすぐ真向かいに建つ。ルフトハンザ・エクスプレスバス乗り場からもすぐで便利。シングルの部屋は狭いが、どっしりとしたベッドで落ち着く。Wi-Fi利用可（無料）。

- 住Arnulfstr. 2　80335
- ☎(089) 54530
- URL www.nh-hotels.com
- 料ⓈⓉ€149〜
- カード AJMV
- 交中央駅から徒歩約1分。

中級ホテル

オイロペイシャー・ホーフ Europäischer Hof

中央駅から徒歩約1分で鉄道の旅に最適　　●MAP：P.172-A1

中央駅の南側出口を出てすぐ向かいに建つ3つ星クラスのホテル。部屋はスマート、スタンダード、コンフォートの3ランクに分かれていて、通り側、中庭側とそれぞれ料金が異なる。エアコン（冷房）はない。Wi-Fi利用可（無料）。

- 住Bayerstr. 31　D-80335
- ☎(089) 551510
- URL www.heh.de
- 料Ⓢ€138〜　Ⓣ€144〜
- カード ADJMV
- 交中央駅から徒歩約1分。

ペンシオン・ゲルトナープラッツ Pension Gärtnerplatz

女性オーナーが集めた家具がすてきなペンション　　●MAP：P.171-B3

地下鉄出口Jahnstr.から出るとすぐ。1階はカフェCafé PINIで、その2階がレセプション、客室は3階。エレベーターなし。到着が遅くなる場合は1階のカフェで鍵を受け取る。全室禁煙。Wi-Fi無料。

- 住Klenzstr. 45　D-80469
- ☎(089) 2025170
- URL www.pensiongaertnerplatz.de
- 料Ⓢ€107〜　Ⓣ€129〜
- 　朝食別€10
- カード MV
- 交ⓊFraunhoferstr.から徒歩約1分。

中級ホテル

ローヤル
Royal

駅から近い中級ホテル

●MAP：P.172-B1

中央駅からSchillerstr.に入った左側。全フロアWi-Fi完備で、ホテルのパソコンでのインターネットも無料。3つ星クラスで設備は豪華ではないが、清潔で快適。全館禁煙。

健Schillerstr. 11A　D-80336
☎(089) 59988160
URL www.hotel-royal.de
料⑤€99～　①€119～
カード A J M V
交中央駅から徒歩約3分。

エコノミー・ユースアコモデーション

CVJM ユーゲントゲステハウス
CVJM Jugendgästehaus

ドイツのYMCA

●MAP：P.172-B1

中央駅からSchillerstr.を5分ほど歩き、Landwehrstr.との交差点を左に曲がり少し行った所。CVJMとはドイツのYMCA（キリスト教青年会）のこと。混雑期は2泊以上のみ可。Wi-Fi一部利用可（無料）。

健Landwehr. 13　D-80336
☎(089) 55214160
URL www.cvjm-muenchen.org
料4人部屋2泊1人€88
カード M V

ユーゲントヘアベルゲ・ミュンヘン・パーク
Jugendherberge München-Park

設備の整った人気の大型ユース

●MAP：地図外

ミュンヘン南部の緑が多い静かな地区に建つ大きなユース。中央駅からMarienplatzま たはSendlinger Torまで行き、U3に乗り換えてThalkirchen (Zoo) 駅下車、徒歩約10分。Wi-Fi利用可（無料）。

健Miesingstr. 4　D-81379
☎(089) 78576770
URL www.jugendherberge.de/ju
gendherbergen/muenchen-park
料①€90～　メッセやオクトーバーフェスト期間は値上がりあり
カード M V

ミュンヘンのホテル

a&o ミュンヘン・ハウプトバーンホーフ
a&o München Hauptbahnhof

夜遅い到着でもOK

●MAP：P.171-B3

レセプションは24時間オープンなので遅い到着でも大丈夫。ただし駅南側周辺は、あまり治安がいい場所ではないので気を付けて。ドミトリーは中高生の団体利用が多い。ファミリー向きの部屋もある。Wi-Fi無料。

健Bayerstr. 75　D-80335
☎(089) 4523575700
URL www.aohostels.com
料⑤€63～　①€70～
　朝食別€9.30
カード M V
交中央駅から徒歩約5分。

オイロ・ユース・ホテル
Euro Youth Hotel

バックパッカーにおすすめ

●MAP：P.172-B1

中央駅から歩いてすぐ。ユースとホテルの中間のような若者向けの宿泊施設。年齢制限はない。ドミトリーは男女混合と女性専用の部屋がある。予約はネットで。Wi-Fi無料。

健Senefelderstr. 5　D-80336
☎(089) 5990880
URL www.euro-youth-hotel.de
料シャワー、トイレ共同の⑤€87～　①€119～　ドミトリー、5人部屋は1人€45～　朝食別€6.90　カード A M V

ウォンバッツ
Wombats City Hostel

中央駅から徒歩3分のホステル

●MAP：P.172-A1

ドミトリーで女性だけの部屋を希望の人はネット予約のときに女性部屋（Female Dorm）を指定する。ネット予約はクレジットカードから前金が引き落とされる。Wi-Fiは共有エリアのみ利用可（無料）。

健Senefelderstr.1　D-86336
☎(089) 59989180
URL www.wombats-hostels.com
料①€130～　ドミトリー€32～
オクトーバーフェスト開催時は値上がりする。朝食別
カード M V

ドイツ最高峰ツークシュピッツェの登山拠点

ガルミッシュ・パルテンキルヒェン

Garmisch-Partenkirchen

登山鉄道のクロイツェック・アルプシュピッツバーン駅

DATA

MAP	P.13-D2
人口	2万7300人
市外局番	08821

ACCESS

🚃 ミュンヘンからRB（普通）で所要約1時間25分。

🚌 フュッセンから約2時間15分（途中Echelsbacher Brücke, Rottenbuchなどで乗り換える便もある）。

❶ガルミッシュ・パルテンキルヒェンの観光案内所
㊟Richard-Strauß-Platz 2
D-82467 Garmisch-Partenkirchen
☎ (08821) 180700
🆄🆁🆀 www. gapa.de
㊟月～金　9:00～17:00
　　土　　9:00～15:00

長い町の名前は、パルトナッハ川を挟んで西側のガルミッシュと東側のパルテンキルヒェンのふたつの町が、1936年の冬季オリンピックを機に合併してできたから。ドイツ最高峰の麓の山岳リゾートとして、夏は登山やハイキング、冬はスキーやスケートを楽しむ人々で1年中にぎわう。

ガルミッシュ・パルテンキルヒェンの歩き方

ガルミッシュ側の町並み

町の雰囲気は東西で多少異なり、国際会議場やカジノがあるガルミッシュ側は活気と華やかさがあり、壁絵が美しい昔ながらの家並みが残るパルテンキルヒェンはバイエルンの郷土色を強く感じる。

ガルミッシュ・パルテンキルヒェン
GARMISCH-PARTENKIRCHEN

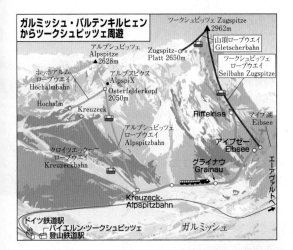

ガルミッシュ・パルテンキルヒェンからツークシュピッツェ周遊

ツークシュピッツェ Zugspitze 2962m
山頂ロープウエイ Gletscherbahn
Zugspitz-Platt 2650m
アルプシュピッツェ Alpspitze ▲2628m
ツークシュピッツェロープウエイ Seilbahn Zugspitze
ホッホアルムロープウエイ Hochalmbahn
アルプスピクス AlpspiX
Osterfelderkopf 2050m
Hochalm
Kreuzeck
リッフェルリス Riffelriss
アイプ湖 Eibsee
アルプシュピッツェロープウエイ Alpspitzbahn
アイプゼー Eibsee
クロイツエックロープウエイ Kreuzeckbahn
グライナウ Grainau
エーアヴァルトへ
クロイツエック・アルプシュピッツェ Kreuzeck-Alpspitzbahn
ドイツ鉄道駅
バイエルン・ツークシュピッツェ登山鉄道駅
ガルミッシュ Garmisch

町営バスOrtsbus

ガルミッシュ側とパルテンキルヒェン側をつなぐバス路線網がある。1回乗車券€2.60、1日乗車券€4.90。クーアカルテ、バイエルンチケット（→P.290）無料。

ビジターカード（クーアカルテ）

ホテルのフロントで作ってくれるカードで1日€3（宿代に含むホテルと、追加加算するホテルがある）。宿泊期間中、町営バスなどに無料で乗車できたり、博物館の入場が割引になったりなどの特典がある。

ミヒャエル・エンデ公園

開9:00〜22:00（土・日は10:00〜）

まずは❶があるガルミッシュ側へ行ってみよう。駅を出たら左に延びるBahnhofstr.の緩やかな坂道を下り、2本目のChamonixstr.または3本目のVon-Brug-Str.で左折すると、どちらも**リヒャルト・シュトラウス広場Dr.-R.-Strauß-Platz**に出る。広場に面して❶がある。ここから、緑豊かな**ミヒャエル・エンデ公園Michael-Ende-Kurpark**に

右／公園の中にあるクーアハウス　左／ミヒャエル・エンデ公園の入口

入ってみよう。『モモ』や『はてしない物語』の作家ミヒャエル・エンデが1929年ガルミッシュに生まれたことからこの名があり、園内には、作品ゆかりのキャラクターをイメージしたオブジェなどが配されている。

パルテンキルヒェン側のルートヴィヒ通り

　パルテンキルヒェン側の中心部は、駅からやや離れているので、1番か2番のKlinikum行きのバスを利用したほうがいい。Historische Ludwigstr.という停留所で下車すると、壁絵が美しい**ルートヴィヒ通りLudwigstr.**で、通りに面して**郷土博物館Museum Werdenfels**もある。この地方の家の中を再現した部屋や家具、農具、民族衣装など充実した展示が見られる。

郷土博物館

住Ludwigstr. 47
開火〜日10:00〜17:00
休月　料€4.50

アルプス地方の文化がわかる

バイエルン・ツークシュピッツェ登山鉄道

URLzugspitze.de
料**ツークシュピッツェ往復Zugspitze Ticket**（登山鉄道、山頂ロープウエイ、ツークシュピッツェロープウエイに有効）は夏期€68、冬期€57。
ツークシュピッツェ周遊とアルプシュピッツェ周遊のチケット2-Gipfelpassは夏期€81、冬期€70。
※ファミリー割引あり。オンラインで購入できる。スキー用パスは別途料金体系系。

ガルミッシュ・パルテンキルヒェンのおもな見どころ

ツークシュピッツェ
Zugspitze
★★★

　DB（ドイツ鉄道）のホームの地下道を、駅舎と反対側に通路を進んでいくと、**バイエルン・ツークシュピッツェ登山鉄道Bayerische Zugspitzbahn**の駅がある。この登山鉄道で、ま

バイエルン・ツークシュピッツェ登山鉄道

ずは**アイプゼーEibsee**まで行く（途中のグライナウ駅で列車を乗り換える場合あり）。この先はふたつのルートで山頂へ行ける。ひとつは、そのまま登山鉄道に乗り続けて終点駅**ツークシュピッツプラットZugspitzplatt**まで行き、さらに**山頂ロープウエイGletscherbahn**に乗り継いで山頂へいたるルート。もうひとつはアイプゼー駅から**ツークシュピッツェロープウエイSeilahn Zugspitze**に乗って一気に山頂へ行くルートだ。行きと帰りでルートを変えてみるのもいいだろう。なお、夏期の天気のよい日はとても混雑する。

上／2017年に新しくなったツークシュピッツェロープウエイ 下／ツークシュピッツプラットにはビアガーデンもある

山頂には展望台とレストランがあるので思う存分360度のパノラマを楽しもう。なお山頂はオーストリア側からのロープウエイ駅にもつながっている。こちら側の展望台からチロルの山々も眺めてみよう。

左上／ドイツ最高峰の展望台から360度の眺めを楽しもう
右上／レストランやショップなどの施設が充実した展望台
右下／この先はオーストリアのチロル側の展望台に続いている
左下／陽光を浴びながらビールを味わうのがドイツ流

アルプシュピッツェロープウエイの乗り場

ガルミッシュ・クラシック
国**ガルミッシュ・クラシック・チケットGarmisch Classic Ticket**はアルプシュピッツェを望む3つのロープウエイを使って1回周遊できる。夏期€33.50、冬期€31。

ガルミッシュ・クラシック
Garmisch-Classic ★★★

アルプシュピッツェ山を望む、ガルミッシュ・クラシックGarmisch-Classicというエリアは、手軽なハイキングを楽しみたい人に人気がある。登山鉄道のクロイツェック・アルプシュピッツバーン駅で降り、**アルプシュピッツェロープウエイ**に乗って**オスターフェルダーコプフOsterfelderkopf**まで上ると、**アルプスピクスAlpspiX**というスリル満点の展望台がある。崖からせり出して、X字形に交差する2本の展望橋からは、1000m下の**地獄谷Höllental**が眺められる。ここからホッホアルムロープウエイで下り、30分ほどの緩やかな下りが続くハイキングコースを楽しみ、さらにクロイツエックロープウエイに乗れば再び登山鉄道の駅に戻れる。

右／崖から突き出した2本の展望橋。先端の床はガラス張りでさらにスリル倍増
下／Xの形に交差する展望橋アルプスピクス

© Bayerische Zugspitzbahn Bergbahn AG / Benedikt Lechner

Restaurant & Hotel　Garmisch-Partenkirchen

ガルミッシュ・パルテンキルヒェンのレストラン＆ホテル

ツム・ヴィルトシュッツ

Zum Wildschütz　○MAP：P.230

　小さなレストランだが、手頃な値段の郷土料理とビールのおいしさで評判。夏はビアガーデンもオープン。写真（左）はバイエルン風ミニハンバーグFleischpflanzerl。人気があるので予約がおすすめ。

住Bankgasse 9　☎(08821)3290
URL www.wildschuetz-gap.de
営月〜土11：30〜23：00、日・祝12：00〜22：00

クレナー

Konditorei & Kaffeehaus Krönner　○MAP：P.230

　シャンデリアが輝く店内は広く、ノスタルジックな雰囲気でゆったりくつろげるカフェ。手作りケーキやアイスクリーム、パン、ランチ（11：30〜14：30）などが味わえる。

住Achenfeldstr. 1　☎(08821)3007
URL chocolatier-kroenner.de
営9：30〜18：00

ラインドルス・パルテンキルヒナー・ホーフ

Reindls Partenkirchner Hof　○MAP：P.230

　DBの駅を出て、パルテンキルヒェン側へバーンホーフ通りを300mほど進んだ右側に建つ。1900年代初頭から続く家族経営のホテルで、山岳地方のホテルらしく木を多用した落ち着いたインテリア。温水プール、ジャクージ、ウオーターマッサージ、バイオサウナ、スチームバスなどの設備があり、ハイキングやスキーの疲れを癒やせる。Wi-Fi無料。

住Bahnhofstr. 15　D-82467
☎(08821)943870　FAX(08821)94387250
URL www.reindls.de
料Ｓ€126〜　Ｔ€189〜
カード ＡＭＶ

ツークシュピッツェ

Hotel Zugspitze　○MAP：P.230

　登山鉄道の駅から約5分。町の中心部にも近い4つ星ホテル。アルプス風の木調の家具を多用。室内プールや各種サウナ、スパエリアなどが充実。Wi-Fi無料。

住Klammstr. 19　D-82467
☎(08821)9010　FAX(08821)901333
URL www.hotel-zugspitze.de
料Ｓ€135〜　Ｔ€220〜
カード ＡＭＶ

ガルミッシャー・ホーフ

Hotel Garmischer Hof　○MAP：P.230

　DBの駅を出て左へ300m、ガードをくぐった先の左側に建つ中級ホテル。バイエルン風のインテリアだが、部屋の設備はやや古い。Wi-Fi無料。

住Chamonixstr. 10　D-82467
☎(08821)9110
URL www.garmischhotel.de
料Ｓ€128〜　Ｔ€136〜
カード ＭＶ

フィーア・ヤーレスツァイテン

Hotel Vier jahreszeiten　○MAP：P.230

　DBの駅から最も近いホテルで何かと便利。レセプションに常時スタッフが配置されていないので、フロントカウンターのベルを押して呼び出す。部屋の設備はやや古い。Wi-Fi無料。

住Bahnhofstr. 23　D-82467
☎(08821)9160
URL www.vierjahreszeiten.cc
料Ｓ€95〜　Ｔ€160〜
カード ＪＭＶ

ミッテンヴァルト

Mittenwald

壁絵を眺めながら町歩き

DATA

MAP	P.13-D2
人口	7300人
市外局番	08823

ACCESS

ドイツとオーストリアの国境駅に当たる。ミュンヘンからRB(普通)で約1時間50分。オーストリアのインスブルックからは約55分。

❶ミッテンヴァルトの観光案内所
住Dammkarstr. 3
D-82481 Mittenwald
☎(08823) 33981
FAX(08823) 2701
URL www.alpenwelt-karwendel.de
開月～金　　8:30～18:00
　　土　　　9:00～12:00
　　日・祝　10:00～12:00
（10月上旬～5月上旬は変更あり）

教会の塔の前にはバイオリン職人クロツの像が立つ

　カーヴェンデルの迫力の峰を望むミッテンヴァルトは標高913m、ドイツ・アルプスのすがすがしい空気が満ちた町だ。ウインタースポーツはもちろん、夏にはハイキングを楽しむ人たちでにぎわう。200年以上前に描かれたフレスコ画が美しい家並みが残り、どことなく時代に取り残されたような素朴さを感じる町だ。

ミッテンヴァルトの歩き方

町の中心、オーバーマルクト

　駅前から延びる**バーンホーフ通りBahnhofstr.**を5分ほど行くと、町のメインストリートである**オーバーマルクトObermarkt**に出る。ホテルやレストラン、みやげ物屋など、この通りの両側に建ち

ミッテンヴァルト
MITTENWALD

クランツベルク行きリフト乗り場
Kranzberglift
バイオリン博物館
Geigenbaumuseum
教会
Kathol. Kirche
保養施設
Kuranlage
市庁舎
Rathaus
郵便局
Post
ポスト
アルペンローゼ
ミッテンヴァルト駅
Bahnhof
Rieger
カーヴェンデル行き、ロープウエイ乗り場
Karwendelbahn

並ぶ家々のファサードは、色とりどりの壁絵で彩られている。これらは、**リュフトゥル画Lüftlmalerei**と呼ばれ、聖書の場面を題材にしたものが多く、厳しい自然の山国に暮らす人々の信心深さがうかがえる。

オーバーマルクトの北にそびえる教会の前には、バイオリンを手にした人の像がある。この像は、1685年にミッテンヴァルトにバイオリン作りの技術をもたらしたマティアス・クロツ。以来ミッテンヴァルトはドイツのバイオリン作りの中心となり、モーツァルトもクロツ工房のバイオリンを弾いた。今もバイオリン製造学校があり、**バイオリン博物館Geigenbaumuseum**は必見の場所だ。

町をひと回りしたら背後に見えるカーヴェンデル山へ登ろう

ミッテンヴァルトのおもな見どころ

バイオリン博物館
Geigenbaumuseum　　　　　　　　　★★★

バイオリンの製造過程から始まり、約300年に及ぶバイオリン製作の歴史や、バロック時代から現代までのバイオリンのコレクションやオーディオコーナーがある。またミッテンヴァルトの歴史についての展示もある。

ミッテンヴァルトで最も古い家を改造した博物館

工房の様子を再現したコーナー

カーヴェンデル山
Karwendel　　　　　　　　　　　★★★

駅を挟んで町とは反対側にそびえているのが標高2385mのカーヴェンデル山。ロープウエイの**カーヴェンデルバーンKarwendelbahn**が一気に山上まで連れていってくれるので、晴れたらぜひ登ってみよう。夏期の観光シーズンはかなり混雑して行列になる。で

ごつごつと荒々しい山容のカーヴェンデル山

バイオリン博物館
住Ballenhausgasse 3
URLwww.geigenbaumuseum-mittenwald.de
開12/4〜1/6、2/1〜3/15、
　5/15〜10/14
　火〜日　　10:00〜17:00
　1/7〜1/31、3/16〜
　5/14、10/15〜11/12
　火〜日　　11:00〜16:00
休月、11/13〜12/3、12/31
料€5.50、学生€4.50

美しい弦楽器のコレクション

カーヴェンデルバーン
URLwww.karwendelbahn.de
運5月下旬〜10月中旬
　　　　8:30〜17:30
　（夏期は〜18:00）
　冬期は9:00〜16:30
　スキーシーズンは変更あり
休11月上旬〜12月下旬、4
　月下旬〜5月中旬。天候
　により運休あり
料往復€36.90

パッサマーニ・パノラマヴェークをハイキング

きれば比較的すいている朝一番で行きたい。

山上のロープウエイ乗り場の隣には、崖から突き出している、直径約7mの**巨大な望遠鏡Riesenfernrohr**の形をした建物がある。内部はアルプスの動物や高山植物などについて展示している。

巨大な望遠鏡の中はアルプスの自然の展示室

この建物の先端のガラス越しには、まさに望遠鏡をのぞいているかのように約1300m下に横たわるミッテンヴァルトの町やチロルの山々までも望める。ここからはレベルに応じたハイキングコースが延びている。**パッサマーニ・パノラマヴェークPassamani Panoramaweg**というコースは、初心者向けの所要約1時間の周遊コースを楽しめる。

また、ロープウエイ乗り場から430mの長さで続くトンネルを抜けると、さらに迫力ある山々のパノラマが広がる。

カーヴェンデルバーン山上駅と巨大な望遠鏡が見える　© Rudolf Pohmann

Hotel Mittenwald
ミッテンヴァルトのホテル

ポスト

Post Hotel Mittenwald　　　○MAP：P.234

17世紀からアルプスを越える郵便馬車の宿屋だった館がホテルになっている。サウナや室内プールもある。Wi-Fi無料。魚料理やベジメニューもあるバイエルン風のレストランでは、豚肉のシュニッツェルSchweineschnitzel€20.30、ケーゼシュペッツレKäsespätzle€15.20などがおすすめ。

🏠Obermarkt 9　D-82481
☎(08823)9382333　🖷(08823)9382999
🌐www.posthotel-mittenwald.de
🛏Ⓢ€74〜　Ⓣ€132
朝・夕食付き（Halbpension）は1人€24（3品コース）、€30（4品コース）加算　カード MV

アルペンローゼ

Alpenrose　　　○MAP：P.234

メインストリートに面して建つ、鮮やかな壁絵が美しい館。バイエルン風のかわいい木製家具を多用したインテリア。客室数が少ないので夏期は早めの予約を。Wi-Fi無料。1階は肉料理メニューが充実している郷土料理レストラン。

🏠Obermarkt 1　D-82481
☎(08823)92700　🖷(08823)927100
🌐www.alpenrose-mittenwald.de
🛏Ⓢ€70〜　Ⓣ€113〜
カード ADJMV

古城街道周辺

Die Burgenstraße & Umgebung

ニュルンベルクのヘンカーシュテーク周辺は絵になる一角

古城街道周辺

古城街道は、マンハイムからハイデルベルク、ニュルンベルクとドイツを東西に横切り、さらに国境を越えてプラハまで延びる国際的な観光ルート。中世の伝説や、歴史を秘めた70以上もの城や宮殿が点在し、旅人の目を楽しませてくれる。

周遊のヒント

鉄道で

ハイデルベルクとニュルンベルクは、ドイツの主要都市と鉄道網で結ばれているのでとても便利。それ以外の小さな町へはローカル線が通じているが本数は少ない。

バスで

DBが運行する長距離路線の**ICバス IC-BUS**がマンハイム〜ハイデルベルク〜ニュルンベルク間を運行している。このバスはフランスのストラスブールとチェコのプラハまで行く。要予約。

レンタカーで

山の上に建つ古城や郊外の見どころへも気軽に足を延ばせるので、最も便利。

ステイガイド

ハイデルベルクとニュルンベルクは、大型ホテルから安い宿までホテルの数も多く、好みに応じて選べる。ただしクリスマスマーケット期間中のニュルンベルクの宿の予約は早めに。

古城街道沿いで、一度は泊まってみたいのが古城ホテル。いずれも町から離れた所に建っているので、レンタカー利用がおすすめ。

クリスマスマーケット期間中の宿は混むので必ず予約を

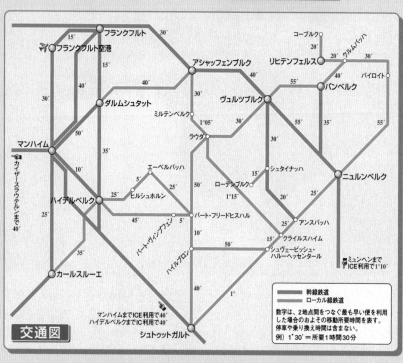

交通図

古城街道周辺の主要都市間の移動所要時間図（マンハイム、ハイデルベルク、フランクフルト、フランクフルト空港、ダルムシュタット、アシャッフェンブルク、ミルテンベルク、ラウダ、ヴュルツブルク、コーブルク、リヒテンフェルス、クルムバッハ、バンベルク、バイロイト、エーベルバッハ、ヒルシュホルン、ローテンブルク、シュタイナッハ、ニュルンベルク、バート・ヴィンプフェン、バート・フリードヒスハル、クライルスハイム、アンスバッハ、シュヴェービッシュ・ハール・ヘッセンタール、ハイルブロン、カールスルーエ、シュトゥットガルト）

幹線鉄道
ローカル線鉄道

数字は、2地点間をつなぐ最も早い便を利用した場合のおよその移動所要時間を表す。停車や乗り換え時間は含まない。
例）1°30′＝所要1時間30分

ミュンヘンまでICE利用で1°10′

マンハイムまでICE利用で40′
ハイデルベルクまでIC利用で40′

カイザースラウテルンまで40′

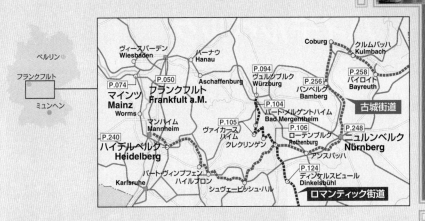

ベルリン
フランクフルト
ミュンヘン

ヴィースバーデン
Wiesbaden
ハーナウ
Hanau
Coburg
クルムバッハ
Kulmbach

P.074
マインツ
Mainz
Worms
P.050
フランクフルト
Frankfurt a.M.
Aschaffenburg
P.094
ヴュルツブルク
Würzburg
P.104
バート・メルゲントハイム
Bad Mergentheim
P.256
バンベルク
Bamberg
P.258
バイロイト
Bayreuth
古城街道

マンハイム
Mannheim
P.105
ヴァイカース
ハイム
クレクリンゲン
P.106
ローテンブルク
Rothenburg
P.248
ニュルンベルク
Nürnberg

P.240
ハイデルベルク
Heidelberg
Karlsruhe
バート・ヴィンプフェン
ハイルブロン
シュヴェービッシュ・ハル
ディンケルスビュール
Dinkelsbühl
P.124
アンスバッハ

ロマンティック街道

名産品と料理

ネッカー渓谷沿いはブドウ畑が多く、**ワインの名産地**。古城ホテルやレストランのなかには、自家製ワインを醸造しているところもある。特にブルクホテル・ホルンベルク（→P.246はみだし）は有名。

ニュルンベルクは、**ニュルンベルクソーセージ**（→P.253）と**レープクーヘン**（→P.254）というクッキーが名物。

炭火で焼いたニュルンベルクソーセージ

パンに挟んだニュルンベルクソーセージもおいしい

チョコレートや砂糖がけなど、さまざまな種類があるレープクーヘン

おもな祭りとイベント

★旧市街祭り
▶ニュルンベルク

中央広場には屋台が並び、祝祭劇などさまざまなイベントがある。小船の上の漁師が1対1で相手をペグニッツ川へ突き落とす競技も有名。毎年9月中旬に開催。
🔗altstadtfest-nue.de

★ハイデルベルク古城祭り
▶ハイデルベルク

ハイデルベルク城を舞台にコンサートや古典劇などを上演。幻想的にライトアップされた城と、クライマックスの花火は必見。6月下旬から7月下旬頃まで。

ライトアップされた橋と古城の上に花火が上がる
🔗www.schlossfestspiele-heidelberg.de

★クリスマスマーケット
▶ドイツ各地

ニュルンベルクのクリスマスマーケット（→P.22）はドイツでも特に有名。ハイデルベルクでも開催される。期間は11月下旬（年によって12月初旬）からクリスマスイブの前ぐらいまで。

古城が見守るドイツ最古の大学街

ハイデルベルク

Heidelberg

哲学者の道から見た旧市街とハイデルベルク城

哲学者の道から見た旧市街とハイデルベルク城

DATA

MAP	P.13-C1
人口	15万8700人
市外局番	06221

ACCESS

🚃 EC、ICE特急でフランクフルトから約50分、マンハイムから約10分。

ハイデルベルク・アルトシュタット駅から市中心部へ行く方法
ハイデルベルクには、中央駅から2駅離れたところにHeidelberg Altstadt駅があり、Sバーン（S1、2）だけが停車する。この駅はカールス門（→Map P.241-A3）のすぐ東側にあるので、Hauptstr.を直進すれば徒歩約10分でマルクト広場に着く。ただし駅にロッカーなどの設備は何もない。大きな荷物を預けたいときは中央駅を利用したほうがよい。

❶ハイデルベルクの観光案内所
☎ (06221) 5844444
📠 (06221) 584644444
🌐 www.heidelberg-marketing.de
●中央駅前の❶
🏠 Willy-Brandt-Platz 1
 (am Hauptbahnhof)
 D-69115 Heidelberg
🗺 Map P.240-A1
開月～土　　10:00～17:00
　日・祝　　10:00～15:00
11～3月は短縮あり
●市庁舎内の❶
🗺 Map P.241-A3
開月～金　　8:00～17:00
11～3月は短縮あり

1386年に創立されたドイツ最古の大学がある町は、昔も今も大学都市のエネルギーに満ちている。

古くから、ゲーテやショパン、シューマンなど多くの詩人や音楽家がこの町を愛し、多くの芸術作品を生み出した。

れんが色の建物が並ぶ旧市街と、小高い山の上にそびえるハイデルベルク城の姿は、ドイツを代表するロマンティックな風景として、世界からの旅行者を引きつける。

ハイデルベルクの市内交通

中央駅から旧市街の西の入口ビスマルク広場**Bismarck-platz**までは約1.5km離れているので、32、33、34番のバスまたは5番の市電を利用するとよい。32番のバスは、ビスマルク広場からさらに旧市街の中心に位置する**大学広場Universitätsplatz**まで行き、ここが終点となる。あまり時間がない場合や、歩く距離を少なくしたい場合は、ここまでバスを利用したほうがよい。

先にハイデルベルク城へ上るなら中央駅から33番（Köpfel行き）のバスで所要約15分の**Rathaus/Bergbahn**で下車するとすぐ前がケーブルカー乗り場。

中央駅前の巨大オブジェ「3本足の馬」

市内交通
1回乗車券Einzelticketは€3。
1日乗車券Tages-Ticketは€7.70。

ハイデルベルクカード
市内交通網に有効期間内乗り放題で、城の入場とケーブルカー1往復がセットになったHeidelbergCARDは1日用€24、2日間用€26、4日間用やファミリー用（2日間）もある。❶で販売。

中央駅前のバスと市電乗り場

ハイデルベルク旧市街 HEIDELBERG

...... 観光モデルルート　🇭ホテル　Ⓡレストラン　Ⓒカフェ　Ⓢショップ

ドイツの古い学生街は、町のあちこちに校舎や図書館などが点在しているため、行き交う学生たちの姿が目につく。ハイデルベルクは特に旧市街の中心部に大学関係の建物が集まっているのが特徴。

城の姿が見えるコルンマルクト

アルテ橋（古い橋）とも呼ばれる
カール・テオドール橋

ケーブルカー
◯Map P.241-B3
URLwww.bergbahn-heidelberg.
de
ケーブルカー乗り場への行き方
中央駅前から33番のバス
（Köpfel行き）で所要約15分の
Rathaus/Bergbahn下車すぐ。
または中央駅からSバーンで
2駅目のHeidelberg Altstadt
で下車し、徒歩約10分。
乗り場は、駐車場ビルの
1階奥にあり目立たないの
で注意。城へは1駅目の
Station Schlossで下車。
料城までの往復運賃と城の
入城料込みで€9、学生
€4.50

ハイデルベルク城
◯Map P.241-B3
URLwww.schloss-heidelberg.
de
開8:00～18:00
　（入場は17:30まで）
料€9、学生€4.50（ケーブル
カー込み）
※城内ガイドツアーは別途
€6、学生€3。

ドイツ薬事博物館
◯Map P.241-B3
URLwww.deutsches-apotheken-
museum.de
開11～3月　10:00～17:30
　4～10月　10:00～18:00
　（入場は閉館20分前まで）
料城の入場料に含まれる

ハイデルベルクの歩き方

駅から最も遠く、見学にも時間を要する**ハイデルベルク城
Schloss Heidelberg**からスタートすると効率よく回れる。城
のテラスから望む旧市街とネッカー川の眺めを堪能し、町へ
下りたら、**コルンマルクトKornmarkt**という広場に出よう。こ
こが旧市街の見どころのほぼ東端。西へ進むと**聖霊教会
Heiliggeistkirche**が建つ、**マルクト広場Marktplatz**に出る。

北へ進んで、ネッカー川に架かる**カール・テオドール橋
Karl-Theodor-Brücke**を渡ろう。対岸から眺める城と旧市街
は絶好の撮影ポイント。

マルクト広場に戻り、メインストリートに当
たる歩行者天国の**ハウプト通りHauptstr.**
を歩き出そう。ショップをのぞいたり、大学
広場の**大学博物館**やその裏の**学生牢**など
に立ち寄りながら進むと、旧市街の西の
端のビスマルク広場に出る。

聖霊教会が建つマルクト
広場

ハイデルベルクのおもな見どころ

ハイデルベルク城

Schloss Heidelberg　★★★

ハイデルベルク城は、13世紀にプファルツ
伯の居城として建てられ、以後ゴシック、ルネッ
サンス、バロックなど時代ごとに改築や増築
を行ったため、複雑な構造をしている。三十
年戦争やプファルツ継承戦争、たび重なる火
事で破壊され、一部のみ内部の部屋も再建
されたが、廃墟のままの部分もある。

フリードリヒ館のファ
サード下の坂道を下
りるとワイン販売所と
ワインの大樽がある

ケーブルカーとセットになった一般入場券で
見学できるのは、中庭に面した**フリードリヒ館Friedrichsbau**
の手前の坂から入った地下にあ
る世界最大級の**ワインの大樽**
と、旧市街を眺められるフリードリ
ヒ館の先のテラス、城庭園、そし
て**ドイツ薬事博物館Deutsches
Apotheken-Museum**。再建され
た城内部の見学は、別途ガイドツ
アーに参加する必要がある。

上／テラスからの眺め。聖霊教会を中心とした旧市街とネッカー川が広がる
左中／テラスにひとつの足跡がついている。これは王妃と不倫関係にあった若
い騎士が見つかりそうになり、部屋の窓から飛び降りたときにできた足跡だと
いう　左下／ワインの大樽のそばにいる大酒飲みの道化師ペルケオ像。右側の
仕掛け時計は、いたずら好きのペルケオが作ったビックリ箱。取っ手を引くと
何かが起こる？　右下／世界最大級のワインの大樽。階段で上まで上れる

ハイデルベルク大学と学生牢
Universität und Studentenkarzer ★★

壁には自分のシルエット画や、所属していた学生団の理想や旗印、自分の罪状、滞在期間などがぎっしりと書かれている

1386年創立、ドイツ最古の歴史を誇るハイデルベルク大学は、8人のノーベル賞受賞者を輩出している名門。大学広場の周辺には、**大学博物館と旧講堂Universitätsmuseum und alte Aula**、**大学図書館 Universitätsbibliothek**、そして観光客に人気の**学生牢Stutentenkarzer**が集まっている。かつて大学内は治外法権だったため、騒ぎを起こした者は、学生牢に閉じ込められた。壁には当時の入所者たちが描いた落書きがいっぱい。1914年まで約200年間使用されていた。

大学広場に面した大学旧校舎内には博物館と旧講堂がある

旧校舎の中庭でくつろぐ学生たち

プファルツ選帝侯博物館
Kurpfälzisches Museum ★★

1712年建造のバロック様式の宮殿内にあり、15～18世紀の美術品を中心に展示。リーメンシュナイダー作の木彫りの十二使徒祭壇（1509年）は必見。町の歴史に関する展示も充実しており、推定約50万年前の原人「ハイデルベルク人」の骨もある。

ハウプト通りに面した建物の奥に入口がある

古城街道周辺
ハイデルベルク

大学博物館／学生牢
住Grabengasse 1
（大学博物館）
Augustinergasse 2
（学生牢）
●Map P.241-A2～B2
URLwww.uni-heidelberg.de
開**大学博物館**
　火～土　10:30～16:00
　（季節により変更あり）
　学生牢
　火～土　10:30～16:00
　（季節により変更あり）
料€6、学生€4.50（大学博物館、学生牢に入場可。どちらかが休館の日は€4、学生€3.50）

学生牢の入口は大学グッズショップ Uni-Shop と同じ

プファルツ選帝侯博物館
住Hauptstr. 97
●Map P.241-A2
URLwww.museum-heidelberg.de
開火～日　10:00～18:00
休月、一部の祝日
料€3、学生€1.80（日・祝は割引あり）、特別展は別料金

Topics 哲学者の道の歩き方

　ゲーテをはじめ、多くの哲学者や詩人が思索にふけった道が、ネッカー川の対岸にある。カール・テオドール橋を渡って、シュランゲン小道という急な坂を15分ほど上ると、そこからの旧市街の眺めはため息が出る美しさ。ただし、かなり急な坂道なので、時間があるならビスマルク広場に近いテオドール・ホイス橋に近い側からアプローチしたほうが体力的にラクで、風景もゆったり味わえる。ハイデルベルク城を望む屈指のビューポイントであり、特に晴れた日の午後は、絶好のアングルで撮影できる。

　なお、雨や雪の日は足元が悪く、夕方以降になると人通りが少ないので、ひとり歩きは避けたほうがよい。

花の季節はいっそう鮮やかな眺めが楽しめる

ハイデルベルクのレストラン

　ハウプト通りと、マルクト広場周辺に多くのレストランがある。歴史的な居酒屋ツム・ローテン・オクセンなどは観光名所的存在なので、団体の利用客も多い。旧市街の店は、特に週末（金〜日曜）の夜は混み合うので、早めに行くか予約をしたほうがよいだろう。

ドイツ料理

ツム・ローテン・オクセン　　Zum Roten Ochsen

古都を代表する学生酒場

○MAP：P.241-A3

1703年創業、戯曲『アルト・ハイデルベルク』の舞台にもなった。ビスマルクやマーク・トウェインも訪れたという、典型的な学生酒場で、ドイツ料理も味わえる。名所的存在で団体客も多く利用するので予約席も多い。

|住Hauptstr.217　☎(06221)20977
|URLroterochsen.de
|営火〜土　17:00〜24:00
|　（4〜10月は木〜土の11：30〜14：00も営業）
|　※季節により変更あり
|休冬期休業あり
|カード不可

ツム・ギュルデネン・シャーフ　　Zum Güldenen Schaf

郷土料理の老舗

○MAP：P.241-A2

趣のあるレストラン。バーデン地方の郷土料理が味わえる。英語のメニューもある。ハウプト通りに面しており、見つけやすい。豚肉のシュニッツェルSchweineschnitzel €16。

|住Hauptstr. 115
|☎(06221)20879
|URLwww.schaf-heidelberg.de
|営12:00〜23:00
|休日・月
|カードADJMV

パルムブロイ・ガッセ　　Palmbräu Gasse

手頃な値段のドイツ料理と自家製ビール

○MAP：P.241-A2

中心部にあり観光客の利用も多いが、しっかりした味のドイツ料理と自家製のパルムブロイというビールが味わえる。写真のマウルタッシェンMaultaschen €13.90は日本人の口に合う人気メニュー。

|住Hauptstr. 185
|☎(06221) 28536
|URLpalmbraeugasse.de
|営水〜金　16:00〜
|　土・日　12:00〜
|休月・火
|カードAMV

カフェ

エクストラブラット　　Cafe Extrablatt

朝食ビュッフェとバーガーが人気

○MAP：P.240-B1

平日は12:00、日・祝は14:00までの朝食ビュッフェの時間はかなり混雑しているが、その後はゆっくりバーガーやピザ、シュニッツェルなどのメニューを味わえるカフェ・レストラン。テーブル数が多く、天気のいい日には外にテーブルも並ぶ。

|住Hauptstr. 53
|☎(06221) 8935340
|URLcafe-extrablatt.de
|営8:00〜24:00
|　（日は9:00〜）
|カードMV

イリー　　Chocolaterie Yilliy

チョコレートの香りに包まれたカフェ

○MAP：P.241-A3

チョコレートがぎっしりのかわいい店内は、長居したくなる居心地のよさ。グルテンフリーのケーキ各種€3.80〜をはじめ、自家製のケーキがおいしい。とろりと濃厚なスペイン風ホットチョコレート€3.80もおすすめ。

|住Haspelgasse 7
|☎(01578) 4884090
|URLchocolaterie-heidelberg.de
|営日・月・水　10:00〜18:30
|　木・金・土　10:00〜20:00
|休火
|カードAMV

Shopping Heidelberg

ハイデルベルクのショッピング

ショッピングエリアはビスマルク広場からマルクト広場の間のハウプト通りがメイン。マルクト広場の東に延びる Untere Str. には、小さくて個性的なカフェやショップ、ギャラリーが点在していて、歩くのが楽しい。

古城街道周辺

ハイデルベルクのレストラン　ショッピング

雑貨

クラー KLAR

石鹸の香りに包まれて

○MAP：P.241-B2

1840年にハイデルベルクで初めて石鹸を製造したのがこの店。すべての製品は天然素材から作られているので、安心して使用できる。さまざまな石鹸のなかでも特にワインの香りの石鹸が人気とか。

住Hauptstr. 112
☎(06221) 302018
URL www.klarseifen.de
営月〜金　11:00〜19:00
　土　　10:00〜19:00
休日・祝　カード M V

ケーテ・ヴォールファールト Köthe Wohlfahrt

クリスマスグッズで部屋を飾ろう

○MAP：P.241-A2

店内には、ドイツの伝統的なクリスマス用品やデコレーションが1年中ぎっしり並ぶ。モダンな新作のスモーカー人形など、クリスマスシーズンでなくてもインテリアに加えたい品もいろいろある。

住Hauptstr. 124
☎0800-4090150
URL www.kaethe-wohlfahrt.com
営月〜土　10:00〜18:00
　（季節により変更あり）
　（クリスマスシーズンは変更、日曜営業あり）
休日・祝　カード A D J M V

デポ DEPOT

キッチン用品からガーデン雑貨まで

○MAP：P.241-B2

ドイツ各地に約70店舗あるチェーンの雑貨ショップ。化粧雑貨や、キッチン用品が充実している。クリスマスやイースターなど季節のデコレーショングッズも並び、見ているだけで楽しくなる。

住Hauptstr. 79
☎(06221) 8936479
URL www.depot-online.de
営月〜土　10:00〜20:00
休日・祝
カード A M V

バトラー BUTLERS

雑貨好きなら訪れたい

○MAP：P.241-B2

センスのいいインテリアグッズやキッチングッズが並ぶショップ。季節ごとにコーディネートされたディスプレイが参考になる。手頃な価格の品が多いのも魅力。

住Hauptstr. 87/89
☎(06221) 1809144
URL www.butlers.com
営月〜土　10:00〜19:00
休日・祝
カード M V

Speciality 学生街に似合うチョコレート

ハイデルベルク最古のショコラティエ兼カフェ、クネーゼルで1863年に生まれたメダル型のチョコは「ハイデルベルク学生のキス」というネーミングと、学生のシルエットのパッケージが印象的で、おみやげとして一番人気。住Haspelgasse 16（○Map P.241-A2）にショップがあるが、閉店しているときはすぐ近くのカフェ、**クネーゼル**（○Map P.241-A2）で買える。

ハイデルベルクのホテル

宿泊料が高いフランクフルトに泊まるより、特急で約50分のハイデルベルクのほうが町全体でドイツらしさを味わえるのでおすすめ。アメリカ人と日本人に人気の観光地だけに、小さなホテルでも英語が通じる。中級から手頃な料金のホテルはビスマルク広場周辺と、旧市街のマルクト広場周辺に集まっている。

高級ホテル

デア・オイロペイシェ・ホーフ・ホテル・オイローパ　Der Europäische Hof-Hotel Europa

ロマンティックに古都の一夜を　　　　　　●MAP：P.240-B1

ハイデルベルクで最高級の5つ星ホテル。明るいスパでリフレッシュするのもいい。Wi-Fi無料。レストランのクーアフュルステンシュトゥーベKurfürstenstubeでは季節ごとに変化するメニューを用意している。

囮Friedrich-Ebert-Anlage 1 D-69117
☎(06221)5150
FAX(06221)515506
URL www.europaeischerhof.com
料⑤€239〜　①€298〜
朝食は別料金
カード A D M V

ハイデルベルガー・ホーフ　　　　　　　　　Heidelberger Hof

旧市街の入口のプチホテル　　　　　　　　●MAP：P.240-B1

メインストリートのハウプト通りに近く、買い物や観光に便利なロケーション。サウナ、フィットネスルームあり。レセプションは6:00〜20:00のみオープン。Wi-Fi無料。全室禁煙。全23室。

囮Plöck 1　D-69117
☎(06221)905700
FAX(06221)9057044
URL www.hotel-heidelbergerhof.de
料⑤€122〜　①€145〜
朝食は別料金
カード A M V

マリオット　　　　　　　　　　　　　　　　Marriott

ネッカー川沿いの眺めがいい　　　　　　　●MAP：P.240-A1

中央駅からネッカー川に向かい、川を渡る手前左側にある。ネッカー川の眺めがいい部屋をリクエストしたい。室内プール、サウナ、フィットネスルームあり。Wi-Fi無料。

囮Vangerowstr. 16　D-69115
☎(06221)9080
URL www.marriott.com
料⑤①€177〜
朝食は別料金
カード A D J M V

レオナルド・ホテル・ハイデルベルク　　Leonardo Hotel Heidelberg City Center

明るいムードがいっぱいのホテル　　　　　●MAP：P.240-A1

駅とビスマルク広場の中間にある124室の近代的なホテル。ロビーも客室も明るいインテリアで、気取らずに滞在できる雰囲気。客室の料金は上階へ行くほど高くなる。Wi-Fi無料。

囮Bergheimer Str. 63　D-69115
☎(06221)5080
URL www.leonardo-hotels.com
料⑤①€109〜
朝食は別料金
カード A D M V

中級ホテル

ツム・リッター・ザンクト・ゲオルク　　Romantik-Hotel Zum Ritter St. Georg

1705年創業の歴史的ホテル　　　　　　　●MAP：P.241-A3

1592年に建てられた歴史的建造物の「騎士の家」が、現在はホテルになっている。聖霊教会の目の前で、観光にも買い物にも便利。スーペリアやデラックスルームと比べると、スタンダードルームはかなり狭い。Wi-Fi無料。

囮Hauptstr. 178　D-69117
☎(06221)3602730
URL www.ritter-Heidelberg.de
料⑤€150〜　①€190〜
朝食は別料金
カード A D J M V

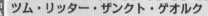

ブルクホテル・ホルンベルク（囮D-74865 Neckarzimmern　URL www.burg-hotel-hornberg.de）は、ゲーテの戯曲『ゲッツ・フォン・ベルリヒンゲン』の主人公で16世紀の騎士、鉄腕ゲッツが晩年を過ごした城として知られる古城ホテル。✎

ハイデルベルクのホテル

ハックトイフェル
Hotel & Restaurant Hackteufel

中級ホテル

個人旅行客向きの中級ホテル　〇MAP：P.241-A3

町の中心部にあり、ネッカー川に架かるアルテ橋にも近い。歴史を感じる建物で1階はドイツ料理がおいしいレストラン。レストランの奥がホテルの受付で、客室は2階から上にある。シングル2室、ツイン10室。Wi-Fi無料。

🏠Steingasse 7　D-69117
☎(06221) 905380
FAX(06221) 9053811
URL www.hackteufel.de
料⑤€85～　①€135～
朝食は別料金
カード AMV

ホレンダー・ホーフ
Hotel Holländer Hof

ネッカー川の向かいに建つ　〇MAP：P.241-A3

ネッカー川に架かるアルテ橋の向かいの広場に建つクラシックな3つ星ホテル。眺めがいい部屋がいいならネッカー川に面した部屋をリクエストしたい。エアコン（冷房）がない部屋もあるので夏期の滞在時は要確認。Wi-Fi無料。

🏠Neckarstaden 66
D-69117
☎(06221) 60500
URL www.hollaender-hof.de
料⑤€109～　①€142～
カード ADJMV

ツア・アルテン・ブリュッケ
zur Alten Brücke

自転車旅行者に人気のホテル　〇MAP：P.241-A3

アルテ橋の斜め向かいに建ち、1階は郷土料理が味わえるレストラン「Nepomuk」になっている。広い自転車置き場や電動自転車ステーションがあり、電動自転車のレンタルもしている。フロントは8:00～23:00オープン。Wi-Fi無料。

🏠Obere Neckarstr. 2　D-69117
☎(06221) 739130
URL www.hotel-zur-alten-bruecke.de
料⑤€128～　①€149～
朝食は別料金
カード MV

ヴァイサー・ボック
Hotel Restaurant & Bar Weißer Bock

旧市街の路地裏にたたずむホテル　〇MAP：P.241-A2

1階には評判がよい伝統的な高級レストランがあるホテル。夏にはビアガーデンもオープンする。居酒屋が多い一角にあるため、部屋によっては23:00頃までにぎやかな声が聞こえてくる。Wi-Fi無料。

🏠Große Mantelgasse 24
D-69117
☎(06221) 90000
FAX(06221) 900099
URL www.weisserbock.de
料⑤€135～　①€150～
朝食は別料金
カード AMV

イビス
Ibis

鉄道で朝早く出発したいなら　〇MAP：P.240-A1

中央駅のすぐ前にあるチェーンホテル。ふたりで泊まれば（ダブルベッド）割安。このクラスでは珍しくエアコン（冷房）付きなので夏の暑さに弱い人は助かる。部屋に冷蔵庫はない。Wi-Fi無料。

🏠Willy-Brandt-Platz 3
D-69115
☎(06221) 9130
FAX(06221) 913300
URL www.all.accor.com
料⑤①€89～
朝食は別料金
カード ADJMV

ユーゲントヘアベルゲ
Jugendherberge

ユースホステル

動物園のそばのユース　〇MAP：地図外

中央駅前から出る32番のNeuenheim Kopfklinik行きのバスで約10分、Zoo（動物園）の次の停留所Jugendherberge下車。ネッカー川も近く、緑に囲まれてくつろげる環境。全120室、447ベッドという大型ユースで、ほとんどの部屋にシャワーとトイレが付いている。洗濯機、乾燥機あり。Wi-Fiは共有エリアのみ利用可。朝・昼食付きは€43、3食付きにすると€47（27歳以上は各€4追加）。

🏠Tiergartenstr. 5　D-69120
☎(06221) 651190
FAX(06221) 6511928
URL www.jugendherberge-heidelberg.de
料朝食付き€35.50、27歳以上は€39.50、光熱費€3加算
カード JMV

ネッカー川の眺めがよいレストランで、自家製ワインを味わいたい。全24室、⑤€79～、①€149～。冬期休業。
ハイデルベルクから普通列車で約50分のMosbach-Neckarelz下車、タクシーで約15分。

ニュルンベルク

Nürnberg

旧市街の最も高い場所にそびえるカイザーブルク

ベルリン

フランクフルト

★
ミュンヘン

DATA

MAP	P.13-C2
人口	51万5500人
市外局番	0911

ACCESS

🚄 ICE特急でミュンヘンから約1時間5分、フランクフルトから約2時間5分、ヴュルツブルクから約55分。

▶**空港と市内間のアクセス**
空港からニュルンベルク中央駅までは地下鉄U2が所要12分で結ぶ。

❶ニュルンベルクの観光案内所
🏠Hauptmarkt 18
D-90403 Nürnberg
🕐Map P.249-A2
☎(0911) 23360
🌐www.tourismus.nuernberg.de
🕐月～日　9:30～17:00
（クリスマスマーケット期間中は延長あり）

町の中心をペグニッツ川が東西に横切るニュルンベルクは、全長約5kmの城壁で囲まれている。さまざまな意味でドイツを代表する町といえる重要な町で、音楽に興味がある人ならワーグナーの歌劇『ニュルンベルクのマイスタージンガー』を、歴史に詳しい人なら、ナチ戦犯に対する「ニュルンベルク裁判」を思い浮かべることだろう。

第2次世界大戦では、この町の90%近くが破壊されたが、昔どおりの姿に忠実に復元され、れんが色の町並みや石畳の坂道、教会などがよみがえった。

ニュルンベルクの歩き方

おもな見どころは中央駅から旧市街の北端カイザーブルクまでの間にあり、徒歩で回れるが、坂道の上り下りもあるので時間の余裕を取りたい。

中央駅の地下街を出ると、すぐ目の前が城壁。丸い大きな見張り塔のフラウエントーア塔が建つ所から城壁に沿って**職人広場Handwerkerhof**という職人の家を再現したエリアがある。塔の前から延びる、**ケーニヒ通りKönigstr.**を歩いていこう。**聖ローレンツ教会St. Lorenz-Kirche**を過ぎると、ペグニッツ川に架かる橋に出る。中州に建つのはかつての救済院**ハイリヒ・ガイスト・シュピタールHeilig-Geist-Spital**で、現在はレストラン（→P.253）。

川を渡ると間もなく町の中心、**中央広場Hauptmarkt**に着く。この先のBurgstr.に入ると、上り坂がきつくなり、岩山の上に**カイザーブルクKaiserburg**が見えてくる。

城を見たあとは、**デューラーの家Dürer Haus**に

中央広場ではさまざまなマーケットが開かれる

立ち寄って、A-Dürer-Str.の静かな路地を下っていく。途中にあるWeißgerbergasseは16世紀からの家々が残る雰囲気がある通りだ。

　おもちゃ博物館Spielzeugmuseumを過ぎると、再びペグニッツ川に突き当たる。中州の小さな広場Trödelmarktから西へ行くと、屋根付きの木の橋**ヘンカーシュテークHenkersteg**があり、絵になる一角になっている。歩行者天国のショッピングストリート、カロリーネン通りを東に進むと、ケーニヒ通りに戻る。

ペグニッツ川に架かる橋ヘンカーシュテークとその周辺

ニュルンベルクカード Nürnberg Card
市内交通（Zone A内）に48時間乗り放題で、ニュルンベルクと隣町フュルトの約40の美術館、博物館の入場が無料になる。❶（オンライン、現地窓口）や主要ホテルで購入、€33。

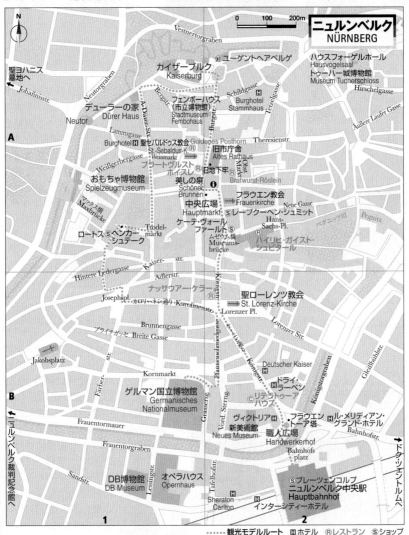

職人広場
Handwerkerhof *

旧市街の入口に、中世の職人広場が再現されている。小さな木組みの家が建ち並び、レストランや人形、アクセサリー、アンティークショップ、手作りの品々を売る店が集まっている。ニュルンベルクソーセージの店もある。

中世の世界を再現

聖ローレンツ教会
St. Lorenz-Kirche ***

13〜15世紀にかけて建てられたゴシック様式の教会。内陣天蓋から下がっている大きな**受胎告知のレリーフ**は、彫刻家ファイト・シュトスの傑作であり、見逃せない芸術作品。ステンドグラスも美しい。

上／内陣の芸術作品は必見　右／「聖体安置塔」の台座を支えるアダム・クラフトの像も必見

中央広場
Hauptmarkt ***

ここがまさにニュルンベルクの中心。東側には**フラウエン教会**がそびえている。正午になると、正面に取り付けられた16世紀初めに作られた**仕掛け時計**が動き出し、皇帝と7人の選帝侯が登場する。

広場の北西部分には、**美しの泉 Schöner Brunnen**という高さ17mの塔がある。この塔の鉄柵にはめ込まれている金色のリングは「3周回す間に願い事をし、人に打ち明けなければその願いがかなう」という言い伝えがある。

金色のリングを回す人

職人広場
- Map P.249-B2
- www.handwerkerhof.de
- 広場は月〜土8:00〜22:30（日は10:00〜）ショップやレストランの営業時間はそれぞれ異なる

中央駅前から橋を渡って入ることもできる

聖ローレンツ教会
- Map P.249-B2
- lorenzkirche.de
- 月〜土　　9:00〜17:30　日　　12:00〜15:30　クリスマスシーズン、祝日は変更あり
- €2

受胎告知のレリーフ

中央広場
- Map P.249-A1〜A2

金色に輝く美しの泉

ニュルンベルクのおもな見どころ

はだしみ　その日最初に入った市立の博物館（本書で紹介した中ではデューラーの家、おもちゃ博物館、ドク・ツェントルム、ニュルンベルク裁判記念館が相当）の通常料金のチケットに€3加算して**1日券Tageskarte**として購入

カイザーブルク
Kaiserburg ★★★

神聖ローマ皇帝の城で、12世紀に基礎が築かれ、15〜16世紀に現在の形になった。居城内は、皇帝専用の**二重構造の礼拝堂Doppelkapelle**と**博物館Museum**になっている。博物館には神聖ローマ帝国の変遷や騎士の鎧、武器などが展示され見応えがある。約60mもある**深い井戸Tiefer Brunnen**はガイドツアーでしか見られない。

内部を見学する時間がなくても、カイザーブルクの敷地内には、旧市街の眺めがすばらしいテラスがあるので、ぜひ訪れたい。

左／テラスから見た旧市街　右／円筒形の塔がカイザーブルクのシンボル、ジンヴェル塔

カイザーブルク
住 Auf der Burg 13
○ Map P.249-A1
URL www.kaiserburg-nuernberg.de
開 4/1〜10/3　9:00〜18:00
　 10/4〜3/31
　 　　　　10:00〜16:00
休 1/1、12/24・25・31、カーニバルの火曜
料 城全体（二重構造の礼拝堂、博物館、深い井戸、ジンヴェル塔）€7、学生€6、城のみ（二重構造の礼拝堂、博物館）€5.50、学生€4.50、深い井戸とジンヴェル塔€3.50、学生€2.50

カイザーブルクの西の端、中庭の奥の建物が博物館。チケット売り場もここにある

デューラーの家
Dürer Haus ★★

ドイツ・ルネッサンスを代表する大画家アルブレヒト・デューラーが、1509年から亡くなる1528年まで過ごした木組みの館。

デューラーの時代の生活様式などもわかる見応えのある展示内容となっているほか、デューラーの主要作品の複製画などが観られる。

カイザーブルクのすぐ下に建つ立派な家

デューラーの家
住 Albrecht-Dürer-Str. 39
○ Map P.249-A1
URL www.museen.nuernberg.de/duererhaus
開 火〜金　10:00〜17:00
　 土・日　10:00〜18:00
休 月（7〜9月とクリスマスマーケット中はオープン）12/24・25
料 €6、学生€1.50
P.250〜251のはみだし参照

おもちゃ博物館
Spielzeugmuseum ★

童心に戻れる博物館

14世紀以来、おもちゃの町としての伝統があるニュルンベルクは、現在も毎年2月に世界最大規模の「国際おもちゃ見本市」が開かれている。その歴史と、すばらしいおもちゃの数々を展示する博物館。ドールハウスやアンティークドールの名品がずらりと並んでいる。入口の売店では、かわいい木製のおもちゃなども販売している。

おもちゃ博物館
住 Karlstr. 13-15
○ Map P.249-A1
URL spielzeugmuseum-nuernberg.de
開 火〜金　10:00〜17:00
　 土・日　10:00〜18:00
休 月（クリスマスマーケット中はオープン）、12/24・25
料 €6、子供€1.50
P.250〜251のはみだし参照

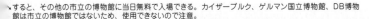

すると、その他の市立の博物館に当日無料で入場できる。カイザーブルク、ゲルマン国立博物館、DB博物館は市立の博物館ではないため、使用できないので注意。

ゲルマン国立博物館
住Kartäusergasse 1（入口は
Str. der Menschenrechte）
●Map P.249-B1
URLwww.gnm.de
開火～日　10:00～18:00
（水は～20:30）
休月、復活祭の火曜、12/24・
25・31
料€8、学生€5、水曜の17:30
～は無料

DB博物館
住Lessingstr. 6
●Map P.249-B1
URLwww.dbmuseum.de
開火～金　9:00～17:00
　土・日　10:00～18:00
休月、12/31、一部の祝日
料€9

バイエルン王ルートヴィヒ2世
のための豪華な車両

ゲルマン国立博物館
Germanisches Nationalmuseum ★★

　14世紀の修道院に近代的な建物を増設し、ドイツで最大規模の展示面積を誇る博物館だけに見応えがある。展示品も先史時代から近代まで多岐にわたる。なかでも中世の宗教芸術、ニュルンベルクで活躍したデューラーやシュトスの作品、1492年に作られた**世界最古の地球儀**、美しい**古楽器コレクション**は見逃せない。

DB博物館
DB Museum ★★

　1835年にドイツで初めて鉄道が開通したのはニュルンベルクとフュルト間だった。ドイツ鉄道発祥の地だけに、鉄道に関してはドイツでも屈指の展示を誇る。ルートヴィヒ2世の豪華な専用車両や歴史的な蒸気機関車、ディーゼル機関車などを多数展示してある。ドイツ鉄道DBの運転手気分が味わえる運転シミュレーターも人気。

Topics　ナチスの時代を忘れないための場所

　ニュルンベルクは1933～1938年にナチス（NSDAP）の党大会開催地となり、プロパガンダ集会や軍事パレードなどが催された。第2次世界大戦では空爆により、古い町並みのほとんどは破壊され、戦後は軍事裁判の開催場所ともなった。戦争という負の歴史と向き合うために、心に刻んでおきたい場所が残されている。

●ナチス党大会会場跡ドク・ツェントルム

　ナチスの党大会はここで開催、悪名高いニュルンベルク法も制定された。党大会のために造られた巨大な大会議堂が、帝国党大会跡地ドキュメントセンター、通称ドク・ツェントルムとして公開されている。大会議堂内部に展示室が設けられ、ドイツ語または英語のガイドホンで見学できる。

ドク・ツェントルム
Doku-Zentrum

近代的な展示館

住Bayernstr. 110　●Map P.249-B2外
URLwww.museen.nuernberg.de/dokuzentrum
開月～日10:00～18:00（入場は閉館1時間前まで）
休12/24・25
料€6、学生€1.50　P.250～251のはみだし参照
交ニュルンベルク中央駅前からDoku-Zentrum行きのトラム8番で終点下車すぐ。

●野外集会場ツェッペリンフェルト

　ドク・ツェントルムそばの池ドゥッツェントタイヒDutzendteichを挟んだ東側には、ナチスの軍事パレードや大集会場となったツェッペリンフェルトの跡地Zeppelinfeldがあり、ヒトラーが演説をした舞台ツェッペリントリビューネZeppelintribüneも残っている。舞台建物上部にあったハーケンクロイツは終戦間際にアメリカ軍によって爆破された。

図ニュルンベルク中央駅からⓈ2で所要7分、Frankenstadion下車、徒歩約5分。

●ニュルンベルク裁判の法廷

　1945年11月20日から1947年10月1日まで開かれた600号陪審法廷で、ヘルマン・ゲーリング、ルドルフ・ヘス、アルベルト・シュペーアら24名のナチス幹部が裁かれた。

歴史的な600号法廷を見学できる

ニュルンベルク裁判記念館
Memorium Nürnberger Prozesse

住Bärenschanzstr. 72　●Map P.249-B1外
URLwww.museen.nuernberg.de/prozesse
開月～月10:00～18:00（土・日は10:00～、11～3月の水～月は10:00～）（入場は閉館1時間前まで）
休火、10/3、12/24・25・31
料€6、学生€1.50　P.250～251のはみだし参照
交地下鉄Ⓤ1 Bärenschanze下車、徒歩約5分。

古城街道周辺

ニュルンベルクのレストラン

この町に来てニュルンベルクソーセージを食べないわけにはいかない。中心部には何軒かの専門店がある。郷土料理には、メニューの料理名の最初に「フレンキッシェ fränkische ～（フランケン風の）」という語が付いていることが多いので目安になる。バイエルン州だけにビールもうまいが、フランケンワインもおすすめ。以下の店はどこも中央駅から歩いて行ける。

ニュルンベルクのレストラン

ドイツ料理

ブラートヴルストホイスレ
Bratwursthäusle

ニュルンベルクソーセージならここがいち押し ⊙MAP：P.249-A1

人気のソーセージ専門店。小さな店なので、満席のこともある。焼きソーセージ10本で€15.50。テイクアウト用に、焼きソーセージ3本を丸パンにサンドしたヴルストブレートヒェンWürstbrätchen 3 im Weckla €3.50もある。

⊞Rathauspl. 1
☎(0911) 227695
URLwww.bratwursthaeusle.de
営月～土11:00～22:00
　日　11:00～20:00
休クリスマスマーケット期間中
　以外の日・祝
カード M

ハイリヒ・ガイスト・シュピタール
Heilig-Geist-Spital

ドイツ風の重厚な造り ⊙MAP：P.249-A2

ペグニッツ川の中州にまたがる旧救済院の建物の1階にある。フランケン地方の郷土料理やワインがおいしい。ハウストプフHaustopf €22.90はポークフィレ、焼きソーセージ、ポテト、目玉焼き入りでボリュームたっぷり。

⊞Spitalgasse 16
☎(0911) 221761
URLwww.heilig-geist-spital.de
営11:30～24:00
　（料理は～23:00）
カード A D J M V

ナッサウアー・ケラー
Nassauer Keller

ワインがおいしい地下酒場 ⊙MAP：P.249-B2

聖ローレンツ教会の斜め向かい、小さな扉を入った地下。13世紀のロマネスク様式が残るワインケラー。フランケンワインと料理が味わえる。ウィーン風ポークカツレツSchnitzel Wiener Art €15.70など肉料理が多い。

⊞Karolinenstr. 2
☎(0911) 225967
URLwww.nassauer-keller.de
営月～土　17:00～22:00
　（食事は12:00～21:00）
休日
カード D M V（€30以上）

カフェ

リテラトゥーアハウス
Café Literaturhaus

食事メニューが充実のカフェ ⊙MAP：P.249-B2

文学サロンの1階にあるビストロ風の落ち着いたカフェ。スープ、スイーツ、朝食メニュー、日替わりランチや食事メニューも豊富。ベジ、グルテンフリーのメニューも用意されていて、いろいろ試してみたくなる。

⊞Luitpoldstr. 6
☎(0911) 2342658
URLwww.rilh.de
営月～金　7:00～23:00
　土　　9:00～23:00
　日　　9:00～18:00
カード不可

Speciality　ニュルンベルクソーセージとは

炭火で一気に焼き上げる

普通のドイツのソーセージと比べると、とても小さいのが特徴で手の指ぐらいしかない。香料が効いていて、これを炭火でカリッと焼き上げるのがおいしさの秘密。
注文は6本、8本、10本と偶数単位で好きなだけ注文できる。付け合わせには、ザウアークラウトSauerkraut（酢漬けキャベツ）、メーアレッティヒMeerrettich（西洋ワサビ）、カルトッフェルザラートKartoffelsalat（ビネガーあえのポテトサラダ）から選ぶ。

はみだし　焼きたてのブレーツェル専門店ブレーツェン・コルプBrezen Kolbは中央駅構内にあり、朝の通勤時間帯には行列ができる。バターとアサツキ入りはシンプルでおいしい。ケーニヒ通りに小屋の形の売店もある。

ニュルンベルクのショッピング

ニュルンベルクのショッピングエリアは、中央駅から北へ延びる歩行者天国のケーニヒ通りと、聖ローレンツ教会前から西へ延びるカロリーネン通り。デパートやブティックが連なり、にぎやかだ。ヘンカーシュテークからおもちゃ博物館、デューラーの家にいたる静かな裏通りにもおしゃれなショップが点在する。

食品 レープクーヘン・シュミット
Lebkuchen Schmidt

ニュルンベルク名物はレープクーヘンというお菓子 ◎MAP：P.249-A2

レープクーヘンとは、小麦粉にヘーゼルナッツやアーモンドの粉とスパイス、香料などを使って焼いたクッキーのような伝統的なお菓子。ドイツ風の絵柄のさまざまな缶に入っている。素朴な味わいの固焼きクッキー、スペクラチウス（スペキュロス）も人気の品で、かわいいボックス入りから、お徳用の大きな袋入りまである。

職人広場（→P.250）内にも小さな支店がある。

囲Plobenhofstr. 6
URL www.lebkuchen-schmidt.com
営月～金　9:00～18:00
　　土　　9:00～16:00
　　クリスマスマーケット期間中は変更あり
休日・祝　カード M V

左／中央広場に近い店
右／大小さまざまな缶入り

古都ならではの絵柄のパッケージも魅力

おもちゃ ケーテ・ヴォールファールト
Käthe Wohlfahrt

1年中クリスマスグッズでいっぱいの店 ◎MAP：P.249-A2

ローテンブルクに本店があるクリスマスショップ。ドイツならではの上質な木製のおもちゃがほとんどで、くるみ割り人形やスモーク人形などがぎっしりと並んでいる。見ているだけで楽しい。

囲Probenhofstr. 4
☎ (09861) 4090150
URL www.wohlfahrt.com
営月～木　11:00～17:00
　　（シーズンにより変更あり）
休日・祝、1月下旬～2月上旬に冬期休業あり
カード A D J M V

エコグッズ ロートス
LOTOS Naturkostladen

エコプロダクツと自然食品の店 ◎MAP：P.249-A1

ニュルンベルクで最初にできた自然食品専門ショップ。自然派化粧品やオーガニック野菜、果物、乳製品、エコ製品を販売する。奥には小規模ながらセルフでベジタリアン料理がいただけるカフェテリアコーナーがあり、テイクアウトもできる。ランチタイムは地元の人で席が取れないほどの人気ぶり。

囲AmUnschlittplatz 1
☎ (0911) 243598
URL www.naturkostladen-lotos.de
営月～金　9:00～17:00
　　土　　9:00～16:00
休日・祝
カード 不可

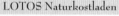

メニューが書いてある入口黒板　　人気のエコショップ　　グルテンフリーのキャロットケーキ

Hotel Nürnberg

ニュルンベルクのホテル

ホテルはケーニヒ通りの南側に多く、このあたりが観光にも便利なロケーションといえる。11月下旬からクリスマスイブまで開催されるクリスマスマーケットの時期と、2月の国際おもちゃ見本市開催中は、ホテルは満室状態なので早めの予約が必要。それ以外のシーズンは、比較的ホテルは取りやすい。

高級ホテル

ル・メリディアン・グランド・ホテル
Le Méridien Grand Hotel

ヨーロピアンムードがいっぱい

○MAP：P.249-B2

中央駅の向かい側に建つ1896年創業のホテル。古きよき時代のヨーロッパの雰囲気が今も漂う。ユーゲントシュティールでまとめられたエレガントなレストランでの食事も楽しみたい。Wi-Fi無料。

- Bahnhofstr. 1-3　D-90402
- (0855) 7976733
- www.lemeridiennuernberg.com
- S€134～　T€139～
  朝食は別料金
- カード A D J M V

中級ホテル

インターシティーホテル
InterCityHotel

中央駅のすぐそばの機能的ホテル

○MAP：P.249-B2

中央駅の西側出口から徒歩約2分なので、鉄道の旅に便利。周りは静かな一角。ビジネスマンの利用が多い。鉄道ファンは上階の線路側をリクエストすると、駅や線路の様子がよく見える。ただし鉄道の騒音が少し入ってくる。Wi-Fi無料。

- Eilgutstr. 8　D-90443
- (0911) 24780
- www.hrewards.com
- S€94～　T€104～
  朝食は別料金
- カード A D J M V

ヴィクトリア
Victoria

職人広場のすぐ隣で便利

○MAP：P.249-B2

中央駅から、町のメインストリートのケーニヒ通りに入ってすぐ左側に建つ。部屋は静かで設備もよく快適。朝食ルームは小さいが、品数が豊富でおいしい。Wi-Fi利用可（無料）。

- Königstr. 80　D-90402
- (0911) 24050
- www.hotelvictoria.de
- S€98～　T€128～
- カード A D J M V

ドライ・ラーベン
Drei Raben

個性的なデザインの部屋

○MAP：P.249-B2

名前のとおり、3羽のカラスがマスコット。個性的でロマンティックなインテリアの部屋が古都の宿にぴったり。フロントと朝食ルーム、バーがある1階はモダンなデザインホテル風。Wi-Fi無料。

- Königstr. 63　D-90402
- (0911) 274380
- (0911) 232611
- www.hoteldreiraben.de
- S€120～　T€160～
- カード A D J M V

ユースホステル

ユーゲントヘアベルゲ
Jugendherberge

古城の雰囲気で人気のユース

○MAP：P.249-A2

カイザーブルクの一角にあり雰囲気満点のユース。リニューアルしてあるので設備もいい。4人部屋がメインで、ファミリー利用も多い。€9.90の追加で夕食付きにできる。Wi-Fiは共有エリアで利用可（無料）。

- Burg 2　D-90403
- (0911) 2309360
- (0911) 23093628
- www.nuernberg.jugendherberge.de
- €42.90～　T€103～
- カード M V

バンベルク

レグニッツ川のほとりの美しい古都

Bamberg

旧市庁舎をくぐり抜けて旧市街に入る

ベルリン

フランクフルト

★ ミュンヘン

DATA

MAP	P.13-C2
人口	7万6700人
市外局番	0951

ACCESS

🚄 ICE特急でニュルンベルクから35分、ミュンヘンから約1時間45分。

ℹ️ **バンベルクの観光案内所**
🏠 Geyerswörthstr. 5
D-96047 Bamberg
☎ (0951) 2976200
📠 (0951) 2976222
🌐 www.bamberg.info
🕐 月〜金　9:30〜18:00
　（11〜2月は〜17:00）
　土　　　9:30〜15:00
　日・祝　9:30〜14:00

■ **世界遺産**
▲ **バンベルクの旧市街**
（1993年登録）

大聖堂
🕐 5〜10月　9:00〜18:00
　11〜4月　9:00〜17:00
　木・金は9:30〜、土は〜16:15、日は13:00〜、ミサやオルガンコンサートの間は見学不可。
💴 無料

新宮殿
🕐 4〜9月　9:00〜18:00
　10〜3月　10:00〜16:00
🚫 12/24・25・31、1/1、カーニバルの火曜
💴 €6、バラ庭園は無料

ホフマンの家
🏠 Schillerplatz 26
🌐 www.etahg.de/de/etahaus
改修工事のため閉館中（2024年半ば頃までの予定）。

　11世紀初頭に神聖ローマ帝国皇帝ハインリヒ2世（在位1002〜1024年）によりこの町のシンボルである大聖堂が建立され、宗教都市として発展。世界遺産に登録された旧市街は、第2次世界大戦の破壊を免れた建物も多い。入り組んだ石畳の路地をゆっくりと散策してみよう。

バンベルクの歩き方

オーベレ橋と旧市庁舎

　見どころが集まる旧市街は、駅から約1km離れている。ランゲ通りLangestr.からレグニッツ川の中の島に建つ**旧市庁舎Altes Rathaus**を過ぎれば旧市街だ。坂道を上っていくと、巨大な**大聖堂Dom**がそびえる**ドーム広場Dompl.**に出る。大聖堂は彫刻芸術の宝庫。特に中世ドイツ屈指の彫刻家リーメンシュナイダー作の皇帝ハインリヒ2世と妃クニグンデの墓石（1499〜1513年作）はじっくり鑑賞したい。1230年頃に作られた『バンベルクの騎士』（作者不詳）も見逃せない。

　大聖堂の隣の**旧宮殿Alte Hofhaltung**は、皇帝と司教の宮殿で、現在は歴史博物館などになっている。ドーム広場の向かいには、司教の**新宮殿Neue Residenz**が建ち、付属の**バラ庭園Rosengarten**から見えるバンベルクの町並みはすばらしい。

上／4本の塔が目印の大聖堂　下／『バンベルクの騎士』は柱の高い位置にある

バンベルクカードBAMBERGcardは、3日間の有効期間内に市内の公共交通機関が乗り放題、おもな博物館の入場が無料（一部は入場割引）になるツーリスト用のカード。€22でℹ️で購入できる。

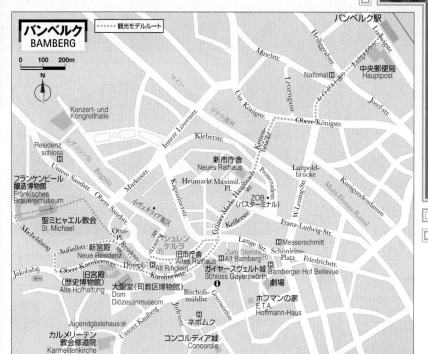

バレエ『クルミ割り人形』の原作者であるロマン派の作家E.T.A.ホフマンは、この町の劇場の芸術監督として働いていたことがあり、当時住んだ家が記念館になっている。

バンベルクはビールの町としても有名。歩き疲れたら、いぶした麦芽で造る**ラオホビーアRauchbier**（燻製ビール）をぜひ味わってみよう。

川沿いに木組みの家が並ぶ小ヴェネツィア地区

Restaurant & Hotel　Bamberg
バンベルクのレストラン＆ホテル

シュレンケルラ
Schlenkerla　　　　　　　　　○MAP：P.257

黒ビールのような色と独特の香りで有名なラオホビーアの名店。料理は玉ネギの肉詰めのビアソースがけBamberger Zwiebel€12.90が名物。

住Dominikanerstr. 6　☎(0951) 56050
URL www.schlenkerla.de
営9:30〜23:30（料理は11:30〜22:00)
休12/24〜26、12/31、1/1　カード不可

ネポムク
Hotel Nepomuk　　　　　　　○MAP：P.257

旧市街南部の静かな一角にあり、建物の背後はレグニッツ川に面している。部屋の設備はモダンで快適。Wi-Fi利用可(無料)。川に張り出したロマンティックなレストランも人気。

住Obere Mühlbrücke 9　D- 96049
☎(0951) 98420　FAX(0951) 9842100
URL www.hotel-nepomuk.de
料⑤€113〜　①€153〜　朝食は別料金　カードAMV

クラシック音楽ファンなら、日本でも人気があるバンベルク交響楽団の演奏会スケジュールもチェックしたい。
URL www.bamberger-symphoniker.de

バイロイト

Bayreuth

ワーグナー自身が設計したリヒャルト・ワーグナー・フェストシュピールハウス

DATA

MAP	P.13-C2
人口	7万4000人
市外局番	0921

ACCESS

ニュルンベルクからRE
快速で約55分。

❶バイロイトの観光案内所
⌂Opernstr. 22
D-95444 Bayreuth
☎(0921)88588
FAX(0921)885755
URLwww.bayreuth-tourismus.
de
開月～金　9:00～18:00
　土　　9:00～16:00
　5～10月のみ日・祝10:00～
　14:00もオープン

■世界遺産
辺境伯歌劇場
（2012年登録）

**リヒャルト・ワーグナー・フェ
ストシュピールハウス**
⌂Am Festspielhügel 1-2
URLwww.bayreuther-festspiele.de
開内部ガイドツアー
バイロイトの観光案内所の
サイト内のFestspielhaus-
Führung（英Festspielhaus-
Tour）に催行日時の案内あ
り。予約は観光案内所に電
話またはメールで申し込む。
※6～8月のガイドツアーは
ない。
料€7、学生€5

辺境伯歌劇場
⌂Opernstr. 16
開4～10月　　9:00～18:00
　10～3月　　10:00～16:00
休12/24・25・31、1/1、カー
ニバルの火曜、イベント等
による不定期の休館あり
料€8

　毎年夏の音楽祭シーズンになると、世界中からオペラファンが大挙して訪れて大にぎわいとなるが、この時期を除けば静かな町。18世紀にこの地を治めていた辺境伯フリードリヒ3世と結婚したプロイセン王女ヴィルヘルミーネによって、華麗な辺境伯歌劇場や新宮殿が建造され、バイロイトには宮廷文化の花が開いた。

バイロイトの歩き方

フェストシュピールハウスの前庭にあるワーグナーの頭像

　音楽祭会場となる**リヒャルト・ワーグナー・フェストシュピールハウス（祝祭歌劇場）Richard-Wagner-Festspielhaus**を除けば、おもな見どころは中央駅の南側に集まっている。Bahnhofstr.を南下し、Kanalstr.に突き当たったら東に折れると❶がある。

　Opernstr.沿いに建つ**辺境伯歌劇場Makgräfisches Opernaus**は、1747年に完成したドイツに現存する唯一のバロック式劇場。当時の辺境伯夫人ヴィルヘルミーネが建設した劇場内は絢爛豪華な装飾で埋め尽くされ、ヨーロッパで最も美しいバロック劇場のひとつとして世界遺産に登録されている。

　その南側の**新宮殿Neues Schloss**も同時代に建設され、ヴィルヘルミーネ辺境伯夫人好みのロココ様式の豪華な居室が並ぶ。

上／世界遺産の辺境伯歌劇場　下／大理石のように見える柱もすべて木造り

ワーグナーは1813年にライプツィヒで生まれ、1872年からバイロイトに居を構えた。1883年ヴェネツィア旅行中に死去、バイロイトで盛大な葬儀が執り行われた。

バイロイト BAYREUTH

N 0 100 200m

リヒャルト・ワーグナー・フェストシュピールハウス
Richard-Wagner-Festspielhaus

Gontardstr.
Siegfr.Wagner-str.
Meistersingerstr.
Feustelstr.
Burgerreuther Str.
Friedr.-v.-Schiller-Str.
Wilhelms-platz
Carl-Schuller-Str.
Wiesenstr.
バイエリッシャー・ホーフ
郵便局
バイロイト中央駅 Hauptbahnhof
Tunnelstr.
Bahnhofstr.
Annecy-pl.
Hohenzollern-ring
市庁舎 Rathaus
Kanalstr.
Josephs-platz
Hohenzollernring
Spitalkirche
Markt 城 Schloss
Opernstr.
辺境伯歌劇場 Markgräfliches Opernhaus
Lohmühle
Maximilianstr.
Kanzleistr.
オスカー
ゴルデナー・アンカー フランツ・リスト博物館
新宮殿 Neues Schloss
Richard-Wagner-Str.
Ludwigstr.
ワーグナー博物館 Richard Wagner Museum
市立ホール Stadthalle
ホーフガルテン Hofgarten
Wittelsbacherring
Friedrichstr.
Sophienstr.
Badstr.
Völklstr.

1874年以降ワーグナーが暮らした館

新しい劇場を建設するためにバイロイトに移り住んだリヒャルト・ワーグナーの館 **ハウス・ヴァーンフリート Haus Wahnfried** は、**ワーグナー博物館 Richard-Wagner-Museum** となっている。館の前には、ワーグナーのパトロンだったルートヴィヒ2世の胸像が立ち、裏庭にはワーグナーと妻コジマの墓がある。

新宮殿
住Ludwigstr. 21
開 4〜9月　9:00〜18:00
　10〜3月　10:00〜16:00
休12/24・25・31、1/1
料€5.50、学生€4.50

バイロイト音楽祭
URL www.bayreuther-festspiele.de
ワーグナー自身が1872年に始めた音楽祭で、彼の死後も子孫によって運営され続けている。7/24〜8/28('23)に開催。チケット情報は上記サイトで得られ、チケットはオンラインか郵送で申し込む。世界中から申し込みが殺到するため、入手はかなり困難。

ワーグナー博物館
住Richard-Wagner-Str. 48
URL www.wagnermuseum.de
開 火〜日　10:00〜17:00
　（7〜8月は〜18:00）
休9〜6月の月、12/24・25
料€8

Restaurant & Hotel Bayreuth

バイロイトのレストラン&ホテル

オスカー

Oskar　●MAP：P.259

築600年以上という館の中にあり、気取らない雰囲気のビアレストラン。フランケン地方の料理とビールが味わえる。写真右はフランケン風焼きソーセージとザウアークラウト3 vom Grill（€10.90）。

住Maximilianstr. 33　☎(0921)5160553
URL www.oskar-bayreuth.de
営8:00〜24:00（日は9:00〜）
休無休　カードMV

バイエリッシャー・ホーフ

Bayerischer Hof　●MAP：P.259

中央駅のすぐ隣に建つ家族経営のホテル。室内プール、サウナあり。Wi-Fi無料。1階はフランス風のおしゃれなビストロ。

住Bahnhofstr. 14　☎(0921)78600
URL www.bayerischer-hof.de
料⑤€125〜　①€139〜　朝食別　カードAMV

ゴルデナー・アンカー

Goldener Anker　●MAP：P.259

250年以上続くクラシックなホテル。中心部にあり観光に便利。ロマンティックなインテリアの部屋が多い。Wi-Fi無料。

住Opernstr. 6　☎(0921)7877740
FAX(0921)78777474　URL www.anker-bayreuth.de
料⑤€117〜　①€188〜　カードADMV

はみだし フランツ・リスト博物館（●Map P.259　開9〜6月 火〜日10:00〜12:00 14:00〜17:00　7・8月 毎日10:00〜 17:00　料€2)は、リストの遺品や楽器などを展示。クラシック音楽ファンにおすすめ。

悠久のドナウ川と2000年の歴史を味わう

レーゲンスブルク

Regensburg

ドナウ川に架かる石橋と中世の面影が残る旧市街

DATA

MAP	P.13-D2
人口	15万2300人
市外局番	0941

ACCESS

ICE特急でニュルンベルクから約55分。ミュンヘンからRE快速または私鉄Alexで約1時間25〜30分。

ℹ️ レーゲンスブルクの観光案内所
Rathausplatz 4
D-96047 Regensburg
Map P.261-A1
☎ (0941) 5074410
tourismus.regensburg.de
月〜金　10:00〜18:00
土・日・祝　10:00〜16:00

世界遺産
レーゲンスブルクの旧市街とシュタットアムホーフ
（2006年登録）
ローマ帝国の国境線、ドナウのリーメス
（2021年登録）
（→P.262）

市内交通
観光には中央駅前からマクシミリアン通り、大聖堂前を通り、旧市街を回るアルトシュタットバスAltstadtbus（時刻表と乗り場はAと表示）が月〜金曜の平日のみ運行していて無料。徒歩でも十分見て回れる。

歴史的ソーセージ屋はとても小さな店

大河ドナウのほとりに位置し、古代ローマ時代から軍事拠点がおかれ、中世には通商路沿いの交易都市として発展してきた。第2次世界大戦の破壊を免れた旧市街は、狭い石畳の道を迷いながら散策するのが楽しい町だ。

レーゲンスブルクの歩き方

天を突くような高さ105mの尖塔

中央駅前から延びる**マクシミリアン通りMaximilianstr.**を10〜15分ほど歩くと、旧市街の入口でもある**大聖堂Dom**に着く。この通りは途中から歩行者専用道路となるので歩きやすい。

大聖堂から西へ向かうと、1階にℹ️が入っている旧市庁舎がそびえる広場に出る。旧市庁舎の内部は、**帝国議会博物館Document Reichstag**になっており、ガイドツアーで見学できる。旧市庁舎の近くの広場HaidplatzからNeupfarrplatz周辺が、旧市街の散策やショッピングエリアとなっている。

ドナウ川に架かるドイツで最古の石橋

旧市庁舎からドナウ川沿いに向かうと、**ドイツ最古の石橋Steinerne Brücke**の門が見えてくる。この橋を渡った対岸の島は**シュタットアムホーフStadtamhof**という地区になる。石橋のたもとには、川に面してドイツ最古という歴史的なソーセージ屋（→P.262）が営業しており、店の煙突から香ばしい香りが漂ってくる。

時間があれば、さまざまなコースがあるドナウ川遊覧船に乗るのもおすすめ。

はみだし ハイトプラッツHaidplatzにある建物の外壁に小さなネズミのレリーフがある。しっぽに触れるとレーゲンスブルクを再訪できるとか。探してみては。

これ→

レーゲンスブルクのおもな見どころ

大聖堂
Dom ★★★

バイエルン地方で最も重要なゴシック建築の大聖堂。13
〜14世紀に作られたステンドグラスや微笑みの天使像
Lachender Engelなど内部
の見どころも多い。日曜10：
00からのミサで美しい歌声
を響かせるレーゲンスブルク
少年合唱団も有名。

ドームシュパッツェン（＝大聖堂の
スズメたち）の愛称がある合唱団

大聖堂
◎Map P.261-A2
開月〜土　　6：30〜19：00
　日・祝　13：00〜19：00
11〜3月は〜17：00まで、
4・5・10月は〜18：00まで。

世界最大の壁掛け型パイプオル
ガンも設置されている

レーゲンスブルク

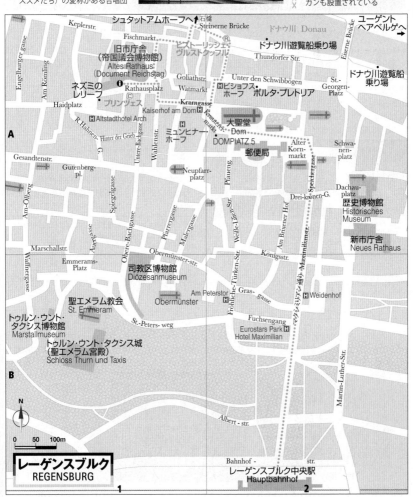

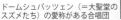

帝国議会博物館
Document Reichstag　★★

帝国議会博物館
住Rathausplatz
◎Map P.261-A1
圏所要約1時間のガイドツアーで見学。スタート時刻、回数は季節によって異なる。
旧市庁舎1階の❶で申し込む。
料€7.50

❶が入っている旧市庁舎と付属の塔や宮殿からなる建物。1663〜1806年まで、ここで神聖ローマ帝国議会が開催されていた。各地から集まった諸侯の控え室や会議室、地下牢などをガイドツアーで見学できる。

旧市庁舎の中の❶でガイドツアーを申し込む

Restaurant & Hotel　🍽　Regensburg
レーゲンスブルクのレストラン & ホテル

ヒストーリッシェ・ヴルストクップル
Historische Wurstkuchl　　◎MAP：P.261-A2
　500年以上前から営業していたという歴史的な焼きソーセージ専門店。カリッとした炭火焼きのソーセージが名物。ソーセージは6本で€13.50。ドナウ川と石橋を眺めながらテラスで食べるのは最高に気分がいい。テイクアウト用のパンに挟んだソーセージもある。

住Thunddorferstr. 3　☎(0941)466210
URL www.wurstkuchl.de
営10:00〜18:00　休12/25・26

ビショフスホーフ
Bischofshof　　◎MAP：P.261-A2
　大聖堂のすぐそばの司教の館を改造したホテル。Wi-Fi無料。レストランも好評。

住Krautermarkt 3　D-93047
☎(0941) 58460　FAX(0941) 5846146
URL www.hotel-bischofshof.de
料⑤€135〜　①€165〜　カード ADMV

ミュンヒナー・ホーフ
Münchner Hof　　◎MAP：P.261-A1
　中世の城壁に沿った古い建物を利用しており、形もインテリアもさまざまな客室がある。Wi-Fi無料。

住Töndlergasse 9　D-93047　☎(0941) 58440
URL www.muenchner-hof.de
料⑤€122〜　①€132〜　カード ADMV

Topics　レーゲンスブルクにある2件の世界遺産

　1件目は旧市街全体と、ドナウ川に架かる石橋を渡った中州シュタットアムホーフも登録対象。こちら側から見る大聖堂や旧市街の姿も印象的だ。
　2件目は2021年に登録された「ローマ帝国の国境線、ドナウのリーメス」。リーメスはドナウ川に沿って続く、ローマ帝国西部の国境防衛施設。約600kmに及ぶ境界は、要塞や見張り塔などがドイツ、オーストリア、スロヴァキアの主要地点に点在している。ドイツではローマ帝国の軍事拠点だったレーゲンスブルクやパッサウなど、数ヵ所の遺跡が世界遺産として登録された。

左／パステルトーンの家々が並ぶシュタットアムホーフ
右／西暦179年に建造された堅固な門ポルタ・プレトリアが残る

◆ 262　はだみだし　市庁舎の向かいに建つプリンツェス（住Rathausplatz 2　◎Map P.261-A1）は、かわいい手作りケーキ店。2階、3階がカフェになっている。おみやげによさそうなチョコレートや焼き菓子も各種あり。

シュトゥットガルトと黒い森周辺

Stuttgart & Der Schwarzwald

ベンツとポルシェの本社がある車の町シュトゥットガルト。ポルシェ・ミュージアムの建物前

シュトゥットガルトと黒い森周辺

黒い森は、南北に160km、東西に20〜60㎞というスケールで広がっている。この豊かな森の周辺には、温泉保養地バーデン・バーデンから、壮大なホーエンツォレルン城、中世の修道院の姿が保存されているマウルブロン修道院など、個性豊かな見どころがある。

周遊のヒント

🚃鉄道で

フランクフルト方面からバーデン・バーデンを経由してスイスへ抜ける路線と、シュトゥットガルト経由でミュンヘンへ行く路線が幹線で特急ICEが運行しており便利。ほかはローカル線だが森の中を走る路線も多く、車窓を眺める楽しみもある。

🚗レンタカーで

ホーエンツォレルン城はレンタカーがないと不便な場所にある。バーデン・バーデンから南に延びるシュヴァルツヴァルト山岳道路は黒い森の中のドライブルートとして有名。

パリからTGVも乗り入れているシュトゥットガルト中央駅

ステイガイド

シュトゥットガルトに泊まれば、周辺の見どころに日帰りできるので便利だが、ビジネス都市であり、メッセ（見本市）都市でもあるので、ホテルは高めで混雑する時期も多い。

バーデン・バーデンは駅と町の間がかなり離れているので、荷物が多いときは駅からのバス停に近いホテルを選びたい。この町は長期滞在の保養客向きの4つ星クラスが多い。

クラシックなホテルが多いバーデン・バーデン

名産品と料理

フランスと国境を接しているだけに、料理やワインにも影響を受けて美食のエリアと評価されている。パスタ料理の一種**マウルタッシェンMaultaschen**や、ドイツ風のニョッキ、**シュプフヌーデルンScupfnudeln**は日本人の口に合う気軽な一品。ボーデン湖畔では、魚料理が味わえる。

ガイスブルガー・マルシュは、さまざまな野菜と肉、細長いシュペッツレが入ったクリアなスープ

マウルタッシェンは焼いたりスープの具としても食べられる

シュヴァルツヴェルダー・キルシュトルテとは黒い森のチェリーケーキという意味

ザウアークラウトやベーコンと炒めたシュプフヌーデルンはモチモチの食感

おもな祭りとイベント

★カンシュテッター・フェスト
▶シュトゥットガルト

　バート・カンシュタットという地区にある広大な緑地を舞台に、毎年9月末から10月初めに開催される民族祭。1818年から続く歴史があり、オクトーバーフェストと同様に、ビール会社の巨大テントや移動遊園地が設置されて、飲んで騒いで楽しい祭りが繰り広げられる。

URL www.cannstatter-volksfest.de

高さ26mの青い柱は「果物の塔」という祭りのシンボル

★クリスマスマーケット
▶シュトゥットガルト

　規模の大きさで知られ、宮殿広場から南側へ続き市庁舎前のマルクト広場一帯まで、さまざまな屋台が並ぶ。

クリスマス気分をじっくり味わえる

どのソーセージにする？

ベルリン

フランクフルト

ミュンヘン

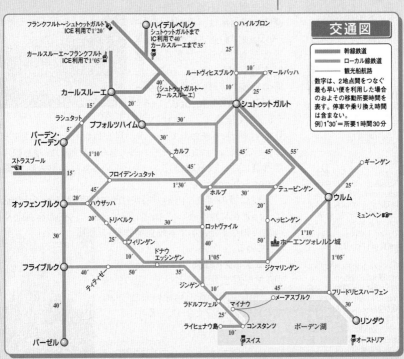

交通図

■ 幹線鉄道
■ ローカル線鉄道
■ 観光船航路

数字は、2地点間をつなぐ最も早い便を利用した場合のおよその移動所要時間を表す。停車や乗り換え時間は含まない。
例) 1°30′＝所要1時間30分

フランクフルト～シュトゥットガルト
ICE利用で1°20′

カールスルーエ～フランクフルト
ICE利用で1°05′

ハイデルベルク
シュトゥットガルトまで
IC利用で40′
カールスルーエまで35′

ハイルブロン

25′

ルートヴィヒスブルク　10′　マールバッハ

40′
(シュトゥットガルト～
カールスルーエ)

10′　25′

カールスルーエ　　シュトゥットガルト

15′　20′

ラシュタット　プフォルツハイム　30′

5′

バーデン・バーデン　1°10′　30′　カルフ　45′　55′

ストラスブール

15′　フロイデンシュタット　1°30′　ホルプ　30′　テュービンゲン

ギーンゲン

25′

45′　30′　20′　ウルム

オッフェンブルク　20′　ハウザッハ　30′　ロットヴァイル　ヘッヒンゲン　ミュンヘン

20′　トリベルク　25′　50′　1°10′

30′　25′　フィリンゲン　40′　ホーエンツォレルン城

10′　ドナウ
エッシンゲン　1°05′　ジクマリンゲン　1°05′

フライブルク　40′　50′　35′

ティティゼー　ジンゲン　10′　45′　フリードリヒスハーフェン

40′　ラドルフツェル　マイナウ　メーアスブルク　30′

25′

ライヒェナウ島　コンスタンツ　ボーデン湖　リンダウ

10′　スイス　オーストリア

バーゼル

黒い森の入口の近代的な文化都市

シュトゥットガルト

Stuttgart

宮殿広場の噴水とケーニヒスバウ

ベルリン
フランクフルト
★ミュンヘン

DATA
MAP	P.13-D1
人口	63万300人
市外局番	0711

ACCESS
🚄 ICE特急でフランクフルトから約1時間20分、ミュンヘンからは約2時間15分。

🛈シュトゥットガルトの観光案内所
🏠Königstr. 1A
D-70173 Stuttgart
📍MAP P.267-A2
☎ (0711) 22280
🌐www.Stuttgart-tourist.de
🕐月～土 10:00～18:00
　日 10:00～15:00
（季節により変更あり）

世界遺産
▶ ル・コルビュジエの建築作品──ヴァイセンホーフ・ジードルングの住宅
（2016年登録）

市内交通
Uバーン、Sバーン、市電、バスがある。切符は短区間券Kurzstrecken Ticket（Sバーンは1駅、ほかは乗り換えなしで3駅まで有効）€1.70、市内1回乗車券EinzelTicketは€2.90、市内1日乗車券EinzelTagesTicketは€5.80。

シュトゥットカードプラス StuttCARD PLUS
市内交通網に有効期間内乗り放題で、おもな博物館の入場が無料、ほか割引特典が付いたツーリスト向けのカード。24時間用€28、48時間用€38、72時間用€48。観光案内所で販売。

バーデン・ヴュルテンベルク州の州都で、ベンツやポルシェの本社がある南西ドイツ経済の中心都市。ブドウ畑や森に囲まれた盆地にあり、世界的に知られるバレエ団や交響楽団もあり文化的レベルも高い。

🥾 シュトゥットガルトの歩き方

中央駅前から延びる**ケーニヒ通りKonigstr.**は、両側にデパートやショップが並ぶにぎやかな歩行者天国。5分ほど歩くと、**宮殿広場Schlossplatz**に出る。広場の西側は列柱が見事な**ケーニヒスバウKönigsbau**というク

多くの人々が行き交うケーニヒスバウの前

ラシックな建物で、かつては証券取引所として使われていたが、現在はショッピングセンターになっていて、手頃なフードコートもある。広場の緑地を挟んだ東側には、現在は州庁舎となっているコの字形の**新宮殿Neues Schloss**が建つ。

宮殿広場の南側、円形の塔が目印の**旧宮殿Altes Schloss**は、16世紀にルネッサンス様式で建てられ、古代の発掘品や宗教美術などを展示する**州立博物館**になっている。

シュティフト教会Stiftskircheの周辺からマルクト広場では火・木・土曜の午前中に朝市が開かれ、地元の人たちの日常の買い物エリアとなっている。

朝市でにぎわうシュティフト教会前

シュトゥットガルト中央駅は、行き止まり式だったホームを通過式に変更する大規模工事中。工事期間中はホームまでの通路が大きく迂回しているので、時間の余裕をもって駅に向かうようにしたい。完成は2025年以降の予定。

シュトゥットガルトのおもな見どころ

州立絵画館
Staatsgalerie
★★★

19世紀建造の旧館と、1980年代に建てられた新館からなる。旧館には14世紀以降のヨーロッパ絵画、新館にはドイツ表現主義を中心に、近現代絵画が充実。特にこの町出身のオスカー・シュレンマーとバウハウスの作家の作品や、ピカソの作品が多い。

斬新な外観が目を引く新館

州立絵画館
⊠Konrad-Adenauerr-Str. 30-32
●Map P. 267-A2
🌐www.staatsgalerie.de
🕐火～日　10:00～17:00
（木は～20:00）
（入場は閉館30分前まで）
休月
料常設展€7、学生€5、特別展は別途料金。
常設展は水曜無料

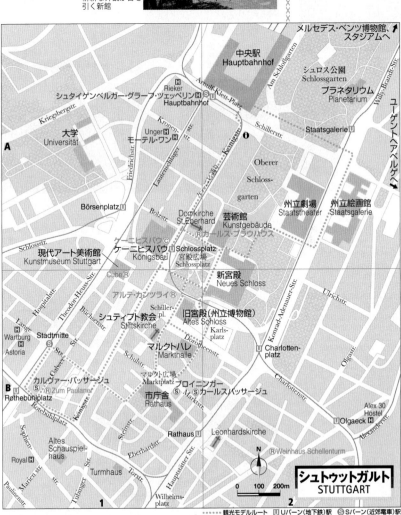

メルセデス・ベンツ博物館、スタジアムへ

中央駅
Hauptbahnhof

シュロス公園
Schlossgarten

プラネタリウム
Planetarium

ユーゲントハーアベルゲへ

Rieker
シュタイゲンベルガー・グラーフ・ツェッペリン Ⓗ
Hauptbahnhof

Staatsgalerie Ⓤ

Arnulf-Klett-Platz

Schillerstr.

Kriegsbergstr.

Unger Ⓗ
モーテル・ワン Ⓗ

大学
Universität

A

Oberer
Schloss-
garten

州立劇場
Staatstheater

州立絵画館
Staatsgalerie

Friedrichstr.

Laurenstraße

Kronen str.

Königstr.

Börsenplatz Ⓤ

Bolzstr.

Domkirche
St.Eberhard

芸術館
Kunstgebäude

Ⓡカールス・ブラウハウス

Schlossstr.

ケーニヒスバウ Ⓒ
ケーニヒスバウ Ⓤ
Königsbau

Schlossplatz
宮広場
Schlossplatz

新宮殿
Neues Schloss

現代アート美術館
Kunstmuseum Stuttgart

Cube Ⓡ

Schiller-
pl.

Ⓤ Charlotten-
platz

Hospitalstr.

Theodor-Heuss-Str.

Büchsenstr.

アルテ・カンツライ Ⓡ
シュティフト教会
Stiftskirche

旧宮殿(州立博物館)
Altes Schloss

Karls-
platz

Konrad-Adenauer-Str.

Ulrichstr.

Lange
Ⓗ
Wartburg
Astoria

Stadtmitte Ⓢ

Calwer Str.

Schulstr.

マルクトハレ
Markthalle

Dorotheenstr.

Charlottenstr.

Olgastr.

B

カルヴァー・バッサージュ

Ⓡ Zum Paulaner

マルクト広場
Marktplatz

ブロイニンガー

Alex 30
Hostel

Rothebühlplatz

Rothebühlstr.

Königstr.

Steinstr.

市庁舎
Rathaus

Ⓢ Marktstr.

Ⓢカールスパッサージュ

Ⓤ Olgaeck Ⓗ

Alexanderstr.

Sophienstr.

Marien str.

Royal Ⓗ

Altes
Schauspiel-
haus

Eberhardstr.

Tübinger str.

Torstr.

Rathaus Ⓤ

Leonhardskirche

Hauptstätter Str.

N

Ⓡ Weinhaus Schellenturm

Paulinenstr.

Turmhaus

Wilhelms-
platz

1

0　100　200m

2

シュトゥットガルト
STUTTGART

····· 観光モデルルート　Ⓤ Uバーン(地下鉄)駅　Ⓢ Sバーン(近郊電車)駅

メルセデス・ベンツ博物館

Mercedes-Benz Museum ★★★

メルセデス・ベンツ博物館
住Mercedesstr. 100
⊙Map P.267-A2外
中央駅から⑤1のKirchheim (Teck)方面行きでNeckarpark(Mercedes-Benz)下車、徒歩約10分。
URLwww.mercedes-benz.com
開火～日　9:00～18:00 （入場は17:00まで）
休月、12/24・25・31
料€12、学生€6 日本語オーディオガイド付き

ベンツのコーポレートカラー、シルバーで統一した外観

1886年、ドイツの自動車の歴史はベンツによって始まった。世界初のガソリン自動車から、最新のレーシングカーまで、名車が並ぶ。エレベーターで最上階まで昇り、緩やかなスロープを下りながら見学する。昭和天皇とドイツ皇帝ヴィルヘルム2世が使用したグローサー・メルセデス770も展示。1階は新車のモデルルームとサービス拠点に続いている。

レーシング・シミュレーターも体験できる（別料金）

左／現存する最古のメルセデス・シンプレックス（1902年製）　右／1935年から使用された昭和天皇の御料車、左奥はドイツ皇帝ヴィルヘルム2世の車

ポルシェ・ミュージアム

Porsche Museum ★★

ポルシェ・ミュージアム
住Porscheplatz 1
⊙Map 地図外
中央駅から⑤6で所要約10分のNeuwirtshaus (Porscheplatz)下車、徒歩約1分。
URLwww.porsche.com/museum
開火～日　9:00～18:00 （入場は17:30まで）
休月、12/23・24・25・31、1/1
料€10、学生€5 日本語オーディオガイド付き

高級スポーツカーとレーシングカーで知られるポルシェのミュージアムは、外観も展示スタイルもスタイリッシュ。最初のスポーツカー1948年式の356ロードスターから、半世紀にわたって続く名車911シリーズ、そして輝かしいレーシングカーなど、ファンにはたまらないラインアップ。ミニカーなどのみやげ物が充実しているショップもある。

Sバーンの駅のすぐ前に建ち、周囲には工場や本社もある

レーシングカーとスポーツカーの名車が並ぶ

投稿　テレビ塔Fernsehturm（住Jahnstr.120　地図外　URLwww.fernsehturm-stuttgart.de　料€9）は1956年に世界初の鉄筋コンクリート構造のタワーとして建設された。U15でRuhbank下車。（福岡県　さかい　'18）['23]

ヴァイセンホーフ・ジードルング

Weissenhof-Siedlung ★

1927年、ドイツ工作連盟博覧会の際に、ブルーノ・タウト、ミース・ファン・デア・ローエら、有名建築家が腕を競った33棟の建物群のうち11棟が現存。世界遺産となったル・コルビュジエによる住宅の内部は**ヴァイセンホーフ博物館**になっている。高台にあり、市街の眺めがよい。

モダニズム建築を代表する建物

© Stuttgart-Marketing GmbH

ヴァイセンホーフ・ジードルング
中央駅から⑪5でKillesberg下車、徒歩約10分。または44番のバス（Killesberg行き）でKunstakademie下車すぐ。
ヴァイセンホーフ博物館
🏠Rathenauerstr. 1
🌐Map 地図外
URL weissenhofmuseum.de
🕐火～金　11:00～18:00
　土・日・祝　10:00～18:00
🚫月、12/24、1/1
💴€5

■■ シュトゥットガルトから行く
▲▲ 世界遺産

ロマネスクの修道院世界が最もよく保存された

マウルブロン修道院

1147年に創立。16世紀半ばまではシトー派の修道院であり、周囲に村も形成していた。それらが現在もよく保存され、中世の修道院の姿をドイツで最もよく残しているといわれる。現存する最古の部分は教会正面入口部分（パラディース）で、1178年製の扉はオリジナルのまま。

宗教改革後はプロテスタントの神学校となり、ここで学んだノーベル賞作家ヘルマン・ヘッセの小説『知と愛（ナルチスとゴルトムント）』に出てくる神学校のモデルとして描かれた。

マウルブロン修道院と付属の建物群への入口

木彫り装飾が見事な聖歌隊の椅子

教会、就寝所、食堂などをつなぐ回廊

回廊にある美しい泉

修道院教会の内陣はゴシック様式

マウルブロン修道院
Kloster Maulbronn
世界遺産（1993年登録）
🚃シュトゥットガルト中央駅からIRE快速で約20分のミュールアッカーMühlackerへ行き、駅前からBretten行きの700番のバスに乗り換えて約20分、修道院前のKloster Maulbronn下車。ただしこの停留所に止まるのは土、日のみで、平日はかなり離れたAltes Stadtbad, MaulbronnまたはAlte Post, Maulbronn下車（乗車時、運転手に確認を）。季節列車については、下記みだし参照。
URL www.kloster-maulbronn.de
🕐3～10月 月～日・祝9:30～17:30（入場は～16:45）
　11～2月 火～日・祝10:00～16:30（入場は～15:45）
🚫11～2月の月
💴€9、学生€4.50、日本語オーディオガイド付きは€12、学生€6（借りる場合は要パスポート）チケット売り場は教会とは別の建物にある。

シュトゥットガルトのショッピング

シュトゥットガルトのショッピングストリートは、駅前から延びるケーニヒ通りと、市庁舎周辺。ガラス張りの天井でつながったショッピングアーケードもいくつかあり、雨や寒さを気にせずにショッピングを楽しめる。

ショッピングセンター

カルヴァーパッサージュ
Calwer Passage

大理石とガラス張りのおしゃれなパッサージュ　◎MAP：P.267-B1

シュトゥットガルトのパッサージュの代表格。1970年代にミラノのパッサージュを手本に造られ、高級感が漂う。シックなブティックやジュエリーショップ、個性的な雑貨店、専門食材店などが集まっている。

| 住Calwer Str.
| 営休店舗により異なる
| カード店舗により異なる
| 交URotebühlplatzまたは⑤Stadtmitteから徒歩約2分。

ブロイニンガー
Breuninger

シュトゥットガルト最大の老舗高級デパート　◎MAP：P.267-B1

1882年にシュトゥットガルトで創業。入口は目立たないが、内部は広い。アパレルや靴、宝飾の有名ブランドが数多く入っている。最上階にはレストランもある。カールスパッサージュというアーケードにもつながっている。

| 住Marktstr. 1-3
| ☎(0711) 2110
| URL www.e-breuninger.de
| 営月～土　10:00～20:00
| 休日・祝
| カード店舗により異なる
| 交URathausから徒歩約2分。

Topics 世界の食材と雑貨がぎっしりの屋内広場マルクトハレ

ドロテーン通りから見たマルクトハレ

1914年にユーゲントシュティール様式で建てられた屋内市場。体育館ぐらいの広さの内部はガラス張りの屋根からの光で明るい。肉、チーズ、野菜、パン、ワインなどに加えて、エスニックな食材やスパイスを売る店が並び、少量でも量り売りしてくれる。2階にはおしゃれな生活雑貨の店が入っていて、テラスにはガーデニング用品もあり、見て回るだけでも楽しい。

マルクトハレ
Markthalle

行き方USchlossplatz、Charlottenplatz、Rathausからそれぞれ徒歩約3～5分。
住Dorotheenstr. 4　◎MAP P.267-B1
URL www.markthalle-stuttgart.de
開月～金7:30～18:30、土7:00～17:00(飲食店と2階のショップは一部異なる)
休日・祝

左上／オリーブ専門のコーナー　左下／肉、ソーセージを扱う店は特に充実　右上／エスニックなドライフルーツやスパイスを売る店　右下／2階にはキッチン雑貨、家庭用品の店がある

約100年の歴史がある屋内市場

シュトゥットガルトのレストラン＆ホテル

　この地方の郷土料理はマウルタッシェンやケーゼシュペッツレ（→ P.32）など日本人の口に合う料理が多い。ホテル料金は比較的高く、見本市期間中（スケジュールは 🔗 www.messe-stuttgart.de で調べられる）は早々に満室になる。

レストラン

カールス・ブラウハウス　　Carls Brauhaus

生ビールがうまい店　　◎MAP：P.267-A1

自家醸造の生ビールが飲める人気の店。生のDinkelacker Privatは0.3ℓ€3.90、0.5ℓ€4.90。子牛肉のウィーン風カツレツWiener Schnitzel€24.40、マウルタッシェンMaultaschen€11.90。

🏠Stauffenbergstr. 1
☎(0711) 25974611
🔗www.carls-brauhaus.de
🕐月〜金11:00〜、土・日10:00〜、閉店は不定期
カード M V
🚇 U Schlossplatzから徒歩約1分。

アルテ・カンツライ　　Alte Kanzlei

シュヴァーベン料理が味わえる　　◎MAP：P.267-B1

旧宮殿の向かいにあり、外観も内部も高級な雰囲気だが、料理の値段はそれほど高くない。野菜がたっぷり入ったクリアなスープ、ガイスブルガー・マルシュGaisburger Marsch€15.80などのシュヴァーベン料理が各種ある。朝食メニューもある。

🏠Schillerplatz 5A
☎(0711)294457
🔗alte-kanzlei-stuttgart.de
🕐月〜土　9:00〜23:00
　日・祝　9:00〜22:00
カード A M V
🚇 U Schlossplatzから徒歩約3分。

カフェ

ケーニヒスバウ　　Café Königsbau

宮殿広場に面した広いカフェ　　◎MAP：P.267-A1

柱廊に囲まれた建物内にあって、落ち着ける雰囲気。2階に客席があり、眺めもいい。ケーキはもちろん、さまざまなバリエーションの朝食メニューもある。夏にはフルーツを使ったさわやかなドリンク類も人気。

🏠Königstr. 28
☎(0711)290787
🔗www.koenigsbau-cafe.de
🕐月〜土　9:00〜22:00
　日　10:00〜20:00
カード 不可
🚇 U Schlossplatzから徒歩約1分。

ホテル

シュタイゲンベルガー・グラーフ・ツェッペリン　　Steigenberger Graf Zeppelin

クラシックなヨーロピアンホテル　　◎MAP：P.267-A1

中央駅の向かいに建つ、シュトゥットガルトで最高級のホテル。フィットネスエリア、サウナあり。レストラン「Zeppelino's」はベジからステーキまでインターナショナル料理を用意。ダビドフ・ラウンジを除き禁煙。Wi-Fi利用可（無料）。

🏠Arnulf-Klett-Platz 7　D-70173
☎(0711) 20480
🔗hrewards.com/de/steigenberger-graf-zeppelin-stuttgart
💴 S T €209〜
朝食別€29.50
カード A D J M V

モーテル・ワン　　Motel One Stuttgart-Mitte

中央駅から近いブティックホテル　　◎MAP：P.267-A1

ドイツ各地にあるブティックホテルチェーン。中央駅から約200mのところに建ち便利な立地。アメニティグッズはなく、収納スペースもほとんどない以外は快適。チェックイン時に料金を支払う。Wi-Fi無料。

🏠Lautenschlagerstr. 14
D-70173
☎(0711) 3002090
🔗www.motel-one.com
💴 S €109〜　T €129〜
朝食別€15.90
カード A M V

森林浴と温泉で心も体もリフレッシュ
黒い森周辺

ドイツ人は、空気がいい森の中を歩くのが大好き。
森林浴を楽しんだあとは、温泉に浸り、おいしいワインやビールでのどを潤す。
そんな癒やしの森の代表が、シュヴァルツヴァルト（黒い森）だ。

©TI Simonswald

ベルリン

フランクフルト

バーデン・
バーデン　黒い森

● シュトゥットガルト

● ミュンヘン

ライヒェナウ島

ホーエンツォレルン城

ギーンゲン（シュタ
イフミュージアム）

❶黒い森周辺の情報
⚓www.southwest-germany.
jp
黒い森周辺やファンタス
ティック街道などバーデン・
ヴュルテンベルク州および
バイエルン州の観光情報が
日本語でわかる南ドイツ公
式サイト。

黒い森周辺には見どころがいっぱい。ヨーロッパ屈指の温
泉保養地バーデン・バーデンや、子供時代に戻ってテディベア
と触れ合えるシュタイフ
ミュージアム、森に浮か
ぶようなホーエンツォレル
ン城、修道院の島ライ
ヒェナウなど、心穏やか
な気分にさせてくれる場
所を訪ねてみよう。

ドナウ川の源泉は黒い森にある

ドイツの天空の城として注目のホーエンツォレルン城

シュトゥットガルトと黒い森周辺

黒い森周辺

ローマ時代から人々を癒やし続ける名湯
バーデン・バーデン
Baden-Baden

左／南国リゾートのようなカラカラ浴場
右／大円蓋の下の大浴場部分だけは毎日混浴

ドイツ語で「入浴（する）」を意味するバーデンという名前のとおり、ドイツを代表する温泉保養地で、その歴史はローマ時代にまで遡る。18～19世紀にはヴィクトリア女王やドストエフスキー、ブラームスなど王侯貴族や芸術家が訪れる高級温泉保養地となった。旅行者が気軽に体験できる温泉施設には、近代的な大温水プールがある**カラカラ浴場Caracalla Therme**と、独自の入浴法が体験できる**フリードリヒスバートFriedrichsbad**がある。豪華なカジノが入っている**クーアハウス**も必見。

左／ゴージャスなカジノ　右／白亜の円柱が優雅なクーアハウス

テディベアのふるさとを訪ねよう
シュタイフミュージアム
Steiff Museum

ギーンゲンの町に住むマルガレーテ・シュタイフが作り出したクマのぬいぐるみは、アメリカに渡り、そのかわいさと品質の確かさで世界中に広まった。ミュージアムでは、今もこの町で作られているテディベアの製造過程や、成功までのストーリーを楽しく見せてくれる。

上／夢の世界が広がるミュージアム
下／世界最大のシュタイフショップ

マルガレーテの最初のヒット作「ゾウの針刺し」を再現

ここでしか入手できないミュージアムベア

ACCESS
フランクフルト中央駅からICE特急で約1時間20分。途中マンハイムまたはカールスルーエでRE快速に乗り換える場合もある。

■ 世界遺産
欧州11ヵ所の温泉保養地群（2021年登録）（→下記はみだし）

カラカラ浴場
住 Römerplatz 1　D-76530
URL www.carasana.de
開 8:00～22:00
　 最終入場は閉館90分前
休 12/24・25
料 2時間€15、3時間€28
　 7歳未満は利用不可。14歳未満は保護者の同伴が必要。水着着用での入浴。

フリードリヒス浴場
住 Römerplatz 1　D-76530
URL www.carasana.de
開 9:00～22:00
　 最終入場は閉館3時間前
休 12/24・25
料 €35
　 全裸での入浴で、入浴コースが定められている。男女混浴。14歳未満は入場不可。

ACCESS
ウルム中央駅からアーレンAalen方面行きのIRE快速で所要約25分、または普通列車SWEGで約40分のギーンゲン・アン・デア・ブレンツGiengen an der Brenzで下車。ミュージアムまで駅から徒歩約5分。

シュタイフミュージアム
住 Margarete-Steiff-Platz 1　D-89537 Giengen an der Brenz
URL corporate.steiff.com/de/museum
開 火～日　10:00～17:00
　 最終入場は閉館1時間前
休 月
料 €12

テディベアのアドベンチャーワールドが展開する

はみだし　欧州各地には、18世紀から発達した社交や文化を楽しむための優雅な温泉保養地があり、全7ヵ国、全11ヵ所が世界遺産に登録された。ドイツはバーデン・バーデン、バート・エムス、バート・キッシンゲンの3ヵ所。

ACCESS

シュトゥットガルトから普通列車 (MEX) で約1時間のテュービンゲンTübingenで、普通列車 (SWE) に乗り換えてさらに約30分のヘッヒンゲンHechingen下車。駅前から城の下の駐車場まで344番バス (5〜10月中旬の土・日・祝の運行)、または306番バス (通年運行だが冬期は平日1本、土・日は運休) を利用して所要約15分。駐車場から城入口前までは無料のシャトルバスPendelbusがある。

ホーエンツォレルン城
🏠Burg Hohenzollern
　D-72379 Hechingen
🔗www.burg-hohenzollern.com
🕐10:00〜17:00
　（城内への入場）
🚫9/2、11/27・28、12/4・11・18・23・24・31
💴€25（オンライン購入は€22）（ガイドツアーによる見学）

ACCESS

スイス国境に近いコンスタンツKonstanzから普通列車SBBで約10分のライヒェナウReichenau (Baden) 下車。駅前から島へは、204番のバスが出ている。聖ゲオルク教会はOberzell Kreuz, Reichenau下車。聖マリア・マルクス教会に近いのは終点Museum, Reichenau（郷土博物館前）。

■ 世界遺産
■ ライヒェナウ島
ボーデン湖の修道院の島（2000年登録）

教会
🕐9:00〜17:00（ミサの間は見学不可の場合あり）ただし聖ゲオルク教会は、壁画などの保護のため5〜10月は閉鎖されており、12:30と16:00、または4〜10月の月曜17:00からスタートするガイドツアーでのみ見学可となる。
💴ガイドツアー代€3、4〜10月の月曜は€5

王冠のようにそびえるドイツ皇帝の城

ホーエンツォレルン城
Burg Hohenzollern

プロイセン王家であるホーエンツォレルン家の居城。11世紀の築城の後、1867年に今のような姿で再建。現在も、最後の皇帝ヴィルヘルム2世の子孫が使用している。豪華なサロンや礼拝堂、宝物室などをガイドツアーで見学できる。

右／れんが造りの重厚な城　下／天空に浮かんでいるかのように見える城

上／伯爵の広間グラーフェンザール　下／青のサロン

ボーデン湖に浮かぶ世界遺産の島

ライヒェナウ島
Insel Reichenau

古くから漁業と農作物の実りが豊かな島は、ヨーロッパの修道院史には欠かせない場所。724年に創立された修道院の付属教会から発展した**聖マリア・マルクス教会**、799年の創建で12世紀初頭のアプシス壁画が残る**聖ペーター・パウル教会**、創建当時の姿が今も残る**聖ゲオルク教会**と、味わい深いロマネスクの聖堂を鑑賞できる。

9世紀創建の聖ゲオルク教会

上／鮮やかな色彩に目を奪われる聖ゲオルク教会の壁画　下／聖マリア・マルクス教会の付属ハーブ園

果樹園や野菜畑が広がるのどかな島

ドイツを旅する準備と技術

Travel Information

◆

安全で快適な旅をするために、あらかじめ知っておきたいドイツの旅の基本情報

南ドイツの鉄道網の中心ミュンヘン中央駅

旅の必需品

最も大切なパスポートのほか、海外旅行保険など手続きが必要なものがいろいろある。取得するのに時間がかかるものもあるので、準備は早めに。

パスポートの取得

パスポートは有効期間が**5年**と**10年**の2種類（20歳未満は5年用のみ）あり、申請は住民登録のしてある都道府県庁などにある旅券課で行う。

パスポートは申請後、土・日曜、祝日、年末年始を除き1週間ほどで発給される。申請のときに渡された引換書と、発給手数料として収入印紙と都道府県証紙（窓口近くの売店などで販売されている。5年用1万1000円、10年用1万6000円）を持って、パスポート名義の本人が申請窓口まで受け取りに行く。

パスポートの残存有効期間
ドイツを含むシェンゲン協定加盟国の出国時に3ヵ月以上必要。新しいパスポートへの切替申請は期限切れの1年前からできるので、早めに切り替えておきたい。

一部の手続きはオンラインでも可能
パスポートの更新、発行手続きが一部でオンライン化された。申請できるのは一部の府県のみだが、更新手続き（有効期間が1年未満となった場合や、査証欄の余白が3ページ以下になった場合）は全国で可能。受け取りは窓口に出向く。いずれもマイナポータルとマイナンバーカードが必要。（2023年4月現在）

パスポートの申請に必要な書類

①一般旅券発給申請書（1通）＝各都道府県のパスポート申請窓口にあり、必要事項を本人が記入して提出する。10年用と5年用の旅券では申請書が異なるので要注意。

②戸籍謄本（全部事項証明書）（1通）＝本籍地の市区町村で、6ヵ月以内に発行されたもの。郵送などで取り寄せることもできる。切り替え申請の場合で、氏名や本籍地などに変更のない場合は原則不要。

③写真（1枚）＝タテ4.5cm×ヨコ3.5cm。背景無地、無帽正面向き、上半身の入った、6ヵ月以内に撮影したもの。

④申請者の身元を確認するための書類＝運転免許証やマイナンバーカードは1点でよい。写真のない健康保険証などの場合は、ほかに社員証や学生証などもう1点書類が必要。

⑤住民基本台帳ネットワークシステムの利用を希望しない人、住民登録のある場所と異なる都道府県で申請する人（申請先の都道府県で要確認）は住民票の写しが1通必要。

パスポートの申請、更新、ビザなどに関する問い合わせ
各都道府県のパスポート申請窓口のほか、下記の外務省ホームページ内渡航関連情報を参照。
🔗 www.mofa.go.jp/mofaj/toko/passport/

旅行前に取得したいもの

ドイツの観光ポイントや美術館には、学生割引が適用されるところが多数ある。学生であることを証明するには**国際学生証（ISICカード）**が必要。申請は左記ISIC Japanのウェブサイトから申し込める。

ほかにも必要に応じて、ユースホステルを利用する予定の人は全国各地にあるユースホステル協会で**ユースホステル会員証**（→P.298）を、レンタカーでドライブを楽しみたい人は住民登録がしてある都道府県の運転免許試験場で**国外運転免許証**（→P.295）を取得しておこう。

2024年にETIAS導入予定
日本国民がビザなしでシェンゲン協定加盟国（→P.285）に入国する際、ETIAS電子認証システムへの申請が必須となる予定。

国際学生証の申請
ISIC Japan
🔗 www.isicjapan.jp

2014年3月19日以前にパスポートの身分事項に変更のあった人は、ICチップに反映されていないため、渡航先によっては国際標準外と判断される可能性もあるので注意が必要。🔗 www.mofa.go.jp/mofaj/ca/pss/page3_001066.html

海外旅行保険

　海外での盗難は年々増加しており、保険なしで現地の病院に行くのは金銭的にも大きな負担になる。出発前に海外旅行保険にはぜひとも加入しておこう。

　海外旅行保険には、必要な保険と補償を組み合わせた「セット型」と、ニーズと予算に合わせて各種保険を選択できる「オーダーメイド型」がある。保険の申し込みは各保険会社のサイトで受け付けている。出発当日に空港で入ることもできるが、海外旅行保険は旅行出発日に自宅を出てから空港までの間も補償されるので、早めの加入が望ましい。

　クレジットカードに海外旅行保険が付帯しているものもあるが、補償の付帯条件や内容、トラブル時のサポートが十分でない場合もあるので、できれば別に海外旅行保険に加入することをおすすめする。加入の際には、保険商品の特徴や保険料の違い、現地連絡事務所の有無、日本語救急サービスの充実度などをよく検討しよう。

予算の立て方

ドイツパンのサンドイッチ。カフェコーナー付きのパン屋は、朝食や節約ランチにも使える

　現地での日々の支出は、宿泊費、食費、交通費、雑費（入場料や市内の交通費など）。食事代は、ファストフードから高級グルメまであらゆる料金レベルの店が揃っている。宿泊代は大都市ほど高く、シーズンによって大きく変動する。

　ここでは目安として、レベルの異なるふたつのコースを想定して1日の予算を立ててみた。

▶節約コース

　少ない予算で、節約第一。できるだけいろいろなものを見て回りたいタイプ。宿泊はユースや安いホテル、ペンションに泊まり€70〜。昼はパン屋のサンドイッチやファストフードで軽く済ませ€10、夕食は安いレストランやデパ地下の総菜、インビスなどでテイクアウトして€15〜20。雑費€30〜40を加えて合計€125〜140が目安。

▶標準コース

　せっかくの旅だからおいしいものを食べたいし、メリハリのある旅を楽しみたい、というタイプ。3〜4つ星のホテルはシングル€110〜、昼と夜にレストラン、途中カフェに入って食費は1日€60〜、雑費€30〜40を加えて合計€200〜210が目安。

海外旅行保険会社
損保ジャパン
URL www.sompo-japan.co.jp
東京海上日動火災保険
URL www.tmn-hoken.jp
AIG損害保険
URL travel.aig.co.jp
三井住友海上保険
URL www.ms-ins.com

「地球の歩き方」ホームページで海外旅行保険について知ろう
「地球の歩き方」ホームページでは海外旅行保険情報を紹介している。保険のタイプや加入方法の参考に。
URL www.arukikata.co.jp/web/article/item/3000681/

ドイツの救急車は有料。診察や入院となるとかなり高額になる。万一に備えて保険には加入しておきたい

「地球の歩き方」公式LINEスタンプが登場！
旅先で出合うあれこれがスタンプに。旅好き同士のコミュニケーションにおすすめ。LINE STOREで「地球の歩き方」と検索！

旅好きにはたまらないラインアップ

地球の歩き方スタンプショップはこちら

旅の情報収集

海外再出発！
ガイドブック最新＆更新情報
海外旅行の最旬情報はここで！
「地球の歩き方」公式サイト。海外在住特派員の現地最新ネタ、ホテル予約など旅の準備に役立つコンテンツ満載。
URL www.arukikata.co.jp

更新・訂正情報をチェック
本書に掲載している情報で、発行後に変更されたものについては「地球の歩き方」ホームページの「更新・訂正情報」で可能なかぎり最新の情報に更新（ホテル、レストランの料金変更などは除く）。旅立つ前に確認を。
URL www.arukikata.co.jp/travel-support

ドイツ観光局公式サイト
URL www.germany.travel
日本語の公式ツイッターアカウント@GermanyTravelJPをはじめ、具体的な旅行の予定がなくても、ドイツに興味がある人には楽しく読める情報が満載なのでおすすめ。

日本での情報収集

　日本でドイツの情報を得られる公式機関として、ドイツ観光局がある。旅行情報は、インターネットやメールマガジンなどオンライン媒体で提供している。さらに詳しい現地の最新情報が欲しい場合は、本書に掲載している各町の観光案内所のウェブサイトにアクセスしてみよう。

ドイツでの情報収集

　ドイツの各町には観光案内所（ツーリストインフォメーション）があり、観光客のために見どころのパンフレット、地図、ホテルリストなどを用意している。それらは無料でくれる町もあるが、有料（簡単なもので€0.50〜1程度）の場合もある。カウンターに並ぶパンフレット類が欲しい場合は、「これをもらってもいいですか？」とひと言係員に尋ねよう。日本語の資料を用意している町もある。

ミュンヘン中央駅近くの観光案内所

Information

旅のお役立ちアプリ

　下記に紹介したアプリをスマホにインストールして使い方に慣れておくと、旅の途中で知りたい情報がすぐに入手できておすすめ。

●DB Navigation（英語、ドイツ語）
鉄道の旅をする人に便利。列車の時刻検索はもちろん、現在の運行情報（遅れや混雑程度も）もわかる。登録しておけば最安値のチケット購入も可能。

●Lufthansa（日本語）
自分が利用する予定のエアラインのアプリを入れておくと、オンラインチェックインもできる。登録しておけば、搭乗予定機に出発予定の変更があった場合などに連絡も得られる。

●Google翻訳（日本語）
レストランのメニューにカメラをかざすと即座に翻訳してくれる。日本語で話しかけると現地語で返してくれる機能もあり、旅に便利。

●Google Maps（日本語）
目的地へのルート検索など、旅に必須。かなり詳細で店舗やホテルの位置もわかる。

●Booking.com（日本語）
ホテルの予約に利用したブッキングサイトのアプリを必ず入れていこう。予約証明書としても利用できる。

●海外安全アプリ（日本語）
ここから「たびレジ」に登録すると、滞在先の最新の安全情報、感染症危険情報などが得られる。災害や大規模な事件や事故などの緊急事態には、在外公館からの緊急メールを受信できる。ドイツではストライキ、サッカーイベントなどでの注意喚起など、領事メールもアップされており要チェック。

旅の準備

服装と持ち物

服　装

　旅先では、身軽に動けることがいちばん。迷ったら持たない。やっぱり持ってくればよかった、と思ったなら現地で買えばいい。現地調達の買い物も、旅の楽しみのひとつだ。ただし、ドイツにはコンビニはないので、夜間や日曜、祝日はほとんどすべての店が閉まっていることを頭に入れておこう。

　日中の観光は、歩きやすさを第一に考えたラフな服装で。高級そうなものを身につけているとスリのターゲットになりやすい。オペラ鑑賞や高級レストランへ行く場合は、男性はジャケットにネクタイ、女性はしわになりにくい生地のワンピースにアクセサリーやスカーフで変化をつけるなど工夫すれば、荷物もさほど増えない。

　ドイツの気候は北海道とよく似ている。真夏は30℃を超える日も多いが、湿度が低いのでしのぎやすい。ただし、雨の日や夜間は急に冷え込むので、カーディガンやパーカーなどは必携。11～3月は寒さが厳しいので、しっかりとした防寒具が必要。毛糸の帽子や厚手の靴下、手袋、携帯用カイロが役に立つ。雪も多いので防水の滑りにくい靴がおすすめ。

天気予報はネットでチェック
出発予定日直前5日間ぐらいからお天気の傾向を下記のサイトなどでチェックして、服装を決めるとよい。
ドイツ気象局
🌐 www.dwd.de（ドイツ語、英語）

荷物チェックリスト

貴重品	パスポート		薬品・雑貨	常備薬	
	クレジットカード			マスク	
	現金（ユーロ・日本円）			洗剤	
	航空券（eチケット控え）			生理用品	
	海外旅行保険契約証			文房具、メモ帳	
	IDカード類（国際学生証など）			裁縫用具	
	パスポートのコピー			ツメ切り、耳かき	
洗面具関係	シャンプー、コンディショナー			プラスチックまたは紙製の食器、スプーン、フォーク	
	歯磨きセット			袋、エコバッグ	
	タオル			スリッパ、サンダル	
	ヒゲソリ			サングラス	
	化粧品			防寒具（携帯用カイロなど）	
	ポケットティッシュ			カギ（南京錠）	
	携帯用ウェットティッシュ			時計	
衣類	外出着			電池	
	下着、くつ下			カメラ、充電器	
	防寒着			スマートフォン、充電器	
	手袋・帽子			Cタイプのプラグ	
	パジャマ、室内着		本類	会話集、電子辞書	
	水着（必要な場合のみ）			ガイドブック類	
	傘、レインコート				

何かと便利なジッパー付きポリ袋
ファスナー付きのポリ袋は、スーツケースやバッグの中の小物整理に便利。中サイズのものを数枚持参し現地のスーパーや市場で買った果物やパンなどを入れておけば、周囲を汚す心配なく持ち運びできて便利。

肌の乾燥対策
ドイツは日本よりも乾燥しているので、肌の乾燥対策は必須。特に冬場はボディ用の保湿乳液やクリーム、ハンドクリームは欠かせない。また、水質が異なるせいもあり、シャンプー後にリンスやコンディショナーを使わないと、髪がゴワゴワになる。

町歩きのための靴選び
ドイツの町は石畳の道が多いので、ヒールが高い靴はとても歩きにくい。また、薄いソールの平らなサンダルも、石畳からのダメージを受けて疲れやすい。靴底のしっかりしたウオーキングシューズやスニーカーがおすすめ。

はみだし　「ロスマンROSSMANN」や「dm」といったドラッグストアには、たいてい€1前後のミニ商品コーナーがあり、シャンプーやハンドクリームなどのミニミニサイズが買える。ただし種類はあまり多くない。

279

旅のお金

最新換算レートをチェック
地球の歩き方ホームページ
URL www.arukikata.co.jp/rate

両替に役立つドイツ語
（レート表示のなかで）
Kurs（クルス）レート
Gebühr（ゲビューア）手数料
Ankauf（アンカウフ）
外貨の買取レート

日本円をユーロに両替する場合のレートはこの金額をチェックする。
Verkauf（フェアカウフ）
外貨の販売レート

ユーロを日本円に再両替する場合のレートはここをチェックする。
Ankauf、Verkaufとも、CashとT/Cの2種類のレートが表示されている。

ドイツの銀行のレート表

**海外ATMの操作方法を
知るには**
各カード会社では、一般的な海外ATMの操作方法をウェブでガイドしている。
マスターカード
URL www.mastercard.
co.jp/ja-jp/personal/get-
support/overseas-travel-
tips.html
ビザカード
URL www.visa.co.jp/travel-
with-visa/atm_info.html

おもなクレジットカード会社
アメリカン・エキスプレス
URL www.americanexpress.
com/ja-jp
ダイナースクラブカード
URL www.diners.co.jp
JCBカード
URL www.jcb.co.jp
マスターカード
URL www.mastercard.co.jp
VISA
URL www.visa.co.jp

通貨の単位

通貨単位はユーロ€、補助通貨単位はセント¢。それぞれのドイツ語読みは「オイロEuro」「ツェントCent」となる。ユーロ通貨の種類→P.8

€1＝100¢＝約161円（2023年6月23日現在）

お金の持っていき方

●現金

日本円からユーロへの両替は、日本でもドイツでもできるが、到着後、空港から市内までの交通費がすぐに必要となるので、日本出国前に、市中銀行や空港の両替所で少なくとも2～3日分（€300程度）のユーロの現金を手に入れておくと安心だ。**レートはドイツより日本で両替するほうが有利な場合が多い。**

なお、多額の現金を持ち歩くことは避けたいので、クレジットカードなども上手に利用したい。

●クレジットカード

両替の手間もなく、大金を持ち歩かずに済むので安全面でのメリットも高い。利用できる場所も多く、中級以上のホテルやレストラン、カフェ、ブティックでの支払いから、鉄道の切符の購入にも使える。また、レンタカーを借りる際には身分証明書の役割も果たすので必携だ。紛失や不具合に備えて2枚あると安心。ICカード（ICチップ付きのクレジットカード）で支払う際は、サインではなく暗証番号（PIN）が必要だ。日本出発前にカード発行金融機関に確認し、忘れないようにしよう。

なお、クレジット会社の提携金融機関のATM（ドイツ語で**バンコマートBankomat**または**ゲルトアウトマートGeldau-
tomat**という）から、キャッシングもできる。銀行の営業時間外

現金自動支払い機でキャッシングできる

でも利用できるので、とても便利。ATMは大きな駅構内や銀行の入口付近などに設置されており、操作の手順は英語表示も選択できる。自分の持っているクレジットカードが、海外でも使用できるかどうかと、キャッシング限度額を、出発前に必ず確認しておくこと。また、キャッシングは後日、金利を含め

はみだし　海外でクレジットカード払いをしたとき、現地通貨でなく日本円で決済されていることがある。これ自体は合法だが、ちゃっかり店側に有利な為替レートになっていたりするので注意したい。暗証番号を入力する前には通貨と為替レ

た手数料を請求されるが、それでもキャッシングのほうが両替より有利になる場合がある。

●デビットカード

使用方法はクレジットカードと同じだが支払いは後払いではなく、発行金融機関の預金口座から即時引き落としが原則となる。口座残高以上に使えないので予算管理をしやすい。加えて、現地ATMから現地通貨を引き出すこともできる。JCBやVISAなどの国際ブランドで複数の金融機関がカードを発行している。

●海外専用プリペイドカード

外貨両替の手間や不安を解消してくれる便利なカードのひとつだ。多くの通貨で日本国内での外貨両替よりレートがよく、カード作成時に審査がない。出発前にコンビニATMなどで円をチャージ（入金）し、入金した残高の範囲内で渡航先のATMで現地通貨の引き出しやショッピングができる。各種手数料が別途かかるが、使い過ぎや多額の現金を持ち歩く不安もない。

おもなデビットカード
JCBデビット
🔗 www.jcb.jp/products/jcbdebit

VISAデビット
🔗 www.visa.co.jp/pay-with-visa/find-a-card/debit-cards.html

おもな海外専用プリペイドカード
・アプラス発行
「GAICA ガイカ」
「MoneyT Global マネーティーグローバル」
・トラベレックスジャパン発行
「Multi Currency Cash Passport マルチカレンシーキャッシュパスポート」

ドイツでの両替

ドイツでの日本円からユーロへの両替は、**銀行Bank**、**両替所Geldwechsel**、大きなホテルなどでできる。一般に最もレートがよいのは銀行で、営業時間は支店によって多少の違いがあるが、月～金曜の平日9:00～16:00頃（昼休みを取る支店もある）が一般的。土・日曜、祝日は休業。

空港や大きな駅の中央駅構内などにある両替所は営業時間が長くて便利だが、レートはあまりよくない場合もある。

両替には手数料がかかるので、なるべく両替する回数を少なくするほうが経済的だが、あまり多額の現金を持ち歩くのもリスクが大きいので、クレジットカードで支払うことが多いホテル代を除いて、数日間必要な金額を概算しておくとよい。その際、銀行が休みとなる週末や祝日がいつになるか、カレンダーを見てチェックしておくことも大切。

両替後は要注意
両替やATMからキャッシュを引き出したあとは、スリに狙われる可能性がある。金額を確認したらすぐその場で貴重品袋など数ヵ所に分散させて持ち、不審な人が周囲にいないか、チェックしてから歩き出そう。

両替をしたらその場で受け取った金額を確認しよう

Information

キープしておきたい小額紙幣とコイン

両替の際、€100紙幣など高額紙幣のほうが、財布の中がかさばらないと思うかもしれないが、紙幣は、€10や€20を指定して両替したほうがよい。高額紙幣は自動券売機には使えないし、小額の場合の買い物やカフェの支払いでは、おつりがないと言って断られる（偽札リスク回避の場合も）こともあるからだ。

また、€0.50、€1、€2のコインは、駅や美術館などのロッカーやトイレを使用する際に必要で、

手元にないと何かと不便だ。到着したらちょっとした買い物をして紙幣をくずし、常に数枚はキープしておくようにしたい。

駅のコインロッカーを使う場合はコインを用意

ートを確認すること。店側の説明なしで勝手に決済されたときは、帰国後でもカード発行金融機関に相談を。

旅のモデルルート

　かぎられた時間のなかで、より印象深い旅にしたいのなら、自分の興味のあるテーマで絞るとよい。ワインやビールの飲み歩きやソーセージの食べ歩き、カフェ巡り、オペラ＆コンサート鑑賞、あるいはお祭りイベントに日程を合わせるのもおすすめだ。以下のルートはあくまでも一般的なモデル。自由にアレンジして、自分だけの旅を作ろう。

モデルルート❶　初めてのドイツ旅行
ライン川、ロマンティック街道とミュンヘン滞在を満喫する7日間

▶ルートと日程

1日目	午前：日本発　午後：フランクフルト着	フランクフルト泊
2日目	午前：ライン川観光	フランクフルト泊
3日目	朝：ロマンティック街道バスで出発	ローテンブルク泊
4日目	午前：ローテンブルクから鉄道でミュンヘンへ	ミュンヘン泊
5日目	ノイシュヴァンシュタイン城日帰り観光　ミュンヘン泊	
6日目	ミュンヘン発	
7日目	午前：日本着	

ライン川の中州に
建つプファルツ城

▶観光のポイント＆アレンジ

冬期はライン川遊覧船とロマンティック街道バス（運行曜日も要チェック）が運休するので鉄道移動に変更。ライン川観光をハイデルベルク観光に変更してもよい。5日目のノイシュヴァンシュタイン城日帰り観光は、ミュンヘンから鉄道とバスで城まで行く方法（チケットの予約も忘れずに）と、観光バスを利用する方法のどちらかを選ぶ。

モデルルート❷　歴史と文化をじっくり探訪
南ドイツの世界遺産巡りの旅 7日間

▶ルートと日程　　　　　　　　　　　　　　　★印＝世界遺産

1日目	午前：日本発　午後：フランクフルト着	フランクフルト泊
2日目	午前：鉄道でケルンへ。途中ライン川渓谷★を鉄道車窓から眺める。	
	ケルン大聖堂★見学	ケルン（またはフランクフルト）泊
3日目	朝：鉄道でヴュルツブルクへ　レジデンツ★観光	ヴュルツブルク泊
4日目	午前：鉄道でミュンヘンへ	ミュンヘン泊
5日目	午前：鉄道でフュッセンへ　路線バスまたはタクシーでヴィース教会★へ	
	午後：ノイシュヴァンシュタイン城観光　ミュンヘン泊	
6日目	ミュンヘン発	
7日目	午前：日本着	

ヴュルツブルクのレジ
デンツは、ドイツ・バ
ロック建築の傑作

▶観光のポイント＆アレンジ

5日目のヴィース教会への路線バスは本数がとても少ないので、事前に時刻表を要チェック。タクシーのほうが時間の余裕ができておすすめ。この日はフュッセン泊にしてもよい。その場合はミュンヘン泊を1プラスしたい。

モデルルート❸　クリスマスシーズン限定
クリスマスマーケットを訪ねる 7日間

▶ルートと日程　　　　　　　　　★印＝クリスマスマーケット観光

1日目	午前：日本発　午後：フランクフルト★着	フランクフルト泊
2日目	午前：鉄道でニュルンベルク★へ	ニュルンベルク泊
3日目	午前：鉄道でローテンブルク★日帰り	ニュルンベルク泊
4日目	午前：鉄道でミュンヘン★へ	ミュンヘン泊
5日目	ミュンヘン観光	ミュンヘン泊
6日目	ミュンヘン発	
7日目	午前：日本着	

フランクフルトのクリスマスマー
ケットは、巨大ツリーが見事

▶観光のポイント＆アレンジ

ドイツのクリスマスは12月24日の約4週間前から始まる。ドイツ各地で開かれているクリスマスマーケットは、日本では味わえない楽しさがいっぱい！　ニュルンベルクのマーケットは、ドイツで最も人気が高い。

ドイツへのアクセス

旅の技術

日本からドイツへのフライト

南ドイツの旅は、フランクフルトまたはミュンヘンからスタートするのが一般的。

2023年6月現在、日本からドイツにノンストップの直行便を運航しているのは、**ルフトハンザ ドイツ航空（LH）**、**全日空（NH）**、**日本航空（JL）** の3社。路線はLHが羽田～フランクフルト、羽田～ミュンヘン、関空～ミュンヘン。NHが羽田～フランクフルト、羽田～ミュンヘン。JLが成田～フランクフルト。所要時間は約12～14時間（→下記はみだし）。

経由便を利用する場合は、まずその航空会社の本拠地となる都市まで飛び、そこで飛行機を乗り継ぐことになり、時間はかかるが安い航空券が手に入りやすい。例えばスカンジナビア航空ならコペンハーゲン、オーストリア航空ならウィーンで乗り継ぎという具合。アジア系航空会社ではソウル経由の大韓航空や、ドバイ経由のエミレーツ航空も人気がある。

フランクフルト・マイン国際空港はヨーロッパ屈指の巨大空港

ルフトハンザ ドイツ航空
☎0570-089-000
（サービスセンター）
URL www.lufthansa.com

日本航空
☎0570-025031（予約）
URL www.jal.co.jp

全日空
☎0570-029333（予約）
URL www.ana.co.jp

国際観光旅客税
日本からの出国には、1回につき1000円の国際観光旅客税が課せられる。原則として支払いは航空券代に上乗せされる。

燃油サーチャージ
航空券購入の際には燃油サーチャージ（時期、航空会社によって異なる）込みの料金かどうかを確認しよう。

マイレージサービス
搭乗区間の距離をマイルでカウントし、規定のマイル数に到達すると、無料航空券や座席のアップグレードなどの特典が受けられるプログラムで、フリークエント・フライヤーズ・プログラム（FFP）ともいう。内容や条件は航空会社によって異なる。スターアライアンス、ワンワールド、スカイチームといった航空会社の提携グループがあり、グループ内の提携航空会社のマイルをまとめて貯めることも可能。サービス内容は毎年変更があるので要確認。

航空券の種類

日本やヨーロッパ系の、いわゆるメジャー航空会社の航空券には、1年間有効で自由度の高い**正規航空券（ノーマルチケット）** のほかに、**正規割引航空券（PEX航空券）** と**格安航空券**がある。

正規割引航空券とは、航空会社が独自に料金設定した割引運賃で、航空会社または旅行会社から購入することができる。航空会社によっては**早割**や**WEB割引料金**なども設けており、シーズンによっては格安航空券より安くなる場合もある。また、予約と同時に座席指定ができるなどのメリットがある。

格安航空券とは、おもに団体旅行用の航空券をバラ売りしているもので、旅行会社で販売している。旅行会社によって同じ便でも価格が異なるので、何社か当たって比較検討したい。

なお、正規割引航空券や格安航空券では、航空券の購入期限や途中降機などに制約があり、発券後の予約の変更はできないなどの条件もあるので、よく確認し、納得のうえで利用したい。

はみだし 2023年6月現在、所要時間はウクライナ情勢による航路変更のため約15時間。また、新型コロナの影響で一部欠航中の便もあるので、最新運航情報は各航空会社の公式サイトで必ず確認を。

機内持ち込み制限

ナイフ、はさみなどの刃物や100mℓを超えるあらゆる液体物（ローション、ジェル、クリーム、ペースト、エアゾールなども含む）、爆発物、大量のマッチなどは持ち込めない。果物ナイフなどを持参する人は、託送荷物に入れておくこと。なお、機内に持ち込める手荷物のサイズは、ルフトハンザのエコノミークラスの場合、55cm×40cm×23cm以下で8kg以下。利用する航空会社によって異なるので、あらかじめ確認しておくこと。

日本帰国時の免税範囲

紙巻たばこ200本、葉巻たばこ50本、加熱式たばこ個装等10個、その他のたばこ250gまで。
（注1）免税数量は、それぞれの種類のたばこのみを購入した場合の数量であり、複数の種類のたばこを購入した場合の免税数量ではない。
（注2）「加熱式たばこ」の免税数量は、紙巻たばこ200本に相当する数量となる。
🔗www.customs.go.jp/kaigairyoko/cigarette_leaflet_j.pdf
酒類：760mℓ程度のもの3本。
香水：2オンス（約56g）。
同一品目ごとの合計が海外市価で1万円以下のもの（例・1本5000円のネクタイ2本）。
その他、上記以外の合計が海外市価で20万円以内のもの。未成年者のたばこ、酒類の持ち込みは範囲内であっても免税にならない。

日本に持ち込めない品

旅行者が注意したい規制品目は、ワシントン条約の規制対象になっている動物（ワニ、トカゲなど）の皮革製品や毛皮、コピー商品。動物（ハムやソーセージ類などの肉製品を含む）や植物（果物、野菜、種）などは、税関検査の前に所定の証明書類や検査が必要。実際のところ、日本向け輸出許可取得済みの肉製品みやげはほとんどないので、ソーセージやハムなどは日本に持ち込めないと考えたほうがいい。詳細は、下記へ。
動物検疫所成田支所
🔗www.maff.go.jp/aqs
税関
🔗www.customs.go.jp

日本出国（出発）

空港には出発時刻の2〜3時間前に到着し手続きを行う。

1 搭乗手続き（チェックイン）
航空会社のカウンターで、パスポートとeチケット控えを提示、**搭乗券（ボーディングパス）**を受け取る。大型荷物を預け、**荷物引換証（バゲージ・クレーム・タグ）**を受け取る。

2 セキュリティチェック
機内持ち込み用**手荷物のX線検査**と**ボディチェック**を受ける。

3 税関申告
外国製品（時計や貴金属、ブランド品など）を持っている人は、**「外国製品の持ち出し届」**の用紙に記入し、現品とともに提出、確認印をもらう。該当品がない人は、素通りしてよい。

4 出国審査
原則として顔認証ゲートでパスポートを読み込ませ、本人照合を行い通過する。出国スタンプは押されない。

日本入国（帰国）

機内で配られる携帯品・別送品申告書に記入しておく。

1 入国審査
原則として顔認証ゲートでパスポートを読み込ませ、本人照合を行い通過する。入国スタンプは押されない。

2 荷物の受け取り
搭乗した便名のターンテーブルで、預けた荷物をピックアップ。万一出てこなかったら（＝**ロストバゲージ**）、荷物引換証を係員に提示して対応してもらう。

3 動植物検疫
果物や肉類、植物などを買ってきた場合は、検疫カウンターで手続きをする。

4 税関申告
持ち込み品が免税範囲内の人は、緑のランプの検査台へ進む。免税範囲を超えていたり、別送品がある場合は、赤いランプの検査台へ進み検査を受ける。帰国便の機内で配られた**携帯品・別送品申告書**（右図）を提出する。

（表）　　（裏）

はみだし Visit Japan Webは日本入国時の手続き「入国審査」、「税関申告」をウェブで行うことができるサービス。必要な情報を登録することでスピーディに入国できる。🔗vjw-lp.digital.go.jp

ドイツ入国（到着）

目的地で飛行機を降りたら、以下の順で手続きを行う。

❶ 入国審査 Passkontrolle

窓口は、ドイツなどEU加盟国のパスポート所持者と、それ以外の国Non-EUのパスポート所持者に分かれている場合が多い。**日本人はNon-EU**のほうに並び、パスポートを提出。入国カードは必要ない。

❷ 荷物の受け取り Gepäckausgabe

搭乗した便名のターンテーブルで、預けた荷物をピックアップ。万一出てこなかったら（ロストバゲージ）、荷物引換証を係員に提示して対応してもらう。

❸ 税関申告 Zollkontrolle

出口の手前にある。持ち込み品が免税範囲内の人は、緑の表示がある検査台の前を通る。申告するものがある場合は、赤の表示の検査台へ進み検査を受ける。

ドイツ出国（ドイツ出発）

空港には、フライト3時間前までには到着。免税手続きをする必要がある人は、免税手続きカウンターがかなり混雑していることがあるので、より早めに到着していること。

❶ 免税手続き Zoll

免税還付金を受けられる金額の買い物をし、免税申告に必要な書類を持っている人のみ行う。手続きの方法は→P.300〜301。

❷ 搭乗手続き（チェックイン）Check-in

利用航空会社のカウンターで、パスポートとeチケット控えを提示し、搭乗券（ボーディングパス）を受け取る。スーツケースなど大型荷物を預け、荷物引換証（バゲージ・クレーム・タグ）を受け取る。

セルフチェックイン機。わからないときは近くにいる係員が教えてくれる

❸ 出国審査・セキュリティチェック Kontrollen

出国審査カウンターで、パスポートと搭乗券を提出。セキュリティチェックは、出国審査の前後で行う場合もある。

以上で出国手続きは完了。免税品店などを見ながら搭乗ゲートへ向かい、搭乗開始を待つ。

ドイツ以外の国での入国審査
ドイツ以外のEUシェンゲン協定加盟国を経由する乗り継ぎ便を利用する場合は、最初の降機地で入国審査を受けるので、ドイツでの入国審査は原則不要。

シェンゲン協定加盟国
アイスランド、イタリア、エストニア、オーストリア、オランダ、ギリシア、クロアチア、スイス、スウェーデン、スペイン、スロヴェニア、スロバキア、チェコ、デンマーク、ドイツ、ノルウェー、フィンランド、ハンガリー、マルタ、フランス、ベルギー、ポーランド、ポルトガル、ラトビア、リトアニア、ルクセンブルク、リヒテンシュタイン　（2023年4月現在）

ドイツ入国時の免税範囲
満17歳以上の免税範囲
たばこ：紙巻き200本、または葉巻50本、または細葉巻100本、またはパイプ用たばこ250g。数種類にまたがる場合は総重量250g以下。
酒類：ワイン4ℓ（発泡性でないもの）、ビール16ℓ、および22度を超えるアルコール飲料1ℓ（22度以外なら2ℓ）。
その他：EU域外で購入した品の合計が空路、海路での入国時は€430まで（15歳未満は€175まで）。贈答品は家族へのプレゼントの範囲に限定。
※上記の制限を超える品を持ち込む場合や、€1万以上の現金を持ち込む、また持ち出す場合は、税関への申告が義務づけられている。その他、詳細については、ドイツ大使館のサイト（www.japan.diplo.de）内の「入国の際の税関手続きについて」を確認すること。

※ドイツ出国時の空港使用税は航空券の代金に含まれている。

セルフチェックイン機
ミュンヘン空港では、ルフトハンザ、ANAなどスターアライアンスグループのエアラインは空港の自動チェックイン機（日本語表示あり）を利用する。預ける荷物はセルフの自動預入機から。

鉄道の旅

DBの公式サイト
URL www.bahn.de
列車の時刻や料金が検索できるほか、乗車券のオンライン購入も可能。早めに購入すれば割引料金が適用される場合もある。

DB以外の鉄道会社
各地方のローカル線には、近年DBから第3セクターに経営が変わったり、別企業が新規参入している。その多くはDBと提携関係や地域交通連合に加盟しており、鉄道パス（→P.288）で利用できる。ただし、DBと競合関係にある一部の鉄道会社や、観光用の登山鉄道などは鉄道パスでは利用できない。

フリックス鉄道FlixTrain
フリックス鉄道（URL www.flixtrain.de）は、ドイツの長距離バスの大手フリックスバスの子会社が運営する長距離列車サービス事業会社。線路や駅ホームはDBの設備を使用している。ハンブルク〜ミュンヘン、ライプツィヒ〜ベルリン〜ケルン〜アーヘンなど主要都市を結ぶ数路線を運行するが、本数は多くない。DBと比較して運賃が安く、所要時間もDBのICやICEと同程度。ただし車両は古いものが多い。チケットは公式サイト（上記）または公式アプリから購入する。鉄道パスでは利用できない。

注意!
列車には、必ず目的地までの切符を購入してから乗車すること。改札がないからといって、乗車後車内で精算すると、手数料が加算される。場合によっては無賃乗車とみなされて罰金を取られることもある。

ドイツ鉄道利用で快適な旅

快適な高速列車 ICE

全ドイツに路線網をもつ**ドイツ鉄道Deutsche Bahn**（通称**DB**）は、フランクフルト国際空港やミュンヘン国際空港にも乗り入れているから、ドイツ到着と同時に便利な鉄道の旅が始められる。DBが誇る**高速列車ICE（インターシティー・エクスプレス）**は、日本の新幹線をしのぐ居住性とサービスを体験できるので、一度は乗車してみたい列車。フランクフルト空港駅、フランクフルト中央駅、アウクスブルク、ミュンヘン中央駅など主要都市に停車する。

素顔のドイツ人の姿に出会えるローカル列車の旅も楽しい。ミュンヘンからフュッセンに近づくにつれて一面に広がる牧場やドイツ・アルプスの山々、ライン川沿いの古城とブドウ畑など、風景の美しさをのんびり味わえるのも、鉄道の旅の醍醐味だ。

ローテンブルクへ行くローカル列車

乗車券の選び方

乗車券にはさまざまな種類がある。まずは、スケジュールを立てたうえで、どのような乗車券を、いつ、どこで買うかを検討することになる。日本からの旅行者が利用できる乗車券は、大きく**鉄道パスと区間乗車券**に分けられる。

鉄道パスは使用エリアと期限が定められた周遊券で、有効範囲内であれば、自由気ままに列車を乗り降りできる。また、現地の混雑する窓口に並んで乗車券を買う手間が省けるメリットも大きい。（鉄道パスの種類と料金→P.288）。

ICE、IC/ECの長距離乗車券には、おもに4つの料金がある。ウェブで列車時刻を検索すると、列車ごとにその時点での料金がいくつか表示される。安い順に割引料金の①Super Sparpreis、②Sparpreis、フレックス料金の③Flexpreis、④Flexpreis Plusがある。それぞれメリット、デメリットがあるので確認して購入しよう。

ICEの区間乗車券は日本の一部旅行会社でも販売している。だが料金体系がドイツと異なるために、現地の各種割引は適用されないし、手配手数料もかかる。

はみだし DBの長距離列車は5〜30分程度の遅れで運行することもよくあり、大型駅は行き止まり式の駅も多いため、隣のホームへの移動にも時間がかかる。乗り換え時間は20〜30分の余裕をもってプランを立てたい。

ドイツを旅する準備と技術

座席予約について

　DBの国内列車で、座席予約が必要な列車はナイトジェットなど夜行列車だけで、そのほかは予約なしで乗車できる。日本のように、指定席車や自由席車という別はなく、すべての車両で、予約が入ったところから予約席となり、残りの席が自由席となるシステム。予約席かどうかは荷物棚付近（新型ICEは**座席のヘッドレスト脇**）に電光表示またはカードで表示されている。表示された区間外なら、座ってもかまわない。

　ICEは混雑することが多い。1等車は平日の朝夕に出張するビジネスマンで混むし、2等車は夏休みやクリスマスなどの休暇シーズンになると混雑する。確実に座りたいなら、座席を予約することをおすすめする。

座席予約料金
2等は€4.90。1等は乗車券購入と同時予約の場合は無料だが、予約のみの場合（鉄道パス利用時など）は€5.90。

よく見る座席予約表示の意味
予約表示に**GGF. RESERVIERT**とあるのは、「場合によっては予約済み」という意味で、直前予約をした人が来る可能性がある席。また**Vorrangplatz**という表示は、身体障害者、妊婦、DBのカードの上級会員専用の優先席。

優先席 Vorrangplatz の表示

鉄道の旅

新型 ICE の予約表示は座席のヘッドレスト脇　新型以外は荷物棚付近に予約区間を表示

窓口で乗車券を買う

　大都市の中央駅の切符売り場は、**旅行センターReisezentrum**といい、いくつもの窓口が並んでいる。大型駅では**整理券方式**を導入しているので、利用する際には、まず入口で整理券を取り、券面に記載された数字がモニターに表示されたら、その数字とともに表示された番号の窓口へ行く。自分の番が来るまでに、かなりの時間がかかることを想定して、できるだけ前日までに乗車券は購入しておき、乗車直前に買うことだけは避けたい。なお、1等乗車券専用のカウンターを設けてある大型駅もあり、その場合1等乗客は整理券を取る必要はない。

　購入するときは、希望を紙に書いて渡したほうが確実。支払いは、クレジットカードも使える。乗車券を受け取ったら、間違いがないかどうか、必ずその場でチェックすること。

切符売り場が入っている旅行センター

整理券方式の窓口。自分の整理券番号がモニターに表示されたら、指定の窓口へ

DB のおもな列車の種類

ICE	イーツェーエー（インターシティー・エクスプレス）	InterCityExpress	都市間超特急
EC	オイロシティー　EuroCity		ヨーロッパ都市間特急
IC	インターシティー　InterCity		都市間特急
IRE	インターレギオ・エクスプレス　Inter Regio Express		地域間快速
RE	レギオナル・エクスプレス　Regional Express		地域快速
RB	レギオナル・バーン　Regional Bahn		普通列車

※ほかに RE、SE などの普通列車や、都市近郊電車ともいうべき S バーンなどがある。

夏休みやクリスマス休暇の時期には、ICEやIC特急はかなり混雑する。特に2等車は通路までぎっしり埋まるほど。1等車は比較的すいていることが多いが、それでも予約をしたほうが安心。

（※注1）
「Eurail/Interrail Rail Planner」は2023年5月現在、iOSの場合はiOS13.0以上、Androidの場合、Android 6.0以上が必要。パス購入前に必ず利用する端末の起動要件を確認すること。

使用中のモバイルパス。利用予定の列車を入力した状態。乗車時は、右側のスライドボタンをActiveにしてチケット表示に進む

ドイツの鉄道パスと鉄道チケットの購入
EURO RAIL
by WORLD COMPASS
🖥 eurorail-wcc.com
📧 info@eurorail-wcc.com
㈱ワールドコンパス
☎ 月〜金 10：00 〜 17：00
ヨーロッパ鉄道手配経験の豊富なスタッフが対応。鉄道パスおよび railjet、ICE、nightjet などのヨーロッパの鉄道チケットを取り扱う。ヨーロッパのホテルや空港送迎、専用車も手配可能。

便利な鉄道パス

切符を買う手間がなくて便利なのが鉄道パス。ユーレイルジャーマンレイルパスやユーレイルグローバルパスなどユーレイル系の鉄道パスは、以前のような紙チケットタイプからスマートフォンなどのモバイル端末で利用するモバイルパスに変更された。

●モバイルパスについて

モバイルパスを使うには、まずユーレイルの専用アプリ「Eurail/Interrail Rail Planner」を自分のスマートフォンにインストールして、アプリ内で購入した鉄道パスを起動して使うことになる（→※注1）。

鉄道パスを購入した際に、購入元から送られてくるチケット番号と購入時に登録した名前をアプリ内の鉄道パスに入力する。利用開始手続き（アクティベーション）も購入者自身で行うので、紙チケットタイプのように駅窓口に行き利用開始手続きをする必要がない。しかし、ユーレイルの専用アプリは日本語対応をしておらず、すべて英語での操作となるので注意。

●ユーレイルジャーマンレイルパス

ドイツ国内のDBの列車および普通列車を運行している地方の民間鉄道会社にも利用できる周遊券。高速列車ICEも利用可能。大都市圏のSバーンにも有効だが、Uバーン（地下鉄）には利用できない。1ヵ月間の有効期間内で鉄道利用日を選ぶ「フレキシータイプ」と定期券のように有効期間単位で利用する「連続タイプ」の2種類がある。

料金は、大人、ユース（12〜27歳）、シニアの3種類。また大人料金パス所持者に同行する4〜11歳の子供2名までは、無料の鉄道パスが発行可能。

〈フレキシータイプ料金〉

クラス	1等		2等	
鉄道利用日数	大人	ユース	大人	ユース
3 日/1ヵ月	€ 269	€ 215	€ 201	€ 162
4 日/1ヵ月	€ 305	€ 244	€ 229	€ 183
5 日/1ヵ月	€ 337	€ 270	€ 253	€ 202
7 日/1ヵ月	€ 393	€ 315	€ 294	€ 235
10 日/1ヵ月	€ 502	€ 402	€ 366	€ 293
15 日/1ヵ月	€ 691	€ 553	€ 502	€ 402

〈通用日連続タイプ料金〉

クラス	1等		2等	
有効期間	大人	ユース	大人	ユース
3 日	€ 255	€ 205	€ 191	€ 153
4 日	€ 290	€ 232	€ 217	€ 174
5 日	€ 320	€ 256	€ 240	€ 192
7 日	€ 373	€ 299	€ 279	€ 223
10 日	€ 452	€ 362	€ 329	€ 263
15 日	€ 622	€ 497	€ 452	€ 362

料金は 2023 年 5 月現在

●ユーレイルグローバルパス

ヨーロッパ33ヵ国で利用できる鉄道パス。ドイツだけではなくオーストリア、スイス、チェコ、スロヴァキア、ハンガリーなど近隣諸国も鉄道を利用する人にはおすすめ。

多くの旅行代理店で販売しているのはモバイルパスだが、ユーレイルのサイト🖥 www.eurail.com/jaや一部の代理店では以前のような紙タイプのチケットも販売している。

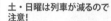

列車の乗り方

大都市の中央駅構内はとても広い。大きな荷物を持っての移動は時間がかかるので、発車15分前には駅に着いていたい。改札はないので、乗車券や鉄道パスを持っているならそのままホームへ。

1 発車ホームの確認

駅構内に掲示されている電光掲示板またはポスター大の黄色い発車時刻表で列車の発着**番線Gleis**を確認。大きな駅の場合は、出発時刻掲示板で必ず確認しよう。番線の急な変更や、遅延情報などがわかる。DBのアプリ（→P.278）を入れておくのもおすすめ。ただ、直前に発着番線の変更がアナウンスされることもあり、わからなければ周りの人に聞いて確認を。

2 列車編成表の確認

ローカル線なら不要だが、列車編成の長いICEやICはホーム上に設置されている**列車編成表Wagenstandanzeiger**で、自分の乗る車両を確認しよう。座席予約をしている場合や1等車は車両が少ないので、**セクター**（ホーム上にA、B、C…と表示）を目安にして、停車位置付近で列車を待とう。

3 列車に乗る

列車がホームに停まっても、ドアは自動で開かない。乗客が自分でドアを開ける。ICEや新型車両はドア横の緑色のボタンを押す。旧型車両は取っ手を持って手動で開ける。閉まるのは自動。

4 座席を探す

予約をしてあるなら、車両番号と座席番号で席を探す。予約をしていないなら、予約表示区間が入っていない席を探せばいい。車掌が検札に来たら、乗車券や鉄道パスを渡してチェックを受ける。あとは、ゆっくり車窓を楽しもう。

5 下車の準備

ICEやECでは次の停車駅が近づくと、ドイツ語と英語でアナウンスがあるので、忘れ物のないように荷物を持って乗降口へ。列車が完全に停車したら、ICEはTÜR AUFと書いてある緑色のボタンを押してドアを開ける。

ICEの車内からドアを開けるときは、扉横にある緑色のボタンを押す

土・日曜は列車が減るので注意！
各駅に列車の出発、到着時刻表が掲げてあるが、黄色が出発Abfahrt、白紙が到着Ankunft。列車の運行曜日はMoが月曜、Di火曜、Mi水曜、Do木曜、Fr金曜、Sa土曜、So日曜という意味。土曜、日曜は運休する列車があるので要注意。

ポスター大の黄色い時刻表（近年減りつつある）

座席予約をしている場合は列車編成表をチェック

ICEではドア横の緑色のボタンを押してドアを開ける

荷物棚の下に出ている予約区間を確認しよう

列車の扉は手動またはボタン式。写真は手動式で、レバーを回転して開ける。操作が不安だったら、ほかの乗客や車掌に頼んだほうがよい

列車が遅れている場合には、駅やホーム上の時刻表示板に「etwa 10 Minuten Später（約10分遅延）」というように表示される。予定している乗り継ぎ列車に遅れそうな場合は、対策を車掌に相談するといい。

1、2等車が満席だったら、ビストロでドリンクだけ注文して座って行くという手もある

ドイツ鉄道の列車は禁煙
ドイツ鉄道の列車内は完全に禁煙。喫煙車は廃止されたので注意。駅構内も、ホーム上に指定の喫煙コーナーがある場所以外は禁煙になっている。

おもな割引チケット
●バーンカード50
BahnCard 50
1年間有効の割引カード。フレックス料金の50%割引、シュパープライスからは25%割引で購入できる。たびたび鉄道を長距離区間利用するドイツ人の多くが持っており、自動券売機でもウェブでも、このカード所持者かどうかがまず確認される。しかし、バーンカード50自体の購入（50以外にも25、100など多種類ある）に2等€244、1等€492かかるので、モトがとれるかどうか計算してから購入を。なお、有効期間終了の6週間前までに解約を申請しておかないと、次の年に有効のカードが自動的に更新され、請求されるので要注意。

●国内1日乗り放題チケット
Quer-durchs-Land-Ticket
ドイツ国内1日乗り放題。ただし乗車できるのはIRE、RE、RB、Sバーン、提携関係の私鉄及び一部の路線バスの2等だけで、特急（ICE、IC、EC）には乗車不可。ウェブまたは自動券売機で購入すると€44。最大4人まで同行できるが2人目以降は各€8加算。利用者氏名を必ず記入し、パスポート必携。

州ごとの割引1日乗車券
●バイエルンチケット
2等€27、1等€39.50
●ヘッセンチケット
2等€38
（上記はいずれも自動券売機、ウェブで購入した場合の料金。窓口ではサービス料が加算される。）

優雅に味わう食堂車

ライン川沿いの古城や、ブドウ畑、車窓を流れてゆく美しいドイツの風景を眺めながらの食事は最高の贅沢だ。特に予約は必要ないが、人気が高いため、昼食の場合は13:00過ぎぐらい、大きな駅に着く少し前に行くといい。相席をきっかけに新しい友人を得ることもあるだろう。長距離の**EC、IC、ICE**のほとんどに**ビストロBordbistro**または**食堂車Bordrestaurant**が連結されている。

ICEの食堂車

食堂車では、午前中は朝食メニュー、昼食や夕食にはボリュームがある食事メニューが味わえる。ただし、列車の終点が近づいてくると、早めにレジやキッチンを閉めてしまうので、利用できない場合もあるので注意。

またICE、EC、ICの1等車では、座席まで車掌や食堂車の係員が飲み物や軽食を運んできてくれるサービスがある。

支払いには、1ユーロ以下のおつりの端数を切り上げるなどして10%程度のチップを渡すのが一般的。クレジットカードも使える。

現地で買える割引チケット

ドイツで買える割引チケットは数種類あるが、気軽な日帰り旅行におすすめするのが、州ごとに設定されている割引1日乗車券。**バイエルンチケットBayern-Ticket**、**ヘッセンチケットHessenticket**など、各州内の鉄道が乗り放題となる。ただし利用できる列車はIRE、RE、RBのみで、特急（ICE、IC、EC）には乗車できない。州によって利用条件が一部異なるが、数ユーロの追加料金で4人まで同行可。都市交通のSバーン、Uバーン、市電（トラム）、バスにも有効で、地方の路線バスにも一部乗車可。利用開始時刻は月〜金曜は9:00から、土・日曜、祝日は開始時刻の制限はない。

> **読者情報** 南ドイツの旅は、バイエルンチケットが便利！！
> バイエルンチケットはとても便利ですが、平日の利用開始時刻は9:00からと決まっています。ミュンヘンからフュッセンやガルミッシュ・パルテンキルヒェンなど人気の観光地へ行くときは、できるだけ早く出発したいですよね。DBの窓口で相談したら、9:00前に出る列車に乗りたい場合、その列車が9:00を過ぎて最初に停まる駅までの乗車券を買えばいいそうです。その先はバイエルンチケットを利用できます。利用する列車が出発後、検札にくる車掌さんには、必ず両方のチケットを提示しましょう。バイエルンチケットは、フュッセンからホーエンシュヴァンガウまで行くバスにも有効です。　　　　　　（千葉県　赤菜 '19）〔'23〕

はみだし　線路の補修工事等が行われている区間では、バスによる代替輸送Schienenersatzverkehr（SEVと略記される）となり、所要時間が長くなる場合があるので注意しよう。代替バスは「エアザッツブスErsatzbus（EBと略）」という。

ドイツ鉄道特急運行図

▬▬ ICE（都市間超特急）/ IC（都市間特急）/ EC（ヨーロッパ都市間特急）

＊運行路線や停車駅は毎年変更されます。
＊季節限定運行の路線も含まれています。
＊一部路線省略あり。詳しいIC / ICE運行路線図はDBのホームページ URL www.bahn.de 内に掲載されています。
＊2023年4月現在

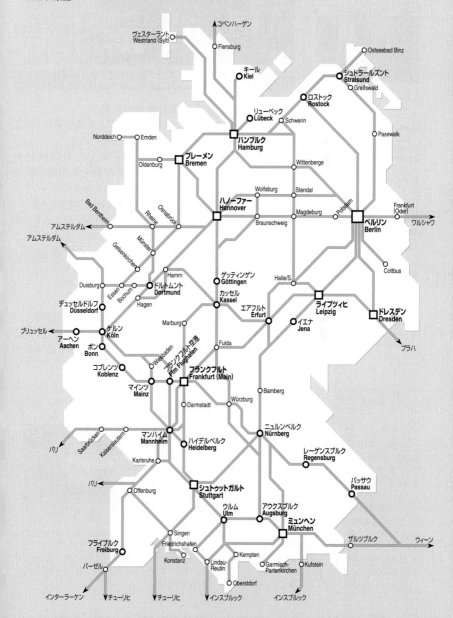

旅の技術

バスの旅

ローテンブルクのシュランネン広場にあるロマンティック街道バスの停留所

ロマンティック街道バス
（予約、インフォメーション）
EurAide Inc.,
☎ (089) 593889
（月〜金11:00〜17:00）
🔗www.romantischestrasse.de

日本の旅行会社のバスツアー
マイバス
🔗mybus-europe.jp
ミュンヘン発、ノイシュヴァンシュタイン城、リンダーホーフ城、ヴィース教会1日観光ツアー。€119（城の入場料込み）
みゅうバス
🔗www.myushop.net
ミュンヘン発、ノイシュヴァンシュタイン城、ヴィース教会、フュッセン1日観光ツアー。€110（城の入場料込み）

出発時刻に関する運転手のアナウンスは聞き逃さないように。遅れると置き去りにされることもある

街道の旅に便利なバスツアー

ロマンティック街道バスの旅を楽しむ

　ロマンティック街道バスというツアーバスを利用すると、街道の町々を通過しながら効率的に移動できる。

　運行期間と運行曜日は限定されているので時刻表（→P.92）をよく確認しておこう。一部停留所での乗り降りを除いて予約は不要。ユーレイルグローバルパスやユーレイルジャーマンレイルパスの所有者は、割引料金で利用できる。

　通過する町の詳しいガイドなどは、スマートフォンから日本語でも聞くことができる。1〜2時間に1度は停留所のある町でトイレに行けるぐらいの停車時間あり。なお、交通事情等によりスケジュールが30分程度遅れることもよくある。

日本の旅行会社のバスツアー

　街道の一部のみのコースだが、日本語ガイドが同乗するのでなにかと安心。特に交通の便が悪いヴィース教会に行くなら、日本の観光バスを利用するのが最も便利。乗車予約や旅行条件など詳しくはサイトで要確認。

Information

タクシーを上手に利用する

　鉄道が通っていないロマンティック街道や古城街道の小さな町を旅する場合、本数が少ないローカルバスを待つよりも、あらかじめタクシーを利用するスケジュールにするとぐっと日程の節約になる。料金はかかるがふたり以上ならそれほど贅沢ではないだろう。20〜30分もあれば見るのに十分な町は、見る間はタクシーに待っていてもらえばよい。こうすれば重い荷物から解放されて、移動しながら1日でいくつかの町を見て回れる。

　タクシーは、駅前など所定のタクシー乗り場から乗る。頼めばホテルや観光局でも呼んでくれる。ドアは自動ではない。料金にはチップを10%程度（おつりの端数を切り上げるなどして€0.50〜1程

度）加えて支払う。

　タクシーはメーターで支払うのが普通だが、貸し切りの**包括料金パウシャールプライスPauschalpreis**で支払うこともできる。

タクシーは駅前やタクシースタンドから乗車

パウシャールプライスでは、乗車前にあらかじめ運転手に最終的な行き先と途中どこに寄りたいかを話して交渉する。運転手は距離とおよその時間で計算して包括料金を提示するので、予算内なら利用すればいい。

はみだし ドイツの配車アプリにはフリー・ナウFREE NOWが最もよく知られている。日本でも知られるウーバーUberもある。サービスはどちらも大都市のみ。

ドイツを旅する準備と技術

バスの旅

路線バスを利用する

　路線バスは、ほとんどすべての町に通じているが、目的地まで直通の路線があるとはかぎらず、乗り換えが必要となる場合もある。また、路線バスは基本的に地元の小・中学生や自動車のない人のための足。朝、夕にしか走っていない路線や、週末や学校が休校する夏休みなどは運休してしまう場合もあるので、注意が必要。

フュッセンから国境を越えてオーストリアのロイッテまで行く路線バスもある

　路線バスは、前扉から乗車して料金を支払う。往復切符は、**1日乗車券Tageskarte**扱い（途中下車も可能）がある場合と、ない場合がある。目的の停留所手前でブザーを押して、後扉から降車する。なお、路線バスは次の停留所の案内アナウンスなどはないことが多いので、運転手に自分の下車したい停留所に着いたら教えてくれるように頼んでおく（→下記はみだし）といい。

長距離バスの旅

　ドイツでは、鉄道事業保護のため規制されていた長距離バス事業が2013年に解禁され、**長距離バスFernbus**を運行する会社が一気に増えた。ドイツの主要都市を結び、運賃は鉄道と比較にならないほど安い。車内には無線LANやトイレも完備し、シートなどの設備もよい。ただし、渋滞に巻き込まれると運行時刻が遅れることがよくあるのが難点といえる。日本からもオンラインで予約し、購入（クレジットカード）できる。バスの発着場所は、中央駅周辺や**ZOB（中央バスターミナル）**など、バス会社によってさまざまなので確認しておこう。

フリックスバスはドイツで最大手の格安長距離バス

バスターミナルを示す略号
ドイツ語でバスターミナルはZOB（＝Zentraler Omnibus Bahnhof 中央バスターミナルの略）、またはROB（＝Regionaler Omnibus Bahnhof 地域バスターミナルの略）と示されている。地図や時刻表を読む場合に知っておくと便利。

バス停は⑭が目印。❶は観光案内所を示す

おもな長距離バス会社
長距離路線バスの時刻表検索サイト🔗www.fernbusse.deで、発着地、乗車日を入力すると、各社の便の時刻や料金が表示される。
フリックスバス
Flixbus
🔗www.flixbus.de
ユーロラインズ
Eurolines
🔗www.eurolines.de

Information

ドイツ国内航空路線を利用するなら

　ドイツの国内線を運航しているのは、フラッグキャリアの**ルフトハンザドイツ航空Lufthansa**が筆頭だが、格安航空の**ユーロウィングスEurowings**も国内外に路線網がある。

　本書で紹介したドイツ南部のエリア内で、飛行機を利用したほうが鉄道よりも時間の節約になるのは、ケルン〜ミュンヘン間ぐらいだ。前記2社が運航しており、所要約1時間10分。この区間は鉄道（ICE）では約4時間30分かかるので、空港まで行く時間やチェックインにかかる時間を加えてもまだ早い。フランクフルト〜ミュンヘン間は、鉄道で所要約3時間10分。飛行機では約1時間10分なので、時間的なメリットはほとんどないだろう。

はみだし「○○（目的地名）に着いたら教えてください」はドイツ語で「ケネン　ズィー　ミア　ベシャイト　ゲーベン　ヴェン　ヴィア　○○　エアライヒェン Können Sie mir Bescheid geben, wenn wir ○○ erreichen.」

293

レンタカーの旅

道路地図
詳しい道路地図は、**ドイツ自動車協会ADAC**（日本のJAFに当たる）発行のドイツ道路地図が使いやすい。ガソリンスタンドや書店で売っている。

道路地図は最新のものを用意しよう

レンタカーで旅するメリット

走りやすいドイツの道路をドライブ！

自分の好きな時間に、自由気ままに移動できるのが、レンタカーの旅の最大のメリット。列車の時間を気にせずに、自分のペースで旅ができる。思いがけない寄り道をしてみたり、天気が悪かったら、コースを変更したりと、フレキシブルな旅程も組める。

特に、ロマンティック街道バスが走らない、冬のロマンティック街道や古城街道の旅に、レンタカーは威力を発揮してくれるだろう。また、郊外型のショッピングセンターやアウトレットなどは、車がないと行きづらい場所にある。

宿は、町の中心部に泊まるよりも、駐車場付きの郊外型のホテルのほうが安いので、宿代を節約できるのも、レンタカーの旅の大きなメリットだろう。

旅の全行程をレンタカーで走るのもいいが、街道を走り抜ける1～2日だけ、レンタカーを使ってみるのもいいだろう。

変化のあるおすすめドライブコース

ロマンティック街道のドライブなら、フランクフルト空港からレンタカーを借りて、アウトバーンA3を一気に100kmほど走ると北の起点のヴュルツブルクに着く。

ヴュルツブルクからは、ブドウ畑と森と草原が織りなす風景が目を楽しませてくれる。ローテンブルクかディンケルスビュールで1泊して、さらに南下。アウクスブルクを過ぎると、標高が徐々に上がり、すがすがしい高原の空気が満ちてくる。シュヴァンガウが近づくと前方に雪を頂いたドイツ・アルプスの山並みが見え、いよいよ街道のクライマックスのノイシュヴァンシュタイン城がその姿を現し、終点フュッセンに到着する。

緊急の場合
レンタカーを借りている場合は、レンタカー会社によって事故や故障の対応方法が異なるので、最寄りのレンタカー会社の緊急サービスへ連絡して指示を受ける。
警察・事故救助　☎110

田舎巡りにレンタカーはぴったり

古城を見ながらドライブ

プランニングと注意点

プランニングは無理な行程にならないように、遅くとも午後3時ぐらいにはホテルに着くようにしたい。高速道路を走る場合は時速100キロ、一般道は時速50キロで目的地までの距離を割ると、目的地までの所要時間を概算できる。例えばヴュルツブルクからローテンブルクまでの距離94kmを時速50キロで割ると1.88、つまり所要約2時間をみておけばいい。なお、ドイツでは速度規制はとても厳しく取り締まっているので、スピード違反は絶対にしないように。日本とは違う交通ルールなどをあらかじめチェックして、必ず最新の道路地図を書店やガソリンスタンドなどで購入してからスタートすること。

ミュンヘンのような大都市は、一方通行や乗り入れ規制、そのうえトラムも走っていたりして、慣れないと神経をすり減らしてしまう。車はホテルに置いて観光したほうがよい。レンタカーは田舎巡りにこそ威力を発揮する。

レンタカーの借り方

ミュンヘン空港のレンタカー会社のカウンター

ドイツでレンタカーを借りるのに必要なものは、身分証明書としての**パスポート**、**国外運転免許証**と**日本の免許証**、そして**クレジットカード**。国外運転免許証は、日本出発前に取得しておくこと。

ドイツのレンタカー会社は、**ハーツHertz**、**エイビスAvis**、**ヨーロッパカーEuropcar**、**ジクストSixt**などの大手のほかに、中小のレンタカー会社がたくさんある。しかし、サービス網や車種の幅の広さを考えれば、大手のレンタカー会社を利用したほうが安心だろう。ドイツではオートマ車が少ないので、オートマ車を希望するなら必ず予約したほうがよい。

ドライブの注意点

レンタカー会社の駐車場で借りる車を見つけたら、まず、内外装のキズをチェック。ガソリンメーターや走行メーターが契約書と同じかどうかも確認すること。ウインカー、ワイパーの位置、バックギアの入れ方やライトのスイッチ、給油口の位置と開け方も調べておこう。**シートベルト着用は前後座席とも義務づけられており、12歳以下の子供を助手席に座らせることは禁止**されている。

ドイツは**右側通行**。頭ではわかっていてもいざ運転してみる

国外運転免許証
国外運転免許証は住民登録がしてある都道府県の運転免許センターまたは警察署に問い合わせのこと。

ドイツで運転する場合の免許証（短期滞在の場合）
日本人旅行者がドイツで運転する際は、日本の運転免許証と国外免許証、あるいは日本の運転免許証とそのドイツ語翻訳証明（在ドイツ日本大使館、総領事館に申請する）、パスポートがあれば、6ヵ月間運転できる。

日本で予約できるおもなレンタカー会社
ハーツ
☎0800-999-1406
URL www.hertz.com
エイビス
☎0120-311911
URL www.avis-japan.com

レンタカーの年齢制限条件と運転免許保有歴
ハーツは25歳以上、免許取得から1年以上。追加料金、条件下で21歳以上でも一部可。車種によっては30歳以上、免許取得から3年以上。エイビスは21歳以上で、25歳未満はヤングドライバー料金が加算。免許取得後3年以上、ヤングドライバーは2年以上。ヨーロッパカーは21歳以上で、25歳未満はヤングドライバー料金加算と車種クラス制限あり。ジクストは18歳以上で、23歳未満は追加料金加算と車種クラス制限あり。

レンタカーでは車を借りることをチェックアウト、返すことをチェックインといい、ホテルとは逆の言い方をするので注意。

ドイツでは運転手付きのレンタカー、**ショフーアサービスChauffeurservice**というシステムのあるレンタカー会社もある。

駐車場

ドイツでは屋内駐車場や地下駐車場が多い。利用方法は施設によって異なるが、一般的には、まず入口でチケットを受け取り駐車する。駐車場に車を取りに帰ったときには、自動支払い機で支払いを済ませてから車に乗り、出口の機械にチケットを入れる方式などがある。

環境ゾーン規制

おもな大都市では、一定の環境基準を満たさない自動車の市街地への進入を規制する環境ゾーンUmweltzonen制度が設けられている。環境ゾーン内は、排気ガス基準に応じて赤、黄、緑いずれかのステッカーUmweltplaketteをフロントガラスに付けた車のみ走行でき、どの色のステッカーを付けた車がどの環境ゾーン内に入れるかを示した標識が立っている。該当しないゾーンを走行した場合、罰金の対象となる。該当する都市とゾーンの詳細は、次のサイトで調べられ、ステッカーも申し込める。なおドイツのレンタカーにはステッカーが貼付してある。
URL www.umwelt-plakette.de

サービスエリアのトイレの使い方

トイレの前にゲートが設置されており、料金箱に表示されている金額（€1程度）を入れるとチケットが出てくる。チケットを取ったらバーを押してトイレに入るシステム。このチケットは、サービスエリア併設のショップで買い物をするときに€0.50分のバウチャーとして使える。

給油ホースをしっかりセット。やり方がわからなかったら近くのドライバーに尋ねてみよう

と、慣れるまでかなり気を使う。交通標識はおおむね世界共通なのでわかりやすいが、あらかじめ確認しておきたい。

　市街地での速度制限は標識がなくても時速50キロ、都市部の住宅街では時速30キロ制限の所もある。市街地を出た一般道は時速100キロになっている。アウトバーンや幹線道路から町の中心部へ入る場合は、ドイツ語でいずれも（町の）中心部を示す**Zentrum（Centrum）ツェントルム**、**Stadtmitteシュタットミッテ**、**Mitteミッテ**といった標識に従って進む。

アウトバーンの走り方

　ヨーロッパで最も整備された高速道路網を誇るドイツ。アウトバーンは、インターチェンジや出口付近の制限表示がある場合以外は制限速度はあまりないが、安全のため**時速130キロの推奨速度**が設定されている。

　速度制限のない区間ではほかの車につられて、気がつくと日本では経験したことのない速度で走ってしまいがち。自分の運転技術と車の性能を考えて運転すること。アウトバーンのサービスエリアの各施設は24時間営業。トイレはバウチャー方式のところが多い。

アウトバーンのサービスエリアには、セルフサービスのレストランや売店が充実している

ガソリンスタンド

　ガソリンスタンドTankstelleの給油機は、レギュラーガソリンSuper、レギュラーガソリン（バイオエタノール10%）Super E10、ハイオクガソリンSuper Plus（Premiumと表示するところもある）、ディーゼルDieselといった種類がある（石油会社によって、名称は一部異なる。ほかにバイオ燃料混合ガソリンもある）。車種によって入れる燃料が異なるので、必ず借りる際に、どの燃料を使用するのか確認しておくこと（ガソリンの入れ間違いに保険は適用されない）。ガソリンスタンドはセルフサービスが一般的。自分の車に合ったガソリンの給油ホースを取り、給油口に入れる。給油ホースの先に付いているフックをかけてそのままにしておけば、満タンになると自然に止まる。給油後は、スタンドショップへ行き、自分が使ったスタンドの番号をレジで告げて支払いを済ませる。スタンドのショップでは、食べ物、飲み物、地図などを売っている。このときトイレも済ませておくといい。

旅の技術

ドイツの宿泊施設

ドイツの宿の種類

ドイツにはホテル以外にもいろいろな種類の宿の形態があるので知っておこう。

高級ホテルの客室

●ホテルHotel

ドイツのホテルの料金には、一般的に朝食代も含まれている（最近は、朝食を別料金とするホテルも増えている）。コーヒーや紅茶などの飲み物と各種のパン以外に、スライスしたハムやチーズなどが付く。

ほとんどのホテルではバイキング式で、自分で好きなものを好きなだけ食べることができる。

料金は、同じ内容でも田舎のほうが大都市よりもぐっと安い。

小さな町ほど割安なホテルが多い

●古城ホテルSchlosshotel

ドイツは城の多い国。中世からの歴史ある城のいくつかは、古城ホテルとして旅行者を迎え入れてくれる。外観は中世そのままの姿だが、部屋の内部は近代的に改装されているので、快適に過ごすことができる。森の中や山の上にあるため交通の便が悪いが、このほうがかえって世間を忘れて夢の世界に浸れるというもの。ドイツ人にも人気があるので、早めに予約しておいたほうがよい。

●ホテル・ガルニHotel garni

レストランがないホテルのことだが、朝食用の食堂はある。フロントに聞けば、近所のおいしいレストランを紹介してくれるだろう。

ドイツらしさを味わえるガストホーフ

●ガストホーフGasthof

1階はレストラン、2階以上が客室となっている小規模な宿。家族経営が多く、レストランがホテルのレセプションを兼ねているような気さくな雰囲気。室内にシャワー、トイレがない部屋もかなりあり、その場合はフロアにある共同のシャワー、

貴重品の管理
ホテルの室内に現金やパスポートなどの貴重品を置いたままで外出しないこと。貴重品は部屋のクローゼットの中などに設置されているセーフティボックスを利用しよう。セーフティボックスがない場合は、貴重品袋に入れて身につけて持ち歩くか、鍵がかかるスーツケースなどの奥にしまっておくなど、自分で管理が必要。

ホテルの冷暖房
ドイツのホテルは、暖房は完備しているが、冷房はないホテルが多いので注意。4つ星クラスでも、古い建物を利用したヨーロッパタイプのホテルでは冷房がないこともある。最近は、地球温暖化の影響か、6月下旬ぐらいからかなり暑い日が続くこともあるので、暑さに弱い人はクーラーがある部屋かどうかを確認すること。

部屋の暖房が弱いと感じたら、ヒーターのダイヤルを調節してみよう（夏期や深夜は切れる）

ホテルでのチップについて
ポーターに部屋まで荷物を運んでもらったり、ルームサービスを頼んだりした場合は€1～2程度のチップを渡す。

カード式ルームキーの注意
カード式のルームキーを使用しているホテルでは、エレベーターを利用する際、このカードを通さないと宿泊階のボタンが押せない場合がある。部屋に入ったあとは、ドア付近にあるカードキーボックスにカードキーを差し込まないと、部屋の電気が使用できない場合も。また、オートロックなので部屋から出る前には、キーを持ったかどうか必ず確認をすること。

連泊の際、使用済みのタオルは、バスタブの中か、バスルームの床に置いておく。タオル掛けに戻しておくと、「まだ使うので交換しなくていいです」というサインなので、いつまでたっても新しいタオルに交換してもらえない。

297

トイレを使用する。安く泊まれてドイツの庶民感覚を知るには絶好の宿。

●ペンションPension

部屋数の少ない小規模な宿で、料金も安め。リゾート地にあるペンションは朝・夕食を提供してくれるところもある。都市部では、ビルの中の1フロアをペンションとしているところが一般的なスタイルだ。

●プリバートツィマーPrivatzimmer

日本の民宿に近い感覚。普通の家庭が、空いている部屋を旅行者に貸している。リゾートや田舎に比較的多い。その家の家族が対応してくれる。できれば片言でもドイツ語ができたほうがよい。

●ユースホステルJugendherberge

ユースホステル発祥の地はドイツ。それだけに設備の充実度はヨーロッパでもトップクラス。ユースホステルはドイツ語で**ユーゲントヘアベルゲJugendherberge**といい、シングルやツインの個室も備えたランクの高いユースは**ユーゲントゲステハウスJugendgäste-haus**ともいう。

バンベルクのユース

一般のユースホステルはほとんどが6〜8人部屋で、共同のシャワールームを使用する。古城や歴史的な建物を利用した

ドイツのユースの部屋は清潔

ものもあれば、近代的なユースもある。夏の混み合う期間は満員になるので、インターネットなどで予約しておいたほうがよい。

ユースホステルの魅力は、世界各国の旅人たちとの出会いにもある。旅の情報の交換をしたり、一緒にスポーツを楽しんだり、積極的に声をかけてみよう。

ユースホステルを利用するには、ユースホステル協会で会員になっておく必要がある。

フランクフルトやミュンヘンなどの都市部に最近増えているのが**プライベートホステル**で、会員にならなくても利用できる。バックパッカーをはじめとする宿代をできるだけ節約したい旅行者や、季節派遣労働者なども利用している。基本的に眠るだけの場所と考えて、部屋の設備やサービスはホテルとはまったく異なることを理解しておきたい。

日本で予約する

すでに旅行日程と泊まりたいホテルが決まっていたら、日本で予約を入れておきたい。自分で申し込むのは言葉の面で心配という人は、旅行会社に予約を依頼したり、有名ホテルチェーンの予約事務所に電話をして予約をしてもらうといい。

自分で直接予約する場合、最近はほとんどのホテルがウェブサイトをもっているので、その中の予約ページから直接予約申し込みをする方法もある。この場合、予約を申し込む際にクレジットカード番号の入力を求められたり、前もって料金が引き落とされたりするシステムのホテルもある。また、チェーンホテルなどでは、早期にインターネット予約をすると割引料金になることもある（ただし予約の変更、取り消しは不可）。

インターネットのホテルブッキングサイト、アプリもとても便利だ。ドイツ各地の小さな町までカバーしており、値段や立地など希望に応じたホテルをクレジットカードですぐに予約できる。

予約する際、同じホテル内の同条件の部屋でも、かなり安い料金とそれよりも高い料金の複数料金が表示されている場合がある。これは、安い料金のほうは予約時にクレジットカードから即時に宿泊料金が引き落とされて予約の変更や取り消しは一切できないという条件付き。それより高いほうの料金は宿泊前日ぐらいまで予約の変更やキャンセルが可能で、支払いは現地で宿泊後（またはホテルのチェックイン時）にすればよいというもの。安い料金を選ぶ場合は、キャンセルポリシー（キャンセル料金にかかわる条件）をよく読んだうえで利用しよう。

現地でホテルを探す

観光地には駅の近くや町の中心部などに**観光案内所❶**（ツーリストインフォメーション）がある。ホテルの予約をしていないときは、到着したらまず❶へ行って、ホテルの予約を頼んでしまうのが一番早い。予算やロケーションなどの希望をはっきりと言って探してもらおう。その際€3～5程度の**紹介手数料**が必要な場合もある。❶で紹介してもらったホテルに決めたら、その場でいくらかの前金（デポジット）を払う場合もあるが、それらは宿泊料金に合算される。

なお、注意したいのは、ミュンヘンなどの大都市では、**メッセ（見本市）**などの催しや祭り（オクトーバーフェストなど）の時期には町中のホテルが満室状態になることがあるということ（しかも高額になる）。また、小さな町ではホテルの軒数が少ないので、団体などに占領されると部屋が見つからないということもある。そんなときには、諦めて近隣の町で探したほうがいい。そのためにも、宿泊予定地には早めの時間に到着するようなスケジュールを立てるか、日本で予約をしておいたほうがいい。

日本語でドイツのホテル予約が可能なブッキングサイト
Booking.com
URL www.booking.com
HRS
URL www.hrs.com
エクスペディア
URL www.expedia.co.jp
ホステルワールド
URL www.japanese.hostelworld.com

覚えておくと役立つホテルリストの略語と単語
EZ＝Einzelzimmer
シングルルーム
DZ＝Doppelzimmer
ダブルルーム
FW＝mit Fließendem Wasser
洗面設備のみあり。トイレ・シャワーはない部屋
Frühstück＝朝食

宿泊金に加算される税金
保養税Kurtaxや宿泊税City Taxといった名目で、€2～5程度の税金を、宿泊料金に加算して徴収する町がある。提示されている宿泊料金が、税込みか税抜きか表示かは、宿泊施設ごとに異なる。

エレベーターのボタンを押すときの注意
ドイツではホテルなどビルの1階はErdgeschoss（地上階）といい、エレベーターのボタンは①ではなくて🄴（または⓪）を押すので注意しよう。

エレベーターの有無も要チェック
中級クラスのホテルでは、エレベーターがない場合もある。スタッフが手伝ってくれることもあるが、小さなホテルで人手が足りないときは頼めないこともある。自分のスーツケースを持って階段を上り下りする自信がない人は、エレベーターの有無を要確認。

はみだし　ホテルでは禁煙の客室を設けているところが多く、全館完全禁煙の場合もある。喫煙したい人、禁煙ルームを希望する人は予約の際に確認を。

ショッピング・免税手続き

商店の営業時間
大都市のブティックなどは月〜金曜の平日10：00〜19：00、土曜10：00〜18：00が多いが、店によってさまざま。デパートは月〜土曜9：30〜20：00が目安。日曜、祝日は休業。

包装とショッピングバッグ
環境保護先進国ドイツの一端を見せてくれるのが、買い物の際の簡易包装だ。スーパーなどでは、品物自体、リサイクル素材による簡易パッケージで棚に並んでいる。レジ袋が欲しい場合はレジで買うことになる。多くのドイツ人は布製のショッピングバッグを持参している。

困ったらガソリンスタンドへ
ドイツにコンビニはなく、休日には必要なものが買えなくて困ることがある。大都市ならば、中央駅構内の店は営業しているが、中都市以下ではそれも無理。そんなときは、ガソリンスタンドTankstelleへ行ってみよう。食料品や簡単な日用品、地図などを売っている。ほぼ無休で夜遅くまで開いている。

コピー商品の購入は厳禁！
旅行先では、有名ブランドのロゴやデザイン、キャラクターなどを模倣した偽ブランド品や、ゲーム、音楽ソフトを違法に複製した「コピー商品」を、絶対に購入しないように。これらの品物を持って帰国すると、空港の税関で没収されるだけでなく、場合によっては損害賠償請求を受けることも。「知らなかった」では済まされないのだ。

ショッピングのマナー

ドイツの店のショーウインドーには、その店の自慢の商品が、趣向を凝らして飾られている。専門店の場合、ショーウインドーで気に入った物を見つけた段階で、店の中に入ったほうがいいだろう。

店の入口には、使用できるクレジットカードや免税取り扱い店であることを示すステッカーが張ってあることが多い

ドイツで気持ちよく買い物がしたかったら、「あいさつ」と「自分の希望をはっきり伝えること」が一番大切だ。

ブティックや専門店の中に入るときは、必ず「Guten Tag（グーテン　ターク）（南ドイツではGrüß Gott（グリュス　ゴット））」とあいさつしよう。店員が応対に来たら、自分の希望を言う。ショーウインドーの品物を指さして、「これを見せてくださいZeigen Sie mir das, bitte.（ツァイゲン　ズィー　ミア　ダス　ビッテ）」などと言えばよい。ほかの品物を見たい場合も、勝手に棚の品物に触ったりしないで、希望を伝えて、店員に出してもらうこと。もちろん、気に入らなかったら、断ればよい。ただし、応対してもらったのだから「（見せてもらって）ありがとう、さようならDanke schön, Auf Wiedersehen.（ダンケ　シェーン　アウフ　ヴィーダーゼーエン）」ぐらいは、必ず言おう。

自分で店内をざっと見てみたいなら「ちょっと店内を見たいのです（見ているだけです）Ich möchte mich nur umsehen.（イッヒ　メヒテ　ミッヒ　ヌア　ウムゼーエン）」とか、英語で「Just looking.（ジャストルッキング）」と言えばよい。

ドイツ出国時の免税手続きについて

ドイツの商品価格には付加価値税Mehrwertsteur（Mwst.と略記。Umsatzsteuer=USt.と表記することもある）がかけられている。基本税率は19％（食品、書籍、地図などは7％）。EU加盟国以外に居住する旅行者には、以下の条件を満たす場合にかぎり、所定の手続きをすることによって、付加価値税は還付される。ただし、この手続きには免税手続き代行会社（→P.301）が間に入って手数料を取るため、実際には10％程度（食品、書籍などは2〜3％）程度の還付額となる。なお、

Information

ペットボトルの空き容器代

ドイツではリサイクル法により、ボトル飲料にはリサイクル容器代として€0.25加算して販売されている。空になったボトルは、スーパーマーケットでは店内に設置されている自動回収機Pfandflaschenautomatに入れると、本数分の金額が印字されたレシートがプリントされて出てくるので、これをレジで精算する（そのとき買い物した合計額から差し引かれる）。回収機がないパン屋やドラッグストアなどでは、レジに直接ボトルを返却する。

ボトルの自動回収機

コンビニがないドイツだが、深夜や日曜も営業の小型スーパーが大型駅構内などにわずかだが展開している。スマホに専用アプリで必要事項を登録しておくと入店でき、セルフレジで支払う。ドイツ語がわからないと利用は難しいかも。

すべての商店が免税手続きを行っているわけではなく、デパートや有名ブランド、みやげ物店などがメイン。店の入口に、免税手続き代行会社の加盟店であることを示すステッカーが貼ってあるので確認しよう。

①免税の取り扱いをする店で、一度に買った商品の合計が€50.01以上であること。

②手続きに必要な免税書類とレシート（クレジットカード明細は不可）が揃っていること。免税書類は、店員に「タックス・フリー・ショッピング・チェック・プリーズ」と言えば作成してくれる。この際、必ずパスポートを提示する必要がある。店では税込みの金額を支払い、出国時あるいは帰国時に払い戻しを受ける。

③その商品を未使用の状態でEU加盟国以外へ持ち出すこと。

●空港での手続き（フランクフルト空港の場合）

フランクフルト国際空港は、混雑状況によってチェックイン、出入国検査などにかなりの時間がかかることが多い。免税手続きのある人は、できるだけ早めに空港へ向かおう。

(1) 免税対象商品を機内持ち込み手荷物とする場合

①航空会社のカウンターでチェックイン手続き後、機内持ち込み手荷物としてそのまま持ち、出国審査の先（ターミナル1）にある税関Export Certification（ワシのマークが目印）で対象商品、パスポート、搭乗券を提示して店で作成してくれた免税書類にスタンプをもらう。

②免税手続き代行会社の**税金払い戻し窓口Tax Refund office**に書類を提出すると、手数料を差し引いた税額分が現金で払い戻される。クレジットカードに払い戻してもらう方法もある(右記参照)。

出国審査の先にある、グローバルブルー社の税金払い戻し窓口。左奥に税関がある

(2) 免税対象商品を機内預けの荷物に入れる場合

①航空会社のチェックインカウンターで搭乗手続きを行うとき、免税対象商品が入っているスーツケースなどは、この時点では機内預けの荷物にせずに、航空会社職員に税金払い戻し手続きをする旨伝え、バゲージ・クレーム・タグだけ付けてもらうこと。

②次に税関（ターミナル1の場合はBエリアにある税関窓口）で免税書類にスタンプをもらい、この税関の場所で免税対象商品が入ったスーツケースなどを預ける。

③上記(1)-②と同様。

注意!
ドイツ以外のEU加盟国を経由して日本に帰国する場合は、原則として最後にEU加盟国を出国する空港で免税手続きを行う。

免税手続き代行会社
免税手続きを行う店には、下のようなステッカーが入口やレジ付近に貼ってある。加盟している免税手続き代行会社によりステッカーは異なる。

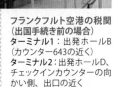
フランクフルト空港第1ターミナルの税関カウンター

フランクフルト空港の税関（出国手続き前の場合）
ターミナル1：出発ホールB（カウンター643の近く）
ターミナル2：出発ホールD、チェックインカウンターの向かい側、出口の近く

還付金の受け取り方法
還付金は現金、あるいはクレジットカードに払い戻しのどちらかを選択できるが、現金受け取りの場合は手数料（払い戻し額に応じて€3〜25）が差し引かれるので、クレジットカードへの払い戻しを選ぶ人が多い。クレジットカードへの払い戻しを選んだ場合は、スタンプをもらった必要書類を代行会社の封筒に入れて免税手続きカウンターの近くにある専用ポストに投函すると、1〜2ヵ月後に払い戻される。現金を選んだ場合は書類を持って税金払い戻し窓口へ。

フランクフルト空港のBフロアは2023年から改装工事のため、設備が移転する可能性がある。最新情報はフランクフルト空港のサイト www.frankfurt-airport.com内のAirport Mapページへ。

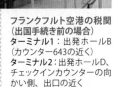

通信・郵便事情

日本にいる家族や友達と連絡を取りたいとき、電話だけでなくメールやSNSなどさまざまな通信手段がある。旅のスタイルや予算などに合わせて使い分けるといい。

電話

ドイツ旅行中に電話をかける場合、携帯電話、公衆電話、あるいはホテルの電話を使うことになる。

日本で使用している携帯電話で現地から通話するには、現在加入している通信キャリア各社が提供している「海外パケット定額」（→P.304）を利用するか、Wi-Fi環境下から「LINE」などのアプリを利用する方法がある。

ドイツでは公衆電話の設置台数は激減しており、見つけるのが難しいほどになっているが、指定の硬貨またはテレホンカード、クレジットカードを使ってかけられるものがある。

ホテルの自室に設置してある電話を使う場合は、指定の外線番号（0の場合が多い）を最初に押すと外線につながる。ただし手数料が加算され、通話料金はかなり高くなる。

●ドイツから日本へ電話のかけ方

直接相手につながるダイヤル直通通話をする場合は、まず国際電話識別番号「00」をダイヤル後、日本の国番号「81」そして「市外局番／携帯電話の最初の0を除いた相手の電話番号」をダイヤルする。

国際電話識別番号 00	+	日本の国番号 81	+	市外局番／携帯電話の最初の0を取り除いた相手の番号

例：日本の(03)1234-5678 にかける場合

00-81-3-1234-5678

●日本からドイツへの電話のかけ方

<事業者識別番号>
NTTコミュニケーションズ：0033
ソフトバンク：0061
<携帯電話の場合は不要>

	国際電話識別番号 010 ※	+	ドイツの国番号 49	+	相手の電話番号（電話番号、携帯番号の最初の0は除く）

※携帯電話の場合は「0」を長押しして「＋」を表示させると、国番号からかけられる。
※ NTTドコモ（携帯電話）は事前に WORLD CALL の登録が必要。

例：ドイツの(089)1234567 にかける場合

（事業者識別番号＋）**010-49-89-1234567**

国内電話のかけ方（ドイツ国内）
ドイツで固定電話から市内へかける場合、市外局番は不要。市外へかける場合は市外局番からダイヤルする。

日本語オペレーターに申し込むコレクトコール
KDDI ジャパンダイレクト
ドイツからオペレーターに相手の日本の番号を伝えて料金先方払い（コレクトコール）でつないでもらう。
URL www.kddi.com/phone/international/with-operator/

携帯電話を紛失した際の、ドイツからの連絡先（利用停止の手続き。全社24時間対応）
au
（国際電話識別番号00）
+81+3+6670-6944 ※1
NTTドコモ
（国際電話識別番号00）
+81+3+6832-6600 ※2
ソフトバンク
（国際電話識別番号00）
+81+92-687-0025 ※3
※1 auの携帯から無料、一般電話からは有料。
※2 NTTドコモの携帯から無料、一般電話からは有料。
※3 ソフトバンクの携帯からは無料、一般電話からは有料。

日本での国際電話の問い合わせ先
NTTコミュニケーションズ
☎0120-003300（無料）
URL www.ntt.com
ソフトバンク
☎0088-24-0018（無料）
URL www.softbank.jp
au（携帯）
☎0057
☎157（auの携帯から無料）
URL www.au.com
NTTドコモ（携帯）
☎0120-800-000
☎151（NTTドコモの携帯から無料）
URL www.docomo.ne.jp
ソフトバンク（携帯）
☎0800-919-0157
☎157（ソフトバンクの携帯から無料）
URL www.softbank.jp

インターネットのつなぎ方

ドイツのインターネット接続は無線LAN（ドイツ語でW-LAN または Wi-Fiともいう）が主流。Wi-Fi、無線LAN対応のパソコン、スマートフォンなどを持参すれば、日本にいるときのように、インターネットにつないでメール、SNSなどを利用できる。

接続するには、次に紹介するようないくつかの方法がある。

●ホテルのWi-Fiを利用する

最近は無料で利用できるホテルが多いが、一部のチェーン系の高級ホテルでは有料の場合もある。接続するには、ホテルのレセプションで教えてくれるパスワード等を入力する。最近はパスワードなしでも、利用条件を「OK」し、「Connect」をクリックすれば自動的につながるホテルも増えている。ただ、ホテルの無料Wi-Fiは通信速度が遅く、なかなか画面が表示されないなど使いにくい場合が多い。また、セキュリティ面で不安があるともいわれているので注意したい。

Wi-Fi有料のホテルの場合は、そのホテルが契約しているプロバイダーに自動接続されるので、速度や利用時間を選び、料金はクレジットカードから引き落としとなる。

無料Wi-Fiのパスワードを教えてもらう
ホテルのレセプションやカフェなどのスタッフにパスワードを聞くなら英語では「What's the password for the Free Wi-Fi?」でOK。

INFORMATION
ドイツでスマホ、ネットを使うには

スマホ利用やインターネットアクセスをするための方法はいろいろあるが、一番手軽なのはホテルなどのネットサービス（有料または無料）、Wi-Fiスポット（インターネットアクセスポイント。無料）を活用することだろう。主要ホテルや町なかにWi-Fiスポットがあるので、宿泊地での利用可否やどこにWi-Fiスポットがあるかなどの情報を事前にネットなどで調べておくとよい。ただしWi-Fiスポットでは、通信速度が不安定だったり、繋がらない場合があったり、利用できる場所が限定されたりするというデメリットもある。そのほか契約している携帯電話会社の「パケット定額」を利用したり、現地キャリアに対応したSIMカードを使用したりと選択肢は豊富だが、ストレスなく安心してスマホやネットを使うなら、以下の方法も検討したい。

☆ 海外用モバイルWi-Fiルーターをレンタル

ドイツで利用できる「Wi-Fiルーター」をレンタルする方法がある。定額料金で利用できるもので、「グローバルWiFi」（【URL】https://townwifi.com/）」など各社が提供している。Wi-Fiルーターとは、現地でもスマホやタブレット、PCなどでネットを利用するための機器のことをいい、事前に予約しておいて、空港などで受け取る。利用料金が安く、ルーター1台で複数の機器と接続できる（同行者とシェアできる）ほか、いつでもどこでも、移動しながらでも快適にネットを利用できるとして、利用者が増えている。

▼グローバルWiFi

海外旅行先のスマホ接続、ネット利用の詳しい情報は「地球の歩き方」ホームページで確認してほしい。
【URL】http://www.arukikata.co.jp/net/

●公共スペースやカフェのフリーWi-Fiを活用する

空港や大型駅構内、特急（ICE）など一部の列車では無料でWi-Fiが使える。特に移動中の列車内で利用できるフリーWi-Fiは便利だ。またフリーWi-Fiのカフェもある。パスワードはレシートに印字してあったり、スタッフに訪ねたりする。

●海外用モバイルWi-Fiルーターをレンタルする

インターネットをいつどこででも利用したいという人に便利。海外用の小型ルーターを借りていけば、どこにいてもインターネットにつながる。ルーター1台で複数の機器に接続できるので（機種による）、グループ旅行で数人が使用すると安く済む。ルーターは各社のウェブサイトから予約し、出発する空港で受け取り（または宅配）、帰国日に空港で返却する。

●各携帯電話会社の海外パケット定額を利用する

ルーターを持ち歩く必要はなく、スマホだけで使用できる。比較的低額で、日本で加入しているキャリアのデータ定額プランの容量を海外でも使用できる「世界データ定額（au）」「パケットパック海外オプション（NTTドコモ）」というサービスもある。渡航前に自身の契約内容が海外で使用可能かどうか、確認しておこう。

●SIMカード

SIMフリーのスマホが必要。現地のキャリアに対応したプリペイド方式のSIMカードに差し替えることによって、通信を利用できる。通信料が現地の国内通話扱いになるので割安になり、プリペイド方式なので使い過ぎによる高額請求の心配も不要。海外に長期滞在する場合や渡航頻度の高いビジネスマンなどに向いている。

郵　便

ドイツから日本へ手紙やはがきを出すには、宛名は日本語でもよいが、**国名JAPANと航空便LUFTPOST**（または**PRIO-RITY**）だけは必ず欧文で、目立つように書くのを忘れずに。そして郵便局で**切手Briefmarke**を購入して貼り、黄色いポストに投函する。通常は5〜8日ぐらい（日曜、祝日は除く）で届く。

ドイツの郵便は民営化され、駅のキオスクやショッピングセンターの一角で営業しているところもある。郵便業務に加えて文具などを販売しているところも多い。小包用やワイン用のボックスも販売しているので、増えた荷物やおみやげを日本に送ってしまうのもいい。小包部門は子会社のDHLと提携して取り扱っている（発送は郵便局でできる。日本では日本郵便が配達）。

**おもな海外用モバイルWi-Fi
ルーターレンタル会社**
グローバルWiFi
🔗townwifi.com
イモトのWiFi
🔗www.imotonowifi.jp
WiFiBOX
🔗wifibox.telecomsquare.co.jp

成田空港にある Wi-Fi レンタルのカウンター

SIMカードの購入
現地で購入できるが、amazonなどのECサイトでも購入できる。初めての人は、あらかじめカードの差し換え方、使い方などをよく確認しておきたい。

日本への郵便料金
🔗www.deutschepost.com
はがき　　　　　　€0.95
封書　　50gまで　€1.70
ペックヒェン（上限2kg）
　　　　　　　　　€19.49
小包　　5kgまで　€47.99
　　　10kgまで　€63.99
小包Paketは航空便で8〜10日程度、プレミアムPremium扱いにすると6日程度で到着する。ペックヒェン（小型包装物）Päckchenは8〜12日が到着までの目安。

旅のトラブルと安全対策

旅の技術

ドイツの治安

　ドイツは、ヨーロッパ諸国のなかでも比較的治安がよい国だ。それでも、最近はフランクフルトやミュンヘンの中央駅周辺や地下道、混み合う歩行者天国などでスリの被害が多発しているので気をつけよう。

　また、雰囲気の悪い人たちがたむろしているような場所は避け、暗くなってからのひとり歩きは避けるなど、自己防衛を怠らないようにしたい。

ドイツのパトカー（ミュンヘン）

盗難・紛失時の対処方法

●パスポートをなくしたら

①警察／役所に届ける

　最寄りの警察署に行き（場所はホテルなどで教えてもらう）、**盗難届出証明書Diebstahlanzeigebestätigung**を発行してもらう。紛失の場合は、**紛失物サービスFundservicestelle**へ行き、紛失届出証明書を発行してもらう場合もある。

②大使館で新規発給手続き

　日本大使館または総領事館へ行き、パスポートの失効手続きと、新規発給の手続きをする。交付されるのは申請の翌日から数えて4開館日以降。至急日本に帰国する必要がある人は、パスポートの代わりに**帰国のための渡航書**（日本に直行帰国するためだけに利用できる。交付は帰国日の前日）を発給してもらうこともできる。

必要書類および費用
■紛失届出
・紛失一般旅券等届出書（ダウンロード申請書または、大使館・総領事館に備え付けのもの）　1枚
・警察署の発行した紛失・盗難届出を立証する書類　1枚
・写真　1枚　※3
■発給手続き（上記の紛失届出後）
　新規旅券:一般旅券発給申請書、手数料（10年用旅券€157、5年用旅券€121）※1 ※2
・6ヵ月以内に発行された戸籍謄本　1通
・写真　1枚　※3
　帰国のための渡航書:渡航書発給申請書、手数料（€18）※2
・写真　1枚　※3
・6ヵ月以内に発行された戸籍謄本（原本）　1通
・旅行日程が確認できる書類（航空券e-Ticketの控え）

旅券の顔写真があるページと航空券の控えや日程表のコピーがあると手続きが早い。コピーは原本とは別の場所に保管しておこう。

緊急時の連絡先
●警察　☎110
●消防・救急　☎112

渡航先で最新の安全情報を確認できる「たびレジ」に登録しよう
外務省の提供する「たびレジ」に登録すれば、渡航先の安全情報メールや緊急連絡を無料で受け取ることができる。出発前にぜひ登録しよう。
URL www.ezairyu.mofa.go.jp/index.html

日本大使館
Japanische Botschaft
ヤパーニッシェ・ボートシャフト
●ベルリン
☎(030) 210940
URL www.de.emb-japan.go.jp
住Hiroshimastr. 6
　D-10785　Berlin

日本総領事館
Japanisches
Generalkonsulat
ヤパーニッシェス・ゲネラールコンズラート
●フランクフルト
☎(069) 2385730
住Friedrich-Ebert-Anlage 49
　Messe Turm 34.0G
　D-60327　Frankfurt
○Map P.54-B1外
●ミュンヘン
☎(089) 4176040
住Friedenstr. 6
　（4.Stockドイツ式4階）
　D-81671　München
○Map P.171-B4

※1：改正旅券法の施行により、紛失した旅券の「再発給」制度は廃止
※2：支払いは現地通貨の現金で
※3：縦45mm×横35mm、撮影から6ヵ月以内。IC旅券作成機が設置されていない在外公館での申請では、写真が3枚必要

「旅券申請手続きに必要な書類」の詳細や「IC旅券作成機が設置されていない在外公館」は、外務省のウェブサイトで確認を。
URL www.mofa.go.jp/mofaj/toko/passport/pass_5.html

万一に備えてメモしておくこと
・パスポート番号、発行日、発行場所（コピーを貼っておくのもいい）
・クレジットカードの番号と有効期限、緊急連絡先の電話番号、旅行会社の現地連絡事務所
・海外旅行保険の現地緊急連絡先と日本の緊急連絡先

●クレジットカードをなくしたら

①カード会社に連絡、警察に届ける

速やかにカード会社に電話で連絡を取り、悪用されないためにカード無効の手続きをする。盗難の場合は、パスポートと同様の証明書を警察署で発行してもらう。

②再発行

カード会社のサービスデスクなどで、パスポート、盗難/紛失届出証明書を提示し、再発行してもらう。これらの手続きは、カード会社によって異なるので、万一の場合の連絡先や手続き方法をチェックしておくこと。カード番号を控えておくことも忘れずに。

●携行品をなくしたら

①警察に届ける

警察署で盗難届出証明書を発行してもらう。携行品補償が付帯されている海外旅行保険に入っていれば、所定の手続き後、補償が受けられる。ただし紛失や置き忘れは補償対象外。

②保険会社に連絡

帰国後、ただちに保険会社に連絡。加入している保険会社に提出する必要書類を用意して、手続きを行う。

被害にあったら最寄りの警察署へ行き届け出を

Information

最近の被害例を知っておこう

1. ニセ警官による現金の窃盗

私服警官を名乗る数人組の男たちによる詐欺事件。地図を手にした外国人旅行者風の人物（犯人グループの仲間）が道を尋ねてきたり、カメラのシャッターを押してくれなど、さまざまな口実で話しかけてくる。それに応じていると、別の男たちがやってきて「自分たちは私服警官だ。今、麻薬のやりとりをしていただろう」などと言ってパスポートや財布を見せるように要求され、これに応じたところ、所持金を抜き取られたり、持ち去られたりするもの。

警察官は本人写真付きの証明書を所持しており、身分をはっきりと証明する義務があるので、まずは証明書を確認しよう。そして、警察官が所持金を調べることはまずないので、財布を渡したりしないこと。

2. 列車乗車時のふたり組スリ

列車の乗車口で、重いスーツケースを車内に持ち上げようとしていると、「手伝いましょう」と言って親切そうに手を貸してくれる人が、実はスリ。たいていふたり組で、スーツケースに気を取られているうちに、もうひとりが背後にぴったりと接近していて、バッグやリュックから財布を盗まれる。

乗車するときは要注意

Information

パスポート携行の義務

旅行者は警官から求められたら、パスポートを提示する義務がある。市内観光の際、パスポートはホテルのセーフティボックスに預けて、コピーを持ち歩いているときにチェックを受けたら、警官がコピーで納得するならよいが、ダメなら保管場所まで取りにいって対応する。移動や日帰り旅行をするときはパスポートを携行しなくてはならない。提示できないと罰金を科される場合があるが、その場で徴収されることはない。強く求められたらニセ警官の可能性もあるので、できるだけ人目のある所で、警官の身分証明書の提示を求めて確認し、領収書を受け取ることが望ましい。

はみだし　たとえわずかな時間でも、空港や駅構内などにスーツケースなどの荷物を放置しないこと。盗難の危険があるというだけではなく、テロ目的の不審物とみなされる可能性があるからだ。その場合、空港や駅が閉鎖の〟

病気、けがに備える

　時差や気候の違いなどの環境の変化に加えて、ハードなスケジュールで動き回っている間に、突然体調の変化が現れることもある。疲労を感じたら、無理をせずにゆっくり休養を取ることが大切。頭痛薬や胃腸薬程度のものは**薬局Apotheke**でも購入できるが、常備薬を持っていくほうが安心。

　なお、持病で服薬をしている人は、ストライキで飛行機が飛ばない（ドイツではよくある）などの事態に備えて多めに持参すること。また、念のため英語の薬品名をウェブなどで調べておいたほうがよい。

大きな駅構内や町なかにある薬局

頭痛や腹痛程度の薬は薬局で買えるので相談を

●病院に行く

①病院を紹介してもらう

　持参した薬を飲んでも回復しなかったり、思わぬ大きなけがをしてしまったりしたら、海外旅行保険に入っている人は自分が加入している海外旅行保険会社の緊急連絡先へ電話をして、最寄りの保険会社の提携病院を紹介してもらう。提携病院で治療を受ければ、スムーズに対処をしてもらえるだろう。そのためにも、海外旅行保険への加入（→P.277）は必須といえる。

②診察・支払い

　医師は英語が話せるのが普通。診察、治療にかかった費用は、キャッシュレス診療が可能な提携病院以外は、いったん全額自己負担で支払うことになるが、診断書や領収書などの必要書類をもらっておけば、帰国後に治療費を保険会社に請求できる。

緊急の場合

　急病や事故で動けない場合は、救急車を呼んでもらう。救急車はドイツの健康保険に加入している人以外は有料でかなり高額だが、海外旅行保険に入っている人はもちろんカバーされる。

　また、緊急時に海外旅行保険会社の指定病院以外で治療を受けた場合は、領収書や診断書などの必要書類を揃えておかないと、帰国後保険金がおりないこともあるので注意。万一の場合に備えて、保険会社の緊急連絡先電話番号と保険証書は常に携帯しよう。

持病がある人は
ドイツの薬局アポテーケApothekeでは、風邪薬や頭痛薬など以外の医薬品は医師の処方箋がないと購入できない。持病がある人は、日本でかかりつけの医師に英文の診断書や常備薬の名前を作成してもらって持参すると、万一体調が悪化して病院にかかるときなどにも安心。

ドイツの薬局は赤いＡのマークが目印

日本人医師、日本語の通じる医師がいる病院を探す
URL www.mofa.go.jp/mofaj/toko/medi/europe/germany.html
外務省、世界の医療事情のページ内に、ドイツの各州ごとに紹介されている。

海外旅行保険による新型コロナ感染症のカバー
医師の診察や入院費はカバーされるのが一般的。帰国を延期した場合の滞在費、航空券代などは、保険によってカバーされるかどうか異なるので、加入時によく確認しておくこと。

緊急時は救急車を呼んでもらおう

旅の言葉

　ドイツでは、都市部や観光客が多い町のホテルなどでは英語が比較的よく通じる。しかし、旧東ドイツ地域や年齢層が高くなると通じない場合もあるし、せっかくドイツまで来たのだから、ぜひドイツ語を使ってみよう。最初はあいさつやお礼の言葉だけでもいい。どんなにヘタなドイツ語でも、わかるまで熱心に耳を傾けてくれるのが、ドイツ人の性分なのだから。

これだけは覚えておこう！

Ja. ヤー	はい	**Danke schön.** ダンケ・シェーン	ありがとうございます
Nein. ナイン	いいえ	**Bitte.** ビッテ	お願いします
Guten Morgen. グーテン・モーゲン	おはようございます	**Nein Danke.** ナイン・ダンケ	いいえ、けっこうです
Guten Tag. グーテン・ターク	こんにちは	**Bitte.** ビッテ	どういたしまして
Grüß Gott. グリュス・ゴット	こんにちは（南ドイツ地域で）	**Entschuldigung.** エントシュルディグング	ごめんなさい
Guten Abend. グーテン・アーベント	こんばんは	**Verzeihung.** フェアツァイウング	すみません（人にぶつかったときなど）
Gute Nacht. グーテ・ナハト	おやすみなさい	**Entschuldigung.** エントシュルディグング	すみません（人に呼びかけるとき）
Auf Wiedersehen. アウフ・ヴィーダーゼーエン	さようなら	**Ich verstehe.** イッヒ・フェアシュテーエ	わかりました
Tschüß. チュス	さようなら（くだけた感じ）	**Mein Name ist ○○.** マイン・ナーメ・イスト・○○	私の名前は○○です
Danke. ダンケ	ありがとう	**○○, bitte.** ○○、ビッテ	○○をください

トラブル

助けて！
Hilfe!
ヒルフェ

危ない！
Vorsicht!
フォアズィヒト！

財布を盗まれました。
Mir wurde meine Geldbörse gestohlen.
ミア・ヴルデ・マイネ・ゲルトベルゼ・ゲシュトーレン

盗難／紛失証明書を発行してください。
Können Sie mir eine Bescheinigung über den Diebstahl / Verlust schreiben?
ケネン・ズィー・ミア・アイネ・ベシャイニグング・ユーバー・デン・ディープシュタール／フェアルスト・シュライベン

列車にバッグを置き忘れました。
Ich habe meine Tasche im Zug vergessen.
イッヒ・ハーベ・マイネ・タッシェ・イム・ツーク・フェアゲッセン

パスポートをなくしました。
Ich habe meinen Pass verloren.
イッヒ・ハーベ・マイネン・パス・フェアローレン

ここはどこですか？
Wo bin ich?
ヴォー・ビン・イッヒ

トイレはどこですか？
Wo ist eine Toilette?
ヴォー・イスト・アイネ・トアレッテ

 Google翻訳アプリはレストランのメニューにカメラをかざすと画面上で翻訳したり、音声で読み上げてくれる。また、日本語で話しかけると現地語の音声で返してくれるなど、旅に便利な機能がいろいろ。

移　動

(座席の)予約の窓口はどこですか？
Wo ist der Reservierungsschalter?
ヴォー・イスト・デア・レゼルヴィールングスシャルター

どこで乗り換えればいいですか？
Wo soll ich umsteigen?
ヴォー・ゾル・イッヒ・ウムシュタイゲン

ユーレイルグローバルパスで乗れますか？
Kann ich mit dem "Eurail Global Pass" fahren?
カン・イッヒ・ミット・デム・オイレール・グローバル・パス・ファーレン

この列車はハイデルベルクに停まりますか？
Hält dieser Zug in Heidelberg?
ヘルト・ディーザー・ツーク・イン・ハイデルベルク

この席は空いていますか？
Ist dieser Platz frei?
イスト・ディーザー・プラッツ・フライ

タクシーを呼んでください
Können Sie bitte ein Taxi rufen.
ケネン・ズィー・ビッテ・アイン・タクシー・ルーフェン

単語集		
Abfahrt アプファート	出発
Ankunft アンクンフト	到着
Eingang アインガング	入口
Ausgang アウスガング	出口
Schliessfach シュリースファッハ	コインロッカー
Fahrplan ファープラーン	時刻表
Einfach アインファッハ	片道
Hin- und Zurück ヒン・ウント・ツーリュック	往復
Umsteigen ウムシュタイゲン	乗り換え
Verspätung フェアシュペートウング	(列車の)遅延

ショッピング

見ているだけです
Ich möchte mich nur umsehen.
イッヒ・メヒテ・ミッヒ・ヌア・ウムゼーエン

それを見せてください
Können Sie mir dies zeigen?
ケネン・ズィー・ミア・ディース・ツァイゲン

試着してもいいですか？
Kann ich das anprobieren?
カン・イッヒ・ダス・アンプロビーレン

これにします
Ich nehme das.
イッヒ・ネーメ・ダス

クレジットカードは使えますか？
Akzeptieren Sie Kreditkarten?
アクツェプティーレン・ズィー・クレディートカルテン

単語集		
Kaufhaus カウフハウス	デパート
Supermarkt ズーパーマルクト	スーパー
Markt マルクト	市場
Buchhandlung ブーフハンドルング	本屋
Apotheke アポテーケ	薬局
Drogerie ドロゲリー	ドラッグストア
Kasse カッセ	レジ
Schaufenster シャウフェンスター	ショーウインドー

レストラン

英語のメニューはありますか？
Haben Sie die Speisekarte auf Englisch?
ハーベン・ズィー・ディー・シュパイゼカルテ・アウフ・エングリッシュ

注文をお願いします
Ich möchte bestellen.
イッヒ・メヒテ・ベシュテレン

何がおすすめですか？
Was empfehlen Sie?
ヴァス・エンプフェーレン・ズィー

あれと同じ料理をください
Bringen Sie mir bitte das gleiche.
ブリンゲン・ズィー・ミア・ビッテ・ダス・グライヒェ

おいしかったです
Es hat gut geschmeckt.
エス・ハット・グート・ゲシュメクト

お勘定をお願いします
Zahlen, bitte.
ツァーレン・ビッテ

メニュー早わかり単語集→P.312

単語集		
Messer メッサー	ナイフ
Gabel ガーベル	フォーク
Löffel レッフェル	スプーン
Serviette ゼルヴィエッテ	ナプキン
Glas グラース	グラス
Salz ザルツ	塩
Senf ゼンフ	マスタード
Zucker ツッカー	砂糖

ホテル

今晩空いている部屋はありますか？
Haben Sie ein Zimmer für heute Nacht frei ?
ハーベン・ズィー・アイン・ツィマー・フュア・ホイテ・ナハト・フライ

朝食は何時から何時までですか？
Von wann bis wann kann man frühstücken?
フォン・ヴァン・ビス・ヴァン・カン・マン・フリューシュテュッケン？

鍵が開けられません
Ich kann die Tür nicht öffnen.
イッヒ・カン・ディー・テューア・ニヒト・エフネン

チェックアウトをお願いします
Ich möchte auschecken.
イッヒ・メヒテ・アウスチェッケン

クレジットカード／現金で支払います
Ich bezahle mit Kreditkarte/ Bar.
イッヒ・ベツァーレ・ミット・クレディートカルテ／バー

荷物を預かってもらえますか？
Können Sie mein Gepäck aufbewahren?
ケネン・ズィー・マイン・ゲペック・アウフベヴァーレン

単語集		
Einzelzimmer アインツェルツィマー	シングルルーム
Doppelzimmer ドッペルツィマー	ツインルーム
Bestätigung ベシュテーティグング	予約確認書
Anmeldeformular アンメルデフォルムラー	宿泊カード
mit Badewanne ミット・バーデヴァネ	バスタブ付き
mit Dusche ミット・ドゥーシェ	シャワー付き
Schlüssel シュリュッセル	鍵
Föhn フェーン	ドライヤー
Klimaanlage クリーマアンラーゲ	エアコン
Rechnung レヒヌング	領収書

数　字

Null ヌル	0	**zehn** ツェーン	10	**zwanzig** ツヴァンツィヒ	20
eins アインス	1	**elf** エルフ	11	**dreißig** ドライスィヒ	30
zwei ツヴァイ	2	**zwölf** ツヴェルフ	12	**vierzig** フィアツィヒ	40
drei ドライ	3	**dreizehn** ドライツェーン	13	**fünfzig** フュンフツィヒ	50
vier フィーア	4	**vierzehn** フィアツェーン	14	**hundert** フンダート	100
fünf フュンフ	5	**fünfzehn** フュンフツェーン	15	**tausend** タウゼント	1,000
sechs ゼクス	6	**sechzehn** ゼヒツェーン	16	**zehntauzend** ツェーンタウゼント	10,000
sieben ズィーベン	7	**siebzehn** ズィープツェーン	17	**hunderttauzend** フンダートタウゼント	100,000
acht アハト	8	**achtzehn** アハツェーン	18	**eine Million** アイネ・ミリオーン	1,000,000
neun ノイン	9	**neunzehn** ノインツェーン	19		

曜日／月

Montag モーンターク	月曜	**Feiertag** ファイアーターク	祝日	**Juli** ユーリ	7月
Dienstag ディーンスターク	火曜	**Januar** ヤヌアー	1月	**August** アウグスト	8月
Mittwoch ミットヴォッホ	水曜	**Februar** フェブルアー	2月	**September** ゼプテンバー	9月
Donnerstag ドナースターク	木曜	**März** メアツ	3月	**Oktober** オクトーバー	10月
Freitag フライターク	金曜	**April** アプリル	4月	**November** ノヴェンバー	11月
Samstag ザムスターク	土曜	**Mai** マイ	5月	**Dezember** デツェンバー	12月
Sonntag ゾンターク	日曜	**Juni** ユーニ	6月		

緊急時の医療会話

ホテルで薬をもらう

具合が悪い。
イッヒ フューレ ミッヒ クランク
Ich fühle mich krank.

下痢止めの薬はありますか？
ハーベン ズィー アイン メディカメント ゲーゲン ドゥルヒファル
Haben Sie ein Medikament gegen Durchfall?

病院へ行く

近くに病院はありますか？
ギプト エス ヒーア イン デア ネーエ アイン クランケン ハウス
Gibt es hier in der Nähe ein Krankenhaus?

日本人のお医者さんはいますか？
ズィント ヒーア ヤパーニッシェ エルツテ
Sind hier japanische Ärzte?

病院へ連れていってください。
ヴュルデン ズィー ミッヒ インス クランケン ハウス ブリンゲン
Würden Sie mich ins Krankenhaus bringen?

病院での会話

診察の予約をしたい。
イッヒ メ ヒ テ アイネン ウンターズーフングステルミーン フェアアインバーレン
Ich möchte einen Untersuchungstermin vereinbaren.

○○ホテルからの紹介で来ました。
○ ○ ホテル ハット ミア ズィー エムプフォーレン
○○Hotel hat mir Sie empfohlen.

私の名前が呼ばれたら教えてください。
ビッテ タイレンズィー ミア ミット ヴェン マイン ナーメ ゲルーフェン ヴィルト
Bitte teilen Sie mir mit, wenn mein Name gerufen wird.

診察室にて

入院する必要がありますか？
ム ス イッヒ イム クランケンハウス アウフ ゲノ メン ヴェアデン
Muss ich im Krankenhaus aufgenommen werden?

次はいつ来ればいいですか？
ヴァン ゾル イッヒ ヴィーダー コ メン
Wann soll ich wieder kommen?

通院する必要がありますか？
ム ス イッヒ レーゲルメースィヒ インス クランケンハウス コ メン
Muss ich regelmäßig ins Krankenhaus kommen?

ここにはあと2週間滞在する予定です。
イッヒ ブライベ ヒーア ノ ホ ツヴァイ ヴォッヘン
Ich bleibe hier noch zwei Wochen.

診察を終えて

診察代はいくらですか？
ヴァス コステット ディー ウンターズーフング
Was kostet die Untersuchung?

今支払うのですか？
ゾル イッヒ ダス イェット ベツァーレン
Soll ich das jetzt bezahlen?

保険が使えますか？
ヴィルト ダス フォン マイナー フェアズィッヒャルング アブ ゲデクト
Wird das von meiner Versicherung abgedeckt?

クレジットカードでの支払いができますか？
アクツェプティーレン ズィー クレディートカルテ
Akzeptieren Sie Kreditkarte?

保険の書類にサインをしてください。
ウンターシュライベン ズィー ビッテ ディー フェアズィッヒャルングスパピーレ
Unterschreiben Sie bitte die Versichrungspapiere.

新型コロナ感染症、一般の風邪などの身体症状

※該当する症状があれば、チェックをして医師に見せよう

□熱 ···············Fieber	□頭痛 ·········Kopfschmerzen	□ときどき ············manchmal
□脇の下で計った	□呼吸困難·····Atembeschwerden	□頻繁に ················häufig
··Sublinguale Temperaturmessung	□胸部の痛み	□絶え間なく···········dauernd
□口中で計った	·······Schmerzen im Brustbereich	□風邪 ··············Erkältung
······Axillare Temperaturmessung	□関節痛 ·······Gelenkschmerzen	□鼻づまり ·· verstopfte Nase
____℃	□吐き気·············Übelkeit	□鼻水 ·········Nasenschleim
□くしゃみ ···········Niesen	□悪寒 ········Schüttelfrost	□血痰 ·········Blutauswurf
□咳 ···············Husten	□食欲不振 ··· Appetitlosigkeit	□耳鳴り ·············Tinnitus
□痰 ···············Sputum	□めまい ··········Schwindel	□難聴·······Schwerhörigkeit
□だるさ、疲労感···Müdigkeit	□動悸 ·········Herzklopfen	□耳だれ ·······Ohrenausfluss
□味がしない	□下痢 ··········Durchfall	□目やに ·······Augenschleim
·····Verlust des Geschmackssinns	□便秘 ········Verstopfung	□目の充血··blutlaufende Augen
□匂いがしない	□水様便··dünnflüssiger Stuhlgang	□見えにくい······schwer zu sehen
··········Verlust des Geruchssinns	□軟便·······weicher Stuhlgang	
□のどの痛み······Halsschmerzen	1日に__回·········__mal täglich	

※下記の単語を指さして医師に必要なことを伝えよう（外傷等の場合）

▶けがをした

刺された・噛まれた
·····gestochen/gebissen
切った ·············geschnitten
転んだ ···············fallen
打った ···············schlagen

やけどした ····· sich verbrennen

▶痛み

ヒリヒリする ·········brennend
刺すように ···········stechend
鋭く ················scharf

▶原因

蚊·····················Mücke
ハチ···················Biene
アブ···················Bremse
リス···············Eichhörnchen

メニューの単語集

※形容詞が名詞化したものは、そのあとにくる名詞の性、数に応じて語尾が -e、-en、-er、-em と変化する。

A Aperitif[アペリティフ]アペリティフ(食前酒)
Apfelsaft[アプフェルザフト]リンゴジュース
Apfelsaft gespritzt[アプフェルザフト・ゲ
シュプリット]炭酸入りアップルジュース
Apfelstrudel[アプフェルシュトゥルーデル]
アップルパイ
Aufstrich[アウフシュトリッヒ]
パンなどに塗るペーストやクリーム類の総称

B Backhendl[バックヘンデル]ローストチキン
Backhuhn[バックフーン]ローストチキン
Bauernschmaus[バウエルンシュマウス]
農民風料理の盛り合わせ
Beefsteak Tatar[ビーフステーク・タタール]
タルタルステーキ
Beilagen[バイラーゲン]つけ合わせ
Beuschel[ボイシェル]
仔牛の心臓、肺などの内臓料理
Beuschl[ボイシュル]
仔牛の心臓、肺などの内臓料理
Bier[ビーア]ビール
Bier vom Fass[ビーア・フォム・ファス]
生ビール
Blattsalat[ブラットザラート]
グリーンサラダ
Blumenkohl[ブルーメンコール]
カリフラワー
Brathuhn[ブラートフーン]ローストチキン
Bratkartoffeln[ブラートカルトッフェルン]
焼きジャガイモ
Bratwurst[ブラートヴルスト]
焼きソーセージ
Brot[ブロート]パン(黒パンなど)

C Café Hag[カフェ・ハーグ]
カフェインレス・コーヒー
Camenbert[カマンベール]
カマンベールチーズ
Campari[カンパリ]
カンパリ(アペリティフなどに)
Carpaccio[カルパッチョ]カルパッチョ
Champignion[シャンピニオン]
マッシュルーム
Champignions gebacken
[シャンピニオン・ゲバッケン]
マッシュルームのフライ
Cordon Bleu[コルドン・ブルー]
チーズとハムを挟んだ仔牛のカツレツ

D Dampfnudel[ダンプフヌーデル]
蒸しパンの一種、バニラソースをかけて食べる

E Ei[アイ]卵
Eiskaffee[アイスカフェー]
アイスクリーム入りのコーヒー
Espresso[エスプレッソ]エスプレッソ

F Filetsteak[フィレステーク]フィレステーキ
Fischgerichte[フィッシュゲリヒテ]
魚料理(総称)

Flaschenwein[フラッシェンヴァイン]
瓶入りのワイン
Fleischgerichte[フライシュゲリヒテ]
肉料理(総称)
Fleischknödel[フライシュクネーデル]
ミートボール
Forelle blau[フォレレ・ブラウ]
香草と酢でゆでたマス
Forelle Müllerin Art[フォレレ・ミュレリン・
アート]マスのムニエル
Forellenfilet[フォレレンフィレ]マスのフィレ
Frankfurter[フランクフルター]
フランクフルトソーセージ

G Gebäck[ゲベック]パン
gebacken[ゲバッケン]焼いた
Gebraten[ゲブラーテン]焼いた
Geflügel[ゲフリューゲル]鳥獣類
Gefüllt[ゲフュルト]詰め物をした
Gekocht[ゲコホト]ゆでた
Gemischter Käseteller[ゲミシュター・
ケーゼテラー]チーズの盛り合わせ
Gemischter Salat[ゲミシュター・ザラート]
ミックスサラダ
Gemischtes Eis[ゲミシュテス・アイス]
ミックスアイスクリーム
Gemüse[ゲミューゼ]
野菜、つけ合わせの温野菜
Gemüseauflauf[ゲミューゼアウフラウフ]
野菜のグラタン
Gemüseplatte[ゲミューゼプラッテ]
温野菜の盛り合わせ
Gemüsesuppe[ゲミューゼズッペ]
野菜スープ
geräuchert[ゲロイヒェルト]薫製にした
Geräucherter Lachs[ゲロイヒェルター・
ラックス]スモークド・サーモン
Germknödel[ゲルムクネーデル]
プラムジャム入りの蒸しパン
Geröstet[ゲレーステット]ローストした
Geröstete Knödel[ゲレーステテ・クネー
デル]ローストしたクネーデル(団子)
Geschnetzelte[ゲシュネッツェルテ]
細切れ肉のクリームソース煮込み
Geschnetzelte Kalbsleber
[ゲシュネッツェルテ・カルプスレーバー]
牛のレバーのクリームソース煮
Gespritzter[ゲシュプリツター]
炭酸水で割った
Grillhendl[グリルヘンデル]グリルチキン
Grillpfanne[グリルプファネ]フライパンにグ
リルした肉やソーセージを盛り合わせた一品
Gröstl[グレーストル]
炒めたもの(多くは牛肉とジャガイモなどを)
grünen Salat[グリューネン・ザラート]
グリーンサラダ

Grüner Veltliner[グリューナー・フェルト
リーナー]白ワインの種類
Gulasch[グーラーシュ]グラーシュ
Gulaschsuppe[グーラーシュズッペ]
グラーシュスープ
Gulyas[グーヤシュ]グラーシュ
Gulyassuppe[グーヤシュズッペ]
グラーシュスープ
Gurken[グルケン]
キュウリ(酢漬けの場合が多い)
Gurkensalat[グルケンザラート]
酢漬けキュウリのサラダ

H Haferl[ハーフェル]
(コーヒーなどが)マグカップ入り
Hauptgerichte[ハウプトゲリヒテ]
メインディッシュ
Hauptspeisen[ハウプトシュパイゼン]
メインディッシュ
Hausgemacht[ハウスゲマハト]自家製の
Heiße Schokolade[ハイセ・ショコラーデ]
ホットチョコレート
Hering[ヘリング]ニシン
Hühner[ヒューナー]チキン
Hühnerbrust[ヒューナーブルスト]
チキンの胸肉
Hühnerbruststreifen
[ヒューナーブルストシュトライフェン]
チキンの胸肉を細切りにしたもの

I Irisch Coffee[イーリッシュ・コーフィー]アイ
リッシュコーヒー

K Kalb[カルプ]仔牛
Kalbsmedaillon[カルプスメダイヨン]
仔牛のメダイヨン(円形に切った肉)
Kalbsrahmbeuscherl[カルプスラームボ
イシェール]仔牛の内臓のクリーム煮
Kalbsrückensteak[カルプスリュッケンス
テーク]仔牛の背肉のステーキ
Kamillentee[カミレンテー]
カモミールティー
Kännchen[ケンヒェン]
(コーヒーや紅茶が)ポット入り
Kartoffel[カルトッフェル]ジャガイモ
Kartoffelpuffer[カルトッフェルプッファー]
ジャガイモのパンケーキ
Kartoffelsuppe[カルトッフェルズッペ]
ジャガイモのスープ
Käse[ケーゼ]チーズ
Käseplatte[ケーゼプラッテ]
チーズの盛り合わせ
Käsespätzle[ゲーゼシュペッツレ]
チーズシュペッツレ(→シュペッツレ参照)
Knoblauch[クノブラウホ]ニンニク
Knoblauchcremesuppe
[クノブラウホクレーメズッペ]
ニンニク入りクリームスープ

Knoblauchsuppe[クノブラウホズッペ] ニンニクスープ

Knödel[クネーデル] 団子(さまざまな種類がある)

Kräutersauce[クロイターゾーセ] ハーブ入りソース

Krautstrudel[クラウトシュトゥルーデル] キャベツ入りパイ

Kren[クレン]西洋ワサビ

L Lachs[ラックス]鮭

Lauchsuppe[ラウホズッペ] 西洋ネギのスープ

Leberkäs(e)[レバーケーゼ] ミートローフの一種

Leberknödelsuppe[レバークネーデルズッペ]レバー団子入りコンソメスープ

Leberwurst[レーバーヴルスト] レバーソーセージ

M Maultasche(n)[マウルタッシェ(ン)] 小麦粉の皮の中にミンチなどが入ったもの

Matjesfilet[マティエスフィレ]ニシンのフィレ

Melanzane[メランゲーネ]米ナス

Mineralwasser[ミネラールヴァッサー] ミネラルウオーター

Mischsalat[ミッシュザラート]ミックスサラダ

mit Milch[ミット・ミルヒ]ミルク添え

mit Sahne[ミット・ザーネ]生クリーム添え

mit Zitrone[ミット・ツィトローネ] レモン添え(紅茶などで)

Mocca[モッカ]コーヒーの種類(ブラック)

Mohnkuchen[モーンクーヘン] ケシの実ペースト入りのケーキ

Mohnnudel[モーンヌーデル] ケシの実ペースト入りのヌードル

Münchner[ミュンヒナー]ミュンヘン風の

N Natur Schnitzel[ナトゥーア・シュニッツェル]カツレツ

Nudeln[ヌーデルン] ヌードル(つけ合わせとして)

Nudelsuppe[ヌーデルズッペ] ヌードル入りスープ

O Offene Wein[オッフェネ・ヴァイン] 栓の空いたワイン(グラスでサービスされる)

Omelette[オムレッテ]オムレツ

Orangensaft[オランジェンザフト] オレンジジュース

Orangensaft gespritzt [オランジェンザフト・ゲシュプリッツト] オレンジジュースの炭酸割り

P Paprika[パプリカ]パプリカ

Pariser Kipferl[パリーザー・キプフェル] クロワッサン

Petersilienkartoffeln[ペータージーリエンカルトッフェルン]ゆでてパセリをまぶしたジャガイモ(つけ合わせとして)

Pfefferminztee[プフェッファーミンツテー] ペパーミントティー

Pfefferrahmsteak [プフェッファーラームステーク] コショウ入りクリームソースがかかったステーキ

pikante[ピカンテ]ぴりっと辛い

Pils[ピルス]ピルスナービール

Pilsner[ピルスナー]ピルスナービール

Pommes Frites[ポンム・フリッツ] フライドポテト

Portion[ポルツィオーン]1人前(アイン・ポルツィオーン)、あるいは量を示す

Pute[プーテ]雄の七面鳥

R Rahmsauce[ラームゾーセ]クリームソース

Rahmsuppe[ラームズッペ]クリームスープ

Reis[ライス]ライス

Rinderfilet[リンダーフィレ]牛肉のフィレ

Rindsuppe[リントズッペ] 牛肉のコンソメスープ

Rohschinken[ローシンケン]生ハム

Röstkartoffeln[レーストカルトッフェルン] ローストポテト

Röstzwiebel[レーストツヴィーベル] ローストした玉ネギ

Rotwein[ロートワイン]赤ワイン

S Sachertorte[ザッハートルテ]ザッハートルテ (チョコレートケーキの一種)

Salami[サラミ]サラミ

Salatschüssel[ザラートシュッセル] サラダボウル

Salatteller[ザラートテラー](ミックス)サラダ

Salzkartoffeln[ザルツカルトッフェルン] 塩ゆでジャガイモ

Sauce[ゾーセ]ソース

Sauerkraut[ザウアークラウト] ザウアークラウト(酢漬けキャベツ)

Scherry[シェリー]シェリー酒

Schinken[シンケン]ハム

Schinkentoast[シンケントースト] ハムトースト

Schokolade[ショコラーデ]チョコレート

Schnaps[シュナップス]蒸留酒の一種

Schnittlauch[シュニットラウホ]アサツキ

Schollenfilet[ショレンフィレ]カレイのフィレ

Schollenfilet gebacken[ショレンフィレ・ゲバッケン]カレイのフィレのロースト

Schorle[ショーレ] (ジュースやワインの)炭酸水割り

Schwäbische[シュヴェービッシェ] シュヴァーベン風の

Schwarzbrot[シュヴァルツブロート]黒パン

Schweinsbraten[シュヴァインスブラーテン] 豚肉のロースト

Schweinsfilet[シュヴァインスフィレ] 豚肉のフィレ

Schweinsschnitzel[シュヴァインスシュニッツェル]豚肉のカツレツ

Seelachs[ゼーラックス]鮭の一種

Seezunge[ゼーツンゲ]舌平目

Sekt[ゼクト]シャンパン風の発泡酒

Semmelknödel[ゼンメルクネーデル] ゼンメル(パン)をこねて作った団子

Senf[ゼンフ]マスタード

Spargel[シュパーゲル]アスパラガス

Spätzle[シュペッツレ]小麦粉を練って2cmぐ

らいの大きさに丸めたパスタの一種

Speck[シュペック]ベーコン

Speckkartoffeln[シュペックカルトッフェルン] ベーコン入りジャガイモ炒め

Spezialitäten[シュペツィアリテーテン] (その色、地方の)名物料理

Spiegelei[シュピーゲルアイ]目玉焼き

Spinatstrudel[シュピナートシュトゥルーデル]ホウレン草入りパイ

Suppe[ズッペ]スープ

T Tafelwasser[ターフェルヴァッサー]水

Tagessuppe[ターゲスズッペ] 日替わりスープ

Tee[テー]紅茶

Thunfischsalat[トゥーンフィシュザラート] ツナサラダ

Tomaten[トマーテン]トマト

Tonic Water[トニック・ウォーター] トニックウオーター

Traubensaft[トラウベンザフト] ブドウジュース

Truthahnbrust[トルットハーンブルスト] 七面鳥の胸肉

Truthahnfilet[トルットハーンフィレ] 七面鳥のフィレ肉

U Überbacken[ユーバーバッケン] グラタン風の料理

Ungarische Gulaschsuppe [ウンガリッシェ・グーラーシュズッペ] ハンガリー風グラーシュスープ

V Vanillesauce[ヴァニレゾーセ]バニラソース

Verlängerter[フェアレンゲアター] 薄めに入れたコーヒー

vom Grill[フォム・グリル]グリルした

vom Rost[フォム・ロースト]ローストした

Vorspeise[フォアシュパイゼ]前菜

W Warmer Apfelstrudel[ヴァルマー・アプフェルシュトゥルーデル]温かいアップルパイ

Warme Speisen[ヴァルメ・シュパイゼン] 温かい料理

Wein[ヴァイン]ワイン

Weißbier[ヴァイスビーア]白ビール

Weißwein[ヴァイスヴァイン]白ワイン

Weißwurst[ヴァイスヴルスト]白ソーセージ

Wiener Schnitzel[ヴィーナー・シュニッツェル]ウィーン風カツレツ

Wild[ヴィルト]猟獣肉料理(ジビエ)

Wurst[ヴルスト]ソーセージ

Würstel[ヴュルステル]ソーセージ

Würstelteller[ヴュルステルテラー] 各種ソーセージの盛り合わせ

Z Zander[ツァンダー]カワカマス

Zanderfilet[ツァンダーフィレ] カワカマスのフィレ

Zwetschken[ツヴェチュケン]プラム

Zwiebel[ツヴィーベル]玉ネギ

Zwiebelkuchen[ツヴィーベルクーヘン] 玉ネギ入りのパイ

Zwiebelrostbraten[ツヴィーベルロストブラーテン]炒めた玉ネギをのせたステーキ

ドイツを旅する準備と技術

メニューの単語集

313

◆：世界遺産の町、もしくは世界遺産がある町

地球の歩き方 関連書籍のご案内

ドイツとその周辺諸国をめぐるヨーロッパの旅を「地球の歩き方」が応援します!

※表示価格は定価（税込）です。改訂時に価格が変更になる場合があります。

地球の歩き方 シリーズ一覧

*地球の歩き方ガイドブックは、改訂時に価格が変わることがあります。 *表示価格は定価（税込）です。 *最新情報は、ホームページをご覧ください。www.arukikata.co.jp/guidebook/

地球の歩き方 ガイドブック

A ヨーロッパ

A01	ヨーロッパ	¥1870
A02	イギリス	¥2530
A03	ロンドン	¥1980
A04	湖水地方＆スコットランド	¥1870
A05	アイルランド	¥1980
A06	フランス	¥2420
A07	パリ＆近郊の町	¥1980
A08	南仏プロヴァンス コート・ダジュール＆モナコ	¥1760
A09	イタリア	¥1870
A10	ローマ	¥1760
A11	ミラノ ヴェネツィアと湖水地方	¥1870
A12	フィレンツェとトスカーナ	¥1870
A13	南イタリアとシチリア	¥1870
A14	ドイツ	¥1980
A15	南ドイツ フランクフルト ミュンヘン ロマンチック街道 古城街道	¥2090
A16	ベルリンと北ドイツ ハンブルク ドレスデン ライプツィヒ	¥1870
A17	ウィーンとオーストリア	¥2090
A18	スイス	¥2200
A19	オランダ ベルギー ルクセンブルク	¥1870
A20	スペイン	¥2420
A21	マドリードとアンダルシア	¥1760
A22	バルセロナ＆近郊の町 イビサ島／マヨルカ島	¥1760
A23	ポルトガル	¥1815
A24	ギリシアとエーゲ海の島々＆キプロス	¥1870
A25	中欧	¥1980
A26	チェコ ポーランド スロヴァキア	¥1870
A27	ハンガリー	¥1870
A28	ブルガリア ルーマニア	¥1980
A29	北欧 デンマーク ノルウェー スウェーデン フィンランド	¥1870
A30	バルトの国々 エストニア ラトヴィア リトアニア	¥1870
A31	ロシア ベラルーシ ウクライナ モルドヴァ コーカサスの国々	¥2090
A32	極東ロシア シベリア サハリン	¥1980
A34	クロアチア スロヴェニア	¥1760

B 南北アメリカ

B01	アメリカ	¥2090
B02	アメリカ西海岸	¥1870
B03	ロスアンゼルス	¥2090
B04	サンフランシスコとシリコンバレー	¥1870
B05	シアトル ポートランド	¥2420
B06	ニューヨーク マンハッタン＆ブルックリン	¥1980
B07	ボストン	¥1980
B08	ワシントンDC	¥2420
B09	ラスベガス セドナ＆グランドキャニオンと大西部	¥2090
B10	フロリダ	¥2310
B11	シカゴ	¥1870
B12	アメリカ南部	¥1980
B13	アメリカの国立公園	¥2090
B14	ダラス ヒューストン デンバー グランドサークル フェニックス サンタフェ	¥1980
B15	アラスカ	¥1980
B16	カナダ	¥2420
B17	カナダ西部 カナディアン・ロッキーとバンクーバー	¥2090
B18	カナダ東部 ナイアガラ・フォールズ メープル街道 プリンス・エドワード島 トロント オタワ モントリオール ケベック・シティ	¥2090
B19	メキシコ	¥1980
B20	中米	¥2090
B21	ブラジル ベネズエラ	¥2200
B22	アルゼンチン チリ パラグアイ ウルグアイ	¥2200
B23	ペルー ボリビア エクアドル コロンビア	¥2200
B24	キューバ バハマ ジャマイカ カリブの島々	¥2035
B25	アメリカ・ドライブ	¥1980

C 太平洋／インド洋島々

C01	ハワイ1 オアフ島＆ホノルル	¥1980
C02	ハワイ島	¥2200
C03	サイパン ロタ＆テニアン	¥1540
C04	グアム	¥1980
C05	タヒチ イースター島	¥1870
C06	フィジー	¥1650
C07	ニューカレドニア	¥1650
C08	モルディブ	¥1870
C10	ニュージーランド	¥2200
C11	オーストラリア	¥2200
C12	ゴールドコースト＆ケアンズ	¥2420
C13	シドニー＆メルボルン	¥1760

D アジア

D01	中国	¥2090
D02	上海 杭州 蘇州	¥1870
D03	北京	¥1760
D04	大連 瀋陽 ハルビン 中国東北部の自然と文化	¥1980
D05	広州 アモイ 桂林 珠江デルタと華南地方	¥1980
D06	成都 重慶 九寨溝 麗江 四川 雲南	¥1980
D07	西安 敦煌 ウルムチ シルクロードと中国北西部	¥1980
D08	チベット	¥2090
D09	香港 マカオ 深セン	¥1870
D10	台湾	¥2090
D11	台北	¥1980
D13	台南 高雄 屏東＆南台湾の町	¥1
D14	モンゴル	¥2
D15	中央アジア サマルカンドとシルクロードの国々	¥2
D16	東南アジア	¥1
D17	タイ	¥1
D18	バンコク	¥1
D19	マレーシア ブルネイ	¥2
D20	シンガポール	¥1
D21	ベトナム	¥2
D22	アンコール・ワットとカンボジア	¥2
D23	ラオス	¥2
D24	ミャンマー（ビルマ）	¥2
D25	インドネシア	¥1
D26	バリ島	¥2
D27	フィリピン マニラ セブ ボラカイ ボホール エルニド	¥2
D28	インド	¥2
D29	ネパールとヒマラヤトレッキング	¥2
D30	スリランカ	¥1
D31	ブータン	¥1
D33	マカオ	¥1
D34	釜山 慶州	¥2
D35	バングラデシュ	¥2
D37	韓国	¥2
D38	ソウル	¥1

E 中近東 アフリカ

E01	ドバイとアラビア半島の国々	¥2
E02	エジプト	¥1
E03	イスタンブールとトルコの大地	¥2
E04	ペトラ遺跡とヨルダン レバノン	¥2
E05	イスラエル	¥2
E06	イラン ペルシアの旅	¥2
E07	モロッコ	¥2
E08	チュニジア	¥2
E09	東アフリカ ウガンダ エチオピア ケニア タンザニア ルワンダ	¥2
E10	南アフリカ	¥2
E11	リビア	¥
E12	マダガスカル	¥

J 国内版

J00	日本	¥
J01	東京 23区	¥
J02	東京 多摩地域	¥
J03	京都	¥
J04	沖縄	¥
J05	北海道	¥
J07	埼玉	¥
J08	千葉	¥
J09	札幌・小樽	¥
J10	愛知	¥

地球の歩き方 aruco

●海外

1	パリ	¥1320
2	ソウル	¥1650
3	台北	¥1650
4	トルコ	¥1430
5	インド	¥1540
6	ロンドン	¥1650
7	香港	¥1320
9	ニューヨーク	¥1320
10	ホーチミン ダナン ホイアン	¥1430
11	ホノルル	¥1650
12	バリ島	¥1320
13	上海	¥1320
14	モロッコ	¥1540
15	チェコ	¥1320
16	ベルギー	¥1430
17	ウィーン ブダペスト	¥1320
18	イタリア	¥1320
19	スリランカ	¥1540
20	クロアチア スロヴェニア	¥1430
21	スペイン	¥1320
22	シンガポール	¥1650
23	バンコク	¥1320
24	グアム	¥1320

25	オーストラリア	¥1430
26	フィンランド エストニア	¥1430
27	アンコール・ワット	¥1430
28	ドイツ	¥1430
29	ハノイ	¥1430
30	台湾	¥1320
31	カナダ	¥1320
33	サイパン テニアン ロタ	¥1320
34	セブ ボホール エルニド	¥1320
35	ロスアンゼルス	¥1320
36	フランス	¥1430
37	ポルトガル	¥1650
38	ダナン ホイアン フエ	¥1430

●国内

東京	¥1540
東京で楽しむフランス	¥1430
東京で楽しむ韓国	¥1430
東京で楽しむ台湾	¥1430
東京の手みやげ	¥1430
東京おやつさんぽ	¥1430
東京のパン屋さん	¥1430
東京で楽しむ北欧	¥1430
東京のカフェめぐり	¥1480
東京で楽しむハワイ	¥1480
nyaruco 東京ねこさんぽ	¥1480

東京で楽しむイタリア＆スペイン	¥1480
東京で楽しむアジアの国々	¥1480
東京ひとりさんぽ	¥1480
東京パワースポットさんぽ	¥1599
東京で楽しむ英国	¥1599

地球の歩き方 Plat

1	パリ	¥1320
2	ニューヨーク	¥1320
3	台北	¥1100
4	ロンドン	¥1320
6	ドイツ	¥1320
7	ホーチミン／ハノイ／ダナン／ホイアン	¥1320
8	スペイン	¥1320
10	シンガポール	¥1100
11	アイスランド	¥1540
14	マルタ	¥1540
15	フィンランド	¥1320
16	クアラルンプール／マラッカ	¥1100
17	ウラジオストク／ハバロフスク	¥1430
18	サンクトペテルブルク／モスクワ	¥1540
19	エジプト	¥1320
20	香港	¥1100
22	ブルネイ	¥1430

23	ウズベキスタン サマルカンド ブハラ ヒヴァ タシケント	¥
24	ドバイ	¥
25	サンフランシスコ	¥
26	パース／西オーストラリア	¥
27	ジョージア	¥
28	台南	¥

地球の歩き方 リゾートスタ…

R02	ハワイ島	¥
R03	マウイ島	¥
R04	カウアイ島	¥
R05	こどもと行くハワイ	¥
R06	ハワイ ドライブ・マップ	¥
R07	ハワイ バスの旅	¥
R08	グアム	¥
R09	こどもと行くグアム	¥
R10	パラオ	¥
R12	プーケット サムイ島 ピピ島	¥
R13	ペナン ランカウイ クアラルンプール	¥
R15	セブ＆ボラカイ ボホール シキホール	¥
R16	テーマパーク in オーランド	¥
R17	カンクン コスメル イスラ・ムヘーレス	¥
R20	ダナン ホイアン ホーチミン ハノイ	¥

地球の歩き方 旅の図鑑シリーズ

見て読んで海外のことを学ぶことができ、旅気分を楽しめる新シリーズ。
1979年の創刊以来、長年蓄積してきた世界各国の情報と取材経験を生かし、
従来の「地球の歩き方」には載せきれなかった、
旅にぐっと深みが増すような雑学や豆知識が盛り込まれています。

W01
世界244の国と地域
¥1760

W07
世界のグルメ図鑑
¥1760

W02
世界の指導者図鑑
¥1650

W03
世界の魅力的な
奇岩と巨石139選
¥1760

W04
世界246の首都と
主要都市
¥1760

W05
世界のすごい島300
¥1760

W06
世界なんでも
ランキング
¥1760

W08
世界のすごい巨像
¥1760

W09
世界のすごい城と
宮殿333
¥1760

W11
世界の祝祭
¥1760

W10 世界197ヵ国のふしぎな聖地&パワースポット ¥1870		**W12** 世界のカレー図鑑 ¥1980	
W13 世界遺産 絶景でめぐる自然遺産 完全版 ¥1980		**W15** 地球の果ての歩き方 ¥1980	
W16 世界の中華料理図鑑 ¥1980		**W17** 世界の地元メシ図鑑 ¥1980	
W18 世界遺産の歩き方 ¥1980		**W19** 世界の魅力的なビーチと湖 ¥1980	
W20 世界のすごい駅 ¥1980		**W21** 世界のおみやげ図鑑 ¥1980	
W22 いつか旅してみたい世界の美しい古都 ¥1980		**W23** 世界のすごいホテル ¥1980	
W24 日本の凄い神木 ¥2200		**W25** 世界のお菓子図鑑 ¥1980	
W26 世界の麺図鑑 ¥1980		**W27** 世界のお酒図鑑 ¥1980	
W28 世界の魅力的な道 178 選 ¥1980		**W29** 世界の映画の舞台&ロケ地 ¥2090	
W30 すごい地球! ¥2200		**W31** 世界のすごい墓 ¥1980	

※表示価格は定価（税込）です。改訂時に価格が変更になる場合があります。

あなたの**旅の体験談**をお送りください

「地球の歩き方」は、たくさんの旅行者からご協力をいただいて、
改訂版や新刊を制作しています。
あなたの旅の体験や貴重な情報を、これから旅に出る人たちへ分けてあげてください。
なお、お送りいただいたご投稿がガイドブックに掲載された場合は、
初回掲載本を1冊プレゼントします！

ご投稿はインターネットから！

URL www.arukikata.co.jp/guidebook/toukou.html
画像も送れるカンタン「投稿フォーム」
※左記のQRコードをスマートフォンなどで読み取ってアクセス！

または「地球の歩き方　投稿」で検索してもすぐに見つかります

地球の歩き方　投稿	🔍

 検索

▶**投稿にあたってのお願い**

★**ご投稿は、次のような《テーマ》に分けてお書きください。**

　《新発見》───ガイドブック未掲載のレストラン、ホテル、ショップなどの情報
　《旅の提案》───未掲載の町や見どころ、新しいルートや楽しみ方などの情報
　《アドバイス》───旅先で工夫したこと、注意したこと、トラブル体験など
　《訂正・反論》───掲載されている記事・データの追加修正や更新、異論、反論など

> ※記入例「〇〇編20XX年度版△△ページ掲載の□□ホテルが移転していました……」

★**データはできるだけ正確に。**
　ホテルやレストランなどの情報は、名称、住所、電話番号、アクセスなどを正確にお書きください。
　ウェブサイトのURLや地図などは画像でご投稿いただくのもおすすめです。

★**ご自身の体験をお寄せください。**
　雑誌やインターネット上の情報などの丸写しはせず、実際の体験に基づいた具体的な情報をお
　待ちしています。

▶**ご確認ください**

※採用されたご投稿は、必ずしも該当タイトルに掲載されるわけではありません。関連他タイトルへの掲載もありえます。
※例えば「新しい市内交通バスが発売されている」など、すでに編集部で取材・調査を終えているものと同内容のご投稿をい
　ただいた場合は、ご投稿を採用したとはみなされず掲載本をプレゼントできないケースがあります。
※当社は個人情報を第三者へ提供いたしません。また、ご記入いただきましたご自身の情報については、ご投稿内容の確認
　や掲載本の送付などの用途以外には使用いたしません。
※ご投稿の採用の可否についてのお問い合わせはご遠慮ください。
※原稿は原文を尊重しますが、スペースなどの関係で編集部でリライトする場合があります。

あとがき

約4年ぶりの改訂となりましたが、新たな情報を加えてお届けすることができました。ご協力をいただいた皆さまに、心より感謝いたします。本書と一緒に、ドイツの魅力が凝縮されている南ドイツを存分にお楽しみください。

STAFF

制　作：福井由香里　Producer：Yukari Fukui
編　集：合同会社アルニカ（鈴木眞弓）　Editor：Arnica（Mayumi Suzuki）
執　筆：鈴木眞弓（アルニカ）、高島慶子、藤代幸一
　　　　Writers：Mayumi Suzuki、Keiko Takashima、Kouichi Fujishiro
地　図：株式会社ジェオ、平凡社地図出版　Maps：Geo、Heibonsha Chizu Shuppan
校　正：青谷匡美（東京出版サービスセンター）　Proofreading：Masami Aotani（Tokyo Shuppan Service Center）
デザイン：エメ龍夢　Designer：EME RYUMU
表　紙：日出嶋昭男　Cover Designer：Akio Hidejima
写　真：岩間幸司、豊島正直、宮本貴子、鈴木眞弓、ドイツ観光局、バーデン・ヴュルテンベルク州観光局、©iStock
　　　　Koji Iwama、Masanao Toyoshima、Takako Miyamoto、Mayumi Suzuki、Deutsche Zentrale für Tourismus e.V. (DZT)、
　　　　Toursismus Marketing GmbH Baden-Württemberg、©iStock
イラスト：一志敦子　Illustrations：Atsuko Isshi

本書についてのご意見・ご感想はこちらまで
読者投稿　〒141-8425　東京都品川区西五反田2-11-8
　　　　　　株式会社地球の歩き方
　　　　　　地球の歩き方サービスデスク「南ドイツ編」投稿係
　　　　　　https://www.arukikata.co.jp/guidebook/toukou.html
地球の歩き方ホームページ（海外・国内旅行の総合情報）
　　　　　　https://www.arukikata.co.jp/
ガイドブック『地球の歩き方』公式サイト
　　　　　　https://www.arukikata.co.jp/guidebook/

地球の歩き方 (A15)
南ドイツ フランクフルト ミュンヘン ロマンティック街道 古城街道
2024～2025年版

2023年10月17日　初版第1刷発行

Published by Arukikata. Co., Ltd.
2-11-8 Nishigotanda, Shinagawa-ku, Tokyo, 141-8425, Japan

著作編集　　地球の歩き方編集室
発 行 人　　新井邦弘
編 集 人　　宮田　崇
発 行 所　　株式会社地球の歩き方
　　　　　　〒141-8425　東京都品川区西五反田2-11-8
発 売 元　　株式会社Gakken
　　　　　　〒141-8416　東京都品川区西五反田2-11-8
印刷製本　　株式会社ダイヤモンド・グラフィック社

※本書は基本的に2023年3月～2023年7月の取材データに基づいて作られています。
発行後に料金、営業時間、定休日などが変更になる場合がありますのでご了承ください。
更新・訂正情報：https://www.arukikata.co.jp/travel-support/

●この本に関する各種お問い合わせ先
・本の内容については、下記サイトのお問い合わせフォームよりお願いします。
　URL ▶ https://www.arukikata.co.jp/guidebook/contact.html
・広告については、下記サイトのお問い合わせフォームよりお願いします。
　URL ▶ https://www.arukikata.co.jp/ad_contact/
・在庫については Tel ▶ 03-6431-1250（販売部）
・不良品（落丁、乱丁）については Tel ▶ 0570-000577
　学研業務センター 〒354-0045　埼玉県入間郡三芳町上富 279-1
・上記以外のお問い合わせは Tel ▶ 0570-056-710（学研グループ総合案内）

※本書は株式会社ダイヤモンド・ビッグ社より2005年に初版発行したもの（2019年6月に改訂第8版）の最新・改訂版です。
学研グループの書籍・雑誌についての新刊情報・詳細情報は、下記をご覧ください。
学研出版サイト　URL ▶ https://hon.gakken.jp/